证券投资学

——理论、实践与案例分析

（第二版）

戴志敏 编著

ZHEJIANG UNIVERSITY PRESS
浙江大学出版社

图书在版编目（CIP）数据

证券投资学:理论、实践与案例分析 / 戴志敏编著.

杭州：浙江大学出版社，2009.12（2021.7重印）

ISBN 978-7-308-07221-2

Ⅰ.证… Ⅱ.戴… Ⅲ.证券投资 Ⅳ.F830.91

中国版本图书馆 CIP 数据核字（2009）第 220905 号

证券投资学——理论、实践与案例分析（第二版）

戴志敏 编著

责任编辑	傅百荣
封面设计	刘依群
出版发行	浙江大学出版社
	（杭州市天目山路 148 号 邮政编码 310007）
	（网址：http://www.zjupress.com）
排　　版	浙江时代出版服务有限公司
印　　刷	杭州良诸印刷有限公司
开　　本	710mm×1000mm 1/16
印　　张	21.5
字　　数	397 千
版 印 次	2013 年 7 月第 2 版 2021 年 7 月第 13 次印刷
书　　号	ISBN 978-7-308-07221-2
定　　价	45.00 元

再版前言

随着资本市场的发展,人们对证券投资知识的了解日益增加,同时也有大量的公众加入到投资大军中去。在投资实践中,他们迫切需要了解资本市场的运做规律、汲取新的证券投资理念、掌握分析证券市场的方法、懂得如何识别与规避证券市场风险。本书在系统介绍证券投资理论的基础上,通过大量的案例与评价,理论联系实际,为读者展示了全新的证券投资教材体系,它将理论性与实践性相结合,案例与问题思考相结合,历史回顾与发展现状相结合,全方位地展示了证券投资基本原理与实践运用。

本书特点:内容体系完整,涵盖证券投资的各知识点;紧密联系当前国内外证券市场的发展实际;配以丰富的案例和思考题、详实的数据与图表,全面地构筑了证券投资学研究框架,可为高等院校学生与投资者提供有用的学习和实践参考。本书可以用作高等学校本科、研究生教材,也适合社会各界对于证券投资感兴趣的读者使用与参考。

本书自 2009 年出版第一版以来,深受各界学者、高校学生和实际工作者的欢迎。为了适合新时期我国证券市场发展的需要,作者对第一版的相关内容进行了修订和补充,更新了若干内容与案例,以便及时反映证券市场的变化特点。

在编写本书过程中,作者参考了大量现有文献与资料,在此向这些文献的作者表示谢意。同时,王海伦、刘彦、戴杭骁、钟静、齐月、陈悦、张家榕等参与了本书的资料收集和编写,也对他们付出的辛勤劳动表示感谢。

本书作者长期从事证券投资学的教学与研究工作,并且具有一定的投资实践经验,本书有些内容也是作者长期的教学研究积累心得,愿与广大读者分享。

由于水平有限,本书必有疏漏与不当之处,敬请广大读者不吝指正。

编　者

2013 年 6 月于浙江大学经济学院

目　录

第一章 证券概论

本章学习重点

本章是证券概论,介绍一些有关的最基本的知识。首先,介绍了证券的一些基本概念、分类及其特征,接着介绍了全球证券市场的发展历程,其中就美国、英国、日本和我国的证券市场的发展历史各自作了简介,然后详细描述了证券市场的作用,最后介绍了证券投资的相关概念以及银行的私人理财业务。在本章的最后给出了宝延事件的案例供大家讨论学习。

第一节 证券含义

一、证券的概念

证券是指各类记载并代表了一定权利的法律凭证,它用以证明持有人有权按其所持凭证记载内容而取得应有权益。从一般意义上讲,证券是用以证明或者设定权利而形成的书面凭证,它表明证券持有人或者第三者有权取得该证券拥有的特定权益,或证明其曾经发生过的行为。

证券有广义与狭义两种概念。广义的证券包括商品证券(如提货单、运货单等)、货币证券(如支票、汇票等)和资本证券(如股票、债券、基金等);狭义的证券特指资本证券,我们平常说到证券交易、证券市场时,所说的"证券"这个词一般都是指资本证券。我国证券法规定的证券为:股票、公司债券和国务院依法认定的其他债券,其他债券主要包括:基金凭证、非公司企业债券、国家政府债券等。[①]

---

① 贺强,韩复龄. 证券投资学. 首都经济贸易大学出版社,2007

二、证券的分类

根据不同的标准,可以将证券分为不同的种类。本书主要介绍以下四种。

(1) 根据证券持有人的收益性不同,可以将证券分为无价证券和有价证券。无价证券又称凭证证券,是指具有证券的某一特定功能,但不能作为财产使用的书面凭证。由于这类证券不能流通,所以不存在流通价值和价格,如收据、借据、提单、保险单、供应证和购物券等。有价证券是一种具有一定票面金额,证明持券人有权按期取得一定收入,并可自由转让和买卖的所有权或债权的书面凭证。

本书所指的都是有价证券。

(2) 根据构成的内容不同,可以将证券分为商品证券、货币证券和资本证券。商品证券是证明持有人有商品所有权或使用权的凭证,取得这种证券就等于取得这种商品的所有权,持有人对这种证券所代表的商品所有权受法律保护,属于商品证券的有提货单、运货单、仓库栈单等。货币证券是指本身能使持有人或第三者取得货币索取权的有价证券,货币证券主要包括两大类:一类是商业证券,主要包括商业汇票和商业本票;另一类是银行证券,主要包括银行汇票、银行本票和支票。资本证券是指由金融投资或与金融投资有直接联系的活动而产生的,证券持有人有一定的收入请求权,它包括股票、债券、基金证券及其衍生品种如金融期货、可转换证券等。狭义的有价证券通常是指资本证券。

(3) 根据发行主体不同,可将证券分为政府证券、金融证券和公司证券。政府证券是指中央和地方政府发行的证券,它以政府信誉作担保,其风险在各种投资工具中是最小的,主要包括国库券和公债两大类。国库券一般由财政部发行,用以弥补财政收支不平衡;公债是指为筹集建设资金而发行的一种债券,有时也将两者统称为公债。中央政府发行的债券称国家公债,地方政府发行的债券称地方公债。金融证券是指银行、信用社、保险公司、投资公司等金融机构为筹集经营资金而发行的证券,包括金融债券和大额可转让存单等。公司证券是指公司、企业等经济法人为筹集投资资金或与筹集投资资金直接相关的行为而发行的证券,主要包括公司股票、公司债券、优先认股权证和认股证书等。

(4) 根据是否上市发行,可以将证券分为上市证券和非上市证券。上市证券又称挂牌证券,是指经证券主管机关核准,并在证券交易所注册登记,获得在交易所内公开买卖资格的证券。为了保护投资者的利益,证券交易所对申请上市的证券都有一定的要求,公司发行的股票或债券要想在证券交易所上市,必须符合交易所规定的上市条件,并遵守交易所的其他规章制度。非上市证券也称非挂牌证券,是指未申请上市或不符合证券交易所挂牌交易条件的证券,非上市证券不允许在证券交易所内交易,但可以在其他证券交易市场交易,一般来说,非上市证券的种类比上市证券的种类要多,在非上市证券中,有些是规模大且信誉好的商业银行和保险公司,它们为了免去每年向证券交易所付费及呈送财务报表等,即使符合证券交易所规定的条件,也不愿意在交易所注册上市。

三、证券的特征

证券具有以下几个方面的特征:

1. 证券的产权性

证券的产权性是指有价证券记载着权利人的财产权内容,代表着一定的财产所有权,拥有证券就意味着享有财产的占有、使用、收益和处置的权利。在现代经济社会里,财产权利和证券已密不可分,财产权利与证券两者融为一体,证券已成为财产权利的一般形式。虽然证券持有人并不实际占有财产,但可以通过持有证券,拥有有关财产的所有权或债权。

2. 证券的收益性

证券的收益性是指持有证券本身可以获得一定的收益,作为投资者转让资本使用权的回报。证券代表的是对一定数额的某种特定资产的所有权,而资产可以通过社会经济运行不断增值,最终形成高于原始投入价值的价值。由于这种资产的所有权属于证券投资者,投资者持有证券也就同时拥有取得这部分资产增值收益的权利,因此,证券本身具有收益性。有价证券的收益可表现为利息收入、红利收入和资本利得。收益的多少通常取决于该资产的收益和证券市场的供求状况。

3. 证券的流通性

证券的流通性又称变现性,是指证券持有人可按自己的需要灵活地转让证券以换取现金。流通性是证券的生命力所在。流通性不但可以使证券持有人随时把证券转变为现金,而且还使持有人根据自己的偏好选择持有证券的种类。证券的流通是通过承兑、贴现、交易实现的。

4. 证券的风险性

证券的风险性是指由于未来经济状况的不确定性,而导致证券持有者面临着预期投资收益不能实现,甚至使本金也受到损失的可能。在现有的社会生产条件下,未来经济的发展变化有些是投资者可以预测的,而有些则无法预测,因此,投资者难以确定他所持有的证券将来能否取得收益和能获得多少收益,从而就使持有证券具有风险。

5. 证券的期限性

债券一般有明确的还本付息期限,以满足不同筹资者和投资者融资期限以及与此相关的收益率需求。债券的期限具有法律约束力,是对融资双方权益的保护。股票一般没有期限性,可以视为无期证券。

第二节 证券市场的发展

一、世界主要证券市场发展简史

(一)美国证券市场发展[①]

1. 美国证券市场的建立(18 世纪)

美国证券交易的初次繁荣开始于联邦政府成立时发行的战争债券。在当时,证券交易几乎都在路边进行,1792 年 5 月 17 日,24 名主要经纪人签名通过了一份可视为纽约交易所历史上第一部章程的协定,即《梧桐树协定》。其主要条款提到:其一,取消拍卖制,交易只在经纪人之间完成;其二,固定佣金,交易手续费固定为 0.25%。

室内交易始于 1793 年,证券交易从华尔街 68 号名为 Buttonwood 的树下搬进 Tontine Coffee House 的室内大厅。经纪人在交易所内设有座位。这是向交易正规化迈出的重要一步。1817 年 3 月 8 日纽约经纪人成立了正式的经纪人联合会,后更名为纽约证券交易所(见图 1-1)。

2. 美国证券市场的早期发展(19 世纪)

经历过 18 世纪末的狂躁后,直到 19 世纪 30 年代以前,美国证券市场持续低迷。到了 19 世纪末,随着美国的西部开发和工业化进展,证券市场出现了几次高潮。

(1)19 世纪 30 年代铁路热潮

1830 年美国发行了最早的铁路股"Mohawk and Hudson Railroad"。紧接着,铁路、银行、运河及公路公司争相来纽约交易所上市。到 1838 年,总计发行了1.75亿美元的股票。过度的投机造成了股票市场的泡沫,并在 1836 年因粮食歉收以及次年的地价暴跌而破灭,直到 19 世纪 40 年代,纽约交易所才渐渐恢复过来。

(2)19 世纪 50 年代的淘金热潮

19 世纪 50 年代早期,加利福尼亚发现了金矿,引发了淘金热。这次矿业和铁路股票成为热门货。到 1854 年,美国各类公司的证券发行总额达到 11.78 亿美元。银行的放贷和透支再一次助长了投机,狂热历时 1 年多后,伦敦突然开始

---

① 陈红. 美国证券市场发展的历史演进. 经济经纬,2006(1)

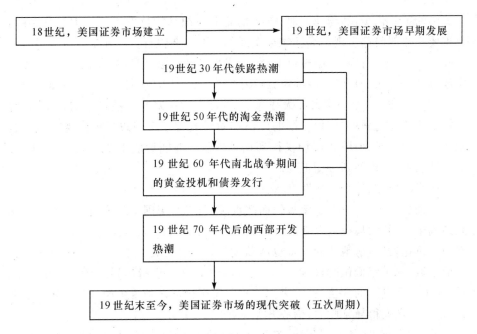

图 1-1 美国证券市场发展简图

抛售美国股票,接着银行收回放贷,市场瞬间崩溃。到 1853 年底,市场气氛如瘟疫袭击过一般,交易所几近难以生存。

(3)19 世纪 60 年代南北战争期间的黄金投机和债券发行

美国的南北战争令证券市场掀起了一次空前的投机热,证券、黄金、商品交易空前活跃,抢购黄金成为风潮。直到 1869 年 9 月,政府宣布将卖出黄金,金交所内金价才开始狂跌。战争期间至少有四家交易所运营,纽约交易所(New York Stock Exchange)也从此得名。

(4)19 世纪 70 年代后的西部开发热潮

19 世纪 70 年代,随着工业化进展,西部大开发等题材以及公司数量和公司组织形式的变化,都刺激了证券业的发展。此时,纽约交易所的会员增加到 1060 个。交易所制定了新的章程,一个集执行、立法、司法职能于一身的管理委员成立。随后经济再度陷入严重衰退。危机使 4 万多家企业倒闭,300 万工人失业,同时,纽约交易所的 57 个交易会员和一些大公司也应声而倒。惊慌笼罩华尔街,交易所甚至被迫关门,此后几年交易都难以恢复。

3. 美国证券市场的现代突破(19 世纪末至今)

(1)19 世纪末到 20 世纪初

19 世纪 70 年代,以电力和内燃机发明为标志的第二次产业革命,大大推进了美国的工业化步伐,与此同时,美国的企业组织结构也发生了巨大变化,在所有重要工业部门都出现了大托拉斯垄断的情况。在银行资本和工业资本融合的基础上,诞生了一批新兴金融巨头,他们出生于铁路家、银行家和工业家,如摩根家族(J. R. Morgan)、洛克菲勒家族(Rockefeller)、卡耐基家族(A. Carnage)等。

1914 年 8 月,第一次世界大战爆发,欧洲交战国对军需品订单的剧增,世界市场上竞争者的减弱,使得美国的经济和贸易赶上了千载难逢的机遇。战争也刺激了证券市场,但股票市场仅得到稍稍恢复。在随后的 1920—1921 年中,经济再度衰退,股价降到了新低点。

(2)20 世纪 20 年代中期

在经历了 1920—1921 年短暂而严重的衰退后,美国垄断公司利用几百亿美元的战争利润,大规模地更新固定资产和扩大生产,汽车、化学、电器、人造丝等部门也迅速发展,房地产的投资也欣欣向荣。股票也随之扶摇直上。道·琼斯工业指数 1921 年低位时只有 63.90 点,1929 年 9 月道指达到最高点 386.1 点,是 1921 年低点时的 6 倍,股价大大偏离了实际价值。随着生产与消费矛盾的激化,证券市场变得异常脆弱,信心开始动摇。

从 1929 年 10 月下旬开始,道·琼斯工业指数劲跌,从 1930 年 5 月到 1932 年 11 月,股市连续出现了 6 次暴跌。道·琼斯指数 1932 年 7 月最低跌至 40.92 点,相比 1929 年最高点 386.1 点下跌 89%。市场总值从高点时的 897 亿美元跌至 156 亿美元。"新纪元"就此结束,熊市足足持续了五年之久,许多银行纷纷倒闭,美国经济遭到破坏的严重程度在历史上也是空前的。

1929 年以前,美国政府奉行的是经济自由主义,在大危机的背景下,国家直接干预的要求成为必然。1933 年罗斯福入主白宫后,立即宣布实行"新政"(New Deal),借助国家干预措施来拯救濒临崩溃边缘的美国经济。四部重要的联邦法律在此期间出台:《银行业法案(1933)》《证券法案(1933)》《证券交易所法案(1934)》《公用设施公司法案(1935)》。《格拉斯—斯蒂格尔法案》(Glass—Steagall Act)也获得通过。一系列"新政"对缓和危机起了一定作用,但不久又发生了 1937—1938 年衰退,美国股市也一直在低谷中徘徊。

(3)20 世纪 50—60 年代

第二次世界大战为美国经济发展提供了巨大的需求推动,使经济保持平稳上升。进入 20 世纪 50 年代后,美国经济发展进入一个较为迅速的时期,证券市场也随之迎来有史以来最长的牛市,历时整个 50 年代和 60 年代。股市也从 1960 年后快速上升,1966 年 2 月道指最高上摸 1000 点以上。1973 年 12 月,美国因石油危机而引发严重经济衰退,进入了长达 10 年的经济"滞胀"。道指从 1973 年的 1050 点左右的高峰跌到 1974 年底 570 点的谷底,跌幅达 45%左右。

这是进入 20 世纪后美国第三次股市周期的终结。

(4)20 世纪 80 年代

1981 年里根上台后提出的《经济复兴计划》,经济从 1982 年底走出衰退,到 80 年代中美国已走出了滞胀。经济的持续上升带动了股市的繁荣。1982 年中期新一轮牛市启动,1987 年 8 月见顶于 2746.65 点。1987 年 10 月 19 日是美国股市的黑色星期一,道·琼斯工业平均指数单日下跌 508 点,跌幅达 22.6%。股市暴跌后,政府采取了一些措施,包括美联储放宽信贷、保证给商业银行提供充分资金等,1988 年下半年道指重新站稳 2000 点并拾级而上,1989 年 8 月以后几次上冲 1987 年的制高点并获突破。

(5)20 世纪 90 年代至今

"海湾战争"初期,由于担心再次爆发石油危机,美国消费者信心下跌,美国经济从 1990 年夏天开始衰退,8 月股市出现崩盘,两个月就下跌了 30%。但"海湾战争"的胜利提高了美国的威望,大量外资涌入,道·琼斯 30 种工业股票平均首次收在 3000 点以上。以"海湾战争"胜利为契机,美国经济于 1991 年 3 月走出衰退,1992—1995 年的年均增长为 3.1%,1996—2000 年五年年均增长达 4%,进入了一个高增长、低通胀、低失业率的"新经济"时期。这次经济长周期的形成,与 80 年代中后期从美国开始的以微电子技术为核心的第四次科技革命密切相关。同时,1993 年克林顿上台后采取的财政、货币、科技、产业和贸易政策,也有利于当时的经济和技术发展。随着美国经济的持续增长,美国股票市场也走上了十年的大牛市之路。

90 年代中期开始的对新经济的鼓噪宣传、过分的乐观情绪也造成人们风险意识的下降、个人和公司投资过度、金融机构信贷无度。这一切也引发了股市的"非理性繁荣"。2000 年 3 月美国股票市场攀升到顶峰,纳指最高达 5132.52 点,道指最高达 11119.9 点。就在股指升到历史新位不久,首先是纳指出现持续巨幅下跌,到 2000 年年底已跌至 2470 点。受纳指惨跌影响,道指也开始下跌,2001 年 3 月美国经济进入衰退后,道指出现明显下挫。有不少人认为,美国股票市场有机会在消除泡沫后会继续走好。但是,此后发生的一连串事情,如"9.11"事件、2001 年的财务丑闻及信任危机、"倒萨战争",再加上 2007 年发生的次贷危机,都致使美国经济和股市复苏缓慢,至今无甚起色。

(二)英国证券市场[①]

1. 英国证券市场的生成

英国证券市场的起源可以追溯到 1553 年成立的俄罗斯公司的股票交易和

---

① 贺智华. 海外证券市场. 经济日报出版社,2002

1600 年成立的东印度公司的股票交易,而正式开展证券交易并产生市场规则是 17 世纪末以后的事情。1694 年的英格兰银行和 1711 年的南海公司等股票公司以及发行可自由转让股票的大多数公司在这段时期之前都先后诞生了,而且证券捐客也出现了。但是 1720 年随着南海公司股票投机(想将已发债券转换成南海公司股票的意图)的失败,许多在创建公司热潮中创建的"皮包"公司也相继出现了破绽(被称之为南海泡沫)。这期间,为防止类似事件发生,制定了泡沫公司禁止法(泡沫法)。在随后的 100 多年里,一般不允许再建立股份公司(除非有议会和国王的特许)。

尽管有为数不多的几家特权公司在继续从事股票交易,然而从 18 世纪到 19 世纪初大量向特权公司供给证券的却是政府。7 年战争、美国独立战争以及拿破仑战争等使政府财政紧张。政府在以特权换取公司借款的方式中选择了通过发行国债筹集资金的方式,在国债的销售和交易中,公债承接人和证券捐客起到了重要的作用,证券交易开始出现市场组织化的尝试,并于 1773 年使用证券交易所的称呼,同时还诞生了由使用者会员组成的委员会。1812 年最早的证券法律文本诞生。

2. 19 世纪英国证券市场的发展

国债曾经成为英国证券交易的中心,但自拿破仑战争后到第一次世界大战前,它已不再重新发行。但是,由于这种统一的、可交换的国债(统一公债)质量相同,大量存在,而且具有很高的信用,成为一种流动性很强的安全证券并成为人们的投资对象。后来,国内公司证券和海外证券取代国债呈现出发行增长的势头。

英国国内证券的发行首推铁道证券的发行。随着 19 世纪三四十年代证券投机风潮的兴起和衰败,证券市场得到了扩大,由于一般工商企业设立股份公司受到限制,所以推迟了这些企业的证券进入证券市场。但是自从 1855 年认可股东有限责任和 1862 年制订公司法之后,股份公司的兴建得到了增加。重工业的发展出现了资本规模扩大和集中、兼并的态势,这似乎也促进了公司股份化的进程。到第一次世界大战前夕,在伦敦证券交易所上市的公司达到了 2000 家的规模。

3. 证券市场在战争中变化

20 世纪 20 年代,在欧洲复兴需要资金的背景下,证券也开始在海外重新发行。英国在第一次世界大战后,由于它在国际上经济地位的降低,使得它作为世界资本市场的作用也相应降低,到 20 世纪 30 年代,由于世界经济萧条和地区经济一体化,使得海外证券发行状况低迷,许多商人银行都终止了海外证券的发行。随着海外证券的减少,国债和国内公司证券成为英国的证券市场主流,并经历了 20 世纪 20 年代后期到 30 年代中期的股票发行高峰。而且,证券市场还出现了新的动向:证券掮客开始接手国内公司证券,并涌现出大量的投资信托公司。

4. 第二次世界大战后的证券市场

英国经济在第二次世界大战中遭到沉重打击,随着英国经济地位的下降,英国的殖民统治体系也走向崩溃,英联邦的不断瓦解使得一直依靠殖民收入作为主要海外资金来源的英国不得不变卖海外资产。到了 60 年代,英国被迫对证券市场上的外国债券进行严格限制。这一阶段,英国的海外证券投资不断衰退,国内也因政府公债的累积抑制了民间资本的形成,证券市场处于萎缩状态。但在 70 年代以后,随着英国经济的恢复,外国对英国的股票投资及英国对北美西欧的股票投资有了长足进展,伦敦证券市场的国际性地位也随之逐步增强。

5. "大爆炸(Big Bang)"与证券市场改革

为了适应国内证券市场的发展,参与国际证券业的竞争,恢复伦敦在国际证券业的地位,经过反复酝酿,伦敦证券交易所终于在 1986 年 10 月 27 日进行了大改革。人们用天文学家描绘宇宙在形成的一刹那所发生的巨大裂变——"大爆炸"(Big Bang)这个词来形容英国证券市场的这次改革。

改革的主要内容:(1)取消证券市场的最低佣金制,变固定佣金制为浮动佣金制,经纪商与客户通过谈判确定佣金,这种自由竞争的方法可以降低交易成本。(2)打破证券经纪商(Broker)和造市商(Jobber)之间的界限,将两者合二为一。(3)打开长期封闭的证交所大门,放宽对会员资格的审查,允许银行、保险公司、投资基金等金融机构以及外国证券商进入市场参加交易。(4)运用先进的电子计算机技术和设备进行交易,建立了"证券交易自动报价系统",该系统与纽约证交所、东京证交所的电脑中心联网,实现了 24 小时全球证券交易。

英国证券市场在变革中不断发展,其伦敦证券交易所早已成为世界上第三大证券交易中心。

(三)日本证券市场[①]

日本的证券市场最早可以追溯到明治维新时期。当时政府在 1878 年颁布了《证券交易所管理条例》,随即在东京和大阪建立了证券交易所。到 1891 年日本共建立 137 家证券交易所,它们大都是私有的赢利性股份公司。从 19 世纪 90 年代开始,证券公司开始交易国债和股票。但是由于当时日本的经济为家族式财阀所垄断,作为投资大众化载体的证券市场并不发达,特别是股票交易采取

---

① 参考自李硕远《中韩日证券市场研究》(上海交通大学出版社 2003 年版)和邢天才、王玉霞《证券投资学》(第二版)(东北财经大学出版社 2007 年版)

定期交易方式,市场投机性很强,妨碍了投资大众的参与。证券市场不仅因此发展受制,而且还因其形象不良为以后的发展留下了心理障碍。1902 年类似于现代融资公司的藤木证券经纪商宣告成立,后来在关西地区又出现了更多的经纪商。经纪商的出现促进了短期金融市场的发展。

日本在 1943 年成立了日本证券交易所,为半官方组织,但于 1947 年解散。1949 年日本于东京、大阪、名古屋三地建立交易所,之后又有京都、广岛、福冈、新潟及札幌等证交所成立,全日本共有 8 个证券交易所。2000 年 3 月,福冈与新潟证交所并入东京证交所,因此,日本共计有 6 个证交所,规模最大的为东京证券交易所(TSE)。

日本的证券主管机构为大藏省(财政部)证券局,1998 年日本实施金融改革,成立了金融监督厅,负责监督与检查金融业务。2000 年 7 月大藏省(财政部)金融企划局与金融监督厅合并,成立了金融厅,负责银行、保险与证券机构之监督。

二、我国证券市场发展简史[①]

我国正式的证券市场是在改革开放之后才逐渐建立起来,因此还十分年轻。此部分只介绍改革开放后我国证券市场的发展历程。

(一)证券市场起步时期(1978—1992 年)

1978 年 12 月,以党的十一届三中全会的召开为标志,经济建设成为国家的基本任务,改革开放成为国家的基本国策。随着经济体制改革的推进,企业对资金的需求日益多样化,新中国资本市场开始萌生。

1981 年我国改变"既无外债、又无内债"的传统的计划经济思想,开始发行国库券,1982 年和 1984 年,企业债和金融债开始出现。1984 年 7 月北京天桥股份有限公司和上海飞乐音响股份有限公司经中国人民银行批准向社会公开发行股票,这是 1979 年改革开放以来证券市场发展的初级阶段。到 1989 年全国发行股票的企业达到 6000 家,累计人民币 35 亿元,遍及北京、上海、天津、广东、江苏、河北、安徽、湖北、辽宁、内蒙古等省市,其中债券化的股票占 90% 以上,经正式批准的比较规范的股票发行的试点企业有 100 多家。除股票之外,1986 年 5 月 8 日沈阳信托投资公司率先开展了债券买卖和抵押业务,到 1988 年全国 61 个大中城市开放了国库券流通市场,1989 年全国有 100 多个城市的 400 多家的

[①] 参考自贺小松:发达证券市场的层次化综合化及我国证券市场的路径选择. 经济问题,2007 (12);中国证券业协会编. 证券市场基础知识. 中国财政经济出版社,2008;邢天才,王玉霞. 证券投资学(第二版). 东北财经大学出版社,2007

交易机构开办了国库券转让业务,1990年全国累计发行各种有价证券2100多亿元,累计转让交易额318亿元。自从1987年9月中国第一家专业证券公司——深圳特区证券公司成立以来,到了1990年证券中介机构网点达到1600多家。1990年和1991年,上海证券交易所和深圳证券交易所相继成立,证券交易开始在交易所内集中进行。1990年10月,郑州粮食批发市场开业并引入期货交易机制,成为新中国期货交易的实质性开端。1992年10月,深圳有色金属交易所推出了中国第一个标准化期货合约——特级铝期货标准合同,实现了由远期合同向期货交易的过渡。与此同时,场外交易市场继续发展,出现了很多地方证券交易中心。1992年和1993年中国证券市场研究中心和中国证券交易系统有限公司又先后开办了"全国证券交易自动报价系统"(STAQ)和"全国电子交易系统"(NET)两个全国性证券交易网络。

(二)全国证券市场形成和初步发展(1993—1998年)

1992年10月,国务院证券管理委员会(以下简称"国务院证券委")和中国证监会成立,标志着中国资本市场开始逐步纳入全国统一的监管框架,全国性市场由此开始发展。1997年11月,中国金融体系进一步确定了银行业、证券业、保险业分业经营、分业管理的原则。1998年4月,国务院证券委撤销,中国证监会成为全国证券期货市场的监管部门,建立了集中统一的证券期货市场监管体制。中国证监会成立以后,推动了一系列证券期货市场法规和规章的建设,证券市场法规体系初步形成,使资本市场的发展走上了规范化的轨道,为相关制度的进一步完善奠定了基础。

在这段时期,国家采取了额度指标管理的股票发行审批制度,即将额度指标下达之省级政府或者行业主管部门,由其在指标限度内推荐企业,再由中国证监会审批企业发行股票。在交易方式上,上海和深圳证券交易所都建立了无纸化电子交易平台。随着市场的发展,上市公司数量、总市值和流通市值、股票发行筹资额、投资者开户数、交易量等都进入了一个较快发展的阶段。沪、深交易所交易品种逐步增加,由单一的股票陆续增加了国债、权证、企业债券、可转换债券、封闭式基金等。同时证券经营机构也得到快速发展。到1998年底,全国有证券公司90家,证券营业部2412家。从1991年开始,出现了一批投资于证券、期货、房地产等市场的基金(统称为"老基金")。1997年11月,《证券投资基金管理暂行办法》颁布,规范证券投资基金的发展。

(三)证券市场的进一步规范和发展(1999年至今)

1998年12月,《证券法》正式颁布,这是新中国第一部规范证券发行与交易的法律,并由此确认了资本市场的法律地位。2001年12月,我国加入世界贸易组织,中国经济走向全面开放,金融改革不断深化,资本市场的深度和广度日益扩大。

但是,在这段时期的初期,一些资本市场发展过程中所累积的遗留问题、制度性缺陷和结构性矛盾逐渐显现。从 2001 年开始,市场步入了持续 4 年的调整阶段:股票指数大幅度下挫;新股发行和上市公司再融资难度加大、周期变长;证券公司遇到了严重的经营困难,到 2005 年全行业连续 4 年总体亏损。

为了积极推进资本市场改革开放和稳定发展,国务院于 2004 年 1 月发布了《关于推进资本市场改革开放的稳定发展的若干意见》,为资本市场新一轮的改革和发展奠定了基础。2005 年 10 月,修订后的《证券法》、《公司法》颁布,有关资本市场监管法规和部门规章也得到了相应的调整与完善,中国资本市场开始发生一系列深刻的变化。

为了进一步规范我国证券市场,监管部门提出了一系列措施:《关于推进资本市场改革开放的稳定发展的若干意见》中提出了著名的"国九条"(见图 1-2)、2005 年开始启动了股权分置改革(详细介绍参见第二章案例)、2005 年 11 月国务院批转了中国证监会《关于提高上市公司质量的意见》,中国证监会开始对证

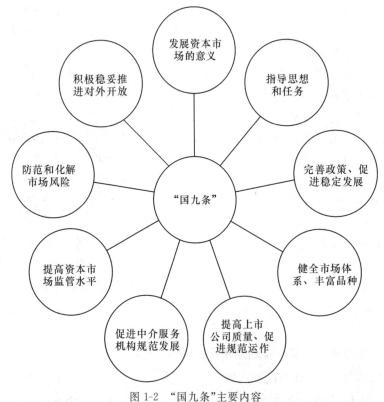

图 1-2 "国九条"主要内容

券公司的综合治理(并于 2007 年 8 月成功结束了对证券公司的综合治理工作)、实行发行制度的改革(见图 1-3),实行基金业市场化改革及机构投资者的发展、逐步完善资本市场法律体系。

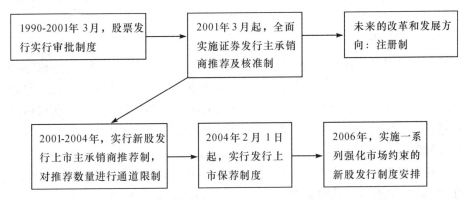

图 1-3 中国证券发行审核制度的演进

2007 年底,沪、深市场总市值位居全球资本市场第三,2007 年首次公开发行股票融资 4595.79 亿元,位列全球第一,日均交易量 1903 亿元,成为全球最为活跃的市场之一。

第三节 证券市场的作用

一、证券市场的基础功能[①]

证券市场的基础功能就是证券市场赖以发展的功能,是证券市场发展的根本点,它可分为促进融资、投资增值、促进资源优化配置、定价、促进公司治理五个基础功能。

(一)融资功能

证券市场的融资功能是指证券市场为资金需求者筹集资金,是证券市场的首要功能。企业通过在证券市场上发行股票,把分散在社会上的闲置资金集中起来,形成巨额的、可供长期使用的资本,用于社会化大生产和大规模经营。股票市场所能达到的筹集资本的规模和速度是企业靠自身积累所无法比拟的。

股票市场融资是一种直接融资,这种直接的融资功能对银行体系的间接融

---

① 该部分内容参考:王卫彬. 我国证券市场的功能分析与对策. 西南石油学院硕士论文,2005

资功能具有的补充作用:证券市场筹集资金的功能直接来自于股份制公司自身特有的优势,股份制企业可以迅速吸收社会上闲散的资金,筹集到所需要的资金,证券市场正是为资金从投资者向筹资者的流动提供了便利的场所和规范的制度。

(二)投资增值

所谓投资增值功能,即投资者投入的资金可以实现增值的作用。当证券市场有大量资金进入时,由于证券供求关系不平衡,证券供不应求,导致整个市场的股票指数全线上涨,股票价格不断上升,先前进入的投资者就可以获得增值,但这种资金推动型增值有巨大的风险,一旦经济衰退,股指就会下跌,股票价格全线回落。

在投资决策的制定上,国外学者提出了一系列的现代投资理论。马柯维茨在 1952 年发表《证券组合选择》,随后,夏普(William F. Sharp)1963 年发表了《证券组合分析的简化模型》,提出了资本资产定价模型(CAPM);罗斯随后于 1976 年提出了套利定价理论(APT)。这些模型从不同角度对证券组合理论进行了充实和完善,使现代投资理论逐步走向成熟。

(三)促进资源优化配置

有效的配置资源和优化的经济结构是保持经济长期稳定增长的基础。证券市场能够通过投资者行为实现资源的重新配置,促进社会资金的流动。在证券市场上,投资者根据公布的证券价格与收益以及相关的信息,选择购买潜力大、效益好的公司发行的证券,从而引导社会资本向资本收益率高的产业部门和企业流动。资本流向这些产业和企业意味着资金被配置在最能发挥效能、运用效率最高的领域和环节。因此,证券市场为社会资本的流向提供了充分的选择机制,使资金在行业或企业间合理流动,最终达到合理配置资源和优化产业结构的效果。

(四)定价功能

证券是资本的存在形式,所以,证券的价格实际上是证券所代表的资本的价格。在一个有效的市场中,证券的价格是证券市场上证券供求双方共同作用的结果。证券市场的运行形成了证券需求者竞争和证券供给者竞争的关系,这种竞争的结果是:能产生高投资回报的资本,市场的需求就大,其相应的证券价格就高;反之,证券的价格就低。因此,证券市场可以说是资本的一种定价机制。

(五)促进公司治理

证券市场促进公司治理功能体现在如下几个方面:

1．收购兼并功能

公司的经营绩效不佳可能导致证券市场上的并购，或者通过证券市场收购股权争夺公司的代理权，在公司股价大幅下跌的情况下，外部投资者就有可能较为容易地通过证券市场收集或联合足够多的股票投票权来更换在职经理；另外，股票价格的下跌可能会招致敌意兼并者的兼并。一旦敌意兼并成功，现行的经营者自然难以躲避被解雇的厄运。

2．激励约束机制

证券市场的激励约束功能体现在市场报酬机制上，有效的股票市场是公司经营绩效的评估系统，股票市场是投资者行使"用脚投票"权利的场所。上市公司损害投资者利益或投资者对上市公司的业绩不满可通过抛售股票对公司管理者形成约束机制。另一方面，股票期权激励机制将经理人的利益同公司利益相联系，起到了很好的激励作用。

3．直接参与公司治理

股权持有者可以通过股东大会，选举董事会，进而挑选经营者，对经理人进行激励。企业的最大股东在面对公司经营不善、股价下跌时，他们会通过董事会的渠道直接罢免经营者，也就是说"用手投票"。中小股东可以联合起来，通过股东大会，决定公司的大政方针。

4．上市公司摘牌和破产机制

当上市公司连续多年经营业绩未能达到一定标准，则证券交易所可以取消其上市资格，上市公司也可以申请破产，以此保护投资者利益。这是证券市场对公司治理的一种有效的功能。

二、证券市场的派生功能

证券市场的派生功能是指从原始功能或基础功能派生而来的功能。以下四个方面是证券市场主要的派生功能。

（一）分散风险

分散风险的功能在于两个层面：企业层面和投资者层面。

证券市场分散风险的功能是双向的，筹资者可以通过发行证券筹集资金，同时将其经营风险部分地转移和分散给投资者，上市公司的股东数越多，单个股东所承担的经营风险就越小。另外，投资者可以通过购买不同的证券组合或买进卖出证券以达到转移和分散投资风险的目的。

从公司层面来看，融资者通过发行证券筹集资金，实际上还将其经营风险部分地转移和分散给其他投资者。从投资者方面来看，由于证券市场的存在，风险也在众多投资者之间得到分散。证券市场的流动性为投资者的资产变现及为投资者选择不同金融资产构造投资组合提供了便利,证券市场的流动性可以减少股市下跌的风险以及投资于长期项目的成本。

(二)预示功能

随着证券市场的发展和成熟,证券市场对宏观经济运行的变化及存在的问题具有预先显示的功能。在证券市场发达国家里,其股票价格变动与宏观经济运行常常呈现出同方向变化,而且,股市行情往往走在宏观经济运行变化之前。股市在反映了一国社会政治、经济形势的稳定和发展时,尽管由于政策救市、机构操作等种种原因,某些时期,大盘和个股会走出和一个国家政治、经济形势不相吻合的走势,但从长期看,股市是具有晴雨表功能的,股票价格与其价值在长期走势上应该是一致的。

(三)推动国有企业现代企业制度的建立

证券市场具有促进企业转换经营机制的功能。企业要想成为上市公司,首先必须改制成股份有限公司,形成三级授权关系,较好地分离所有权和经营权。同时,资本来源于诸多股东及股票自身的流通性和风险性,必然使企业处在各方面的监督影响之中,受到股东"用脚投票"的各种压力,从而加强企业经营管理,所有这些都促使公司形成健全的内部约束机制。此外,通过证券市场的优胜劣汰机制,可以使优秀的企业家脱颖而出,提高企业家的整体水平。

第四节　证券投资与私人理财

一、证券投资概述

证券投资指企业或个人用积累起来的货币购买股票、债券等有价证券,借以获得收益的行为。对金融机构而言则是指以有价证券为经营对象的业务,证券投资对象主要是政府债券、企业债券和股票的发行和购买。

(一)证券投资动机[①]

证券投资的动机与目的主要有以下几种:

1. 获取收益

绝大多数投资者参与证券投资活动,主要是为了获取收益,通俗地说,就是为了赚钱。具体又分为以下两种类型。

---

① 林俊国. 证券投资学. 经济科学出版社,2006

（1）获取投资收益。许多人参与投资活动最主要的动机是获取利息和股息等收益。特别是那些着眼于长期投资的人更是注意比较各种证券收益的差别，进行细致的计算和选择，尽量把资金投放在市场价格比较稳定且收益较高的证券上。

（2）获取投机收益。有些人参与证券投机活动主要是为了从证券价格波动中获取差价收益。这些证券投机者认为，证券低进高出获得的收益远高于利息或股息收入。因此，他们时刻关注着证券市场的供求关系和证券行情的变动趋势，他们愿意承担较大的风险以期获取较大的收益。

2. 参与经营决策

有些投资者参与证券投资主要是为了参与发行公司的经营决策，也就是通过参加公司股东大会来行使投票表决权。资金雄厚的投资者有时会通过大量购买某公司股票来达到控制公司的目的，证券市场上的收购战就是为了争夺公司的控制权。

随着股权的不断分散，规模大的股份公司股东众多，只有极少数大股东才有参与公司决策的实际权利。绝大多数小股东仅仅关心股票的收益。在股票流通市场日益发达的今天，股票作为公司所有权象征的意义越来越弱，而作为一种"金融商品"的意义越来越突出。

3. 分散风险

投资者对投资资产管理的重要原则是资产分散化，以降低风险。资产分散化就是投资者不要将资金集中投放在单一资产，而是同时持有各种资产。这样，当市场行情发生变化时，各种资产有升有降，可以互相抵消，投资者可以避免或减少损失。证券投资具有选择面广、资产分散的特点，从而为投资者实现资产分散化、降低投资风险提供了可能性。

4. 增加资产流动性

资产的流动性也称变现性，是一种资产在不受损失的情况下转化为现金的能力。保持资产的流动性，是参与投资经营的重要原则，流动性的高低是衡量投资者经营活动是否稳健、正常的主要标志。证券是除现金和活期存款外最有流动性的资产，证券投资业务为投资者保持资产的流动性提供了条件。

(二) 证券投资的要素[①]

1. 投资场所

投资的场所其实就是金融交易的场所，亦即金融市场。金融市场具有融通

---

① 谭中明，侯青，黄正清. 证券投资学. 中国科学技术大学出版社, 2004

资金、定价、转移和分散风险以及提供流动性等多种功能。对投资者来说,金融市场是买卖股票、债券及其他有价证券的场所。随着现代信息、通信与电子技术发展,许多市场已经边缘化,不再是一个具体的场所,而成为一个网络。许多金融工具的交易也是在这样的网络中实现的。因此,我们所说的场所有时其实是一个"机制",一个实现定价和金融交易的机制。当我们将特定的交易形式定义为"市场"时,以后发展出来的其他形式就成为"场外市场",比如股票交易的典型场所是证券交易所,交易所以外的股票交易场所或机制就被称作"场外交易市场"。

2. 投资的参与者

(1)个人投资者。个人投资者是以家庭资产进行投资的投资者,是投资活动的主体。因为从宏观看,家庭消费后的结余构成社会的储蓄。家庭是社会的主要资金的提供者,因此,在金融市场上,个人或家庭的主要活动是投资,实际上,个人或家庭的储蓄能否顺利地转化为投资是衡量一国宏观经济是否健康的重要指标。

(2)机构投资者。机构投资者可分为两类,一类是非金融企业,一类是金融机构。对于非金融企业来说,它们也有闲置资金,也需要利用金融市场进行投资,以获得尽可能好的效益;此外还需要利用金融市场进行套期保值以规避产品价格波动的风险、利率变化的风险和汇率变化的风险。对金融机构来说,参与投资活动的主要是从事证券业务的投资银行和证券公司、从事存贷款业务的商业银行,从事人寿保险、财产保险和再保险的保险公司和包括共同基金、养老基金在内的各种基金。由于投资银行与商业银行混业经营已成为国际金融业发展的一大趋势,因此,在我国两者也已呈现出逐渐融合的势头。

(3)政府。政府与投资的关系表现在三个不同的层面上:一是政府是资金的需求者。与企业一样,政府需要利用金融市场发行中长期国债或短期国库券筹措资金以满足其支出需要。特别是当政府的财政出现赤字或赤字增加时,政府要通过发行债券来弥补。二是政府通过中央银行在金融市场中大量买卖国库券,以影响市场利率和货币供应量,调节宏观经济。三是政府对金融市场中的投资活动的监管。政府通过专门的监管部门(如我国的证监会)对证券市场进行监管,以使有关信息得到规范的披露,确保证券交易的公平、公正和公开。所以,政府既需要金融市场又负责监管市场,政府也进行投资但不是为了赢利,是为了调节宏观经济。

(三)证券投资基本原则①

1. 收益和风险最佳组合原则

在证券投资中,收益与风险是一对相伴而生的矛盾。要想获得收益,就必须冒风险。解决这一矛盾的办法是:在已定的风险条件下,尽可能使投资收益最优化;在已定的收益条件下,尽可能使风险减小到最低程度。投资者必须明确自己的目标,恰当地把握自己的投资能力,不断培养自己驾驭和承受风险的能力及应付各种情况的基本素质;要求投资者在证券投资的过程中,尽力保护本金,增加收益,减少损失。必须看到,证券投资是一项非常复杂的经济活动,预测失误的例子屡见不鲜,这就要求投资者不断总结经验,分析失败的原因,才能获得最后的成功。

2. 分散投资原则

证券投资的对象是风险资产,而通过分散投资,能有效降低投资组合的风险。分散投资可以从两个方面着手:一是对多种证券进行投资。这样,即使其中的一种或几种证券得不到收益,而其他的证券收益较好,也可以得到补偿,不至于血本无归。二是在进行多种证券投资时,应把握投资方向,将投资分为进攻性和防御性两部分,前者主要指普通股票,后者主要指债券和优先股。而对于普通股的投资,也可以进行公司、行业和时间等方面的分散。

3. 理智投资原则

证券市场由于受到各方面因素的影响而处于不断变化之中,谁也无法准确预测到行情的变化。这就要求投资者在进行投资时,不能感情用事,而应该冷静而慎重,善于控制自己的情绪,不要过多地受各种传言的影响,要对各种证券加以细心地比较,最后才决定投资的对象。

4. 责任自负原则

在进行证券投资时,适当借助于他人的力量,如接受他人的建议或劝告是必要的,但不能完全依赖别人,而必须坚持独立思考、自主判断的原则。这是因为证券投资是一种自觉的、主动的行为,所有投资的赔赚都要由自己承担。另外,在证券市场上,任何人都不会比自己更认真去考虑自己的事情。所以,投资者不应轻信或完全依赖他们,证券投资的成败完全是投资者自己的责任。

5. 剩余资金投资原则

与储蓄存款不同,证券投资的资金必须是家庭较长时间闲置不用的剩余资金。这是因为证券投资是一种风险较大的经济活动,意味着赚钱和亏本的机会

---

① 林俊国. 证券投资学(第三版). 经济科学出版社,2006

同时存在,如果把全部资金都投入证券,一旦发生亏损,就会危及家庭收支计划,从而给正常的生活带来极大的困难。所以,妥善的做法是把全部资金进行合理分配,留足家庭生活的必备资金,所剩余的长时间有可能闲置的资金,才能用来进行证券投资。投资者应该在估计全部资产和风险承受能力的基础上,才决定是否进行证券投资和用多少资金进行证券投资。

二、银行私人理财业务概述

私人理财是指个人通过一系列有目的、有意识的财务规划获得自身资产的最大化。目前,银行、保险公司、基金公司等各大金融机构都开展了各种私人理财业务,但就国际上而言,银行的私人理财业务仍是主打品牌,因此,本书这里只介绍银行的私人理财业务。

银行私人理财业务是指商业银行以特定的个人客户为对象,建立在委托人不同需求分析和财务规划基础上的,为其提供各种量身定做的管理、投资金融资产的咨询及代理业务,通过对个人金融资产的重组与再利用,帮助其规避风险,使其资产得到保值和增值的一种中间业务。除提供一般性信息咨询外,还运用各种理财工具如储蓄、融资、银行卡、个人支票、保险箱、保险、证券、外汇、基金、债券等进行组合,提出合适的理财方案,指导客户如何安排家庭收入与支出,实现个人资产的最优配置。个人理财业务被银行看做是取之不尽的"金矿",美国私人银行过去几年里个人理财业务每年的平均利润率高达 35%,年平均赢利增长 12%～15%,远远优于一般的银行零售业务[1]。

(一)国外银行私人理财业务发展简史

理财业务起源于美国,大致经历了三个阶段:第一阶段是 20 世纪 30 年代到 60 年代,是理财业务产生与初步发展的时期。主要是代理客户进行投资收益分析、筹划资金安排和代办有关手续等,局限于简单的委托代理活动。第二阶段是 20 世纪 60 年代到 80 年代,理财业务开始向"产品化"的方向发展,融合了传统存贷款业务、投资业务和咨询顾问业务的"组合式"理财产品迅速发展起来。第三阶段是 20 世纪 90 年代以后,随着商业银行的管理理论从资产负债管理向客户管理的转变,理财业务逐渐成为商业银行增强客户忠诚度、提高银行竞争力、更好地管理客户风险、提高银行风险对冲和管理能力的重要业务方式,也成为商业银行适应市场需要的一项基本服务要求。[2]

---

[1] 潘丽娟. 我国银行业个人理财业务的现状与对策. 内蒙古科技与经济,2008(2)
[2] 潘丽娟. 我国银行业个人理财业务的现状与对策. 内蒙古科技与经济,2008(2)

(二)我国商业银行私人理财业务介绍

1. 我国银行私人理财业务产生的背景[①]

我国银行私人理财产生的背景主要有以下三个方面：

(1)我国银行私人理财是在分业经营条件下产生的。银行和证券业务的分离是当今中国金融体制的一大特点。1995年5月通过的《中华人民共和国商业银行法》将银行在境内从事信托投资和股票业务列入明文禁止条款中。我国银行私人理财既不能从事证券投资经纪和自营业务,也不能跨业从事信托业,只能从事与发展存款有关活动,远离了快速发展的资本市场业务和丰富多彩的私人信托业务。

(2)我国银行私人理财是在利率管制条件下产生的。在我国,中央银行依照国民经济状况决定金融机构存款利率,银行和其他金融机构必须严格执行。利率管制对我国银行私人理财业务的影响表现为:我国央行规定商业银行的贷款利率始终高于存款利率,这保证了银行资产业务盈利的可能性;同时我国法定准备金存款,一直实行存款计息,利息为正的管理原则,其结果是存款越多,银行资产业务收入越多,这些都削弱了银行通过拓展私人理财业务盈利的积极性。

(3)我国银行私人理财是在产权制度不完善的条件下产生的。目前我国的商业银行还没有真正进入商业化经营,也不具备商业化经营的内部条件,各大银行依然是国有独资或国家绝对控股的产权结构,这种不完善的产权制度对我国私人理财的负面影响是,私人理财只具备形式上的重要性,而不具备内容上的重要性。

2. 我国私人理财业务的现状[②]

从我国国内来看,目前个人理财市场规模持续扩大已成为不争的现实。2006年夏季,美林集团发布的全球财富报告显示2006年中国内地百万美元富翁约有23.6万人,比2005年的21万增长了12%,这些富豪所掌握的财富总额已经达到了9690亿美元。若以人民币计算,约有24万人成为了千万级别的富翁。而根据波士顿咨询公司(BCG)的最新研究报告,在2003年亚洲理财市场(不包括日本)6.4万亿美元的管理资产中,有3.29万亿美元来自大中华区。而该报告更预测到2008年北京举办下届奥运会时,大中华区的财富增长率将达到27%,为4.2万亿美元,且中国内地将超越香港和台湾成为理财市场成长趋势中的领导力量。

---

① 杨浩. 我国银行私人理财业务的特点与展望. 上海管理科学,2003(1)

② 邓杨学. 我国商业银行个人理财业务发展现状及对策研究. 经济师,2008(2);廖佳馨. 我国私人理财业务的现状及发展对策. 海南金融,2005(8)

我国商业银行私人理财业务的发展过程大致可分为三个阶段：

(1)雏形期：以产品为核心，简单的一站式服务。各家银行都想把自己的理财中心规划成一部式、全方位的交易平台，虽然可以提供储蓄、保险、基金、国债、住房等一站式服务，但以推销本行产品为基础及最终目标，为客户提供理财服务更多局限于宣传和包装，主要表现为"四个模糊"，即对理财性质的认识模糊、市场定位模糊、目标客户模糊和理财产品模糊。这一阶段的理财服务仍然停留在以产品为核心的基础上，尚没有一个正确的理念来支撑。

(2)发展期：以客户为核心，"人生设计"理念贯穿其中的多元化金融咨询服务。各家银行都充分认识到理财业务极具潜力的市场空间，提供的理财服务逐步转为以客户为核心，并从原来的一站式向多元化的金融服务转变，同时相对丰富了理财产品。有些商业银行个人理财中心为客户提供的咨询服务涉及银行、保险、证券、经济形势、房产、法律等诸多领域，同时提出了人生设计理财理念，针对不同客户的不同风险偏好提供具有个性化的财务规划方案、理财建议及配套服务。这一阶段无论从政策上、理念上还是模式上均找到了开展理财业务的方向和切入点，以站在客户角度的全面综合的个性化理财概念的提出为标志。

(3)成熟期：具有中国特色，以国际先进的私人银行经营模式为最终发展目标。金融理财是经济高速增长到一定阶段的必然现象。我国的私人理财业务，虽然经过发展已取得一定的规模，但仍具有规模小、品种少、理财业务层次低等局限。2006年，我国全面开放金融市场，迫使国内银行业私人理财业务迅速成熟起来。

成熟期的私人理财业务，要求充分利用现代技术，加强私人银行业务的基础设施建设；加强管理信息系统建设；对客户综合提供高附加值的产品和服务；除一般银行业务外大力发展包括股票、证券、外汇、基金、金融衍生产品等的信托投资业务、风险管理、个人财务规划等。国内各商业银行近年都推出了丰富的理财产品，表1-1为2009年招商银行推出的一款私人理财产品。

表1-1　招商银行私人理财产品："金葵花"招银进宝之信托贷款33号理财计划

名　称	招商银行"金葵花"——招银进宝之信托贷款33号理财计划(代码:3541)。
理财币种	人民币。
本金及理财收益	本理财计划不保障本金及理财收益，在资金信托项下贷款本息完全如期回收的情况下，本理财计划在扣除相关信托费用后的预计到期年化收益率为2.50%，如果借款人到期未能支付全部本息，本理财计划期限将相应延长，如果延长后回收全部本息，本理财计划预期年化收益率亦为2.50%，否则根据资金信托项下贷款本息实际回收情况计算投资者应得本金及收益(如有，下同)。
理财期限	180天。

续表

名　　称	招商银行"金葵花"——招银进宝之信托贷款 33 号理财计划(代码:3541)。
认购起点	1 元为 1 份,认购起点份额为 5 万份,超过认购起点份额部分,应为 1 万份的整数倍。
提前终止	本理财计划有可能提前终止。
申购/赎回	本理财计划成立后不开放申购与赎回。
认购期	2009 年 5 月 18 日 10:00 到 2009 年 5 月 19 日 17:00。
登记日	2009 年 5 月 19 日为认购登记日,认购资金在认购登记日前按活期利率计算利息。
成立日	2009 年 5 月 20 日,理财计划自成立日起计息。
到期日	2009 年 11 月 16 日。
发行规模	规模上限 5 亿元。
计息基础	实际理财天数/365。
付息日及收益支付	到期支付。
计息单位	每 1 万份为 1 个计息单位,每单位收益精确到小数点后两位。
清算期	认购登记日到成立日期间为认购清算期,到期日(或理财计划实际终止日)到理财资金返还到账日为还本清算期,认购清算期和还本清算期内不计付利息。
购买方式	投资者可通过招商银行各营业网点或招商银行财富账户、个人银行专业版、大众版办理认购。
节假日	中国法定公众假。
对账单	本理财计划不提供对账单。
税款	理财收益的应纳税款由投资者自行申报及缴纳。

资料来源:招商银行网站.

案例一　　宝延事件[①]

1993 年 9 月 30 日,一则消息开始在坊间不胫而走:"宝安要收购延中了!"中国证券市场上第一起二级市场并购案例就此拉开序幕。

一、背景

上海延中实业股份有限公司,成立于 1985 年,是上海第二家股份制企业。公司成立时注册资本 50 万元,截止 1992 年 12 月 31 日,注册资本 2000 万元。

---

① 代凯军.管理案例博士评点.中华工商联合出版社,2000

股票面值于 1992 年 12 月 10 日拆细为每股 1 元,计 2000 万股,其中法人股 180 万股,占总股份 9%,个人股 1820 万股,占总股份的 91%。

上海延中实业股份有限公司原有直属和联营企业 6 家,商业服务部数十个。公司经营范围:主营文化办公机械、塑料制品,兼营电脑磁盘、录像机、磁带、家用电器、服装鞋帽、日用百货、针棉织品、装潢材料、合成材料等。

根据《上海延中实业股份有限公司负债表》及《上海延中实业股份有限公司利润分配表》,延中经营规模与股本都比较大,原因在于公司股票含金量较高,年末每股资产净值 3.94 元,2000 万元的股本资产,资产净值 7880 万元。1992 年主要财务分析指标如下:

(1)流动比率:流动资产/流动负债=1.36

(2)速度比率:速动资产/流动总额=1.26

(3)应收账款周转率:主营业务收入/应收账款余额=4.64

(4)股东权益收率:股东权益/资产总额=72.19%

(5)股本净利率:税后利润/股本总额=20.62%

(6)每股净资产:股东权益/股本总额=5.25(元)

(7)存货周转率 5.80%(主营业收入/存货平均余额)

(8)营业净利率:22%(税后利润/营业收入)

(9)资产报酬率:2.83%(税后利润/资产总额)

(10)净值(股东权益)报酬率:3.92%(税后利润/资产净值)

(11)总资产周转率:12.7%(主营业务收入/总资产)

从以上指标可以看出,延中实业公司的财务结构偏于保守,由于公司的周转性指标较差,影响了公司的盈利水平。总资产周转率,应收账款周转率和存货周转率全面偏低。公司利润总额中投资收益已超过 70%,这也是周转率低的一个原因。但是,无论利润来源于何处,从资产报酬率和净值报酬率的角度看,公司的盈利水平总是偏低的。

宝安企业集团主要经营业务项目包括:房地产业、工业区开发、工业制造和"三来一补"加工业、仓储运输工业、商业贸易和进出口贸易、酒店经营和服务、金融证券业等。1991 年组建股份公司,对能源、交通、通讯、建材等基础产业增加了投资,并拓展了电子技术、生物工程等高技术领域的业务,向区域性、多元化、多层次有跨国经营的企业集团迈进。

二、谋划

孙子曰:"多算胜,少算不胜,何况无算乎?"早在 1992 年末,中国宝安(集团)有限公司就已开始招募谋士,计划此次行动。他们雄辩的分析与推理增强了宝安的信心。经过细致的分析挑选,终于,上海延中实业股份有限公司被选中了。

主观上,宝安公司有足够的经济实力、管理能力和股市运作经验;客观上,延中的"薄家底"和几年来不尽如人意的经营业绩,给了宝安可乘之机。不仅如此,延中公司许多"历史问题"正合宝安胃口。延中的这种规模小股份分散的状况是政策和历史造成的。延中公司筹建时,由于政策规定老企业不能参股,所以它没有发起人股。其次,延中股本小,仅3000多万元,依宝安实力,收购或控股不存在资金上的问题。第三,延中公司的章程里没有任何反收购条款。这三条历史原因,使宝安收购延中具有操作上的可行性。而且延中在经营性质范围上与宝安同属综合性企业,控股之后对改善延中的管理,拓展宝安上海公司的业务有很大好处。

三、伺机

宝安开始行动了。首先宝安集团下属的三家企业,宝安上海公司、宝安华东保健用品公司和深圳龙岗宝灵电子灯饰公司受命,担任此次收购的主角。三家公司均小心谨慎,并严格控制消息,在此期间,宝安一直在慎重考虑,并进一步等待时机成熟。1993年9月3日,上海开放机构入市,又为计划的实施提供了政策上的可能性,于是公司当机立断,调集资金,准备9月中旬大规模收购延中股票。

1993年9月14日,延中股价8.8元,这已和7月26日的8.10元构成了一条较长的上升趋势线。9月14日以后,股价每日向上走高,但每日价格上扬不高,一般仅在几分至两角之间。延中股票的一反常态,与大市凄迷的不协调并没有引起延中公司的注意。而此时宝安正大量吃进延中的股票,市场上的圈内人士开始流传宝安的秘密计划,当股价拉出第8根阳线时,股价突破颈线10.47元,此时,三家主力兵团中,宝安上海公司持有股票最多,但尚未突破5%的报告线。由于《股票发行与交易管理暂行条例》第47条对法人在股票市场上大量买卖上市公司股票达一定比例时必须作报告有明确的规定:"任何法人直接或间接持有一个上市公司发行在外的普通股达5%时,应当自该事实发生起三个工作日内,向该公司、证券交易所和证监会作出书面报告并公告。法人在依照前述规定做出报告并公布之日起二个工作日内和作出报告前,不得再直接或者间接买卖该股票。"此项规定加大了收购的难度,会使收购成本大大提高,宝安试图跳过5%报告线,以期降低难度。

四、突袭

1993年9月29日,宝安上海公司已持有延中股票的4.56%,宝安华阳保健用品公司和深圳龙岗宝灵电子灯饰公司已分别持有延中股票达4.52%和

1.657％,三家合计 10.7％,早已超出 5％。三家公司接受命令,将于 9 月 30 日下单扫盘,而此时延中公司还浸在一片平和之中,像被偷袭前的珍珠港,毫无防备。

9 月 30 日,宝安公司计划下单扫盘,由于在此之前,宝安上海公司持有延中股票数为 4.56％,再吃进 15 万股即可超过 5％。宝安在集合竞价以及后来的短短几小时内便购进延中股票 342 万股,于是合计宝安持有延中股票数已达 479 万余股,其中包括宝安关联企业宝安华阳保健用品公司和深圳龙岗宝灵电子灯饰公司通过上海证交所的股票交易系统卖给宝安上海公司的 114.7 万股,至此宝安公司已拥有延中股票的 15.98％。

9 月 30 日 11:15 分,延中被停牌,电脑屏幕上映出了宝安公司的公告,本公司于本日已拥有延中实业股份有限公司发行在外的普通股 5％以上,现根据国务院《股票发行与交易管理暂行条例》第四章"上市公司收购"第 47 条之规定,特此通告。宝安在它一切都密谋已久准备就绪的情况下正式向延中宣战了。

上海昌平路,延中公司总部,此消息犹如晴天霹雳,正常的工作秩序被打乱了。秦国梁总经理心里更是别有滋味,为什么自己在学习《股票发行与交易管理暂行条例》时,竟会把第四章"跳过去"了呢?

上海余姚路,宝安上海公司部,宝安集团曾汉雄董事长,陈政立总经理,却显得格外平静。

五、反击

在毫无准备的袭击前,延中稍有忙乱,只能用国庆节的三天假期调兵遣将。酝酿反击的延中公司表示,他们不排除采取反收购行动的可能。同时,延中聘任在应付敌意收购很有经验的施罗德集团香港宝源投资有限公司做延中顾问。10 月 4 日,宝源公司中国企业代表张锐先生表示:"我们希望在国内朋友的帮助下,本着股市公开、公正、公平原则为延中股东寻找一条获得最佳利益的途径,开辟出一条有中国特色的反收购路子。"

几天之内,收购与反购之战愈演愈烈,宝安、延中分别在各自智囊团支持下,通过新闻媒介展开唇枪舌剑。

宝安再三声明:我们是想成为延中第一大股东,通过控股来参与延中的管理甚至决策。

延中则提出疑问:9 月 29 日,宝安上海公司已持有延中股票 4.56％,按照 5％就要申报的规定,就只能再买 0.5％。然而,9 月 30 日集团竞价时,宝安一次就购进延股 342 万股,如此跳过 5％公告后必须 2％分批购进的规定,一下子达到 15.98％,这是否犯规?既然 9 月 30 日实际已购得 479 万余股,当日公告时为何只笼统讲 5% 以上,不具体讲明持股数? 宝安注册资本只有 1000 万元,这两天光买延中股就用了 6000 多万。国家明确规定,信贷资金、拆借资金不得买卖股票,不知你的资金来自何处?

宝安说,《股票发行与交易管理暂行条例》作为规范证券市场的一项重要法规,发挥了巨大的积极作用,但其中第 47 条规定,操作起来相对比较困难。按规定,直接或间接收购上市公司发行在外的普通股达到 5% 时应向该公司、证交所和证监会做书面报告,可是在没有得到全部交割资料之前如何知道究竟超过 5% 多少呢? 这个公告又该如何发何时发呢? 万一成交没有公告中说的那么多,在市场上却造成大起大落,会不会反而有欺骗股民造谣惑众之嫌呢? 我们是努力按现有的有关规定去做的。对整个持股超过 5% 以上的操作过程中的规范化问题,是你的理解不同。上海公司注册资本 1000 万元,经营多年为何不可多达 6000 万元? 如果来自集团总部呢?

延中表示,很遗憾宝安没有事先与延中沟通、协商,延中需要友善资金的加入,以扩大规模,增强企业竞争力,延中不反对企业的参股和组织兼并,只要符合广大股东利益和延中发展前途,但是,敌意收购会引起老股东的抵触情绪,损伤管理人员积极性,在目前发生的事件中,由于对方意图表现出敌意,袭击又来得突然,严重影响了延中目前的正常经营,一些项目的签约与新产品的专利申请都已延续。

宝安则表示,无意与延中公司发生对立,因为那样会给广大中小股东带来不必要的损失,并且正在考虑以某种形式使中小股东避免损失。股份公司的管理说到底是为全体股东服务的,在认识上和行动上绝不能脱离广大股东的利益。

宝安进一步逼近,若延中"反收购",其在资金上势必负债,那么负债谁来偿还? 包袱必然压在全体股东身上。延中公司"反收购",谁能保证别的公司在事件后不控股延中? 而别的公司有比宝安更强的能力来提高延中的效益吗?

宝安集团总经理陈正立说:宝安从没想过要全面收购延中,目标只是想做延中的第一大股东,对延中实际控股,以直接介入公司的经营决策,提高公司经营水平,尽力以较大的利润回报广大投资者。其次,宝安对延中的现任领导者也是善意的。董事局早已决定,控股成功后,原则上对原有的中层干部不做较大的人事变动。陈政立说,在我们一些善意的举动得不到圆满结局的情况下,将依据有关规定采取相应措施。

在此期间,延中积极同各方人士接触,并提出了各种反击的备选方案。据延中内部人士透露,在各种备选方案中,曾筛选出一种较理想的"声东击西"法,即打算从各方面调动几千万资金,对市场上规模比延中更小的个股进行围攻。购进其他股,既可分散宝安的注意力,聚集在延中身上的市场焦点也可能转化。把水搅混就可处于进可攻退可守的境地。即使延中全部失守,对被攻击的股票来说,延中也处于有利位置。如果股票价位仍低,延中就可进行实质性控股;如果价位迅速抬高,延中亦可抛出该股。手中持有获得资金,也为以后反收购积聚了经济实力。这对市场上延中股价还有一定牵制作用。这种立足于经济手段的反击措施可能有效地将宝安托在延中 20 元以下的泥潭中。它们占用大量资金的延中股票就会陷入延中"游击战"的汪洋大海里,处于既不能抛,也没有收的尴尬境地。

同时,延中还可以利用宝安在法律上的漏洞逼其就范。只需抓住一点,即宝安在中国证券报与上海证券报上的落款单位不一致,甚至送至本公司的公告落款与盖章都不吻合。连收购单位都不明确,何来收购之说?延中曾就此欲在上海某大报上发表声明,并预付了 2.7 万元的通栏广告费。但在当日傍晚,由于管理层干预而告撤销。

但是最终,在大鱼面前,延中不是掉过来吃小虾,而是"以硬对硬",最终失去了变被动为主动的最好机会,连宝安智囊团内的人士也为延中痛失反击机会而扼腕。

周鑫荣董事长在阐述了延中的观点,即宝安从 4.56% 一下子跳到 15.98% 显然有违规之处,以及宝安此次购股有联手操作的可能后,代表延中要求证券管理部门对宝安集团上海公司的购股过程进行调查并作出处理。同时他还指出宝安是恶意的,明确表示延中将不排除通过法律诉讼程序来维持自身利益的可能性。10 月 7 日晚 7 点 30 分,延中公司总部,几位老总都显得有些疲劳。宝安公司大搞心理战与攻心战,甚至在深圳传媒上提出延中组阁名单和他们的出路,令人很气愤。可是,又有些无可奈何。在资金上与对手相比,延中处于明显弱势。虽然有静安区内和几家区外兄弟企业愿意自发资助,但终究也只能是杯水车薪。在银根收紧的情况下,资金始终是个大问题,即使反收购成功又怎么办?如果把投资者拖住而自己得利,投资者一旦明白真相,一定会谴责这种行为,延中也不想把赚钱建立在老百姓受愚弄的基础上,跟宝安对抗是轻量级选手与重量级选手的交锋,对于延中来说用法律保护自己,阻止其收购目的也许更为可行。毕竟,宝安留有弱点。

10 月 9 日,宝安集团董事长曾汉雄在深圳表示,为了顾全大局,为了中国股市蓬勃发展,也为了不损害广大投资者的利益,宝安希望能妥善解决"宝延风波"。曾汉雄还说:"我们持有延中 16% 的股份,出发点是为了推进转换经营机制,为了推动中国股市健康发展,从根本上说也是按中央有关加速转换企业经营机制合理配置资源的精神做的。这一点大方向应肯定,不要从技术上加以否定。"

延中则坚持,我们认为宝安16％的持股中,除5％以外的股份其余都是不合规范取得的,因此在证监会未裁决前,我们不考虑召开临时股东大会。

六、点评①

宝延收购与反收购大战在中国证券发展史具有较为深远的影响,给我们带来了以下几点启示:

(一)完善股市交易系统

众所周知,成熟的市场必然是相对完善的。宝延事件发生时,中国股市仅有四五年的时间,还处在不成熟阶段,其预警能力在这次事件中没有经受住考验充分暴露了股市系统的不完善。对于宝安上海公司突然拥有延中股票16％左右,上交所负责人解释道:"在上海证交所的电脑中没有设置能显示持股比例的预警系统。"这显然是一个不该有的重大失误。这次事件过后,上交所和深交所纷纷采取了一系列的改进措施,如深交所在宝延事件发生后,首先想到的是要加强市场的监管。现在正集中力量加强基础设施建设,尤其在电脑通讯方面,要让全国各地的股民都能像深圳股民一样方便操作,从而创造一个公正、公开、高效的市场。同时我们也应该看到发达国家在证券市场的发展方面已积累了大量的经验,如何借鉴其经验,完善我们的市场系统应成为当务之急。

(二)促进企业转换经营机制,学会在市场经济的大潮中生存和发展

作为一个上市公司,延中的失误在于它们竟然不懂得在股市上还有"上市公司被收购"一说。延中实业公司在得知宝安已拥有其5％以上发行在外的股份时如梦方醒,"我们有点吃惊",职工的情绪也所有波动。造成延中公司这一被动局面的原因固然很多,但主要原因恐怕还是延中公司自己说出来的"公司管理层在学习'上市公司的收购'一章时都跳过去不看"。原来如此! 恐怕有这种想法的公司不只延中一家。市场经济的运行有其自身的规律,不能靠行政命令,讲情面,关键是看实力,效益和业绩。经营差或者即使经营业绩好但实力小的企业在证券市场上随时可能被收购。

宝延事件给人的启迪是,它使人们对股份制改革和证券市场的功能有了一个深层次的认识,这就是:利用市场进行兼并收购,既可避免过去靠行政命令进行改组的主观性,又可迅速实现产权的转移,达到生产要素的重新组合,实施资源的优化配置。

---

① 成家军. 宝延事件对中国股市的影响. 经济纵横,1994(1)

(三)通过立法来加强对证券市场的监管

宝延事件的发生,向中国证券市场的有关法规发出了挑战。事件发生后,双方各执一词,当时我国现行的法规更是一筹莫展,如《股票发行与交易管理暂行条例》中对报告和公告的内容及形式都未有详细的规定。在美国,大额交易若超过 5％时,需要向 SEC(美国证监会)报告并公告,其内容要表明是投资还是控股或是收购兼并,而在我国并没有这方面的说明和规定。兼并活动在国外已是家常便饭,但在我国却是一个新鲜事,由此引发的一系列法律问题,说明我国证券业法制建设和规范化管理与证券市场迅速发展的要求有很大差距。事件发生后,无任何法规可以作为依据去进行管理。在我国原有的《股票发行与交易管理暂行条例》中对企业收购缺乏可操作性,也缺乏关于防止收购中欺诈行为和切实保护普通投资者的规定。宝延事件在提醒我国的证券管理机构,完善有关的法规已刻不容缓。

从证券市场信息披露制度来看,中国股市也存在着不少尚待规范和完善的地方。如在宝延事件过程中,上海宝安公司一会儿说是收购延中公司,一会儿说是投资或控股,使广大中小投资者受到错误诱导,这是非常不应该的,在信息发布过程中如何保护投资者的利益是各国股市发展都非常注意的问题,这一点应引起证券市场立法者和管理者的高度重视。

市场经济和计划经济从运行机制上有着根本的差别,我们必须按照市场的规律去办事。然而很长一段时间以来,许多人习惯于长官意志和瞎指挥,这次宝延事件给这些人上了很好的一课。据当时《中华工商时报》报道,在我国的《股票发行与交易管理暂行条例》制定过程中,受到了来自各方的干扰,其中有关"上市公司的收购"一章是在许多专家的坚持下才得以保留下来。该《条例》的制定历经数次修改,在定稿时竟然有的领导声称中国近几年内不会发生上市公司的收购事件,一度要求撤销这一章。这一事件也提醒我们,按市场经济的规律转换脑筋并不是口头上的事,而是活生生的现实,因此,在以后的市场立法过程中,必须发挥专家的作用。

本章思考题

1. 什么是证券?并简述证券的种类。
2. 简述证券的特征。
3. 简述证券市场的功能。
4. 简述证券投资的定义、类型和特点。
5. 简述我国银行私人理财业务的特点。

第二章　证券投资工具

本章学习重点

　　本章重点介绍了一些常用的证券投资工具。首先介绍了股票、债券、证券投资基金等最基本的几种证券投资工具,接着介绍了可转换债券、可分离债券、金融期货、金融期权和权证等几种金融衍生工具,然后单独介绍了股指期货和股票期货,最后给出了我国股权分置改革的案例供大家学习讨论。

第一节　股　票

一、股票的定义

(一)股票的定义

　　股票是一种有价证券,它是股份有限公司公开发行的用以证明投资者的股东身份和权益并据以获得股息和红利的凭证。股票一经发行,持有者即为发行股票的公司的股东,有权参与公司的决策、分享公司的利益,同时也要分担公司的责任和经营风险。股票一经认购,持有者不能以任何理由要求退还股本,只能通过证券市场将股票转让和出售。作为交易对象和抵押品,股票业已成为金融市场上主要的、长期的信用工具。但实质上,股票只是代表股份资本所有权的证书,它本身并没有任何价值,不是真实的资本,而是一种独立于实际资本之外的虚拟资本。[①]

　　股票作为一种所有权凭证,有一定格式。我国《公司法》规定,股票采用纸面形式或国务院证券管理部门规定的其他形式。股票应载明的事项主要有:公司名称、公司登记成立的日期、股票种类、票面金额及代表的股份数、股票的编号。

---

　　① 参考自贺强、韩复龄.证券投资学.首都经济贸易大学出版社,2007

股票由董事长签名,公司盖章。发起人的股票,应当标明"发起人股票"字样。

(二)股票的要素①

股票的基本要素包括:面值、市值、股息和分红、股权。

1. 面值

面值是股份公司在发行的股票票面上所标明的金额,即票面金额。股票面值通常以每股为单位,股票上市发行公司将其资本额分为若干股,每一股所代表的资本额,即为每股面值。股票的面值是固定的。亦有某些股票是没有面值的。股票面值的作用之一是可以确定每一股份对股份公司所占有的一定比例。

2. 市值

市值即为股票的市场价值,亦可以说是股票的市场价格。股票的市场价格是由市场决定的。股票的面值和市值往往是不一致的。股票价格可以高于面值,也可以低于面值,但股票第一次发行的价格一般不低于面值。股票价格主要取决于预期股息的多少,银行利息率的高低,及股票市场的供求关系。

3. 股息和分红

股息和分红是指股份公司按股票份额的一定比例支付给股票持有者的收入。也就是股份公司根据法律规定把经营利润的一部分分派给公司所有者,即股东。优先股的股息是固定的,按一定的比率取得,普通股的股息可以随公司利润的增减而增减。

股息一般以三种形式存放:(1)现金股息,以现金的形式支付股息;(2)股票股息;(3)财产股息,即以公司的其他证券等财产形式分配股息。对投资者来说,以现金形式分配股息的方法较为理想,其次是股票形式分配股息。

4. 股权

股权即股票持有者所具有的与其拥有的股票比例相应的权益及承担一定责任的权利。股东根据所持股票份额的大小,享用参与公司经营的不同权利;此外股东还有公司利润的分配权和剩余财产的索偿权。

二、股票的特征②

(一)不可偿还性

股票是一种无偿还期限的有价证券,投资者认购了股票后,就不能再要求退股,只能到二级市场卖给第三者。股票的转让只意味着公司股东的改变,并不减

---

① 何建,彭明强. 证券投资学. 西南财经大学出版社,2007

② 参考自 MBA 智库百科网站(http://wiki.mbalib.com/wiki/%E8%82%A1%E7%A5%A8)

少公司资本。从期限上看,只要公司存在,它所发行的股票就存在,股票的期限等于公司存续的期限。

(二)参与性

股东有权出席股东大会,选举公司董事会,参与公司重大决策。股票持有者的投资意志和享有的经济利益,通常是通过行使股东参与权来实现的。股东参与公司决策的权利大小,取决于其所持有的股份的多少。参与公司决策的途径是通过出席股东大会进行决议表决,或者通过选举公司董事会来实现其参与权。

(三)收益性

股东凭其持有的股票,有权从公司领取股息或红利,获取投资的收益。股息或红利的大小,主要取决于公司的盈利水平和公司的盈利分配政策。

股票的收益性,还表现在股票投资者可以通过低价买入和高价卖出股票,获得资本利得。在通货膨胀时,股票价格会随着公司原有资产重置价格上升而上涨,从而避免了资产贬值。股票通常被视为在高通货膨胀期间可优先选择的投资对象。

(四)流通性

股票的流通性是指股票在不同投资者之间的可交易性。流通性通常以可流通的股票数量、股票成交量以及股价对交易量的敏感程度来衡量。可流通股数越多,成交量越大,价格对成交量越不敏感(价格不会随着成交量一同变化),股票的流通性就越好,反之就越差。股票的流通,使投资者可以在市场上卖出所持有的股票,取得现金。通过股票的流通和股价的变动,可以看出人们对于相关行业和上市公司的发展前景和盈利潜力的判断。

(五)价格波动性和风险性

股票在交易市场上作为交易对象,同商品一样,有自己的市场行情和市场价格。由于股票价格要受到诸如公司经营状况、供求关系、银行利率、大众心理等多种因素的影响,其波动有很大的不确定性。正是这种不确定性,有可能使股票投资者遭受损失。价格波动的不确定性越大,投资风险也越大。因此,股票是一种高风险的金融产品。

三、股票的种类[①]

(一)按股东享有的权利分

按股票持有者享有的权利分,可分为普通股和优先股。

1. 普通股

普通股是指在公司的经营管理和盈利及财产的分配上享有普通权利的股份,代表满足所有债权偿付要求及优先股东的收益权与求偿权要求后对企业盈利和剩余财产的索取权,它构成公司资本的基础,是股票的一种基本形式,也是发行量最大、最为重要的股票。目前在上海和深圳证券交易所中交易的股票,都是普通股。

普通股股票持有者按其所持有股份比例享有以下基本权利:

(1)公司决策参与权。普通股股东有权参与股东大会,并有建议权、表决权和选举权,也可以委托他人代表其行使其股东权利。

(2)利润分配权。普通股股东有权从公司利润分配中得到股息。普通股的股息是不固定的,由公司赢利状况及其分配政策决定。普通股股东必须在优先股股东取得固定股息之后才有权享受股息分配权。

(3)优先认股权。如果公司需要扩张而增发普通股股票时,现有普通股股东有权按其持股比例,以低于市价的某一特定价格优先购买一定数量的新发行股票,从而保持其对企业所有权的原有比例。

(4)剩余资产分配权。当公司破产或清算时,若公司的资产在偿还欠债后还有剩余,其剩余部分按先优先股股东、后普通股股东的顺序进行分配。

2. 优先股

优先股是相对于普通股而言的。主要指在利润分红及剩余财产分配的权利方面,优先于普通股。

优先股有两种权利:第一,在公司分配盈利时,拥有优先股票的股东比持有普通股票的股东,分配在先,而且享受固定数额的股息,即优先股的股息率都是固定的,普通股的红利却不固定,视公司盈利情况而定,利多多分,利少少分,无利不分,上不封顶,下不保底。第二,在公司解散,分配剩余财产时,优先股在普通股之前分配。

优先股的主要特征:①优先股通常预先定明股息收益率。由于优先股股息率事先固定,所以优先股的股息一般不会根据公司经营情况而增减,而且一般也

---

① 邢天才,王玉霞. 证券投资学(第二版). 东北财经大学出版社,2007

不能参与公司的分红,但优先股可以先于普通股获得股息,对公司来说,由于股息固定,它不影响公司的利润分配。②优先股的权利范围小。优先股股东一般没有选举权和被选举权,对股份公司的重大经营无投票权,但在某些情况下可以享有投票权。③优先股的索偿权先于普通股,而次于债权人。

(二)按股票有无记名分

按股票是否记名可分为记名股票与无记名股票

1. 记名股票

所谓记名股票,是指在股票票面和股份公司的股东名册上记载股东姓名的股票。我国《公司法》规定,股份有限公司向发起人、国家授权投资的机构、法人发行的股票,应当是记名股票,并应当记载该发起人、机构或者法人的名称,不得另立户名或者以代表人姓名记名。对社会公众发行的股票,可以是记名股票,也可以是无记名股票。发行记名股票的,应当置备股东名册,记载下列事项:股东的姓名或者名称及住所、各股东所持股份数、各股东所持股票的编号、各股东取得股份的日期。

2. 无记名股票

无记名股票也称不记名股票,是指在股票票面和股份公司股东名册上均不记载股东姓名的股票。它与记名股票比较,差别不是在股东权利等方面,而是在股票记载方式上。

不记名股票发行时一般留有存根联,它在形式上分为两部分:一部分是股票的主体,记载了有关公司的事项,如公司名称、股票所代表的股数等;另一部分是股息票,用于进行股息结算和行使增资权利。

我国《公司法》在这方面的规定为:股份有限公司对社会公众发行的股票,可以为记名股票,也可以为无记名股票。发行无记名股票的,公司应当记载其股票数量、编号及发行日期。

(三)我国上市公司股份类型

1. 国家股

国家股又称为国有股。国家股一般是指国家投资或国有资产经过评估并经国有资产管理部门确认的国有资产折成的股份。国家股的股权所有者是国家,国家股的股权,由国有资产管理机构或其授权单位、主管部门行使国有资产的所有权职能。国家股股权,也包含国有企业向股份有限公司形式改制变更时,现有国有资产折成的股份。

国家股的形成有两种情况:一种是国有企业在批准实行股份制时,将原有的国有固定资产和流动资金折合为人民币的股份,另一种情况是国家对股份公司新投入的资金所占有的股份及其股票。

国家股是全民所有的财产,属公有制性质,其股票为记名股票。国家股份得的股息是否再投资、扩大国有股份,由国家持股部门决定。国家持股部门可以根据宏观控制的需要,机动、灵活地对企业投资或撤出投资,实行控股或放弃控股,以便把国有资产投向重点企业、新建企业或需要控股的企业。

2. 法人股

法人股是指企业法人或具有法人资格的事业单位和社会团体,以其依法可支配的资产,向股份有限公司非上市流通股权部分投资所形成的股份。如果该法人是国有企业、事业及其他单位,那么该法人股为国有法人股,国有法人股也属于国有股,也就是说国有股和法人股的外延有交叉;如果是非国有法人资产投资于上市公司形成的股份则为社会法人股。

作为发起人的企业法人或具有法人资格的事业单位和社会团体,在认购股份时,可以用货币出资,也可以用其他形式的资产,如实物、工业产权、土地使用权等作价出资。但对其他形式资产必须进行评估作价,核实财产,不得高估或者低估作价。

3. 公众股

公众股也可以称为个人股,是指社会个人或股份公司内部职工以个人合法财产投入公司形成的股份。公众股有两种基本形式,公司职工股和社会公众股。

(1)公司职工股。公司职工股,是本公司职工在公司公开向社会发行股票时按发行价格所认购的股份。按照《股票发行和交易管理暂行条例》规定,公司职工股的股本数额不得超过拟向社会公众发行股本总额的10%。公司职工股在本公司股票上市6个月后即可安排上市流通。

(2)社会公众股。社会公众股是指股份公司采用募集设立方式设立时向社会公众(非公司内部职工)募集的股份。在社会募集方式情况下,股份公司发行的股份,除了由发起人认购一部分以外,其余部分应该向社会公众公开发行。因此,公司内部职工股以外的个人认购的股份,就构成了社会公众股。《公司法》还规定,社会募集公司向社会公众发行的股份,不得少于公司股份总数的25%。股本总额超过人民币4亿元的,向社会公开发行的股份比例应在15%以上。

4. 外资股

外资股是指经批准,股份公司向外国和我国香港、澳门、台湾地区投资者发行的股票。这是我国股份公司吸收外资的一种方式。

外资股按上市地域可以分为境内上市外资股和境外上市外资股。

(1)境内上市外资股。境内上市外资股原来是指股份有限公司向境外投资者募集并在我国境内上市的股份,投资者限于外国和我国香港、澳门、台湾地区的投资者。这类股票称为 B 股,B 股以人民币标明股票面值,以外币认购、买卖。

经国务院批准,中国证监会决定自 2001 年 2 月下旬起,允许境内居民以合法持有的外汇开立 B 股账户,交易 B 股股票。自从 B 股市场对境内投资者开放之后,境内投资者逐渐取代境外投资者成为投资主体,B 股发生了由"外资股"演变为"内资股"的趋向。

(2)境外上市外资股。境外上市外资股是指股份有限公司向境外投资者募集并在境外上市的股份。它也采取记名股票形式,以人民币标明面值,以外币认购。

在境外上市时,可以采取境外存股证形式或者股票的其他派生形式。在境外上市的外资股除了应符合我国的有关法规外,还须符合上市所在地国家或者地区证券交易所制定的上市条件。我国境外上市外资股主要采取美国存托凭证 ADRs、全球存托凭证 GDRs 和通过中国香港上市的 H 股等形式。

第二节　债　券

一、债券的定义[①]

(一)债券的定义

债券是一种资金借贷的证书,其中包括债务的面额、期限、债务证书的发行人、利率、利息支付方式等内容。债券购买者与发行者之间是一种债权债务关系,债券发行人即债务人,投资者(或债券持有人)即债权人。简单地说,包含以下四层含义:

(1) 债券的发行人(政府、金融机构、企业等机构)是资金的借入者。

(2) 购买债券的投资者是资金的借出者。

(3) 发行人(借入者)需要在一定时期还本付息。

(4) 债券具有法律效力。债券购买者与发行者之间是一种债权债务关系,债券发行人即债务人,投资者(或债券持有人)即债权人。

(二)债券的要素

债券具有债券面值、债券价格、债券还本期限与方式和债券利率四个要素。

1.债券面值

债券面值包括两个基本内容:一是币种,二是票面金额。面值的币种可用本

---

① 黄达. 金融学. 中国人民大学出版社,2006

国货币,也可用外币,这取决于发行者的需要和债券的种类。债券的发行者可根据资金市场情况和自己的需要情况选择适合的币种。债券的票面金额是债券到期时偿还债务的金额。

2.债券价格

债券价格是指债券发行时的价格。理论上,债券的面值就是它的价格。但实际上,由于发行者的种种考虑或资金市场上供求关系、利息率的变化,债券的市场价格常常脱离它的面值,有时高于面值,有时低于面值。也就是说,债券的面值是固定的,但它的价格却是经常变化的。

3.债券利率

债券利率是债券利息与债券面值的比率。债券利率分为固定利率和浮动利率两种。债券利率一般为年利率,面值与利率相乘可得出年利息。债券利率直接关系到债券的收益。影响债券利率的因素主要有银行利率水平、发行者的资信状况、债券的偿还期限和资金市场的供求情况等。

4.债券还本期限与方式

债券还本期限是指从债券发行到归还本金之间的时间。债券还本期限长短不一,有的只有几个月,有的长达十几年。还本期限应在债券票面上注明。债券发行者必须在债券到期日偿还本金。债券还本期限的长短,主要取决于发行者对资金需求的时限、未来市场利率的变化趋势和证券交易市场的发达程度等因素。

二、债券的特征

债券具有以下四个特征:偿还性、流动性、安全性、收益性。

(一)偿还性

偿还性指债券必须规定到期期限,由债务人按期向债权人支付利息并偿还本金,这一特征与股票的永久性有很大的区别。但是在历史上,英法等国家在战争期间为了筹措经费发行过的无期公债或者永久公债是例外,这种公债不规定到期时间,债权人也不能要求清偿,只能按期支付利息。

(二)流动性

流动性指债券能迅速转变为货币而又不会在价值上蒙受损失的一种能力。一般来说,如果一种债券在持有期内不能够转化为货币,或者转化为货币需要较大的成本,比如是交易成本或者是资本损失,这种债券的流动性就比较差。流动性一般与发行者的信誉和债券的期限紧密相关。

(三)安全性

债券安全性是相对于债券价格下跌的风险性而言的。一般来说,具有高流动性的债券其安全性也较高。导致债券价格下跌的风险主要有两种：一种是信用风险，是指债权人不能按期支付利息和偿还本金的风险；另一种是市场风险，指债券的市场价格因为利率的上升而跌落的风险。

（四）收益性

收益性是指债券能为投资者带来一定的收入。这种收入主要有两种，一是投资者按照债券的规定取得稳定的利息收入；另一种是投资者在市场上买卖债券取得的资本收益。但主要表现为利息。

三、债券的种类[①]

（一）按发行主体分

根据债券发行主体的性质不同，可将债券分为政府债券、金融债券、企业债券三大类。

1. 政府债券

政府债券的发行主体是政府。它是指政府财政部门或其他代理机构为筹集资金，以政府名义发行的债券，主要包括中央政府债券和地方政府债券两大类。

（1）中央政府债券。中央政府债券又称国债。各国政府发行债券的目的通常是为了满足弥补国家财政赤字、进行大型工程项目建设、偿还旧债本息等方面的资金需要。国家债券按照偿还期限的长短可分为短期国家债券、中期国家债券和长期国家债券，但各国的划分标准不尽一致。美国和日本等国家以 1 年以下的债券为短期国家债券，1 年以上 10 年以下的债券为中期国家债券，10 年以上的债券为长期国家债券。美国和英国发行短期国库券，均为弥补国库暂时性资金不足。美国国库券的偿还期限通常为 3 个月或 6 个月，最长不超过 1 年。英国国库券的偿还期限通常为 90 天。中国国库券有所不同：①它不是短期国家债券，而是中长期国家债券。其偿还期限已先后有 10 年、5 年、3 年 3 种。②它所筹集资金一是用于国家重点项目建设，二是用于弥补预算赤字。

从 1981 年以来，我国国债的发行规模越来越大（见表 2-1）。

表 2-1　历年我国国债发行规模表

年　份	发行规模
1981—1984 年	每年发行 40 亿元左右
1990 年	突破 100 亿元
1994 年	突破 1000 亿元

---

① 邢天才，王玉霞编著证券投资学(第二版). 东北财经大学出版社，2007

年　份	发行规模
2001 年	4883.53 亿元
2002 年	5929 亿元
2003 年	6282.85 亿元
2004 年	6876.28 亿元
2005 年	7022.87 亿元
2006 年	6533.3 亿元
2007 年	约 2.35 万亿元

数据来源:中国证券业协会编. 证券市场基础知识. 中国财政经济出版社,2008

(2)地方政府债券。地方政府债券又称地方债券,是由市、县、镇等地方政府发行的债券。发行这类债券的目的,是为了筹措一定数量的资金用于满足市政建设、文化进步、公共安全、自然资源保护等方面的资金需要。地方债券在发达国家很普遍。在美国,地方债券称市政债券;日本的地方债券称地方债;英国的地方债券称地方当局债券,可以在伦敦证券交易所上市。

在我国,由于 1995 年起实施的《中华人民共和国预算法》规定,地方政府不得发行地方政府债券(除法律和国务院另外规定外)。但地方政府在诸如桥梁、公路、隧道、供水、供气等基础设施的建设中又面临着资金短缺的问题,于是就形成了一种具有中国特色的地方政府债券,即以财政部为主体发行地方政府债券。

2. 金融债券

金融债券是银行和非银行金融机构作为筹资主体面向个人发行的一种有价证券,是表明债务、债权关系的一种凭证。在英、美等欧美国家,金融机构发行的债券归类于公司债券。在我国及日本等国家,金融机构发行的债券称为金融债券。

金融债券通常用于较长期限的融资,债券在到期之前一般不能提前兑换,只能在市场上转让,从而保证了所筹集资金的稳定性。同时,金融机构发行债券时可以灵活规定期限,使金融机构筹措到稳定且期限灵活的资金,从而有利于优化资产结构,扩大长期投资业务。由于银行等金融机构在一国经济中占有较特殊的地位,政府对它们的运营又有严格的监管,因此,金融债券的资信通常高于其他非金融机构债券,违约风险相对较小,具有较高的安全性。

3. 公司(企业)债券

企业债券是企业依照法定程序发行,约定在一定期限内还本付息的债券。公司债券的发行主体是股份公司,但也可以是非股份公司的企业发行债券,所以,在一般归类时公司债券和企业发行的债券合在一起,可直接成为公司(企业)债券。

企业债券代表着发债企业和投资者之间的一种债权债务关系,债券持有人是企业的债权人,债券持有人有权按期收回本息。企业债券与股票一样,同属有价证券,可以自由转让。企业债券风险与企业本身的经营状况直接相关。如果企业发行债券后,经营状况不好,连续出现亏损,可能无力支付投资者本息,投资者就面临着受损失的风险。所以,在企业发行债券时,一般要对发债企业进行严格的资格审查或要求发行企业有财产抵押,以保护投资者利益。另一方面,在一定限度内,证券市场上的风险与收益成正相关关系,高风险伴随着高收益。企业债券由于具有较大风险、它们的利率通常也高于国债。

(二)按付息方式分类

债券的付息方式与债券的形态、期限等有关。通常可分为贴现债券、零息债券和附息债券三种。

1. 贴现债券

贴现债券是期限比较短的折现债券。是指债券券面上不附有息票,在票面上不规定利率,发行时按规定的折扣率,以低于债券面值的价格发行,到期按面值支付本息的债券。从利息支付方式来看,贴现债券以低于面额的价格发行,可以看做是利息预付。因而又可称为利息预付债券、贴水债券。例如票面金额1000元的半年期债券,按照900元发行,半年后偿还1000元,其中的100元就是债券半年的利息。

2. 零息债券

零息债券和贴现债券不同,并不能顾名思义,认为它是一种没有利息的债券,零息指的是在持有期没有利息,而在到期时一次还本付息。也就是指只有在到期日才能领取本金和利息的债券,也可称为到期付息债券。我国居民手中持有的绝大部分债券都是零息债券。付息特点其一是利息一次性支付,其二是债券到期时支付。

3. 附息债券

附息债券又称分期付息债券和息票债券,是指在债券券面上附有息票的债券,或是按照债券票面载明的利率及支付方式支付利息的债券。息票上标有利息额、支付利息的期限和债券号码等内容。持有人可从债券上剪下息票,并据此领取利息。附息债券的利息支付方式一般会在偿还期内按期付息,如每半年或一年付息一次。

(三)按计息方式分

按照计息方式分,可分为单利债券、复利债券和累进利率债券。

1. 单利债券

单利债券指在计息时,不论期限长短,仅按本金计息,所生利息不再加入本金计算下期利息的债券。

2. 复利债券

复利债券与单利债券相对应,指计算利息时,按一定期限将所生利息加入本金再计算利息,逐期滚算的债券。

3. 累进利率债券

累进利率债券指年利率以利率逐年累进方法计息的债券。累进利率债券的利率随着时间的推移,后期利率比前期利率更高,呈累进状态。

(四)按利率确定方式分

按利率确定方式分,可分为固定利率债券和浮动利率债券。

1. 固定利率债券

固定利率债券指在发行时规定利率在整个偿还期内不变的债券。固定利率债券不考虑市场变化因素,因而其筹资成本和投资收益可以事先预计,不确定性较小。但债券发行人和投资者仍然必须承担市场利率波动的风险。如果未来市场利率下降,发行人能以更低的利率发行新债券,则原来发行的债券成本就显得相对高昂,而投资者则获得了相对现行市场利率更高的报酬,原来发行的债券价格将上升;反之,如果未来市场利率上升,新发行债券的成本增大,则原来发行的债券成本就显得相对较低,而投资者的报酬则低于购买新债券的收益,原来发行的债券价格将下降。

2. 浮动利率债券

浮动利率是指发行时规定债券利率随市场利率定期浮动的债券,也就是说,债券利率在偿还期内可以进行变动和调整。

浮动利率债券往往是中长期债券。浮动利率债券的利率通常根据市场基准利率加上一定的利差来确定。美国浮动利率债券的利率水平主要参照 3 个月期限的国债利率,欧洲则主要参照伦敦同业拆借利率(指设在伦敦的银行相互之间短期贷款的利率,该利率被认为是伦敦金融市场利率的基准)。

(五)按偿还期限分

根据偿还期限的不同,债券可分为长期债券、短期债券和中期债券。一般说来,偿还期限在 10 年以上的为长期债券;偿还期限在 1 年以下的为短期债券;期限在 1 年或 1 年以上、10 年以下(包括 10 年)的为中期债券。我国国债的期限划分与上述标准相同。但我国企业债券的期限划分与上述标准有所不同。我国短期企业债券的偿还期限在 1 年以内,偿还期限在 1 年以上 5 年以下的为中期企业债券,偿还期限在 5 年以上的为长期企业债券。

四、我国债券的主要分类[①]

中华人民共和国建立以来，已经发行过许多债券，主要包括国家债券、金融债券、企业债券、国际债券等。

(一)国家债券

1.无记名(实物)国债

无记名国债为实物国债，是一种票面上不记载债权人姓名或单位名称，以实物券面形式(券面上印有发行年度、券面金额等内容)记录债权而发行的国债，又称实物券。是我国发行历史最长的一种国债。

发行时通过各银行储蓄网点、财政部门国债服务部以及国债经营机构的营业网点面向社会公开销售，投资者也可以利用证券账户委托证券经营机构在证券交易所场内购买。无记名国债从发行之日起开始计息，不记名、不挂失，可以上市流通。发行期结束后如需进行交易，可以直接到国债经营机构按其柜台挂牌价格买卖，也可以利用证券账户委托证券经营机构在证券交易所场内买卖。

无记名国债是我国发行历史最长的一种国债。根据券面形式划分，我国从新中国成立起，50年代发行的经济建设公债和从1981年起发行的国库券实质上都可以归入无记名国债范畴。历年来发行的无记名国债面值有1元、5元、10元、100元、500元、1000元、5000元、10000元等。

2.凭证式国债

凭证式国债是一种国家储蓄债，可记名、挂失，以"凭证式国债收款凭证"记录债权，不能上市流通，从购买之日起计息。在持有期内，持券人如遇特殊情况需要取现金，可以到购买网点提前兑取。提前兑取时，除偿还本金外，利息按实际持有天数及相应的利率档次计算，经办机构收取一定手续费。

凭证式国债，是指国家采取不印刷实物券，而用填制国库券收款凭证的方式发行的国债。它是以国债收款凭单的形式来作为债权证明，不可上市流通转让，但可以提前兑付。提前兑付时按实际持有时间分档计付利息。我国从1994年开始发行凭证式国债。凭证式国债具有类似储蓄、又优于储蓄的特点，通常被称为储蓄式国债，是以储蓄为目的的个人投资者理想的投资方式。

3.记账式国债

记账式国债又名无纸化国债，准确定义是由财政部通过无纸化方式发行的、以电脑记账方式记录债权，并可以上市交易的债券。

---

① 邢天才,王玉霞. 证券投资学(第二版). 东北财经大学出版社,2007

记账式国债以记账形式记录债权、通过证券交易所的交易系统发行和交易，可以记名、挂失。投资者进行记账式证券买卖，必须在证券交易所设立账户。由于记账式国债的发行和交易均无纸质化，所以效率高，成本低，交易安全。

4. 储蓄（电子式）国债

储蓄国债（也称电子式国债）是政府面向个人投资者发行、以吸收个人储蓄资金为目的，满足长期储蓄性投资需求的不可流通记名国债品种。电子储蓄国债就是以电子方式记录债权的储蓄国债品种。与传统的储蓄国债相比较，电子储蓄国债的品种更丰富，购买更便捷，利率也更灵活。

根据 2006 年 6 月 7 日财政部和中国人民银行联合颁发的《储蓄国债（电子式）代销试点管理办法（试行）》，在储蓄国债试点期间，先行推出固定利率固定期限和固定利率变动期限两个品种。财政部在试点期间首推的电子储蓄国债品种，将与目前的凭证式国债接近，以便于投资者的认知，其期限主要为 2 年、3 年、5 年、7 年、10 年，最短不短于 2 年，最长为 15 年。

（二）金融债券

为了加强金融宏观调控，自 1985 年以来，我国的专业银行、综合性银行以及其他金融机构相继发行了金融债券。到目前为止，金融债券的主要种类有：中央银行票据、政策性银行金融债券、商业银行债券（又分为商业银行次级债券和混合资本债券）、证券公司债券、保险公司次级债券、财务公司债券。

（三）企业债券和公司债券

我国证券市场上同时存在企业债券和公司债券，它们在发行主体、监管机构以及规范的法规上有一定区别。

我国的企业债券是指在中华人民共和国境内具有法人资格的企业在境内依照法定程序发行、约定在一定期限内还本付息的有价证券。但是，金融债券和外币债券除外。企业债券由 1993 年 8 月 2 日国务院发布的《企业债券管理条例》规范。据统计，截至 2003 年 12 月底，我国企业债券累计发行 2600 多亿元；2004年，共有 15 家企业发行 19 期企业债券，发行量为 326.2 亿元；2007 年发行 5059亿元。

我国的公司债券是指公司依照法定程序发行、约定在 1 年以上期限内还本付息的有价证券。公司债券的发行人是依照《公司法》在中国境内设立的有限责任公司和股份有限公司。发行公司债券应当符合《证券法》、《公司法》和《公司债券发行试点办法》规定的条件，经中国证监会核准。2007 年 8 月，中国证监会正式颁布实施《公司债券发行试点办法》，该法的颁布标志着我国公司债券发行工作的正式启动。

(四)国际债券

自 20 世纪 80 年代,我国就开始进入国际资本市场。1982 年 1 月,中国国际信托投资公司以私募方式在日本东京发行了 100 亿日元的武士债券。1984 年 11 月,中国银行以公募方式在日本东京发行了 10 年期 200 亿日元的武士债券。两次发行标志着我国金融机构开始进入国际债券市场。迄今为主,我国进入国家债券市场的主体有各商业银行、信托投资公司以及财政部,发行市场主要集中于美国、日本、英国、新加坡等。

第三节 证券投资基金

一、证券投资基金的概念与特点[①]

投资基金是一种大众化的证券投资工具,它通过发行基金证券,募集社会公众投资者资金,再分散投资于各类有价证券等投资工具,获得的收益按基金证券份额平均分配给投资者。证券投资是一种高风险的投资,是一项专业化、系统性的工作。普通投资者由于受到专业知识、时间等因素的制约,无法做出理性的投资决策,而投资基金恰好满足了那些想参与证券投资而又不具备投资条件的人的需要。投资基金在 100 多年前起源于英国,而后兴盛于美国,现在已风靡全世界。以美国为例,截至 2006 年 1 月末,美国共同基金业的资产已达 9.9 万亿美元。因此,共同基金投资在许多方面已经超过了股票投资。在香港,投资基金热已超过外汇、黄金、期货等投资手段。

我国的第一家基金是 1991 年中国人民银行武汉市分行批准设立的"武汉证券投资基金",规模 1000 万元。我国的投资基金的发展可以分为两个阶段:以 1997 年国务院证监会颁布《证券投资基金管理暂行办法》为界,一部分是在此之前由中国人民银行总行、分行及各地人民政府批准设立的,这一部分有 75 家共约 100 亿元的规模,这些老基金都已被改造为新基金。另一部分是在此后根据《证券投资基金管理暂行办法》由中国证监会批准设立的。据证监会网站数据,截至 2008 年 6 月,我国共批准设立 59 家基金管理公司,其中合资基金管理公司 30 家。所有基金管理公司管理基金 386 只,基金总规模已达 2079.03 亿元。

投资基金在西方国家经历了 100 多年的发展,已形成了一套较成熟、较完善

[①] 刘力. 证券投资学. 清华大学出版社,2003

的运行机制。而在我国,投资基金是一种金融创新。它的出现,给我国投资者提供了一种风险较低、收益较高的新投资工具,同时也为我国证券市场的发展提供了新的动力和稳定机制。可以预料,投资基金将是我国近期、未来个人的最佳投资方式,在我国有十分广阔的发展前景。

证券投资基金在世界各国的名称不尽相同。在英国、日本等国被称为"单位信托基金";在美国被称为"共同基金"或"互惠基金";在韩国和我国台湾、香港等地则被称为"证券投资信托基金"。虽然称呼不同,但其本质是一致的。

(一)投资基金是共同投资的一种方式

即广大不特定的社会投资者为了共同的目标,通过一定的组织形式,把自己有限的资金汇集成相当规模的基金,委托专业人士进行管理运作,以获得在各自分散条件下很难获得的规模经济效应。

(二)投资基金是委托专家理财的间接投资方式

投资基金的管理和运作由专业的投资理财专家进行。他们不仅具有专业的理论知识,同时还拥有丰富的经验和强大的信息优势,科学高效地运作基金,以实现最大的投资收益。

(三)投资基金采用组合投资方式分散风险

投资基金管理人通常会根据投资组合的原则,将资产分别投资于不同期限、不同种类、不同行业的证券上,进行多元化投资,借以分散风险。而中小投资者很难做到像投资基金这样充分的分散风险。

(四)投资基金是风险共担,收益共享

在组合投资的原则下,最终的投资风险是由投资者共同承担的,每个投资者在投资基金中承担的风险比个人投资时小得多。与此对应,投资的收益也由投资者共同分享。

二、证券投资基金的作用

(一)为中小投资者拓宽了投资渠道

对中小投资者来说,存款或购买债券较为稳妥,但收益率较低;投资于股票有可能获得较高收益,但风险较大。证券投资基金作为一种新型的投资工具,把众多投资者的小额资金汇集起来进行组合投资,由专家来管理和运作,实行经营稳定,收益可观,可以说是专门为中小投资者设计的间接投资工具,大大拓宽了中小投资者的投资渠道。可以说基金已进入了寻常百姓家,成为大众化的投资工具。

(二)促进了产业发展和经济增长

基金吸收社会上的闲散资金,为企业在证券市场上筹集资金创造了良好的融资环境,实际上起到了把储蓄资金转化为生产资金的作用。这种储蓄转化为投资的机制为产业发展和经济增长提供了重要的资金来源,而且,随着基金的发展壮大,这种作用越来越大。

(三)有利于证券市场的稳定和发展

第一,基金的发展有利于证券市场的稳定。证券市场的稳定与否同市场的投资者结构密切相关。基金的出现和发展,能有效地改善证券市场的投资者结构,成为稳定市场的中坚力量。基金由专业投资人士经营管理,其投资经验比较丰富,信息资料齐备,分析手段较为先进,投资行为相对理性,客观上能起到稳定市场的作用。同时,基金一般注重资本的长期增长,多采取长期的投资行为,较少在证券市场上频繁进出,能减少证券市场的波动。第二,基金作为一种主要投资于证券的金融工具,它的出现和发展增加了证券市场的投资品种,扩大了证券市场的交易规模,起到了丰富活跃证券市场的作用。随着基金的发展壮大,它已成为推动证券市场发展的重要动力。

(四)有利于证券市场的国际化

很多发展中国家对开放本国证券市场持谨慎态度,在这种情况下,与外国合作组建基金,逐步、有序地引进外国资本投资于本国证券市场,不失为一个明智的选择。与直接向投资者开放证券市场相比,这种方式使监管当局能控制好利用外资的规模和市场开放程度。

本节只是证券投资基金的概述,关于证券投资基金的详细介绍见第十一章。

第四节　金融衍生工具

金融衍生工具又称衍生证券、衍生产品,是指由原生性金融商品或基础性金融工具创造出的新型金融工具,是指建立在基础产品或者基础变量之上,其价格取决于基础金融产品价格(或数值)变动的派生金融产品。这里所说的基础产品是一个相对的概念,不仅包括现货金融产品(如债券、股票、银行定期存款单等等),也包括金融衍生产品。作为金融衍生工具基础的变量则包括利率、各类价格指数甚至天气(温度)指数。金融衍生工具的共同特征是保证金交易,即只要支付一定比例的保证金就可以进行全额交易,不需实际上的本金转移,合约的了结一般也采用现金差额结算的方式进行,只有在满期日以实物交割方式履约的合约才需要买方交足款项。因此,金融衍生工具交易具有杠杆效应。保证金越低,杠杆效应越大,风险也就越大。国际上金融衍生工具品种繁多,活跃的金融创新活动不断地推出新的金融衍生工具。

期权、期货、互换等金融衍生工具大多数已相当成熟,它们已成为金融市场不可分割的一部分。越来越多的投资机构正利用金融衍生工具避免风险或达到其特定的投资组合目标。金融衍生工具已为投资者、投机者、公司、银行、基金管理者、投资机构甚至中央银行所使用。

一、可转换债券和可分离债券

(一)可转换债券的定义与特点

20世纪70年代后期西方证券市场上诞生了一种金融衍生工具——可转换公司债券(以下简称可转债),它是普通债券与股票的融合和创新。可转债是一种可以在特定时间、按特定条件转换为普通股票的企业债券。可转债具有债权和期权的双重属性,其持有人可以选择持有债券到期,获取公司还本付息;也可以选择在约定的时间内转换成股票,享受股利分配或资本增值。所以投资界一般戏称,可转债对投资者而言是保证本金的股票。可转债兼有债券和股票的特征,具有以下三个特点:

(1)债权性。与其他债券一样,可转债也有规定的利率和期限,投资者可以选择持有债券到期,收取本息。

(2)股权性。可转债在转换成股票之前是纯粹的债券,但在转换成股票之后,原债券持有人就由债权人变成了公司的股东,可参与企业的经营决策和红利分配,这也在一定程度上会影响公司的股本结构。

(3)可转换性。可转换性是可转换债券的重要标志,债券持有人可以按约定的条件将债券转换成股票。转股权是投资者享有的、一般债券所没有的选择权。如果债券持有人不想转换,则可以继续持有债券,直到偿还期满时收取本金和利息,或者在流通市场出售变现。如果持有人看好发债公司股票增值潜力,在宽限期之后可以行使转换权,按照预定转换价格将债券转换成为股票,发债公司不得拒绝。正因为具有可转换性,可转换债券利率一般低于普通公司债券利率,企业发行可转换债券可以降低筹资成本。

某些可转换债券附有回售条款,规定当公司股票的市场价格持续低于转股价(即按约定可转换债券转换成股票的价格)达到一定幅度时,债券持有人可以把债券按约定条件回售给债券发行人。还有一些可转换债券在发行时附有强制赎回条款,规定在一定时期内,若公司股票的市场价格高于转股价达到一定幅度并持续一段时间时发行人可按约定条件强制赎回债券。

(二)可转换债券的主要构成要素[①]

1. 发行价格

可转债是一种特殊债券,相当于普通债券与股票买进期权的组合。由于买进期权潜在收益的作用,理论上可转债应以溢价发行且利率较低,但会使转换价格的确定复杂化,可比性差。中国证监会 2006 年 5 月 8 日起施行的《上市公司证券发行管理办法》(以下简称《新法》)第 16 条规定:"可转换公司债券按面值发行,每张面值 100 元。"至于买进期权潜在收益对债券的发行价格的影响,由发行公司通过转换价格加以调整。

2. 转换价格及其调整

转换价格是指在可转换公司债券的整个存续期间内,债券持有人可以据此转换成基准股票(拟发行的 A 股、B 股或其他类型的股票)的每股价格。转换价格通常由发行公司在转债时约定。《新法》第 22 条规定:"转股价格应不低于募集说明书公告日前 20 个交易日该公司股票交易均价和前一交易日的均价。"可转债的转换价格并非固定不变。发行公司发行可转债并约定转换价格后,由于又发行新股、送股、股份回购、合并、分立或任何其他情形引起公司股份发生变动的,应当及时调整转换价格,并向社会公布。

3. 转换比例

转换比例是指转股时债券与股票之间的数量比例关系,它等于可转债面值除以转换价格。当可转债持有人请求转换时,所持债券账面价值不足转换一股金额时,发行人一般以现金偿还。

4. 债券利率

债券利率是指可转债的票面利率。《新法》规定:"可转债的利率由发行公司与主承销商协商确定,但必须符合国家的有关规定。"新规定对可转债票面利率不设置上限,其目的是要将其利率进一步市场化。

5. 转股期

转债的转换期长短与其期限相关。我国可转债的期限最短的为 1 年,最长为 6 年,由发行人根据具体情况确定。上市公司发行的可转债自上市之日起 6 个月后方可转换为公司股票,具体转换期限应由发行人根据可转债的存续期及公司财务安排合理确定。值得注意的是,实际转换截止时间受赎回条款的约束。

6. 赎回条款

上市公司可按事先约定的条件和价格赎回尚未转股的可转换公司债券。

[①] 廖增毅. 论可转换公司债券融资的利弊. 科技情报开发与经济,2007(21)

7. 回售条款

债券持有人可按事先约定的条件和价格将所持债券回售给上市公司。上市公司改变公告的募集资金用途的,赋予债券持有人一次回售的权利。

8. 转股价格向下修正条款

修正后的转股价格不低于转股价格修正方案前规定的股东大会召开日前20个交易日该公司股票交易均价和前一交易日的均价。

(三)可分离债券[①]

可分离债券,即分离交易的可转换公司债券,又称附认股权证公司债,指上市公司在发行公司债券的同时附有认股权证,是公司债券加上认股权证的组合产品,同时具有债券和认股权证可分离交易的特性。

普通可转债中的认股权一般是与债券同步到期的。而通过发行附认股权证公司债所募集的资金将通过两个阶段到达发行人手中,第一个阶段为发行时的债权融资,第二个阶段为认股权证到期时,持有人行权导致的股本融资。在市场环境较好的情况下,附认股权证公司债能够大大降低发行公司的融资成本,认股权证流通性高,不设修正和赎回条款,利于发挥发行公司通过业绩增长来促成转股的正面作用,避免了普通可转债发行人往往不是通过提高公司经营业绩而是以不断向下修正转股价或强制赎回方式促成转股而带给投资人的损害,能够使投资人在获得固定收益的同时,分享公司未来发展所带来的收益,满足投资者多元化投资需求,弥补现有资本市场产品单一的缺陷。分离交易可转债的发行除须满足普通可转债应具备的发行条件外,还须符合"公司最近一期未经审计的净资产不低于人民币 15 亿元"等额外的条件限制,决定了附认股权公司债的发行人均为规模较大、同时资产质量较好、净资产负债率较低的企业。

发行分离交易可转债,除了包括普通可转债应具备的债券利率、债券期限、担保事项、回售条款、还本付息的期限和方式外,至少还应当包括股权证的行权价格、权证的存续期限、认股权证的行权期间或行权日。

二、金融期货

(一)金融期货的概念和特点

1. 金融期货的概念

金融期货是指以金融工具为标的物的期货合约。金融期货作为期货交易中的一种,具有期货交易的一般特点,但与商品期货相比较,其合约标的物不是实

---

① 参考自廖增毅. 论可转换公司债券融资的利弊. 科技情报开发与经济,2007(21)

物商品,而是传统的金融商品,如证券、货币、汇率、利率等。常见的金融期货有外汇期货、利率期货和股票指数期货等。金融期货是在 20 世纪 70 年代世界金融体制发生重大变革、世界金融市场日益动荡不安的背景下诞生的。布雷顿森林体系崩溃后,国际货币制度实行浮动汇率制。汇率的频繁波动,进一步使国际融资工具受损的风险增大。国内外经济环境的变动不可避免地导致股市大起大落,会给股票持有者带来巨大的风险。在利率、汇率、股市急剧波动的情况下,为了适应投资者对于规避价格风险、稳定金融工具价值的需要,以保值和转移风险为目的的金融期货便应运而生。

第一份金融期货合约是 1972 年美国芝加哥期货交易所推出的外汇期货,包括英镑、加拿大元、德国马克、法国法郎、日元和瑞士法郎期货合约。目前,金融期货已取得了长足的发展,在许多方面超过了商品期货。从市场份额看,1976年金融期货在合约总交易量中所占的比重尚不足 1%,目前已达到了 85%。

2. 金融期货的特点

(1)交易标的的特定性。金融期货合约的标的物必须为特定的金融资产,如利率、外汇、股价指数等。

(2)交易双方必须通过指定交易所,采取公开喊价方式进行交易。

(3)交易的合约内容是标准化的。

(4)交割时间为将来的某一特定日,交易所需每日结算账面盈亏。

(5)交易双方在签订合约时即确定成交的价格。

(6)交易标的物的交割,必须通过清算中心进行。

(二)金融期货的种类

目前,金融期货基本上可分为三大类:外汇(汇率)期货、利率期货和股票指数期货。

(1)外汇期货是指协约双方同意在未来某一时期,根据约定价格——汇率,买卖一定标准数量的某种外汇的可转让的标准化协议。外汇期货涉及以下外汇币种:日元、英镑、欧元、瑞士法郎、荷兰盾、加拿大元、美元等。主要交易场所包括芝加哥商品交易所国际货币市场分部、中美商品交易所、费城期货交易所等。

(2)利率期货是指协议双方同意在约定的将来某个日期按约定条件买卖一定数量的某种长短期信用工具的可转让的标准化协议。利率期货交易的对象有长期国库券、政府住宅抵押证券、中期国债、短期国债等,除了这些债券期货外,还有各种主要参考利率期货(见表 2-2)。主要交易场所包括芝加哥期货交易所、芝加哥商品交易所国际货币市场分部、中美商品交易所等。

表 2-2　主要参考利率期货合约品种

合约名称	基础资产	合约规模	报价方式	交易所
1个月期港元利率期货	港元1个月期香港银行同业拆借利率	1500万港元	100－1个月期香港银行同业拆借利率	HKEX
3个月期港元利率期货	港元3个月期香港银行同业拆借利率	500万港元	100－3个月期香港银行同业拆借利率	HKEX
伦敦银行间同业拆借利率期货	距到期日1个月的欧洲美元定期存款	300万美元	100－1个月期美元伦敦同业拆借利率	CME
欧洲美元期货	3个月期欧洲美元定期存款	100万美元	100－合约最后交易日的经特别处理的3个月期伦敦银行同业拆借利率	CME
联邦基金利率期货	交割月隔夜联邦基金利率	500万美元	100－交割月隔夜联邦基金利率平均值	CBOT

资料来源:中国证券业协会编.证券市场基础知识.中国财政经济出版社,2008

(3)股票指数期货是指协议双方同意在将来某一时期按约定价格买卖股票指数的可转让的标准化合约。最具代表性的股票指数有美国的道·琼斯股票指数和标准普尔500种股票指数、英国的金融时报工业普通股票指效、香港的恒生指数、日本的日经指数等。主要交易场所包括芝加哥期货交易所、芝加哥商品交易所、纽约证券交易所、堪萨斯市期货交易所。

(三)金融期货市场的功能[①]

1. 风险转移功能

20世纪70年代以来,汇率、利率的频繁、大幅波动,全面加剧了金融商品的内在风险。广大投资者面对影响日益广泛的金融自由化浪潮,客观上要求规避利率风险、汇率风险及股价波动风险等一系列金融风险。金融期货市场正是顺应这种需求而建立和发展起来的。因此,风险转移是金融期货市场的首要功能。

投资者通过购买相关的金融期货合约,在金融期货市场上建立与其现货市场相反的头寸,并根据市场的不同情况采取在期货合约到期前对冲平仓或到期履约交割的方式,实现其规避风险的目的,即实现套期保值。

从整个金融期货市场看,其规避风险功能之所以能够实现,主要有三个原因:其一是众多的实物金融商品持有者面临着不同的风险,可以通过达成对各自有利的交易来控制市场的总体风险。例如,进口商担心外汇汇率上升,而出口商担心外汇汇率下跌,他们通过进行反向的外汇期货交易,即可实现风险的对冲。

---

① 参考自肖欣.国际金融期货交易法律问题研究.大连海事大学硕士毕业论文,2007

其二是金融商品的期货价格与现货价格一般呈同方向的变动关系。投资者在金融期货市场建立了与金融现货市场相反的头寸之后,金融商品的价格发生变动时,则必然在一个市场获利,而在另一个市场受损,其盈亏可全部或部分抵消,从而达到规避风险的目的。其三是金融期货市场通过规范化的场内交易,集中了众多愿意承担风险而获利的投机者。他们通过频繁、迅速地买卖对冲,转移了实物金融商品持有者的价格风险,从而使金融期货市场的规避风险功能得以实现。

2. 价格发现功能

金融期货市场的发现价格功能,是指金融期货市场能够提供各种金融商品的有效价格信息。在金融期货市场上,各种金融期货合约都有着众多的买者和卖者。他们通过类似于拍卖的方式来确定交易价格。这种情况接近于完全竞争市场,能够在相当程度上反映出投资者对金融商品价格走势的预期和金融商品的供求状况。因此,某一金融期货合约的成交价格,可以综合地反映金融市场各种因素对合约标的商品的影响程度,同时给现货市场提供了重要参考信息,是进行贸易的重要依据,是经济研究的重要对象。

3. 削弱垄断,促进信息流动的功能

金融期货交易的削弱垄断、促进信息流动的功能是由金融期货市场的公开性决定的。金融期货市场是一个自由市场,人们可以方便地进入。它的出现使地方市场的分割垄断被打破,众多分散的市场通过金融期货市场连接起来,加强了竞争,完善了市场机制。金融期货市场的各种价格、交易量和市场预测等市场信息通过现代化的通讯设备即时就传到世界各地,从而促进了信息的公开化,有效地削弱了垄断,使交易更加公平合理。

4. 投资功能

金融期货不仅仅是一种回避风险的手段,而且也成为一种获取收益的投资工具。无论是商品期货市场还是金融期货市场,人们在交易中看重的并不是具体的商品质量、规格,而是在期货合约一买一卖过程中产生的利益。因此,期货市场本质上已不是一个沟通商品交换的市场,而是一个沟通不同规模、不同地点的货币交换市场。从交易形式上看,国际金融期货投机与投资没有本质区别。国际金融期货投机者参与金融期货交易的目的本不是为了承担风险,而是为了获得风险收益,他们为了追求高收益而承担高风险客观上为回避风险和价格发现功能创造了条件。因此,国际金融期货投机也是一种投资行为。

三、金融期权[①]

(一)金融期权定义

金融期权是指以金融商品或金融期货合约为标的物的期权交易。具体地说,其购买者在向出售者支付一定费用后,就获得了能在规定期限内以某一特定价格向出售者买进或卖出一定数量的某种金融商品或金融期货合约的权利。

金融期权是赋予其购买者在规定期限内按双方约定的价格(简称协议价格)或执行价格购买或出售一定数量某种金融资产(称为潜含金融资产或标的资产,如股票、外币、短期和长期国库券以及外币期货合约、股票指数期货合约等)的权利的合约。

(二)金融期权的种类

1. 按期权的权力分

(1)看涨期权(买入期权)。看涨期权是指期权的买方向期权的卖方支付一定数额的权利金后,即拥有在期权合约的有效期内,按事先约定的价格向期权卖方买入一定数量的期权合约规定的特定商品的权利,但不负有必须买进的义务。而期权卖方有义务在期权规定的有效期内,应期权买方的要求,以期权合约事先规定的价格卖出期权合约规定的特定商品。

(2)看跌期权(卖出期权)。看跌期权是指期权的买方向期权的卖方支付一定数额的权利金后,即拥有在期权合约的有效期内,按事先约定的价格向期权卖方卖出一定数量的期权合约规定的特定商品的权利,但不负有必须卖出的义务。而期权卖方有义务在期权规定的有效期内,应期权买方的要求,以期权合约事先规定的价格买入期权合约规定的特定商品。

2. 按期权的交割时间分

(1)美式期权。美式期权是指可以在成交后有效期内任何一天被执行的期权,多为场内交易所采用。美式期权合同在到期日前的任何时候或在到期日都可以执行合同,结算日则是在履约日之后的一天或两天,大多数的美式期权合同允许持有者在交易日到履约日之间随时履约,但也有一些合同规定一段比较短的时间可以履约,如"到期日前两周"。

(2)欧式期权。欧式期权是指买入期权的一方必须在期权到期日当天才能行使的期权。欧式期权合同要求其持有者只能在到期日履行合同,结算日是履约后的一天或两天。

---

① 参考自 MBA 智库百科网站(http://wiki.mbalib.com/wiki/%E9%A6%96%E9%A1%B5)

(3)百慕大期权。百慕大期权是指一种可以在到期日前所规定的一系列时间行权的期权。比如规定期权可以有 3 年的到期时间,但只有在 3 年中每一年的最后一个月才能被执行,它的应用常常与固定收益市场有关。百慕大期权可以被视为美式期权与欧式期权的混合体,如同百慕大群岛混合了美国文化和英国文化一样。

3. 按期权合约上的标的分

按期权合约上的标的划分,场内交易的金融期权主要包括股票期权、利率期权和外汇期权。

(1)股票期权。股票期权一般是指经理股票期权,即企业在与经理人签订合同时,授予经理人未来以签订合同时约定的价格购买一定数量公司普通股的选择权,经理人有权在一定时期后出售这些股票,获得股票市价和行权价之间的差价,但在合同期内,期权不可转让,也不能得到股息。在这种情况下,经理人的个人利益就同公司股价表现紧密地联系起来。股票期权制度是上市公司的股东以股票期权方式来激励公司经理人员实现预定经营目标的一套制度。

(2)利率期权。利率期权是一项关于利率变化的权利。买方支付一定金额的期权费后,就可以获得这项权利:在到期日按预先约定的利率,按一定的期限借入或贷出一定金额的货币。这样当市场利率向不利方向变化时,买方可固定其利率水平;当市场利率向有利方向变化时,买方可获得利率变化的好处。利率期权的卖方向买方收取期权费,同时承担相应的责任。

(3)外汇期权。外汇期权又称货币期权,它是一种选择契约,其持有人即期权买方享有在契约届期或之前以规定的价格购买或销售一定数额某种外汇资产的权利,而期权卖方收取期权费,则有义务在买方要求执行时卖出(或买进)期权买方买进(或卖出)的该种外汇资产。

(三)金融期权和金融期货的区别

1. 标的物不同

金融期权与金融期货的标的物不尽相同。一般地说,凡可作期货交易的金融商品都可作期权交易。然而,可作期权交易的金融商品却未必可作期货交易。在实践中,只有金融期货期权,而没有金融期权期货,即只有以金融期货合约为标的物的金融期权交易,而没有以金融期权合约为标的物的金融期货交易。一般而言,金融期权的标的物多于金融期货的标的物。

随着金融期权的日益发展,其标的物还有日益增多的趋势,不少金融期货无法交易的东西均可作为金融期权的标的物,甚至连金融期权合约本身也成了金融期权的标的物,即所谓复合期权。

2. 投资者权利与义务的对称性不同

金融期货交易的双方权利与义务对称，即对任何一方而言，都既有要求对方履约的权利，又有自己对对方履约的义务。而金融期权交易双方的权利与义务存在着明显的不对称性，期权的买方只有权利而没有义务，而期权的卖方只有义务而没有权利。

3. 履约保证不同

金融期货交易双方均需开立保证金账户，并按规定缴纳履约保证金。而在金融期权交易中，只有期权出售者，尤其是无担保期权的出售者才需开立保证金账户，并按规定缴纳保证金，以保证其履约的义务。至于期权购买者，因期权合约未规定其义务，其无需开立保证金账户，也就无需缴纳任何保证金。

4. 现金流转不同

金融期货交易双方在成交时不发生现金收付关系，但在成交后，由于实行逐日结算制度，交易双方将因价格的变动而发生现金流转，即盈利一方的保证金账户余额将增加，而亏损一方的保证金账户余额将减少。当亏损方保证金账户余额低于规定的维持保证金时，他必须按规定及时缴纳追加保证金。因此，金融期货交易双方都必须保有一定的流动性较高的资产，以备不时之需。

而在金融期权交易中，在成交时，期权购买者为取得期权合约所赋予的权利，必须向期权出售者支付一定的期权费；但在成交后，除了到期履约外，交易双方不发生任何现金流转。

5. 盈亏的特点不同

金融期货交易双方都无权违约也无权要求提前交割或推迟交割，而只能在到期前的任一时间通过反向交易实现对冲或到期进行实物交割。而在对冲或到期交割前，价格的变动必然使其中一方盈利而另一方亏损，其盈利或亏损的程度决定于价格变动的幅度。因此，从理论上说，金融期货交易中双方潜在的盈利和亏损都是无限的。

相反，在金融期权交易中，由于期权购买者与出售者在权利和义务上的不对称性，他们在交易中的盈利和亏损也具有不对称性。从理论上说，期权购买者在交易中的潜在亏损是有限的，仅限于所支付的期权费，而可能取得的盈利却是无限的；相反，期权出售者在交易中所取得的盈利是有限的，仅限于所收取的期权费，而可能遭受的损失却是无限的。当然，在现实的期权交易中，由于成交的期权合约事实上很少被执行，因此，期权出售者未必总是处于不利地位。

6. 套期保值的作用与效果不同

金融期权与金融期货都是人们常用的套期保值的工具，但它们的作用与效果是不同的。

人们利用金融期货进行套期保值,在避免价格不利变动造成的损失的同时也必须放弃若价格有利变动可能获得的利益。人们利用金融期权进行套期保值,若价格发生不利变动,套期保值者可通过执行期权来避免损失;若价格发生有利变动,套期保值者又可通过放弃期权来保护利益。这样,通过金融期权交易,既可避免价格不利变动造成的损失,又可在相当程度上保住价格有利变动而带来的利益。

但是,这并不是说金融期权比金融期货更为有利。这是由于如从保值角度来说,金融期货通常比金融期权更为有效,也更为便宜,而且要在金融期权交易中真正做到既保值又获利,事实上也并非易事。

所以,金融期权与金融期货可谓各有所长,各有所短,在现实的交易活动中,人们往往将两者结合起来,通过一定的组合或搭配来实现某一特定目标。

四、股票权证

(一)权证的定义

权证(Warrants)一词最早出现在 1911 年的美国,是由美国电力公司(American Light & Power)发行的一种融资工具,这种权证是指由股票发行公司所发行的一种有价证券,其持有者有权在权证行使期间内,以认股契约所规定的认购价格或履约价格,向发行公司认购特定数量的股票,公司以筹措资金为其主要目的,并通过发行新股及交付发行公司股票。

《新帕尔格雷夫货币金融大词典》对权证的解释如下:认购权证是一种长期期权,即对普通股、股票价格指数、债券或者外汇进行买卖的权利的证券。但在随后的介绍中指出:最早的也是最普通的认股权证由某一公司发行,该认股权证允许其持有者以特定的价格在规定的日期前购买一定数量的公司股票;有些认股权证永久地附于公司发行的证券,而大多数认股权证可以脱离出来,单独在二级市场上出售。这个介绍实际上是对认股权证的解释,而没有关于权证分类及不同类型权证的介绍,但是从《新帕尔格雷夫货币金融大词典》对权证的解释我们可以得知"权证是一种长期期权"。

我国上交所和深交所《权证管理暂行办法》对权证的解释:本办法所称权证,是指标的证券发行人或其以外的第三人发行的,约定持有人在规定期间内或特定到期日,有权按约定价格向发行人购买或出售标的证券,或以现金结算方式收取结算差价的有价证券。除非特别说明,本书中的权证是广义的一个概念,不针对某种具体的权证[①]。

(二)权证的特征

从法律角度上看,权证具有以下特征:

1. 它是权证的双方当事人签订的一种买卖选择权的契约

(1)这种契约对双方当事人的权利义务作出以下安排:持有人通过支付权利金而获得向发行人购买或出售一定数量标的证券的选择权;权证发行人获得权利金,但是必须在特定期限内向权证的持有人出售或购买一定数量的标的证券。

(2)这种契约包括以下若干要素:标的物(权证发行时所依附的证券)、权利金(持有人为取得权证所支付的价款)、权证的有效期(权证的有效存续期间)、执行价格(权证的持有人认购或认沽标的证券的价格)、到期日(权证有效的最后期日)以及认购或认沽比率(每单位权证认购或认沽证券的数量)等等。

2. 它是一种具有期权性质的契约,因而必然具有期权的某些特征

(1)权利义务的不对称性。权证的持有人在支付权利金后,获得了购买或出售特定数量标的证券的选择权,既可以在确定的条件下行使权利,也可以在不利的情况下,放弃权利的行使。而权证的发行人或卖出方则恰恰相反,他没有选择权,当持有人要求其履行义务时,他负有依约出售或购买特定数量标的证券的义务。

(2)成本和收益的不对称性。持有人只需支付一定的成本(权利金)就可以获得选择权,当发生不利于持有人的情况时,持有人可以放弃权利的行使,只损失权利金;当情况有利于持有人时,持有人行使权利,获得差价收益(总收入——权利金)。因此,无论情况怎么变化,持有人至多损失权利金,但收益却是不固定的。而权证的发行人或卖出方的收益是固定的,即获得权证持有人所支付的权利金。但是由于标的证券的价格波动较大,给投资者带来的风险是不确定的,权证的持有人可依市场情况对其是否有利行使选择权,但却将这种不确定风险转嫁给了权证发行人或出售方。

3. 它是一种与证券相关的契约

(1)权证作为一种买卖选择权的契约,该选择权的客体是证券;同时权证的价格与标的证券的价格波动密切相关,通常标的证券价格波动的波动率越大,权证的价格往往会越高。

(2)权证作为证券衍生产品,其本身也属于证券的范畴,在境外,权证被普遍认为是一种有价证券。如美国《1933 年证券法》对"证券"进行了详细的界定:

---

① 段宇信. 中国权证市场的发展研究. 西南财经大学硕士论文,2007

"证券是指任何票据、股票、国库券、公司债券……任何关于证券、存单或证券指数的卖出权、买入权、多空套作权、选择期权或优先权。"我国台湾地区"证券交易法"规定,新股认购之权利证书、新股权利证书及前项各种有价证券之价款缴纳凭证或表明其权利之证书,视为有价证券。

(三)权证的分类

权证根据不同的标准可以作不同的划分,其中最主要的分类有[1]:

(1)依发行主体不同,可分为股本权证和备兑权证。股本权证是上市公司发行的一种以该公司股票为标的的权证,通常为认股权证,持有人有权按约定的时间和价格向发行权证的上市公司购买约定数量的股票;备兑权证则是上市公司之外的诸如证券公司、投资银行之类的金融机构发行的,持有人有权按约定的时间和价格向发行人购买或出售约定数量的证券。

(2)依权利行使方向不同,分为认购权证和认沽权证。认购权证是一种买权,持有人有权按约定的时间和价格向发行人购买约定数量的证券;认沽权证则是一种卖权,持有人有权按约定的时间和价格向发行人出售约定数量的证券。他们分别类似于期权中的"看涨期权"和"看跌期权"。

(3)依持有人行使权利的时间不同,可分为欧式权证和美式权证。前者持有人必须在权证到期日行使权利,而后者持有人可以在权证到期日及其之前的任何时间行使权利。

(4)从权证的履约价格的证券价格的对比情况看,权证可分为价内权证、价外权证和价平权证。当标的证券的价格高(低)于认购(沽)权证的执行价时,该认购(沽)权证为价内权证;当标的证券的价格低(高)于认购(沽)权证的执行价时,该认购(沽)权证为价外权证;当标的证券的价格等于权证的执行价时,该权证为价平权证。

(5)从权证的结算方式来看,可将其分为证券给付型和现金结算型。认购权证结算时发行人要将标的证券交付给权证持有人,而认沽权证的发行人往往只须将履约日标的证券的价格与权证执行价之间的现金差价交付给权证持有人即可。

(四)创设权证

1.创设权证的概念及意义

创设是指权证上市交易后,有资格的机构发行与原有权证条款完全一致的权证的投资行为。创设机制的主要目的是增加权证供应量,以平抑权证的过度

---

[1]　参考自魏春.权证之法律规制研究.西南政法大学硕士论文,2007

需求导致的权证价格高企。创设与券商发行备兑权证有一定的区别：创设是对市场中已有权证的发行创设而来的权证，其条款、证券简称、交易代码都与原有权证一样，相当于权证的增发；而券商发行备兑权证是创立了一个新权证，证券简称、交易代码都会与原有权证有所区别。创设权证所需要经历的步骤与过程如图 2-1 所示。

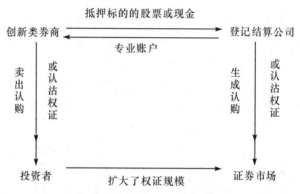

图 2-1 券商创设权证过程图

从创设权证的过程可以看出，权证的创设有以下几个特点：①权证的创设是对已有权证的创设，而不是创设新的权证；②券商在创设权证时必须全额担保，创设认购权证和认沽权证时必须分别全额抵押相应的标的股票和货币资金；③券商对已创设的权证可以向交易所申请注销，从而解冻所抵押的股票或货币资金，申请注销权证时需要购回一定数量的权证。

券商创设权证的意义可以归结为以下几个方面：

(1)抑制证券市场对权证的过度投机，使权证的价格回归理性。权证的过度投机是由于权证的供求失衡引起的，券商可以针对同一标的股票进行多次创设，增加了权证的供给量，一定程度上抑制了权证的过度投机。

(2)券商创设权证对股价有助推作用。券商在进行创设认购权证之前，需要购买对应的标的股票作抵押，这样就增加了购买股票的需求量，从而引起股票价格上涨。如果券商连续创设，就需要不断购买同种股票，这样对股票的助涨作用更明显。

(3)权证的创设不会使对应的标的股票价格无限制上涨。券商如果发行认购权证，会规定一个行权价，股票价格超过行权价，券商从收益最大化角度出发，不会购买标的股票。

(4)权证的创设对股票市场有一定程度的分流作用，但这种分流作用不是很大。如果投资者都购买权证，会引起权证价格大幅度上涨，当权证价格越高，券商创设权证的动力越大，券商会购买股票进行创设，这样，一部分资金又会重新注回到股票市场。

2. 我国权证创设制度产生的背景

2005 年 8 月 22 日,宝钢权证上市,虽然活跃了市场,对于金融衍生产品的创新产生了积极的作用,但随后宝钢权证的交易被狂热炒作,出现了成交激增、价格大幅波动,权证的市价远远脱离理论价值,日换手率经常高达 400% ～ 500% 的现象,市场处于极度投机状态。从国际经验来看,导致权证交易暴涨暴跌的一个重要原因就是产品机制上缺乏创设机制。宝钢权证作为为支持股改而推出的创新产品,其产品结构和目前国际市场流行的标准权证具有较大差异。一个最主要的缺陷就是宝钢权证数量固定不变,当市场需求增加,其价格会突然暴涨。而在国际上,标准权证产品都有一种被称为"连续创设"的机制,这种机制允许发行人或其他合格机构及时增加权证供应量。当权证价格失衡,发行人或其他合格机构发现有利可图时就会适时创造并出售新的权证,权证价格自然向合理价格回归。

因此,为了抑制市场过度投机、增加权证供给量,发展市场理性投资理念,2005 年 11 月 28 日,我国正式引入了权证创设制度,上海证券交易所正式公布了《关于证券公司创设武钢权证有关事项的通知》,自 11 月 28 日起施行。施行当日,多家证券公司创设的 11 亿多份武钢认购、认沽权证上市发行,由于创设的权证数额远高于已经上市流通的权证,导致武钢权证连续三天跌停板。

第五节　股价指数期货与股票期货

一、股价指数期货

(一)股价指数期货的概念

股价指数期货,简称股指期货或期指,是 20 世纪 80 年代金融创新过程中出现的最重要的金融工具之一。股价指数期货是指以股价指数为标的物的标准化金融期货合约。其经济意义是买卖双方约定在将来一定日期、按照事先确定的价格交收某一股票指数的成分股票而达成的契约;实质是投资者将其对整个股票市场价格指数的预期风险转移至期货市场的过程,通过对股票价格趋势持不同判断的投资者的买卖,来转移股票市场的风险。股价指数期货以现金交割。

(二)股价指数期货的特点

1. 股指期货是以股价指数为基础的金融期货

长期以来,市场上没有出现单种股票的期货交易,这是因为单种股票不能满足期货交易上市的条件。而且,利用它也难以回避股市波动的系统性风险。而股价指数由于是众多股票价格平均水平的转化形式,在很大程度上可以作为代表股票资产的相对指标。股价指数上升或下降表示股价资本增多或减少,这样,股价指数就具备了成为金融期货的条件。利用股价指数期货合约交易可以消除股市波动所带来的系统性风险。

2. 股指期货的价格是以股票指数的"点"来表示

世界上所有的股票指数都是以点数表示的,而股价指数的点数也是该指数的期货合约的价格。例如,香港恒生指数 2007 年 3 月份为 18900 点,这 18900 点也是 3 月份的股票指数合约的价格。以指数点乘以一个确定的金额数值就是合约的金额。香港恒生指数股指期货合约的金额是用指数乘以 50 港币,例如,在香港恒生指数 18900 点时,香港恒生指数期货合约代表的金额为 $18900 \times 50 = 945000$ 港币。指数每涨跌一点,该指数期货交易者就会有 50 港币的盈亏。

3. 股指期货是现金交割的期货合约

股指期货之所以采用现金交割,主要有两个方面的原因,第一,股价指数是一种特殊的股票资产,其变化非常频繁。而且是众多股票价格的平均值的相对指标,如果采用实物交割,势必涉及繁琐的计算和实物交接等极为麻烦的手续;第二,股指期货合约的交易者并不愿意交收该股指所代表的实际股票,他们的目的在于保值和投机,而采用现金交割和最终结算,既简单快捷,又节省费用。

(三)股价指数期货的功能[①]

1. 提供方便的卖空机制

如果是现货股票,要卖空交易就必须先从他人手中借到一定数量的股票,这很难,但是进行股票指数期货交易就能解决这个问题。也就是说,如果你看空将来股票大盘,你可以先卖出股指期货合约,即先卖出开仓,这个合约价格本身就代表了其成分股的涨跌,将来这些成分股总体跌了,股指期货也将趋跌,这样你就有机会以较低的股指期货价格买回来,抵消掉先前卖出的合约,即平仓。这样你就赚得了大盘下跌的差价,同时不用把现货股票卖掉。

2. 增加流动性,提高市场有效性

股指期货具有交易成本低、杠杆性高以及现金交割等特点,满足各种投资者的需要,其流动性远远超过了股票现货市场,有研究表明,股指期货市场的流动性明显高于现货股票市场。如在 1991 年,FTSE－100 指数期货交易量就高达850 亿英镑,是现货股票的 15 倍左右。日经指数开市以来是现货股票交易量的

---

① 贺强、韩复龄编著. 证券投资学. 首都经济贸易大学出版社,2007

十倍。另外,股指期货交易近 20 年来的发展证明了它和股票现货交易具有相辅相成、相互促进的关系,因此,股指期货交易将会带动股市的活跃。

3. 资产配置功能

股指期货具有资产配置的功能,具体表现在:(1)引进做空机制,使投资者的投资策略从等待股票价格上升的单一模式转变为双向投资模式,使投资人的资金在行情下跌中也能有所作为而非被动闲置。(2)便于发展机构投资者,促进组合投资、加强风险管理。(3)增加市场流动性,提高资金使用效率,完善资本市场的功能等。股市投资者在股票市场上面临的风险可分为两种。一种是股市的整体风险,又称为系统风险,即所有或大多数股票的价格一起波动的风险。另一种是个股风险,又称为非系统风险,即持有单个股票所面临的市场价格波动风险。通过投资组合,即同时购买多种风险不同的股票,可以较好地规避非系统风险,但不能有效地规避整个股市下跌所带来的系统风险。进入 20 世纪 70 年代以来,西方国家股票市场波动日益加剧,投资者规避股市系统风险的要求也越来越迫切。由于股票指数基本上能代表整个市场股票价格变动的趋势和幅度。人们开始尝试着将股价指数改造成一种可交易的期货合约并利用它对所有股票进行套期保值,规避系统风险,于是股指期货应运而生。

4. 平抑市场的功能

股指期货有利于平抑股市波动,防止暴涨暴跌。由于股市中存在着众多的套期保值者和套利者,当期货价格对现货价格的偏离超过一定幅度时,市场套利行为使期货价格向内在价值回归。股指期货会丰富投资品种,促进股票现货市场交易的活跃,并减轻集中性抛售对股票市场造成的恐慌性影响,对股价剧烈波动起到缓冲作用。

5. 股指期货具有价格发现功能

价格发现,是指利用期货市场公开竞价交易的特点,通过人数众多的、各种各样的投资者的参与,形成一个对将来市场预期的、反映市场供求关系的市场价格。股指期货市场的价格也是对股票市场未来走势作出的预期反应,即发现未来股票指数的价格点位。

它与现货市场上的股票指数一起,共同对国家的宏观经济和具体上市公司的经营状况作出预期。从这个意义上讲,股指期货对经济资源的配置和流向发挥着信号灯的作用,有助于提高资源的配置效率。

对于做股票现货的投资者,也可用股指期货的行情趋势,来评估自己现货交易的决策,优化自己的交易效益。

6. 股指期货具有套期保值功能

套期保值,是指投资者买进或者卖出与现货数量相等但交易方向相反的期货合约,以期在未来某一时间通过卖出或买进期货合约,从而补偿因现货市场价格波动带来的实际损失。这样,期货与现货两个市场的交易盈亏就"套"在一起了。

股指期货的这种套期保值功能,丰富了股票市场参与者的投资工具,促进股票现货市场交易的活跃,并减轻集中性抛售对股票市场造成的恐慌性影响,对平均股价水平的剧烈波动起到了缓冲的作用。

(四)我国的股价指数期货计划

我国的股票指数期货目前仍处在筹备阶段,将由中国金融期货交易所推出。目前计划推出的交易品种为沪深 300 指数期货合约,以沪深 300 指数为标的。

2006 年 9 月 8 日,中国金融期货交易所(CFFE)在上海成立,注册资本为5 亿元人民币。中国金融期货交易所是经国务院同意,中国证监会批准,由上海期货交易所、郑州商品交易所、大连商品交易所、上海证券交易所和深圳证券交易所共同发起设立的金融期货交易所,将承担股价指数期货的筹备推出及交易、结算等相关服务。截至 2009 年 4 月 21 日,中国金融期货交易所的会员数量已达94 家,其中全面结算会员 15 家,交易结算会员 52 家,交易会员 27 家(见表2-3)。

表 2-3   中国金融期货交易所会员单位

交易结算会员	交易会员	全面结算会员	
银河期货、经易期货格林期货、新世纪期货厦门国贸期货	天琪期货、瑞达期货、先融期货	国泰君安期货、南华期货	第一批10 家
长江期货、东吴期货弘业期货、久恒期货良茂期货、首创期货平安期货、国联期货中信建投期货	大越期货、新华期货中财期货	—	第二批12 家
兴业期货、渤海期货中钢期货、金元期货华闻期货、金瑞期货申银万国期货	乾坤期货、东华期货银建期货、大地期货瑞奇期货、文峰期货新纪元期货	鲁证期货、永安期货、一德期货	第三批17 家
东银期货、万达期货海通期货、通联期货中谷期货、招商期货	创元期货、恒银期货江南期货、珠江期货天地期货	东海期货、光大期货	第四批13 家
冠通期货、云晨期货中诚期货、中航期货金龙期货、宏源期货	广永期货、和融期货美尔雅期货	长城伟业、天马期货中粮期货、中证期货	第五批13 家

交易结算会员	交易会员	全面结算会员	
华安期货、安信期货 浙石期货、中大期货 大华期货、宝城期货	中信期货、东亚期货 良时期货	广发期货	第六批 10家
国信期货、实友期货 国金期货、苏物期货 东航期货	倍特期货、大有期货 金鹏期货	五矿实达	第七批 9家
上海东证期货有限公司、东莞市华联期货经纪有限公司、中期期货有限公司	湖南金信期货经纪有限公司、华证期货经纪有限公司	—	第八批 5家
大连良运期货经纪有限公司、湘财祈年期货有限公司、金友期货经纪有限责任公司、西部期货有限公司	—	信达期货有限公司	第九批 5家

资料来源:中国金融期货交易所 截止时间:2009 年 4 月 21 日

以下简要介绍沪深 300 指数期货产品:

1. 沪深 300 股指期货合约设计的历史背景

2006 年沪深 300 指数被确定为国内首只股指期货的标的指数,那么在国内众多的指数中,为何确定沪深 300 指数作为第一只股指期货的标的物? 其中有着深刻的历史背景。

(1)沪深 300 指数自身特点决定了它将成为股指期货合约标的物。股指期货创设的初衷,是创造一个衍生工具来规避现货市场(股票市场)的风险。这种风险主要指整个市场的系统性风险,不是几只股票就能够左右的,而是市场中所有股票产生的累积作用。因此,要规避中国股市的系统性风险,就必须选择与市场行情相关性高、市值扭盖率大、行业覆盖面广的指数,这样的指数能够有效反映整个市场的行情,有效抵抗行业的周期性波动。沪深 300 指数自 2005 年推出以来,运行情况良好,能够准确反映出沪深两市 A 股市场的股票走势。另外,沪深 300 指数成分股的行业分布比较均衡,能抗行业的周期性波动,有较高的市场覆盖面。根据中国金融期货交易所对国内现有指数进行数量化分析测试的结果,沪深 300 指数在综合保值成本、效率排名和抗操纵能力等方面表现最优。因此,中国金融期货交易所经过综合考虑后推出以沪深 300 指数为标的物的股指期货。

（2）中国股票市场的巨大发展,将沪深 300 股指期货推上历史舞台。从 2006 年初,中国的 A 股市场呈现出快速发展的繁荣景象,然而,随着沪、深两市股价的不断上升,在热闹的市场交易背后,股市下跌的风险也越来越大,此时,推出以涵盖沪、深两市股票的指数作为标的物的股指期货就具有重大意义。其意义就在于,股指期货的出现,给了投资者一个规避系统性风险的工具:既可以在股票市场上做多,也可利用股指期货做空来对冲股票市场的风险。没有股指期货的股票市场,就没有系统的避险工具,没有股指期货的股市只能做多不能做空。假如 2000 年就有了股指期货,那么从 2001 年开始,中国股市持续 5 年的熊市也不会让所有投资者无奈。

（3）沪深 300 股指期货合约的价值设计是为了改变现有股票市场的投资者结构。中国金融期货交易所通过对现货股票市场投资者资产结构的分析发现,95%的投资者资产规模都在 10 万元人民币以下,这些投资者的风险承受能力较弱,过多参与股指期货产品并不利于市场的稳定。数据表明,一些比较成功的合约面值一般在 30 万至 150 万元之间。因此,在现有的沪深 300 股指期货合约的设计中,合约价值设计得较高,以 2006 年 12 月 29 日 2041.05 点的收盘价为例,合约乘数 300,10%的保证金比例,则一手合约的保证金为 2041.05×300×10%即 6.1 万元,可见合约价值门槛之高。较高的合约价值会将一些中小散户拒之门外,而靠其回避风险的功能吸引更多的机构投资者加入。总之,沪深 300 股指期货的合约设计就是为了建立起以机构投资者为主体的股指期货市场。

沪深 300 指数期货合约设计就是在以证券市场风险管理为中心、以完善中国资本市场为基础、以其自身的特点为条件的前提下,被推上中国金融业发展的大舞台上来的。

2. 沪深 300 指期货合约

截至 2008 年 7 月 12 日,沪深 300 股指期货还没正式推出,只有仿真交易。随着沪深两地股市的发展,目前沪深 300 股指期货已经出现,并显现出活跃的景象。这里介绍一下中国金融期货交易所指定的沪深 300 股指期货交易规则(见表 2-4)。

表 2-4　沪深 300 指数期货合约表

合约标的	沪深 300 指数
合约乘数	每点 300 元
报价单位	指数点
最小变动价位	0.2 点

续表

合约月份	当月、下月及随后两个季月
交易时间	上午 9:15—11:30,下午 13:00—15:15
最后交易日交易时间	上午 9:15—11:30,下午 13:00—15:00
每日价格最大波动限制	上一个交易日结算价的±10%
最低交易保证金	合约价值的 12%
最后交易日	合约到期月份的第三个周五,遇法定节假日顺延
交割日期	同最后交易日
交割方式	现金交割
交易代码	IF
上市交易所	中国金融期货交易所

资料来源:中国金融期货交易所

二、股票期货[①]

(一)股票期货定义

股票期货合约是以单只股票为标的的期货合约。根据香港交易所的解释,股票期货合约是一个买卖协定,注明于将来既定日期以既定价格买入或者卖出相等于某一既定股票数量的金融合约。

在股票衍生品中,股价指数期货与期权诞生于 20 世纪 80 年代初;而股票期货则是 80 年代后期才开始出现,至今成交量不大,市场影响力较小。但进入 21 世纪后,股票期货作为一个相对较新的产品越来越受到人们的关注,特别是英国的伦敦国际金融期货与期权交易所(LIFFE)推出的通用股票期货(USF)成长速度很快,而美国对阻碍股票期货交易的立法修改也取得了突破。

(二)股票期货的运作特点和交易优势

与常规的股票投资相比,股票期货的运作特点和交易优势可以归纳为以下五点。

---

① 参考自网易财经专题《股票期货到底为何物?》。http://stock.163.com/special/g/00251NPI/gupiaoqihuo.html

(1) 股票期货可以成为直接买卖股票的替代手段。过去投资者只能靠购买股票来成为公司股东,进而分享公司的盈利成长,但股票期货的诞生为他们提供了另外一种新型方式。尤其是当投资金额有限时,他们可以利用股票期货迅速进入市场,而无须苦苦等待现金资产的缓慢累积。同时,严格遵守资产分配模型的投资者也可以利用股票期货来迅速调整投资组合中股票与债券的相对比例,从而保证二者之间的动态平衡不会偏离既定目标。譬如买入期货来提高股票比重,或是卖出期货来降低股票含量。

(2) 股票期货作为一种灵活的投资方式,可以成为常规投资组合的延伸及调整手段。投资者可以根据市场风云、利用股票期货来及时调整自己的投资重点而无须改变现有的投资组合结构。当某个行业或股票因偶然因素而剧烈波动时,如若投资者认为这只是短期现象而并非长期趋势,他就可以在投资组合的外围,通过股票期货来应对,从而保证现有投资组合的完整与稳定。此外,所有股票期货都是通过电子化交易完成,交易成本会远低于传统的大厅交易。

(3) 股票期货可以成为投资风险管理的有力工具。股价下挫时,投资者固然可以采用常规的股票卖空手段来降低投资损失或者从中获利,即卖出从自己经纪人手中借来的股票,寄希望于股价下降之后再以低价买回进行偿还。但一来"加价原则"规定股票卖空只能在股票叫价提高时完成,二来股票价格急剧动荡时的买卖价差会急剧加大,导致交易成本的提高,三来投资人会时刻担心"卖空挤压"所带来的股价飙涨。

此时,股票期货的出现就弥补了这一缺憾,提供了更大的灵活性。投资人仍然可在股票价格持续跌落时卖出期货;而且股票期货的费用也会低廉很多;同时期货供给可以无限制地增加,无须担心价格挤压的出现。在股市剧烈震荡时,股票期货的这些特点会带给投资人无尽的庆幸与欣慰。

(4) 股票期货可用作对冲避险。投资人通常会面对股市波动所带来的系统性风险以及与公司本身相关的特殊性风险。当市场或是股票出现短期性震荡时,投资者可能为了避免损失而卖掉持有的股票,待局势稳定后再买回来。但这样既会产生投资收益,提高投资税赋,也会使投资损失因受到"抵税虚卖"条款的限制而无法抵消其他的投资收益。但股票期货的问世则避免了这一尴尬。投资者则可以卖出股票期货来对冲避险,使股票价格下跌带来的损失为期货价格下跌带来的收益所补偿。此外,卖出投资组合中比重过大股票或行业的期货还可有效降低投资组合的价格波动性。

(5) 股票期货的资本有效性。这主要反映在四个不同的层面上。首先,股票期货的杠杆效应可以以小搏大,仅用少量资本即可获得数倍以上的股票资产。例如,当买入或卖出股票期货时,所需保证金只是契约总额的 20%,而向经纪人借钱买股时,也只要符合最初保证金规定的最低限度。其次,期货投资人无须为契约中尚未支付的 80％支付利息,而向经纪人借款买股时的利息必不可少。此外,股票期货交易不牵扯融资或者借款手续,而向经纪人借款买股则手续较麻烦。最后,借款买股时必须时刻满足“持续保证金”的要求,纽约股票交易所和纳斯达克规定股票卖空时为 30％,借款买股时为 25％,而对股票期货的限制额度要相对宽松一些。

(三)股票期货的风险

虽然股票期货具有独到之处,使得投资市场琳琅满目,但其弊端和可能造成的伤害也是显而易见的。作为一柄双刃剑,其风险性要显著高于股票交易、期权交易以及指数期货。正因为如此,股票期货会比股票期权和指数期货姗姗来迟几十年之久。在美国,虽然国会迫于国际市场的压力不得不抬高股票期货的门槛,但也反映出它对股票期货可能带来的不利影响还是深具戒心的。

(1)股票期货的风险性要比股票交易大得多。其主要原因有四:第一是股票价格的任何微量级变化都会为期货交易的杠杆效应所放大,从而使得投资者差之毫厘、谬以千里。通常保证金限额越低,杠杆效应也越大,投资风险性也越高。股票期货 20％的保证金限额虽然高于商品期货的 3％到 5％,但仍大大低于股票交易的 50％。第二是所有的衍生性金融产品都具有一个共性,即价格变化的持续性与迅速性。如前所述,股票期货的价格既受到基础股票价格的影响,也受到其他因素的干扰,像到期日的长短与利率的高低等等。因此,即便股票价格稳定不变,股票期货的价格也有可能会因其他因素的推动而剧烈波动,从而导致股票期货的波动性会远在股票交易之上。第三是股票交易并无到期日的限制,如果投资者不幸被套牢,只要他拥有充裕的流动资金、同时对公司的长期远景具有信心,他就可以继续持股,耐心等到公司东山再起。但股票期货具有明确的到期日,如果到期之前股票仍未卷土重来,投资者就会不停地赔下去,直到在出头之日来临之前被淘汰出局。第四是股票期货的有效期通常只有两到三个月,因此投资者必须采取接力递进的方式,在到期日来临时转入下一轮期货,并周而复始,直至策略周期的结束。这就需要投资者对于期货交易及其接力机制具有充分的了解,以降低期货交易所特有的递进风险。同时,连续递进的接力过程也要求投资者在股价判断上不仅要一步对,而且要步步对,以免陷入“一子落错,满盘皆输”的窘境。

(2)股票期货的风险也会比股票期权和指数期权大很多。期权与期货虽然均属于衍生性产品的范畴,都具有到期日和杠杆效应,但两者的概念与运作截然不同,风险性更是迥然不一。例如买入看涨期权时,投资者只需支付数目确定的少量款额,买到的是在未来到期日前以某一确定价格购买基础股票的权利。这笔款额也是投资者可能损失的最大金额,也就是说投资者在整个期权交易过程中无需再次注入资金。

但股票期货却完全不同。股票的期货与现货价格时刻处于变化之中,到期日时必然会合二为一,而且投资者毫无放弃权利之说。在到期日来临之时,他们或者要以现金结算,或者要履行买进或卖出基础股票的承诺。同时,虽然投资者在购买期货时只需支付20%的保证金,但如果股票价格的运动与投资者的预测背道而驰,那么投资者在催促保证金的压力之下就不得不继续贴钱作为追加保证金,也就是说其损失额是难易预测且毫无止境的。

(3) 股票期货的风险性也会比指数期货高出很多。首先,指数是多种股票的集合,大多符合投资分散化的原则与要求。因此与个别股票相关的特殊风险已经所剩无几,唯一残存的风险性就是投资分散化所无法消除的系统性风险或市场风险。而股票期货是以单一股票为基础,集特殊风险和市场风险于一体,因而其价格波动的剧烈性无疑会高于指数期货。其次,股票期货的交易量与流通性到目前为止还远不如指数期货,致使其买卖价差与交易费用要大大高于指数期货。在投资市场中,缺乏流通性与交易量的金融产品绝对不会具有生命力。因此,只有在渡过了前期开发阶段之后,股票期货真正的历史地位才能得到确认。

案例二 融资融券交易

一、融资融券定义

"融资融券"(securities margin trading)又称"证券信用交易"或保证金交易,是指投资者向具有融资融券业务资格的证券公司提供担保物,借入资金买入证券(融资交易)或借入证券并卖出(融券交易)的行为。包括券商对投资者的融资、融券和金融机构对券商的融资、融券。从世界范围来看,融资融券制度是一项基本的信用交易制度。2010年3月30日,上交所、深交所分别发布公告,表示将于2010年3月31日起正式开通融资融券交易系统,开始接受试点会员融资融券交易申报。融资融券业务正式启动。

2008年4月23日国务院颁布的《证券公司监督管理条例》对融资融券做了如下定义:融资融券业务,是指在证券交易所或者国务院批准的其他证券交易场所进行的证券交易中,证券公司向客户出借资金供其买入证券或者出借证券供其卖出,并由客户交存相应担保物的经营活动。

2013 年 1 月 31 号,上交所融资融券标的股票范围从 180 只扩大至 300 只,深交所融资融券标的股票数量由目前符合深圳 100 指数成份股标准的 98 只扩展为 200 只。至此,沪深两市融资融券标的股票范围扩大至 500 只。

二、融资融券与普通证券交易的区别

融资融券交易,与普通证券交易相比,在许多方面有较大的区别,归纳起来主要有以下几点:

1. 保证金要求不同

投资者从事普通证券交易须提交 100% 的保证金,即买入证券须事先存入足额的资金,卖出证券须事先持有足额的证券。而从事融资融券交易则不同,投资者只需交纳一定的保证金,即可进行保证金一定倍数的买卖(买空卖空),在预测证券价格将要上涨而手头没有足够的资金时,可以向证券公司借入资金买入证券,并在高位卖出证券后归还借款;预测证券价格将要下跌而手头没有证券时,则可以向证券公司借入证券卖出,并在低位买入证券归还。

2. 法律关系不同

投资者从事普通证券交易时,其与证券公司之间只存在委托买卖的关系;而从事融资融券交易时,其与证券公司之间不仅存在委托买卖的关系,还存在资金或证券的借贷关系,因此还要事先以现金或证券的形式向证券公司交付一定比例的保证金,并将融资买入的证券和融券卖出所得资金交付证券公司一并作为担保物。投资者在偿还借贷的资金、证券及利息、费用,并扣除自己的保证金后有剩余的,即为投资收益(盈利)。

3. 风险承担和交易权利不同

投资者从事普通证券交易时,风险完全由其自行承担,所以几乎可以买卖所有在证券交易所上市交易的证券品种(少数特殊品种对参与交易的投资者有特别要求的除外);而从事融资融券交易时,如不能按时、足额偿还资金或证券,还会给证券公司带来风险,所以投资者只能在证券公司确定的融资融券标的证券范围内买卖证券,而证券公司确定的融资融券标的证券均在证券交易所规定的标的证券范围之内,这些证券一般流动性较大、波动性相对较小、不易被操纵。

4. 财务杠杆效应不同

与普通证券交易相比,投资者可以通过向证券公司融资融券,扩大交易筹码,具有一定的财务杠杆效应,通过这种财务杠杆效应来获取收益。

三、融资融券主要模式

融资融券交易是海外证券市场普遍实施的一项成熟交易制度,是证券市场基本职能发挥作用的重要基础。各个开展融资融券的资本市场都根据自身金融体系和信用环境的完善程度,采用了适合自身实际情况的融资融券业务模式,概括地归结为三大类:以美国为代表的市场化模式、以日本为代表的集中授信模式和以中国台湾为代表的双轨制模式。

在美国的市场化模式中,证券交易经纪公司处于核心地位。美国信用交易高度市场化,投资者进行信用交易时,向证券公司申请融资融券,证券公司直接对投资者提供信用。而当证券公司自身资金或者证券不足时,证券公司则向银行申请贷款或者回购融资,向非银行金融机构借入短缺的证券。

从日本的集中授信模式看,专业化的证券金融公司处于整个融资融券业务的核心和垄断地位,严格控制着资金和证券通过信用交易的倍增效应。日本的证券金融公司主要为银行出资设立,为证券经纪商等中介机构提供服务。证券公司如果资金和证券不足,并不直接向银行、货币市场进行借贷或回购融资,也不直接向非银行金融机构融券,而是向证券金融公司申请进行资金和证券的转融通。

台湾模式由于是双轨制,运作起来相对复杂,而且有 4 家证券金融公司,彼此存在竞争。而对证券公司实行许可证管理,有许可证的券商可以向证券金融公司融资融券,而没有许可证的证券公司只能从事代理服务。证券公司的地位由于投资者可以直接向证券金融公司融资融券而比较被动,融资融券业务为券商带来的收入有限。

四、融资融券的作用

融资融券交易作为世界上大多数证券市场普遍常见的交易方式,其作用主要体现在四个方面:

(1)融资融券交易可以将更多信息融入证券价格,可以为市场提供方向相反的交易活动,当投资者认为股票价格过高和过低,可以通过融资的买入和融券的卖出促使股票价格趋于合理,有助于市场内在价格稳定机制的形成。

(2)融资融券交易可以在一定程度上放大资金和证券供求,增加市场的交易量,从而活跃证券市场,增加证券市场的流动性。

(3)融资融券交易可以为投资者提供新的交易方式,可以改变证券市场单边式的方面,成为投资者规避市场风险的工具。

(4)融资融券可以拓宽证券公司业务范围,在一定程度上增加证券公司自有资金和自有证券的应用渠道,在实施转流通后可以增加其他资金和证券融通配置方式,提高金融资产运用效率。

五、融资融券的影响

（一）对投资者的影响

1.有利于为投资者提供多样化的投资机会和风险回避手段

一直以来,我国证券市场属于典型的单边市,只能做多,不能做空。投资者要想获取价差收益,只有先买进股票然后再高价卖出。一旦市场出现危机时,往往又出现连续的"跳水",股价下跌失去控制。融资融券的推出,可以使投资者既能做多,也能做空,不但多了一个投资选择以赢利的机会,而且在遭遇熊市时,投资者可以融券卖出以回避风险。

2.有利于提高投资者的资金利用率

融资融券具有财务杠杆效应,使投资者可以获得超过自有资金一定额度的资金或股票从事交易,人为地扩大投资者的交易能力,从而可以提高投资者的资金利用率。例如,投资者向证券公司融资买进证券被称为"买空"。当投资者预测证券价格将要上涨,可以通过提供一定比例担保金就可以向证券公司借入资金买入证券,投资者到期偿还本息和一定手续费。当证券价格符合预期上涨并超过所需付的利息和手续费,投资者可能获得比普通交易高得多的额外收益。

3.有利于增加反映证券价格的信息

信用交易中产生的融资余额(每天融资买进股票额与偿还融资额间的差额)和融券余额(每天融券卖出股票额与偿还融券间的差额)提供了一个测度投机程度及方向的重要指标:融资余额大,股市将上涨;融券余额大,股票将下跌。融资融券额越大,这种变动趋势的可信度越大。

（二）对证券公司的影响

1.有利于提高证券公司融资渠道的有效性

从境外的融资融券制度看,证券公司的债务融资主要来自银行、证券金融公司和货币市场。尤其在日本、韩国、中国台湾,证券金融公司担当起证券公司一个重要的融资渠道,包括证券公司业务发展所需的流动资金融资。我国证券公司目前有效的融资渠道还比较有限,回购市场融资规模比较小,也不能满足证券公司的融资需求。融资融券推出以后,特别是证券金融公司成立以后,可以为证券公司提供一种新的合规融资渠道,有利于改善我国证券公司的资产负债结构。

2.有利于促进证券公司建立新的盈利模式

发展融资融券交易,这无疑可以为证券公司提供一个重要的收入来源。证券公司在融资融券业务中的盈利模式包括但不限于:融资融券业务本身的利息和手续费、由于融资融券带来的交易放大而多收取的佣金、对融资融券账户收取账户管理费等。在美国,融资融券的业务收入占比在 5%~10%左右。同时,信用交易对交易活跃度的促进,也有利于改善证券公司经纪业务的生存状态。融资融券业务的导入将有利于我国证券业成功实现盈利模式的转变。

3.有利于推动证券公司的产品创新

从证券市场的发展来看,各种创新都需要卖空机制。股指期货期权、股票期货期权等的条件之一就是存在卖空套利机制。与股票期货和期权相比,证券融资融券交易的杠杆放大作用较小,信用扩张度也较小,证券信用交易的风险介于现货和期货期权之间,它比期货期权更具有普适性。因此,融资融券的推出将有利于激发证券公司的产品创新能力。

(三)对证券市场的影响

融资融券可以放大证券供求,增加交易量,放大资金的使用效果,对于增加股市流通性和交易活跃性有着明显的作用,从而有效地降低了流动性风险。据统计,国外融资融券交易量占证券交易总量的比重都达到 15%以上的水平,美国为 16%~20%,日本为 15%,我国台湾地区为 20%~40%。同时,融资融券也有助于完善股价形成机制,对市场波动起着市场缓冲器作用。由于各种证券的供给有确定的数量,其本身没有替代品,如果证券市场仅限于现货交易,那么证券市场将呈现单方向运行,在供求失衡时,股价必然会涨跌不定,或暴涨暴跌。但是信用交易和现货交易互相配合之后,可以增加股票供求的弹性,当股价过度上涨时,"卖空者"预期股价会下跌,便提前融券卖出,增加了股票的供应,现货持有者也不致继续抬价,或趁高出手,从而使行情不致过热;当股价真的下跌之后,"卖空者"需要补进,增加了购买需求,从而又将股价拉了回来。"买空"交易同样发挥了市场的缓冲器作用。

本章思考题

1. 简述股票的性质、特征和种类。
2. 简述债券的特征和种类。
3. 简述证券投资基金与股票、债券的区别。
4. 简述金融期货和金融期权的区别。
5. 简述股指期货的特点。
6. 你认为融资融券交易会给中国证券市场带来哪些影响?

第三章　证券市场参与主体

本章学习重点

　　证券市场上的投资者主要分为个人投资者和机构投资者,其中主要的机构投资者有证券经营机构、基金公司、保险公司、社保基金、QFII(合格境外机构投资者)、银行和信托投资公司等,本章主要介绍了这几类主要的投资者,并且在最后给出了我国资本市场对外开放的案例,供大家学习探讨。

第一节　个人投资者

一、证券市场中的个人投资者

　　居民个人作为证券投资的主体就称为个人投资者。居民个人买卖证券是对其剩余、闲置的货币资金加以运用的一种方式。居民拥有的剩余资金,除保留一部分现金以备急需外,大部分用于购买金融资产,以求资产的保值和增值。居民的大部分剩余资金通过购买金融资产流入金融市场,成为政府和企业筹集资金的重要来源。个人是一个国家中最大的净资金供应者。在我国,根据 2008 年 1 月 24 日中国证券监督管理委员会发布的《中国资本市场发展报告》,截至 2007 年年底,个人投资者占据了股票市场投资份额的 51.29%。

　　证券资产在个人整个金融资产中到底占多大的比重,受到各种因素的影响和制约。人们在选择金融资产时,必须以资产的三性即流动性、安全性和收益性作为准则。此外,还有一些因素制约着人们的决策:(1)收入水平。个人收入水平的高低不仅决定了他们购买金融资产的能力,而且还影响着他们购买金融资产的动机和目的。人们用于购买证券的货币数量随着收入水平的提高而增加,并且其增长幅度往往高于收入的增长速度。(2)证券供应。证券供应的规模制约着证券投资的规模。随着我国证券市场的迅速发展,居民的投资意识也不断增强。(3)证券流通市场状况。只有证券流通市场法规健全、秩序良好、交易方便,才会吸引更多的人参与证券投资①。

二、个人投资者的行为特征和表现

大量的西方文献在实证研究后,发现股票市场上的个人投资者的交易行为大都具有交易次数过多、偏好持有风险较大的股票等特征。而且,个人投资者的这些行为特征与其过度自信、厌恶损失的心理特征相对应的。下面,对这方面最近的研究成果,做一个简要的说明②。

(一)过度自信

大量的实证研究结果表明,人们在进行决策时有过高估计自己能力的倾向,这会导致个人投资者的交易过度频繁,使投资者获得的收益无法抵补交易次数过多所带来的交易费用。另外,有专家指出,人们还会对小道消息反应过度,而对于公共信息则反应不足。

(二)代表性推理

人们在对某件事情不确定的时候,会抓住其某一突出特征直接推断结果,而不对该特征出现的真实概率和与该事件有关的其他因素进行深入分析。

(三)顽固信条

大量证据表明,一旦人们形成某一观点,他们将会深信不疑地这样认为,并且还会持续很长时间。一些研究还发现,人们甚至会按照自身的想法去曲解事实,或尽力寻找证据证明自己的想法,而对反面的事实视而不见。

(四)锚定效应

通常人们在形成估计时,很可能是基于一任意值的初始值。然后,在此基础上再进行调整。然而,实证结果表明,这种调整一般是不够充分的,换句话说,人们会盯住这一初始值牢牢不放。

(五)易获得性偏误

人们在对某一事件发生的概率做出判断时,经常会在自己脑海的记忆中寻找相关的信息,这是一种相当感性的做法,由于并不是所有的记忆都是清晰的,这样做会得出有偏的估计结果。

(六)羊群效应

羊群行为,简单地说就是跟风,指单个投资者受到从众心理的驱使而忽视了

---

① 林俊国. 证券投资学. 经济科学出版社,2006
② 苏文静. 我国股票市场噪声交易研究. 对外经济贸易大学硕士毕业论文,2007

自己拥有的信息,采取与其他投资者相同的投资策略。在金融市场上,投资者彼此之间相互模仿,买卖行为逐渐趋于一致,可能会导致最终失去理智。羊群行为可视为投资者针对信息不对称所做出有限理性的反应。鉴于金融市场复杂又不确定的状态特征,认为自己拥有有限信息的投资者会试图"搭便车",与他们认为的信息较为充分的投资者采取相同的策略。

(七)损失厌恶

损失厌恶是指投资者对于一定金额损失的厌恶程度大于同等金额的收益所带来的喜悦程度。投资者面对损失时,是风险偏好的,即愿意冒更大的风险以期减少目前遭受的损失;而在面临具有不确定性的收益时,是风险厌恶的,即宁可把握住就要到手的少量收益,而不愿意承受一定的风险以在将来获得更大的收益。由此导致了投资者不愿意轻易卖出亏损的股票而是继续持有,却急于卖出盈利的股票。

(八)家乡情节

人们有购买自己国家公司发行的股票的偏好,更有甚者会更倾向于持有自己居住地的企业发行的股票。究其原因,应该是因为投资者认为自己对本土的企业较为熟悉和了解,比其他投资者拥有较为充分的信息。

由上述这些个人投资者的心理特征而导致了很多传统金融理论所无法解释的金融异常现象,于是这就引出了行为金融理论,本书在此不详细展开,有兴趣的读者可以阅读行为金融学的相关书籍。

三、个人投资者与一般机构投资者的比较

一般的机构投资者指如投资基金、证券投资信托机构、保险公司、养老基金组织和一些商业银行等。它们往往有稳定的证券投资资金,以纯粹的投资为目的,持续地或经常地从事证券投资活动,其主要目的是为了获取证券投资的收益。在西方成熟的证券市场上,这类机构投资者占有非常重要的地位。在本章的以后几节里会详细介绍各种主要的机构投资者,在这里主要分析个人投资者与一般机构投资者的区别①。

(一)资金方面的比较

从资金实力方面来看,机构投资者按照各自的业务性质,从社会吸收闲散的资金,能够聚集起巨额的资金,因此资金实力雄厚,这是一般个人投资者所无法比拟的。

---

① 林俊国编著. 证券投资学. 经济科学出版社,2006

（二）信息收集能力的比较

从收集和分析信息的能力来看，个人投资者由于受各方面条件的限制，其收集和分析信息的能力较弱。而机构投资者一般设有收集、分析信息的专门机构，拥有一批富有经验的证券投资分析专家和专门的管理人员，使证券投资建立在对经济形势和市场状况科学分析、研究的基础上。

（三）投资策略不同

从投资方针策略来看，由于个人投资者的资金绝大部分是自己的闲置资金，因此可以采用灵活的投资方针策略，风险承受能力强的可以采用激进的方针策略，风险承受能力弱的可以采用稳健的方针策略。而机构投资者的资金大部分来源于居民、企事业单位的零散资金，如存款、养老金、保险费和信托基金等，是对居民和企事业单位的负债，随时需要还本付息或其他支付。因此，机构投资者在买卖证券方面往往来用稳健的投资方针策略，以最大限度地避免投资风险，确保证券资产的安全性。他们一般购买收益稳定、风险小的证券，他们是投资者，而非投机者。

从分散投资的能力方面来看，个人投资者由于投资资金少，往往只能购买一两种或几种证券，难以进行有效的分散投资；而机构投资者拥有庞大的资金，可以把资金分散到众多的证券品种上，达到分散投资、降低风险的目的。同时，机构投资者具备比较完善的信息和分析预测条件，也使他们能有效地分散投资。

（四）对于市场的影响不同

从证券买卖的市场性方面来看，个人投资者买卖证券的数量一般较小，因此买进卖出都比较容易。而机构投资者资金庞大，往往进行大规模的买卖，这会产生两种情况：一是难以按一定价格买卖较大数量的证券；二是大规模地买卖证券，会影响证券市场的供求平衡，引起证券价格的较大波动。

第二节　证券机构

一、证券机构定义

证券经营机构又称证券商，也就是证券公司，是指依法设立可经营证券业务的、具有法人资格的金融机构。它是沟通发行人和投资者的桥梁，是联结和组织证券市场各个方面的纽带。在我国，设立证券公司必须经国务院证券监督管理机构审查批准。

各国证券经营机构的业务范围有所差别,对证券经营机构的称谓也不尽相同。在美国,人们把经营证券业务的非银行金融机构,特别是从事发行承销业务和兼并收购业务的金融机构统称为投资银行,以区别于经营存贷业务的商业银行,而那些经营经纪业务的证券经营机构则被称为证券公司。日本实行银行业和证券业的分离制度,人们把从事证券业务的金融机构统称为证券公司。在英国,证券经营机构更多地被称为"商人银行"。在德国等一些欧洲大陆国家,商业银行可以同时经营银行业务和证券业务,所以,它们被冠以全能银行的称号,取代了专业的投资银行或证券公司。我国实行银行和证券分业经营的原则,商业银行除了参与国债业务之外,不得从事其他证券业务。据银监会网站数据,截至2012 年 4 月 30 日,我国共成立证券公司 111 家。

二、我国证券机构主要业务

在我国,证券经营机构业务非常广泛,主要有证券承销与保荐业务、证券经纪业务、证券自营业务、证券投资咨询业务及与证券交易、证券投资活动有关的财务顾问业务、证券资产管理业务、融资融券业务。接下来将介绍证券经营机构的三大主要业务。

(一)证券经纪业务

证券经纪业务又称代理买卖证券业务,是指证券公司接收客户委托代客户买卖有价证券的行为。进行经纪业务的证券经营机构又被称为证券经纪商,证券经纪商是接受客户委托,代客买卖证券并以此收取佣金的中间人。证券经纪商以代理人的身份从事证券交易,与客户是委托代理关系。证券经纪商必须遵照客户发出的委托指令进行证券买卖,并尽可能以最有利的价格使委托指令得以执行;但证券经纪商并不承担交易中的价格风险。证券经纪商向客户提供服务以收取佣金作为报酬。为帮助委托人降低风险、提高投资收益,证券经纪商有责任向客户提供及时、准确的信息和咨询服务。证券经纪商是保证证券交易正常运行的"润滑剂",他们的出现是证券市场发展到一定程度的产物,是衡量证券市场成熟程度的重要标志,同时也是促进市场规范发展的强劲动力。由于证券交易所通常都规定一般的投资者不得进入交易所参加交易,必须由经纪商代理交易,因此,经纪商在交易中的地位极为重要。

证券经纪业务主要有以下几个特点:

(1)业务对象广泛多变。所有上市交易的股票、债券、证券投资基金等有价证券都是证券经纪业务的对象,其性质、特征各不相同,因此,证券经纪业务的对象相当广泛。

(2)经纪活动的中介性。在证券经纪业务活动中,证券经纪人一直充当着证券买卖双方的中介,并代理投资者进入证券交易所内进行交易。因此,证券经纪活动发挥着沟通买卖双方,尽力使双方按自己意愿成交的媒介作用。

(3)客户指令的权威性。在证券经纪业务中,证券经纪商必须严格地按照委托人指定的证券、数量、价格和有效时间买卖证券,不能自作主张,擅自改变委托人的意愿。即便情况发生了变化,为了维护委托人的权益不得不更改委托指令,也须事先征得委托人的同意。任何违背客户意愿或超越客户指令权限的行为都被视为违法。

(4)客户资料的保密性。证券经纪人有义务为客户个人资料、委托事项、资金和持仓情况等保守秘密,以维护委托人的利益。对于客户资料,证券公司有权拒绝任何单位或个人的查询,但法律、行政法规或中国证监会另有规定的除外。

(5)专业性和公正性。证券投资活动风险很大,具有较强的专业特征,证券经纪人必须具备一定的投资技巧和专业知识,才能有针对性地为客户提供专业化的咨询指导意见并顺利完成经纪工作的各项操作流程,为客户提供满意的委托代理服务。

(二)证券承销业务

证券承销是指证券公司代理证券发行人发行证券的行为,发行人向不特定对象公开发行的证券,法律、行政法规规定应当由证券公司承销的,发行人应当同证券公司签订承销协议。证券公司申请承销业务资格,必须具备一定的净资产、净资本,专业从业人员和正式营业日期,具有完善的内部风险管理与财务管理制度和保障正常营业的场所及设备等,证券公司不得以不正当竞争手段招揽证券承销业务。各国对实施承销业务以及承销资格的认定均有明确的规定。我国《证券法》规定:经营单项证券承销和保荐业务的,注册资本最低限额为人民币1亿元;经营证券承销与保荐业务且经营证券自营、证券资产管理、其他证券业务中一项以上的,注册资本最低限额为人民币5亿元。除了资本金要求外,证券公司从事证券承销与保荐业务还须满足中国证监会的其他要求。公开发行证券的发行人有权依法自主选择有资质的证券公司承销[①]。

随着证券市场的发展,我国证券公司在股票承销业务上取得了较大的发展,证券公司的股票承销业务具有如下特点:

(1)对人力资本的依赖性。股票承销的成功与否和收益的大小更主要地依赖于股票承销业务人员的素质和技能,要求从业者不仅具备较好的财务、法律知识,还应该具备快速学习能力、良好的分析判断能力以及沟通能力。

---

① 叶清贫. 我国证券公司 A 股股票承销业务的风险管理研究. 西南交通大学硕士毕业论文,2004

（2）项目周期长，涉及面广，不确定因素多。一般首次公开发行股票，证券公司都要介入前期的企业改制辅导工作，一般最少需要一年时间，才能上报审批，直至决定股票发行承销，时间跨度很大。

（3）高收益与高风险并存。一旦证券公司争取到承销项目，就能为证券公司带来一次性的巨额收益，但由于市场变化，其风险也很大。

（4）业务的创新性。特别表现在承销手段以及发行方式上的创新，更能给证券公司争取较多的承销业务。

（三）证券自营业务

证券自营业务是指证券经营机构用自有资金，以自己名义开设证券账户，通过证券市场从事以盈利为目的的买卖证券的经营行为。《证券法》规定，证券公司的自营业务必须以自己的名义进行。不得假借他人名义或者以个人名义进行。同时，必须使用自有资金和依法筹集的资金。证券公司不得将其自营账户借给他人使用。

证券自营业务主要有以下几个特点：

（1）决策的自主性：这表现在选择交易行为、交易方式、交易品种、交易价格等方面的自主性。即证券公司自主决定是否买入或卖出某种证券，是在柜台上买卖还是通过证券交易所买卖及买卖证券的品种和价格。

（2）交易的风险性：证券公司以自己的名义和合法资金进行直接的证券买卖活动，其交易风险完全由自营证券公司自行承担。

（3）收入的不稳定性：证券公司进行证券自营买卖，其收益来自低买高卖的价差，但这种收益不像代理手续费那样稳定。

第三节　基金公司

一、基金公司定义

基金公司，即基金管理公司，是经证券监督管理机构批准，并依据《公司法》、《证券投资基金法》设立的专门从事基金发起设立与经营管理的专业性机构。基金管理公司凭借专门的知识与经验，运用所管理的资金，对各种允许的投资对象进行投资，谋求所管理的基金资产不断增值，使基金持有人获取尽可能多的收益，并通过收取管理费获利。基金管理人是基金合同的当事人，基金管理公司签订基金合同后成为基金管理人。《证券投资基金法》第12条规定，基金管理人由依法设立的基金管理公司担任。

投资基金是适应市场发展和社会财富增长对专业化理财服务需求的产物，它反映了社会经济发展的必然趋势。作为主要的机构投资者，它有利于活跃交易，引导投资，防止市场过度投机，促进市场稳定发展；同时，证券投资基金也能够改善市场的供求关系，提高市场的运行效率；并且，有利于促进上市公司完善治理结构，提高上市公司质量；另外，它还有利于增强证券市场与货币市场、保险市场之间的沟通，促进货币市场和保险市场的发展壮大，改善宏观经济政策和金融政策的传导机制，完善金融体系。正因为如此，在欧美等成熟的证券市场上，投资经济的规模十分庞大，占据着主导地位。

二、我国基金管理公司的发展历程[①]

第一阶段，1992—1997 年，萌芽阶段。

1992 年 6 月，深圳市颁布了《深圳市投资信托基金管理暂行规定》。同年 10 月 8 日，由交通银行深圳分行、中国银行深圳国际信托咨询公司、中国农业银行深圳市信托投资公司、招商银行和中国平安保险公司共同出资组建的深圳投资基金管理公司宣告成立，这是我国大陆成立的第一家共同基金管理公司。以此为起点，先后出现了其他在称谓上不含"基金管理公司"，但实际上执行着基金管理职能的信托投资公司及证券公司下的基金管理部门。这一阶段的基金管理公司的特点就是设立和运作不规范。有些基金的管理人同时兼任基金的托管人，这种同一主体担任多种本应属互相制约关系的多重角色，与基金关系中管理与托管人分离的原则不符，从而在现实中产生基金管理公司违规现象。

第二阶段，1997—2003 年，初步发展阶段。

1997 年 11 月 14 日，《证券投资基金管理暂行办法》的颁布实施把我国基金的发展同时也是把我国基金管理公司的发展带入了一个规范化的轨道。作为首批试点，国泰基金管理公司、南方基金管理公司、华夏基金管理公司等基金公司相继成立，并分别发行基金资产规模均为 20 亿元，标志着证券投资基金试点工作开始。到 2002 年底，全国发行并实际管理基金的基金管理公司数量达到 17 家，在交易所上市交易的封闭式基金数量达到 54 只，资产规模 817 亿元，已发行开放式基金 17 只，资产规模约 490 亿元，封闭式与开放式基金总资产规模约 1300 亿元，占 A 股流通市值比例约 10%。然而当时的基金市场仍存在许多问题，突出表现为市场混乱，投机炒作盛行，导致了基金交易价格的大幅波动，加剧了基金市场的风险。

第三阶段，2003 年至今，规范发展阶段。

---

① 杜珂. 证券投资基金管理公司治理结构研究. 西南政法大学硕士毕业论文，2007

随着我国对证券基金立法的不断完善,基金管理公司的运作更加规范。2003 年 10 月《中华人民共和国证券投资基金法》颁布,标志着我国基金管理公司步入新的发展阶段。2005 年,9 家基金管理公司获取首批企业年金投资管理人资格,还有很多基金管理公司已经确定未来企业年金市场定位方向,逐步扩大各自的资产管理业务范围。新《公司法》、新《证券法》及 2006 年证监会颁布的《基金管理公司治理准则试行》为进一步完善证券投资基金管理公司的治理提供了依据。此后,基金管理公司进入规范化发展阶段。据证监会网站数据,截至 2012 年 12 月,我国共批准设立 77 家基金管理公司,中外合资基金管理公司 43 家,管理基金 1173 只,资产规模达到了 2.87 万亿元。目前,从封闭式基金到开放式基金,从产业投资基金到股票投资基金,从指数基金、债券基金到 ETF、LOF、银行基金等,我国的证券投资基金种类已经比较丰富。

三、基金管理公司的特点

(一)经营范围、方式的特殊性

基金管理公司以发起设立基金和管理基金为经营对象,通过管理基金资产收取管理费和业绩报酬为主要收入来源,不参与具体业务经营。而一般有限责任公司通常以实业经营为目的,以直接生产或服务为投资方式。

(二)公司运作资产的构成不同

基金管理公司运作的资产包括基金管理公司股东投入的自有资产和基金份额持有人投入的资产,而基金管理公司股东投入的资产只占基金资产的极小部分。因此,在基金投资失败造成的财产损失中,即使有基金管理公司的自有资产,也只占极小的份额,这就决定了在基金管理公司运作中,不但要追求企业利益最大化,更肩负着保障基金持有人利益的任务。

(三) 组织结构不同

基金管理公司是专业的机构投资者,专业性决定了其必须雇佣专业人员,实行专业化分工。基金经理的设置就是为满足基金管理公司的这种专业性需求。

(四) 监管严格

基金管理公司,作为机构投资者,对市场的影响较大,涉及的利益主体众多,不仅有专门国家机关对其进行监督,而且与其签订契约的托管人及投资人都有监督权。这种监督权不仅仅是基金契约或是公司章程约定的权利,更是法定的权利。例如,我国《证券投资基金法》第 70 条第一款第七项规定,基金份额持有人享有对基金管理人、基金托管人、基金份额发售机构损害其合法权益的行为依法提起诉讼的权利。

第四节　保险公司与社保基金

一、保险公司

（一）作为机构投资者的保险公司

保险公司是一些西方国家证券市场上第二大机构投资者，全球每年的保费收入达 2 万亿美元，其中 90％需要投资来保值增值，在成熟证券市场上，保险资金加上养老基金的资金占比通常能达到 30％～40％。

改革开放以来，中国保险业的发展一直很迅猛。自 1980 年国内恢复保险业务至 2001 年的 22 年间，保费收入从 4.6 亿元增加到 2109.4 亿元，年均增长约 35％，远远高于同期国内生产总值 9.7％的增长速度。近几年，中国保险业坚持改革创新，坚持对外开放，不断提升科学发展水平和服务能力，保险业务稳步增长。2005 年保费收入 4927 亿元，是 2002 年的 1.6 倍，2007 年保险业全年实现保费收入 7035.8 亿元，同比增长 25％。2008 年，全国实现保费收入 9784.1 亿元，同比增长 39.1％。

在 2005 年之前，由于不允许直接入市，保险公司的投资渠道仅包括各类债券和证券投资基金。其中证券投资基金是保险公司间接入市的唯一途径，保险公司成为证券投资基金市场中最大的机构投资者。2004 年《保险机构投资者股票投资管理暂行办法》出台，2005 年 2 月 16 日，保险资金获准正式入市，成为中国证券市场上的一支重要力量，多家保险公司，频频亮相于多只股票的十大股东之列。股票投资规模由 2005 年底的 120 亿元大幅提升到 2007 年一季度末的 3477.9 亿元，可见在我国，对证券市场的投资已经成为保险公司运用其资产的一个主要渠道。保险公司在我国作为机构投资者的地位已经建立起来。

（二）保险公司的投资理念[①]

1. 保险投资形式的多样化

保险资金的投资方式具体包括：债券、股票、基金、抵押贷款、不动产投资、银行票据等。多样化的投资方式使得外资保险公司的保险资金闲置率低，仅有少量资产保持现金和银行存款形式，用以支付日常赔付支出和安全保障需要。由于投资方式的灵活多样，使得不同的保险公司可以根据自身的特点和需要选择

---

① 刘瀑. 保险资金"入市"政策下中资保险公司的应对策略. 上海海事大学硕士毕业论文，2005

投资方式,按照收益性、安全性、流动性的要求和原则对基金进行投资组合,从而稳定了保险公司的经营,并为其进一步的发展提供了广阔空间。

目前保险资金投资的证券化的趋势不断加强,在投资多样化的总趋势下,保险公司投资于银行存款、银行票据、抵押贷款等货币市场工具的比例逐步缩小,而投资股票、债券及其他金融衍生工具的比例逐渐增大,证券化趋势增强。如何应对证券化产品带来的风险扩散,保护资本的安全,将是今后保险资金投资的重要课题之一。

2. 严格控制保险投资的风险

随着保险投资对外资保险公司重要性的日益增强,无论是政府还是保险公司本身,都对保险投资的风险进行严格的控制与监管。西方国家的保险投资都受到保险法或其他金融法规的监督,美国还设有专门的证券评估机构为保险投资服务。英国政府管理虽然宽松,但其有着深厚基础的保险投资惯例和自律组织管理。可以说,每个国家都以其不同的形式对保险投资的结构、范围和规模进行限制,并且还规定了各种投资形式的最高比例,以便控制投资风险,保护投保人的利益,又赋予投资者灵活投资的权利。

2008 年美国次贷危机深化后,在严峻的国际金融形式下,各外资保险公司对控制保险投资风险的重要性有更深的认识。首先,纷纷从公司内部加强了对保险投资的风险控制与管理,不仅采取最先进的风险投资技术来衡量、控制风险,还根据保险业的发展趋势制定更为安全与稳妥的投资战略与投资目标,通过不断调整保险投资的范围、方式及比例等来寻找、选择风险分散的最佳投资组合。对保险公司而言,维持资产负债期限结构的匹配,是保证偿付顺利实现,避免流动性危机的基本保证。因此,在风险扩大的趋势下,外资保险公司进行投资时,开始倾向于对各类资金来源的性质加以充分衡量考虑后,以资产负债的合理匹配及风险控制为原则,来确定可投资的工具范围以及相应的投资比例。

二、社保基金

(一)社保基金概念

社保基金,也称全国社会保障基金,是指全国社会保障基金理事会(以下简称理事会)负责管理的由国有股减持划入资金及股权资产、中央财政拨入资金、经国务院批准以其他方式筹集的资金及其投资收益形成的由中央政府集中的社会保障基金。

社保基金是不向个人投资者开放的,社保基金是国家把企事业职工缴的养老保险费中的一部分资金交给专业的机构管理,实现保值增值。社保基金投资运作的基本原则是,在保证基金资产安全性、流动性的前提下,实现基金资产的增值。国家规定社保基金可以进入股市,当然不是全部,有比例的限制。主要目的是为了让社保基金实现增值,保证人民的利益。社保基金资产是独立于理事会、社保基金投资管理人、社保基金托管人的资产。财政部会同劳动和社会保障部拟订社保基金管理运作的有关政策,对社保基金的投资运作和托管情况进行监督。中国证券监督管理委员会(以下简称中国证监会)和中国人民银行按照各自的职权对社保基金投资管理人和托管人的经营活动进行监督。

我国目前已形成了包括基本养老保险体系社会统筹账户基金、个人账户基金、全国社会保障基金、企业补充养老保险基金(企业年金)在内的较为完善的社保基金运作体系。就可入市规模而言,财政部、劳动和社会保障部于 2001 年 12 月发布了《全国社会保障基金投资管理暂行办法》,规定了全国社保基金可以投资证券市场,但投资于证券投资基金、股票投资的比例不得高于 40%。2003 年 6 月,社保基金通过委托基金公司间接入市真正拉开序幕。2005 年 7 月全国社保基金直接进入资本市场,进行指数化产品的投资。毫无疑问,随着中国经济发展和社会保险体系的不断完善,中国社会保险基金将会越来越大,入市规模会稳步提高。

2012 年,全国社保基金投资收益 645.36 亿元,投资收益率为 7%,其中已实现收益率 4.38%。到 2012 年年底,全国社保基金会管理的资产总额达到 11082.75 亿元,比上年增长 27.5%,首次突破 1 万亿元。

(二)我国社保基金的投资理念[①]

1. 长期投资和价值投资

社保基金会在股票投资中奉行价值投资理念,把投资价值作为选择投资对象的标准,在进行投资决策时,把重点放在寻找公司内在价值上,而不是依靠概念炒作和内幕消息进行投资。社保基金股票的长期投资理念,使得它不会采取短期投资行为,不会依靠股市的大起大落炒作盈利;相反,它是股市中的一支稳定力量。股市中类似社保基金这样的长期投资机构越多,长期资金量就越大,股市的发展就会越稳定。

2. 严格的风险控制

社保基金在股票投资管理中,坚持审慎的资产配置,择优选择投资管理人及托管人,并进行全面有效的风险管理。在投资过程中,对于市场和法律风险,通过投资方针和投资合同的各项具体规定加以控制;对于操作风险,通过有效的信息确认机制加以控制;对于投资管理人的委托代理风险,通过及时获取和分析相

---

① 全国社会保障基金理事会网站.社保基金的投资理念.http://www.ssf.gov.cn/web/NewsInfo.asp? NewsId=918

关信息、与投资管理人的沟通交流和建立激励约束机制等方式加以控制。

3. 责任投资的理念

责任投资的理念要求社保基金会在以下几个方面做一个负责任的股票投资者。在经济发展方面，社保基金投资强调要正确认识促进经济发展与实现投资收益的关系，通过长期投资，发挥养老金规模大、期限长的优势，促进国民经济发展；在股票市场方面，由于养老金资产占股票市场市值的比例不断扩大，影响养老金收益高低的因素将逐步由投资策略和技巧转变为股票市场的发展水平，因此社保基金强调维护我国股票市场的健康持续发展，共创双赢。

三、保险公司和社保基金对证券市场的影响

(一)促进资本市场稳定发展[①]

首先，保险公司与社保基金，具有长期性、稳定性、规模性，以及追求长期稳定投资回报的特点，能够成为市场中最稳健的机构投资者，并增加资本市场的总供给。其次，保险公司与社保基金实行投资的专业化管理，对于资产组合具有特定的选择偏好和理性判断，着眼于长线投资回报率较高的资产组合，起到稳定证券交易、减弱市场炒作、抑制投机行为过多发生、促进资本市场平稳发展的作用。最后，资本市场的不断扩大会引起资金需求量的日益增长，保险公司稳定增长的保险费收入可以提供稳定的资金来源，而社保基金作为一个长期的强制储蓄计划，其提供的资金同样具有稳定增长的特点。

(二)改进资本市场运行机制

保险公司和社保基金通过资本交易，将对资本市场的供求机制、价格机制和竞争机制产生重要的影响，如强化价格机制的作用，促使社会资金随价格的波动达到最优配置，提高资金的使用效率，实现产业结构的优化调整等。保险公司和社保基金进入资本市场，通过刺激实际证券需求的增加，导致证券供给的增加，从而使更多的企业、银行等为资本市场的高收益所吸引，促进资本市场供给的竞争，完善证券市场发行制度，实现优胜劣汰，建立客观、科学、高效的资本市场评价机制。

(三)促进资本市场结构的完善

首先，数量可观的保险资金和社保基金进入资本市场，其投资决策往往会直接影响到资本资产的价格，导致资本资产收益率的变化。其次，社保基金对资本市场的投资可大大提高资本的流动性，由此活跃证券二级市场，并因此提高投资者在一级市场上购买各种新发行股票、债券的积极性，从而改变一、二级市场结

---

① 参考自黄熙. 社保基金筹资模式选择与投资运营管理. 天津大学博士毕业论文,2005

构,促进两者协调发展。第三,基金管理人根据情况适当调整资产组合,以期在风险一定条件下实现收益的最大化,这在客观上有利于改善资本市场中各种资本资产的结构比例,使其在动态调整中趋于合理。

第五节　其他金融投资机构

除了上面介绍过的证券经营机构、基金公司、保险公司和社保基金以外,资本市场还有许多其他的机构投资者,接下来主要介绍其中的三种:QFII(合格境外机构投资者)、银行和信托投资公司。

一、QFII

(一)QFII 定义

QFII 是 Qualified Foreign Institutional Investors 的首字缩写,即合格境外机构投资者。QFII 制度是指允许经核准的合格境外机构投资者在一定规定和限制下汇入一定金额的外汇资金,并转换为当地货币,通过严格监管的专门账户投资当地证券市场,其资本利得、股息等经批准后可转为外汇汇出的一种市场开放模式。作为一种过渡性制度安排,QFII 是那些股息货币没有自由兑换、资本项目未完全开放的新兴市场国家或地区,实现有序、稳妥开放证券市场的特殊通道。QFII 制度是一种有限度地引进外资、开放资本市场的过渡性的制度。这种制度要求外国投资者要进入一国证券市场时,必须符合一定的条件,得到该国有关部门的审批通过,对外资进入进行一定的限制。其限制的主要内容包括:资格条件、审批登记、投资比例、额度限制、投资对象、交易框架、资金汇入汇出控制等。

截至 2008 年 6 月,总共有 58 家外资金融机构获得我国 QFII 资格,详见表 3-1。

表 3-1　QFII 资格统计情况表(2008 年 6 月)

序号	QFII 中文全称	QFII 外文全称	资格批准时间
1	瑞士银行	UBS AG	2003/5/23
2	野村证券株式会社	Nomura Securities Co. Ltd.	2003/5/23
3	摩根士丹利国际有限公司	Morgan Stanley & Co. International Limited	2003/6/5
4	花旗环球金融有限公司	Citigroup Global Markets Limited	2003/6/5
5	高盛公司	Goldman, Sachs & Co.	2003/7/4
6	德意志银行	Deutsche Bank AG 或 Deutsche Bank Aktiengesellschaft	2003/7/30
7	香港上海汇丰银行有限公司	The Hongkong and Shanghai Banking Corporation Limited	2003/8/4
8	荷兰商业银行	ING Bank N. V.	2003/9/10

续表

序号	QFII 中文全称	QFII 外文全称	资格批准时间
9	摩根大通银行	Jpmorgan Chase Bank	2003/9/30
10	瑞士信贷(香港)有限公司	Credit Suisse (HongKong) Limited	2003/10/24
11	渣打银行香港分行	Standard Chartered Bank (HongKong) Limited	2003/12/11
12	日兴资产管理有限公司	Nikko Asset Management Co. ,Ltd.	2003/12/11
13	美林国际	Merrill Lynch International	2004/4/30
14	恒生银行有限公司	Hangseng Bank	2004/5/10
15	大和证券 SMBC 株式会社	Daiwa Securities SMBC Co. ,Ltd.	2004/5/10
16	雷曼兄弟国际(欧洲)公司	Lehman Brothers International (Europe)	2004/7/6
17	比尔及梅林达盖茨基金会	Bill & Melinda Gates Foundation	2004/7/19
18	景顺资产管理有限公司	INVESCO Asset Management Limited	2004/8/4
19	荷兰银行有限公司	ABN AMRO Bank N. V.	2004/9/2
20	法国兴业银行	Société Générale	2004/9/2
21	邓普顿资产管理有限公司	Templeton Asset Management Ltd	2004/9/14
22	巴克莱银行	Barclays Bank PLC	2004/9/15
23	德雷斯登银行股份公司	Dresdner Bank Aktiengesellschaft	2004/9/27
24	富通银行	Fortis Bank SA/NV	2004/9/29
25	法国巴黎银行	BNP Paribas	2004/9/29
26	加拿大鲍尔公司	Power Corporation of Canada	2004/10/15
27	东方汇理银行	Calyon S. A.	2004/10/15
28	高盛国际资产管理公司	Goldman Sachs Asset Management International	2005/5/9
29	马丁可利投资管理有限公司	Martin Currie Investment Management Ltd	2005/10/25
30	新加坡政府投资有限公司	Government of Singapore Investment Corporation Pte Ltd	2005/10/25
31	美国国际集团	AIG Global Investment Corp	2005/11/14
32	淡马锡富敦投资有限公司	Temasek Fullerton Alpha Investments Pte Ltd	2005/11/15
33	怡富资产管理有限公司	JF Asset Management Limited	2005/12/28
34	日本第一生命保险相互会社	The Dai-ichi Mutual Life Insurance Company	2005/12/28
35	新加坡星展银行	DBS Bank Ltd.	2006/2/13
36	安保资本投资有限公司	AMP Capital Investors Ltd.	2006/4/10
37	加拿大丰业银行	Scotia Bank 或 The Bank of Nova Scotia	2006/4/10
38	比联金融产品英国有限公司	KBC Financial Products UK Limited	2006/4/10
39	法国爱德蒙得洛希尔银行	La Compagnie Financierr Edmond de Rothschild Banque	2006/4/10
40	耶鲁大学	Yale University	2006/4/14
41	摩根士丹利投资管理公司	Morgan Stanley Investment Management Inc.	2006/7/7
42	英国保诚资产管理(香港)有限公司	Prudential Asset Management (Hongkong) Limited	2006/7/7
43	斯坦福大学	Stanford University	2006/8/5
44	通用资产管理公司	GE Asset Management Incorporated	2006/8/5
45	大华银行有限公司	United Overseas Bank Limited	2006/8/5
46	施罗德投资管理有限公司	Schroder Investment Mangement Limited	2006/8/29

续表

序号	QFII中文全称	QFII外文全称	资格批准时间
47	汇丰投资管理(香港)有限公司	HSBC Investments (Hongkong) Limited	2006/9/5
48	新光证券株式会社	Shinko Securities Co. Ltd	2006/9/5
49	瑞银环球资产管理(新加坡)有限公司	UBS Global Asset Management (Singapore) Ltd	2006/9/25
50	三井住友资产管理株式会社	Sumitomo Mitsui Asset Management Company, Limited	2006/9/25
51	挪威中央银行	Norges Bank	2006/10/24
52	百达资产管理有限公司	Pictet Asset Management Limited	2006/10/25
53	哥伦比亚大学	The Trustees of Columbia University in the City of New York	2008/3/12
54	保德信资产运用株式会社	Prudential Asset Management Co. ,Ltd.	2008/4/7
55	荷宝基金管理公司	Robeco Institutional Asset management B. V.	2008/5/5
56	道富环球投资管理亚洲有限公司	State Street Global Advisors Asia Limited	2008/5/16
57	铂金投资管理有限公司	Platinum Investment Company Limited	2008/6/2
58	比利时联合资产管理有限公司	KBC Asset Management N. V.	2008/6/2

资料来源:中国证监会网站

(二)QFII制度对我国证券市场的影响

1. 增加证券市场的资金量

2002年12月QFII制度的实施为我国证券市场提供了一定的资金支持。自QFII制度实施以来,截至2012年12月,QFII的总额度达到374.4亿美元;而RQFII自2011年年底开始启用,截至2012年12月增至700亿元,RQFII和QFII合计约3000亿元。截至2012年年底,QFII机构累计汇入投资资金297亿美元,累计汇出资金56亿美元,累计净汇入资金241亿美元。2012年合格境外机构投资者(QFII)净汇入资金77亿美元,较上年增加69亿美元,增加8.8倍。QFII不仅已经成为A股市场的重要资金来源,而且也已经成为推动A股市场发展的重要力量。

2. 改善了国内证券市场投资者结构

从国外证券市场的发展经验来看,投资者中机构投资者的比例越高,越有利于证券市场的稳定发展和各种制度的完善;此外,机构投资者的发展一定程度上还有利于引导资本市场投资者进行价值投资和长期投资。因此,中国证券市场一直以来都把提高机构投资者的比例作为改善市场投资者结构的重要途径。QFII制度在我国确立以来,QFII的申请家数和审批额度逐年增加,截至2008年一季度末QFII持股数量合计为8.6亿股,市值为175.3亿元,占流通市值的0.225%。

3. 引导市场价值投资理念

首先，QFII 会给国内投资者树立一个理性投资的榜样，引导市场价值投资理念。QFII 都是经过严格的挑选和限制的，它们一般都是世界上较大的机构投资者，他们以国际资产组合理论和长期资产组合理论为基础，在全球范围进行投资组合分析和资产配置，与国内机构投资者相比，他们的信誉更好、实力更强、经营年限更长、风险管理和风险规避机制更完善，更注重价值投资和长期投资。统计数据显示，QFII 投资相对稳健，股票投资比例约占其总资产的 68％，对绩优蓝筹股长期持有。2005 年 QFII 的股票换手率为 193％，低于基金、社保基金、券商集合理财和券商自营的换手率（分别为 325％、218％、520％、360％），持股相对稳定。另外，在选择股票时，QFII 表现出明显的投资理性。与国内投资者相比，QFII 更看重行业的龙头地位、资源的垄断性、规模的大小以及长期的业绩预测。

其次，具有优质资信和强劲实力的外资机构投资者的大量进入，证券市场的市值可能会随着大量资金的涌入而增长，在扩大证券市场包容力的同时，也增强国内外投资者对我国证券市场的乐观预期，从而增强投资者的信心。

4. 促进上市公司融资制度的创新和信息披露制度的完善

根据规定，境外投资者可以投资的人民币金融工具有：在证券交易所挂牌交易的除境内上市外资股以外的股票、国债、可转换债券和企业债券及证监会批准的其他金融工具。这意味着境外投资者在选择投资工具时，除了股票市场以外，债券市场也将成为境外投资者的重要投资领域。由于境外机构投资者的关注，上市公司将更加重视通过发行可转换债券、企业债券等金融工具来融资，从而加速了融资工具创新。可转换债券和企业债券的发行，也使上市公司管理层有了更大的压力，促使其提高经营管理的积极性。

随着监管力度的加强和信息披露制度的完善，我国上市公司的信息披露质量虽然有了一定的提高，但不及时披露信息、披露不完整信息或虚假信息，甚至通过信息披露来操纵股价的情况仍时有发生。QFII 制度实施后，对于境外机构投资者来说，这些历史记录都将受到足够关注，并作为评估其价值的基础。饱受安然、世通等公司账目丑闻之苦的境外投资者在投资中国上市公司时，会更加关注上市公司的信息披露情况。引入 QFII 制度，将使我国上市公司信息披露更加规范化和国际化，使广大中小投资者的利益得到切实的保护。

5. 促进我国证券市场基本制度的创新和金融创新

制度的演进讲求互补性和协调性，一个局部性的制度变迁要有效发挥作用，需要与之相关的制度做出适应性的调整。发达国家的证券市场一般有着比较完备的基本制度建设和比较完善的各种管理机制，市场化、国际化的运行机制已经非常成熟,市场运行效率比较高,通过 QFII 制度不仅能够把世界上成熟证券市场的各种管理经验带到国内证券市场,同时也会对中国证券市场的许多基本制度建设提出调整和改革的要求,包括市场监管制度、法律制度、会计标准和信息披露标准、证券市场文化、自律制度等,从而使得我国证券市场的制度建设逐步实现与国际接轨。其次,发达国家的证券市场有着比较完善的风险管理制度和风险规避机制,QFII 进入中国证券市场后,会随着时间的不断推移,提出规避市场风险所需要的各种金融工具的要求,且这种需求会在国内机构投资者不断壮大的背景下显得越来越迫切,引入 QFII 将会对中国金融衍生产品研究与开发起到一定推动作用,会加剧境内外券商、基金管理公司、保险公司等在金融创新方面的竞争。

二、银行设立和参股的基金公司

在国际上,只有实行全能银行制的欧洲国家允许银行资金直接参与证券投资,而包括美国和日本在内的发达国家并不允许银行资金直接参与证券业务,更多的以间接方式来沟通银行资金与证券市场,作为金融体系还待完善的新兴市场国家也更倾向于让银行资金以间接方式参与证券市场。在美国,从全美商业银行的证券投资组合品种来看,包括联邦政府债券、市政债券、公司和外国债券、公司股票及共同基金五大类证券,其中对政府债券类绝对投资最多,对其他公司债券类及股权类证券的绝对投资较低,银行资金并没有大量从事较高风险的股权投资。因此,国际实践经验表明,一般情况下,各国银行资金一般不直接参与证券市场投资,而是间接涉足证券市场。

在我国,商业银行主要活动场所是在银行间债券回购市场上,但是伴随着 2005 年 2 月 20 日《商业银行设立基金管理公司试点管理办法》的颁布实施,我国商业银行可以通过直接投资方式全面参与基金管理业务,标志着我国在金融混业经营的道路上迈出了一小步。工行、建行、交行成为首批三家试点银行,分别成立了工银瑞信、建信和交银施罗德。2007 年,监管部门扩大了试点范围,中国银行、农业银行、招商银行、浦发银行和民生银行成为第二批试点银行。

2012 年 12 月,证监会正式宣布,经国务院批准,拟再次扩大商业银行设立基金管理公司试点范围,这为更多银行设立基金公司带来了突破性希望。证监会有关部门负责人表示,扩大试点范围有利于继续拓宽储蓄资金向资本市场有序转化的渠道,增加机构投资者数量,促进基金行业的规范发展,同时也将为商业银行探索跨业经营运作积累经验。截至 2012 年年底,商业银行控股的基金管理公司已有 8 家,管理的基金资产规模近 5000 亿元(表 3-2)。

表 3-2　我国银行基金管理公司一览表(截至 2008 年 4 月 16 日)

基金管理公司名称	成立日期	发起设立公司
招商基金管理有限公司	2002 年 12 月 27 日	招商证券股份有限公司、荷兰投资(ING Investment Management B. V.)等设立,成立时性质属于中外合资的基金管理公司,而后于 2007 年招商银行股份有限公司收购了 33.4% 的协议转让股权
工银瑞信基金管理有限公司	2005 年 6 月 21 日	中国工商银行、瑞士信贷第一波士顿、中国远洋运输(集团)总公司
交银施罗德基金管理公司	2005 年 8 月 12 日	交通银行、施罗德投资管理有限公司、中国国际集装箱海运(集团)股份有限公司
建信基金管理公司	2005 年 9 月 28 日	中国建设银行、美国信安金融集团、中国华电集团
中银基金管理公司	2008 年 1 月 16 日	中国银行收购中银国际基金管理公司83.5%股权后将其更名为中银基金管理公司
农银汇理基金公司	2008 年 3 月 18 日	农业银行、东方汇理资产管理公司、中国铝业股份有限公司
民生加银基金管理公司	2008 年 10 月	民生银行、加拿大皇家银行、三峡财务有限责任公司
浦银安盛基金管理有限公司	2007 年 7 月	上海浦东发展银行股份有限公司、法国安盛投资管理公司、上海盛融投资有限公司

资料来源:根据各家基金管理公司网站资料整理

三、信托投资公司

(一)信托投资公司含义

根据《信托投资公司管理办法》的规定,信托投资公司是指依照《中华人民共和国公司法》和本办法设立的主要经营信托业务的金融机构。1979 年 10 月,中国国际信托投资公司作为我国首家信托投资机构诞生。截至 2008 年 3 月 11 日数据,我国信托投资公司总数达 56 家。

在性质上,信托投资公司是财产管理机构和金融机构的有机统一。首先,信托投资公司从属于财产管理机构的范畴。作为营业收入人,主要责任是"受人之托,代人理财",确保信托财产的保值和增值;其次,它也从属于金融机构的范畴。在金融市场上,它扮演的是中长期融资者的角色。就信托投资公司业务而言,根据《信托投资公司管理办法》第 21 条,信托投资公司可以申请经营包括资金信托业务、动产、不动产及其他财产的信托业务、投资基金业务。另外,还可以进行企业资产的重组、购并及项目融资、公司理财、财务顾问等一系列业务。前者是信托投资公司的主营业务,后者是其非主营业务。

(二)信托投资公司职能

1. 财产管理职能

"受人之托,代人理财"是信托最基本的职能,现代信托业务,不论是资金信托还是财产信托,都是该职能的具体运用。信托的财产管理职能具有以下三个特点:第一,受托人受托经营信托财产是为了受益人的利益服务,不能利用信托财产谋取私利,自己只能获得约定的管理费;第二,受托人对信托财产所有权的行使,只能按照信托合同约定的目的进行,不能根据自己的意愿运用信托财产;第三,受托人按照合同规定运用信托财产,对出现的损失不承担责任,但如果是受托人过失招致的损失,委托人可要求受托人负责赔偿。

2. 资金融通职能

在货币信用经济条件下,各经济体的大部分财产都以货币资金形式存在,因此,信托对财产管理职能的运用,必然伴随着货币资金的融通。这一职能的大小,因各国对信托的认识和利用程度的高低而异。日本就把信托规定为长期资金融通的金融机构,因此金钱(资金)信托就在日本信托业务活动中占较大比重。信托的融资职能表面上与商业银行信贷有些相似,但实际上有很大区别:第一,信托融资体现了受托机构与委托人和受益人的多边经济关系,而商业银行信贷融资反映了商业银行与客户双边的债权债务关系;第二,信托融资既可以采用直接融资的方式,也可以采用间接融资的方式,而商业银行只能采取吸存放贷的间接融资;第三,信托可以融通的对象既可以是货币资金,也可以是其他形态的资产,而商业银行融通的对象仅限于货币资金。

3. 经济协调职能

在市场经济条件下,随着各经济主体间关系日益复杂和交易空间、范围的拓展,信息不对称和交易主体的机会主义倾向,使交易费用愈发昂贵。因此,为降低交易费用,各经济主体都需要尽可能多地了解与其经营相关的市场信息,如经济政策、市场行情、交易对手资信、实力、风格乃至生活习俗等。由于信托能在委托人和受益人之间建立多边的经济关系,使之天然地成为各经济主体的"代理人"、"担保人"、"见证人"、"咨询人"等。信托机构通过其业务活动,可以有效地为交易主体各方沟通并建立相互信任的关系,提高市场效率,促进经济繁荣与活跃。

案例三　中国资本市场对外开放

一、中国资本市场开放历程[①]

我国资本市场的开放始于 2001 年 12 月 11 日,中国正式宣布加入 WTO 之后。图 3-1 描述了中国资本市场开放的简要进程。

我国的股票市场融资国际化是以 B 股、H 股、N 股等股权融资作为突破口的。截至 2007 年 12 月底共发行了 B 股 111 只,募集资金 50.03 亿美元,发行境外上市外资股(H 股、N 股等)154 家,增资发行 57 家,可转换债券 6 家,筹资额达 1075.09 亿美元。

在国家债券市场上,我国机构在境外发行外币债券融资出现较早,在前面的章节已作过介绍。根据国家外汇管理局统计的《2007 年末全国对外债务简表》,截至 2007 年底,我国各类机构对外发行债券未清偿余额为 163 亿美元,其中中资金融机构发行债券额最大,约为 77 亿美元,其次为国务院部委,为 69 亿美元。

二、资本市场开放的利弊分析

(一)资本市场开放的益处[②]

1. 开放可以在全球范围内分散投资风险

根据组合理论,利用若干种有价证券组成投资组合,可以降低风险。在开放的资本市场中,可以选择不同国家的不同证券市场进行投资,由于各国的经济结构、金融市场、资金供求结构和调节机制存在差异,投资者的偏好也不尽相同,因此通过在全球分散投资可以起到降低风险、提高收益的作用。各国证券市场之间的相关程度越低,通过国际投资来分散风险的可能性就越大。国际货币基金组织专家的研究表明,美国和亚洲新兴市场之间,以及亚洲和拉丁美洲新兴市场之间,证券市场相关性最弱,从而在这些市场间分散投资可以最大程度降低风险,提高收益。

2. 开放使资源在全球范围内有效配置成为可能

资本作为一种生产要素,其合理配置在经济增长中发挥着举足轻重的作用。

---

① 陈建华. 中国金融开放大事记. 北京国际金融论坛网. http://www.ifforum.org/cn/studyde-tail.aspx? NID=399.

② 参考自毛信真. 新兴资本市场开放及对中国证券市场的启示. 复旦大学硕士毕业论文,2004

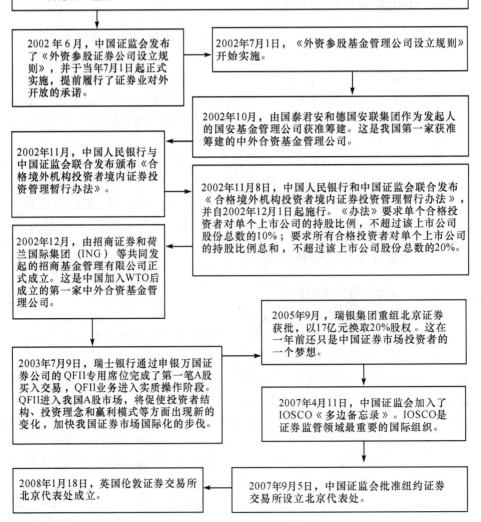

图 3-1 中国资本市场开放的简要进程

证券市场的表面现象是各种有价证券的买卖,其实质却是引导了资金这种生产要素的流动,从而促使资源重新分布。一个有效的、开放的证券市场可以使资源在全球范围内的配置成为可能,从而使资源流向高效率,高收益的国家和部门,从而促进经济增长。

3. 开放可以改善公司的管理

证券市场的发展会影响到公司的管理,有效的股票市场能够将管理者的报酬和股票的表现联系在一起,从而有助于将所有者和管理者的利益统一,改善公司管理。开放的资本市场会造就一批新的投资者,他们与国内股东在公司控制权上展开争夺。而被接收的威胁会诱发管理者为使公司股票价格最大化而兢兢业业地工作。

此外,市场开放后,公司为了进入世界市场,就必须接受比国内市场更严格的信息披露要求,如果公司选择放弃,则会给投资者传递这样一个信息,即公司在经营状况上有难言之隐,从而影响了投资者先前对公司持有的乐观态度。从这点来说,开放的资本市场给公司监管带来的影响具有广泛性和深远性。

4. 开放不但能促进资本流入国经济增长,福利改善,还能加速世界经济增长

在封闭的市场中,本国的建设项目必须由国内储蓄资金来支持。这样,每个国家的市场均会达到各自的平衡利率。不同国家的利率差异也就意味着一些低回报的项目在一些国家被接受了,而一些高回报的项目却在别的国家被拒绝了。因此,开放可以使资金流向最有效的地方,提高世界平均投资回报率。由于新兴市场国家一般拥有较高的增长潜力和高收益的投资项目,因此更容易吸引到新的资金,同时资金向这些国家的高收益项目的转移不仅使资本输出国获得了比在本国投资更高的回报率,资本输入国也利用资金扩大了投资,最终结果是加速了世界经济的增长。

(二)开放的风险 [①]

1. 资本市场开放增加国家汇率、利率等领域调节的难度

保持对汇率和利率等领域的调节是一国维护其金融主权的重要手段,但资本市场的开放使得国家在这方面的调节权有所减少。到目前为止,新兴市场上发生的金融危机都是以本币的大幅度贬值为中心环节。发生危机的国家或地区一般实行的是固定汇率制度或钉住汇率制度,资本市场的开放使得外部投机资本对内部外汇市场造成冲击,最终的结果是开放国家或地区被迫放弃相对固定的汇率制度,转而采用浮动汇率制度。虽然从理论上说,浮动汇率制度并不会对一国金融安全造成直接影响,但实际上,我们知道,发展中国家由于外汇相对短缺,为了维持经济的平稳增长,增强对外债的偿还能力,必须维持相对稳定的汇

---

① 马根发. 开放资本市场与国家金融安全. 经济问题,2005(9)

率,汇率在其开放的经济中是最主要的元素。在被迫采用浮动汇率制度的过程中,发展中国家往往会用有限的外汇储备去维护汇率,其结果使得外汇储备消耗殆尽,最终本币汇率不断下调,造成内部的通货膨胀,进而影响利率。在利率水平不能由自己控制的情况下,国内经济会出现大的波动,其结果是首先出现金融动荡,进而发展成为整个经济领域内的危机,严重的还会引起社会动荡。

2. 资本市场开放容易引起投机资本进入

一国资本市场开放后,国际资本会大量涌入该国,由于投机性资本的趋利性,其除了利用现成的机会外,还会主动创造市场机会,对一些金融市场进行攻击,而攻击一旦得逞,这些投资资本将获得丰厚收益。在投机者的带动下,即使资本市场开放国家或地区经济基本面尚好,但金融市场会出现剧烈动荡,从而引发众多参与者信心和预期的突然变化,最终酿成金融恐慌。东南亚金融危机中,以索罗斯为首的国际游资就是这样得逞的。

3. 资本市场开放容易引起危机扩散

发展中国家由于经济力量不强,金融较弱,资本市场开放更容易受到外部危机的"传染",尤其是信心危机的传染。信心危机是一国金融市场受另一国金融危机打击的第一冲击波。在发达的信息传输技术的帮助下,一国货币大幅度贬值或金融市场的动荡会立即传遍世界各地,从而对世界各地投资者的预期产生重要影响。发展中国家或地区由于国内金融市场总量不大,对全球金融市场的影响较小,但一个发展中国家或地区的金融危机往往会带来同一区域或相似经济结构的发展中国家或地区的信心危机。在东南亚金融危机中,泰国的货币危机的爆发使得投资者立即对印度尼西亚、马来西亚和菲律宾等国的市场丧失信心,之后进一步扩散到韩国和日本,对东亚地区各国的金融安全造成了严重影响。

4. 资本市场开放带来金融创新风险、金融机构风险和金融监管风险

首先,由于发达国家金融市场发展历史悠久,创新产品多,发展中国家资本市场开放后会面临金融创新风险。尤其是金融衍生产品具有极大的渗透性,它的发展打破了银行业与金融市场之间、衍生产品与原生产品之间以及各国金融体系之间的传统界限,从而将金融衍生产品市场的风险通过这种联系传递到金融体系的各个方面,这大大增加了金融体系的系统性风险。

其次,资本市场开放会给发展中国家或地区带来金融机构风险。金融机构风险是指发展中国家或地区在资本市场开放的过程中,金融机构由于自身经营的不确定性以及资本市场开放带来的影响而造成的风险,主要有以下两类:

(1)经营性风险。随着资本市场的开放、市场机制的不断引入以及国外机构的逐渐进入,发展中国家或地区的金融机构面临的经营不确定性及市场风险大

大增加,而且发展中国家或地区金融机构本身蕴含的多种问题也增加了其在市场化和国际化过程中经营失败的风险。

(2)竞争性风险。随着发展中国家或地区资本市场的开放,将会出现更多的合资金融机构和外国独资机构,这些机构会和国内金融机构在金融业务、市场占有率、技术、金融服务、人才等方面开展激烈的竞争。由于国外金融机构大多历史悠久、软硬件设备先进、资金实力雄厚、资产质量优良、市场经验丰富,这种整体上的竞争优势,将在短期内对发展中国家或地区金融机构的业务经营活动形成较大的冲击,直至打破内部金融体系原有的均衡,使民族金融机构的经营环境恶化,市场份额下降。

最后,发展中国家或地区资本市场开放还会带来金融监管风险。发展中国家或地区金融监管水平普遍比较落后,甚至存在金融监管无效性,而资本市场一旦开放即对金融监管提出了更新更高的要求。如果金融监管无法满足这种要求,就无法对资本市场进行有效监管,那就可能使资本市场的风险越积越多,甚至酿成金融危机。这种风险主要包括:金融监管水平落后引致的风险,金融创新引致的难以监管的风险,国际监管困难导致的风险。

本章思考题

1. 简述个人投资者与一般机构投资者的区别。
2. 证券经营机构主要有哪几项业务? 每个业务的特点是什么?
3. 简述一下基金管理公司的特点和作用。
4. 简述一下保险公司和社保基金的投资理念。
5. 什么是 QFII? QFII 制度的推出对我国证券市场有什么影响?
6. 谈谈你对我国资本市场开放利弊的看法。

第四章　证券发行

本章学习重点

本章重点介绍了证券发行的相关知识。首先介绍了证券发行市场结构,接着详细介绍了债券发行和股票发行的相关知识,简要介绍了我国法律法规规定的债券发行和股票发行的程序以及股票发行定价问题,最后给出了1992年发生在深圳的认购证风波的案例供大家学习探讨。

第一节　证券发行市场结构

证券发行市场,是指证券发行人进行证券募集以筹集资金的市场。它包括企业、金融机构或政府部门在发行证券时,从筹划到推销、承购等阶段的全过程。由于证券是在发行市场上首次作为商品进入流通领域的,所以证券发行市场通常也称为"初级市场"或"一级市场"。从形式上说,证券发行市场是证券交易市场的基础,它与证券流通市场构成统一的证券市场整体,两者相辅相成、互相联系、互相依赖。证券发行市场是证券流通市场的前提,没有发行市场就不可能有流通市场;而证券流通市场是证券发行市场的条件,没有发达的流通市场,发行市场就会因发行的证券缺乏流动性而难以生存和发展。发行市场并无固定的场所,新发行证券的认购和销售一般不是在有组织的证券交易所中进行的,所以它一般是一个无形的市场。从理论上说,证券发行人直接或者通过中介人向社会进行募集资金,而认购人购买其证券的交易行为即构成证券发行市场。构成证券发行市场的组织要素有三个:一是证券发行人;二是证券投资者;三是证券承销商。三者按各自不同的任务,扮演着不同的角色。发行人是发行市场的主体,投资者是发行市场的客体,承销者是发行市场的中介。[①]

---

① 林俊国. 证券投资学(第三版). 经济科学出版社,2006

一、证券发行人

证券发行人是指为筹措资金而发行债券、股票等证券的政府及其机构、金融机构、公司和企业。证券发行人是证券发行的主体,如果没有证券发行人,证券发行及其后的证券交易就无从展开,证券市场也就不可能存在。证券发行人根据需要决定证券的发行,证券发行则是把证券向投资者销售的行为。证券发行可以由发行人直接办理,这种证券发行称之为自办发行。自办发行是比较特殊的发行行为,也比较少见。近年来,由于网络技术在发行中的应用,自办发行开始多起来。证券发行一般由证券发行人委托证券公司进行。

一般而言,发行人主要包括以下三大类:

(1)政府。中央政府为弥补财政赤字或筹措经济建设所需资金,在证券市场上发行国库券、财政债券、国家重点建设债券等,这些即是国债。地方政府可为本地公用事业的建设发行地方政府债券。我国目前禁止地方政府发行债券。

(2)股份公司。对筹设中的股份有限公司而言,发行股票是为了达到法定注册资本从而设立公司;而对已经成立的股份有限公司而言,发行股票和债券的目的是为了扩大资金来源,满足生产经营发展的需要。

(3)金融机构。商业银行、政策性银行和非银行金融机构为筹措资金,经过批准可公开发行金融债券。

二、证券投资者

证券投资者是指通过证券而进行投资的各类机构法人和自然人,他们是证券市场的资金供给者。证券投资者的类型很多,投资的目的也各不相同。有的意在长期投资以获取高于银行利息的收益,或意在参与公司的经营管理;有的则意图投机,通过买卖证券的价格和时机的选择,以赚取市场价差。证券投资人可分为机构投资者和个人投资者两大类。

(一)机构投资者

机构投资者是各类法人机构,包括企业、金融机构、公益基金和其他投资机构等。机构投资者在社会经济活动中的资金来源、投资目的、投资方向虽然各不相同,但一般具有投资的资金量大、收集和分析信息的能力强、注重投资的安全性、可通过有效的资产组合以分散投资风险、对市场影响大等特点。

(二)个人投资者

个人投资者是指从事证券投资的社会自然人,他们是证券市场最广泛的投资者。个人投资者的主要投资目的是为了追求盈利,谋求资本的保值和增值,所以十分重视本金的安全和资产的流动性。

投资者的货币资金通过购买新发行的证券转化为生产资金,有力地促进了社会经济的发展。只有众多的投资者积极参与,发行市场才会繁荣发展,并为流通市场提供众多可供交易的证券。

三、证券承销商

在证券市场上,协助证券发行并负责寻找证券购买者的机构,称为证券承销商。它是证券发行者和投资者的中介人,是发行市场的枢纽。证券承销商是按照承销合同,为发行者包销或代销证券的证券经营机构,主要有投资银行、证券公司等。证券承销商一方面协助证券发行者发行证券,获得所需要的资金;另一方面它方便了投资者的投资,促使证券公众化。因此,它是证券发行者和广大投资者之间的桥梁。证券承销者也是证券发行市场中重要的构成要素。在现代社会的证券发行中,发行人通常并非把证券直接销售给投资者,而是由证券承销人首先承诺全部或部分包销,即使是在发行人直接销售证券的情况下,往往也需要获得中介人的协助。应当说,证券承销者作为经营证券的中介机构,在证券市场上起着确定交易条件、沟通买卖、联结供求的重要的桥梁作用。我国现行法律明确规定,股票与企业债券的公开发行应当由证券经营机构承销。证券承销者虽然不一定是证券的权利义务关系的当事人,但是根据法律规则和商业利益,它负有对发行人经营状况的尽职调查义务,并且对其承销证券招募说明书的真实性和完整性负有连带责任。[①]

证券承销商包括主承销商和承销团其他成员。承销商的商誉和其为所承销证券所作的宣传对投资者投资行为影响重大,因而各国都对承销商行为有严格的法律约束。一般证券承销商是不参与公开文件的制作,只是对其进行审查,但在我国证券发行中一般是由发行人委托承销商制作公开文件,因此,证券承销商是发行过程中的主导者。承销商处于可对发行人的状况予以保证的地位,一流的承销商承销证券时,其声誉即对其所承销的证券做了保证,而给投资者以信赖。因而要求证券承销商承担赔偿责任,不外乎在于尽可能使多数的关系人负赔偿责任,而互相牵制,以达到有效防止公开文件虚假陈述的目的。

四、其他市场机构

另外,根据我国的证券法规和许多国家的证券法规,在证券发行中,相关的律师事务所、会计师事务所和资产评估机构也是法定的中介机构。此类中介机

---

① 林俊国编著. 证券投资学(第三版). 经济科学出版社,2006

构的义务和责任在于：首先，它们根据委托关系，负有以专业技能协助完成证券发行的准备工作和股份制改组工作之义务；其次，根据法定规则，它们负有以专业人员应有的完成尽职审查的义务；再次，根据法定规则，它们负有公正客观地出具结论性意见，并以此作为招募说明书根据或附件的义务；最后，此类中介机构对于经其确认的法律文件和由其出具的结论性意见的真实性、合法性和完整性负有持续的法律责任。由上可见，这类中介机构具有不同于证券承销商的非商业交易人的身份。它们的中介作用，对于保障证券发行的合法顺利进行，对于有效确定证券交易条件，对于减少证券承销风险及避免可能发生的纠纷，都是非常必要的。事实上，由于我国股份公司股票与债券的发行多以企业股份制改组过程为基础，这就使得此类中介机构的专业服务变得十分重要。[1]

第二节　债券发行

一、债券发行的目的[2]

债券发行主体一般有政府、金融机构和公司。一般来说，中央政府和地方政府发行债券的目的在于弥补财政赤字和筹措建设资金，金融机构发行债券是为了获得长期稳定的资金来源以扩大贷款额和投资，公司发行债券目的比较复杂，主要有以下三种：

（1）多渠道筹集资金。公司除了向银行贷款、发行股票来筹集资金以外，发行债券也是其筹措资金的一条重要渠道。多种筹资方式扩大了资金来源，降低了筹资风险。同时，也可为投资者在投资条件、投资方式等方面提供了多样选择，满足了投资者不同的需求。

（2）调节负债规模，实现公司最佳资本结构。按照现代公司财务理论，公司适当增加负债比例可以增加公司的价值，当公司的资本收益率高于债券利率时，利用债券筹资可以产生财务杠杆作用，使公司资产增值。

（3）维持对公司的控制。股票是所有权证书，而债券是债务债权证书，因此，公司通过发行债券而不是股票融资可以降低控制权被分散的风险，因为债券持有人无权参与公司的经营决策。因此无论发行多少债券，都不会改变公司资本的所有关系，不会影响到原有股东对公司的控制权。

---

① 林俊国. 证券投资学(第三版). 经济科学出版社，2006
② 贺强. 韩复龄. 证券投资学. 首都经济贸易大学出版社，2007

二、债券发行的条件[①]

债券的发行条件是指债券发行者在以债券形式筹集资金时所必须考虑并满足的因素。合理确定债券的发行条件,对发行者来说直接关系到筹资成本的高低,对投资者来说是作出投资判断的基本依据。发行条件主要由发行金额、票面利率、发行价格、票面金额、债券偿还期限等内容构成。

(1)发行金额。债券发行金额是指债券发行人一次发行债券时预计筹集的资金总量。发行人应根据自身的资信状况、资金需求程度、市场资金供给情况、债券自身的吸引力等因素进行综合判断后再确定一个合适的发行额。发行额定得过高,会造成发售困难;发行额定得太低,不能满足筹资的需求。一般来说,首次发行债券时,发行额可以定得低一点,保证发行能成功,以后再根据需要发行债券,就可参照首次发行的情况再确定发行金额。

(2)票面利率。票面利率又称名义利率,是债券票面所载明的利率。它反映的是债券上的固定利息和券面金额的比率,是固定不变的。在确定债券票面利率时,既要考虑到发行单位的承受能力,又要考虑到对投资者是否有吸引力的原则,具体要考虑银行同期存款利率水平和期限的长短、其他债券的利率水平、发行者的承受能力。一般来说,在市场利率较高时发行期限长、信用级别低的债券票面利率较高。

(3)发行价格。债券的发行价格即债券投资者认购新发行债券的价格。一般来说,发行价格可以与利率相互配合来调整债券购买者的实际收益率,使之与利率保持一致。如果在市场利率水平有较大幅度浮动时,可以调整债券的票面利率,也可微调发行价格与之相适应。债券的发行价格可以分为三种:一是溢价发行,即以高于票面金额的价格发行,一般在债券利率高于市场利率时发行;二是折价发行,即以低于票面金额的价格发行,一般在债券利率低于市场利率时发行;三是平价发行,即以票面金额发行,一般是在票面利率与市场利率一样时采用。

(4)票面金额。债券的票面金额即面值,就是债券票面上标出的金额。债券票面金额的确定要考虑两个因素:一是认购者的购买能力。用公募方式向社会公众发行债券时,若票面金额定得过高,就会把小户投资者拒之门外;用私募方式向法人投资者发行债券时,则可考虑适当提高票面金额。二是成本测算。如果票面金额订得过低,就会增加债券数量,不仅增加印刷成本,还会使发行工作复杂化。

---

① 瑞兰,朱立芬.证券投资学.立信会计出版,2006

(5)偿还期限。从债券发行日起到偿还本息日止的这段时间称为债券的偿还期限。发行人通常根据资金需求的期限、未来市场利率走势、流通市场的发达程度、投资者的偏好等来确定发行债券的期限结构。一般而言,当资金需求量放大,债券流通市场较发达,利率有上升趋势时,可发行中长期债券;否则,应发行短期债券。

(6)付息方式。付息方式一般可分为一次性付息和分期付息两种。发行人可根据债券期限情况、筹资成本要求、对投资者的吸引力等确定不同的付息方式,如对中长期债券可采取分期付息方式,按年、半年付息等,对短期债券可以采取一次性付息方式等。

(7)担保。发行的债券有无担保,是债券发行的重要条件之一。由信誉好的第三方担保或以发行人自己的财产作抵押担保,可以增加债券投资的安全性,减少投资风险,提高债券的吸引力。企业可以根据自身的资信状况决定是否以担保形式发行债券。通常,国债、金融债券、大企业发行的债券多为无担保债券,而信誉等级较低的中小企业大多发行有担保债券。

三、债券发行方式

(一)按发行对象分

按照债券的发行对象,可分为私募发行和公募发行两种方式[1]。

1. 私募发行

私募发行是指面向少数特定的投资者发行债券,一般以少数关系密切的单位和个人为发行对象,不对所有的投资者公开出售。具体发行对象有两类:一类是机构投资者,如大的金融机构或是与发行者有密切业务往来的企业等;另一类是个人投资者,如发行单位自己的职工,或是使用发行单位产品的用户等。私募发行一般多采取直接销售的方式,不经过证券发行中介机构,不必向证券管理机关办理发行注册手续,可以节省承销费用和注册费用,手续比较简便。但是私募债券不能公开上市,流动性差,利率比公募债券高,发行数额一般不大。

2. 公募发行

公募发行是指公开向广泛不特定的投资者发行债券。公募债券发行者必须向证券管理机关办理发行注册手续。由于发行数额一般较大,通常要委托证券公司等中介机构承销。公募债券信用度高,可以上市转让,因而发行利率一般比私募债券利率为低。公募债券采取间接销售的具体方式又可分为三种:(1)代

---

① 参考自 MBA 智库百科,http://wiki.mbalib.com/wiki/%E9%A6%96%E9%A1%B5

销。发行者和承销者签订协议,由承销者代为向社会销售债券。承销者按规定的发行条件尽力推销,如果在约定期限内未能按照原定发行数额全部销售出去,债券剩余部分可退还给发行者,承销者不承担发行风险。采用代销方式发行债券,手续费一般较低。(2)余额包销。承销者按照规定的发行数额和发行条件,代为向社会推销债券,在约定期限内推销债券如果有剩余,须由承销者负责认购。采用这种方式销售债券,承销者承担部分发行风险,能够保证发行者筹资计划的实现,但承销费用高于代销费用。(3)全额包销。首先由承销者按照约定条件将债券全部承购下来,并且立即向发行者支付全部债券价款,然后再由承销者向投资者分次推销。采用全额包销方式销售债券,承销者承担了全部发行风险,可以保证发行者及时筹集到所需要的资金,因而包销费用也较余额包销费用为高。

(二)按实际发行价格和票面价格的异同分

按照债券的实际发行价格和票面价格的异同,债券的发行可分平价发行、溢价发行和折价发行。

(1)平价发行。平价发行指债券的发行价格和票面额相等,因而发行收入的数额和将来还本数额也相等。

(2)溢价发行。溢价发行指债券的发行价格高于票面额,以后偿还本金时仍按票面额偿还。只有在债券票面利率高于市场利率的条件下才能采用这种方式发行。

(3)折价发行。折价发行指债券发行价格低于债券票面额,而偿还时却要按票面额偿还本金。折价发行是因为规定的票面利率低于市场利率。

四、债券信用评级

(一)债券信用评级定义

债券信用评级是以企业或经济主体发行的有价债券为对象进行的信用评级。债券信用评级大多是企业债券信用评级,是对具有独立法人资格企业所发行某一特定债券的按期还本付息的可靠程度进行评估,并标示其信用程度等级。这种信用评级,是为投资者购买债券和证券市场债券的流通转让活动提供信息服务。国家财政发行的国库券和国家中央银行发行的金融债券,由于有政府的保证,因此不参加债券信用评级。地方政府或非国家银行金融机构发行的某些有价证券,则有必要进行评级。

(二)债券信用评级目的

进行债券信用评级最主要原因是方便投资者进行债券投资决策。投资者购买债券是要承担一定风险的。如果发行者到期不能偿还本息,投资者就会蒙受损失,这种风险称为信用风险。债券的信用风险因发行后偿还能力不同而有所差异,对广大投资者尤其是中小投资者来说,事先了解债券的信用等级是非常重要的。由于受到时间、知识和信息的限制,无法对众多债券进行分析和选择,因此需要专业机构对准备发行的债券还本付息的可靠程度进行客观、公正和权威的评定,也就是进行债券信用评级,以方便投资者决策。

债券信用评级的另一个重要原因,是减少高信誉发行人的筹资成本。一般来说,资信等级越高的债券,越容易得到投资者的信任,能够以较低的利率出售;而资信等级低的债券,风险较大,只能以较高的利率发行。

(三)债券信用评级机构与等级

目前国际上公认的最具权威性的信用评级机构,主要有美国标准·普尔公司和穆迪投资服务公司。上述两家公司负责评级的债券很广泛,包括地方政府债券、公司债券、外国债券等,由于它们占有详尽的资料,采用先进科学的分析技术,又有丰富的实践经验和大量专门人才,因此它们所做出的信用评级具有很高的权威性。标准·普尔公司信用等级标准从高到低可划分为:AAA 级、AA 级、A 级、BBB 级、BB 级、B 级、CCC 级、CC 级、C 级和 D 级。穆迪投资服务公司信用等级标准从高到低可划分为:Aaa 级,Aa 级、A 级、Baa 级、Ba 级、B 级、Caa 级、Ca 级、C 级和 D 级。两家机构信用等级划分大同小异,前四个级别债券信誉高,风险小,是"投资级债券";第五级开始的债券信誉低,是"投机级债券"(见表 4-1)。

表 4-1　债券等级分类表

评级公司 债券等级	标准·普尔公司	穆迪投资服务公司
投资级债券	AAA	Aaa
	AA	Aa
	A	A
	BBB	Baa
投机级债券	BB	Ba
	B	B
	CCC	Caa
	CC	Ca
	C	C
	D	D

标准·普尔公司和穆迪投资服务公司都是独立的私人企业,不受政府的控制,也独立于证券交易所和证券公司。它们所做出的信用评级不具有向投资者推荐这些债券的含义,只是供投资者决策时参考,因此,它们对投资者负有道义上的义务,但并不承担任何法律上的责任。

在我国,比较著名的评级机构有:中国诚信证券评估有限责任公司、大公国际资信评估有限责任公司、长城资信评估有限责任公司、深圳市资信评估有限责任公司、上海远东资信评估有限公司、上海新世纪投资服务公司等。

第三节　股票发行

一、股票发行条件

股票发行包括股份公司初次发行和股份公司上市后向社会公众的再发行。股份公司上市后向社会再次公开发行新股,则是指向原股东配售股票(简称"配股")和向全体社会公众发售股票(简称"增发")。

(一)初次发行的条件[①]

初次发行包括以募集方式新建股份有限公司时公开发行股票和原有企业改组为有限公司首次公开发行股票两种情况。

1. 我国以募集方式新建股份有限公司的股票发行条件

(1)其生产经营符合国家产业政策;

(2)其发行的普通股限于一种,同股同权;

(3)发起人认购的股本数额不少于公司拟发行股本总额的35%;

(4)公司股本总额不少于人民币5000万元;

(5)向社会公众发行的部分不少于公司拟发行股本总额的25%,拟发行股本超过4亿元的,可酌情降低向社会公众发行部分的比例,但最低不得少于公司拟发行股本总额的15%;

(6)发起人在近3年内没有重大违法行为。

2. 原有企业改组设立的股份有限公司初次发行股票条件

原有企业改组设立的股份有限公司初次发行股票时,除了应符合上述六条条件外,还须符合:

---

① 贺强、韩复龄. 证券投资学. 首都经济贸易大学出版社,2007

(1)发行前一年末,净资产在总资产中所占比例不低于 30％,无形资产(不含土地使用权)占其所折股本数的比例不得超过 20％;

(2)近 3 年连续盈利等。

(二)配股的条件

配股发行是增资发行的一种,是指上市公司在获得有关部门的批准后,向其现有股东提出配股建议,使现有股东可按其所持股份的比例认购配售股份的行为。配股发行是上市公司发行新股的一种方式,具有实施时间短、操作较简单、成本较低等优点,同时也是上市公司改善资本结构的一种手段。在我国,上市公司配股需符合以下条件:

(1)上市公司必须与控股股东在人员、资产、财务上分开,保证上市公司的人员独立、资产完整和财务独立。

(2)公司章程符合《公司法》的规定,并已根据《上市公司章程指引》进行了修订。

(3)配股募集资金的用途符合国家产业政策的规定。

(4)前一次发行的股份已经募足,募集资金使用效果良好,本次配股距前次发行间隔一个完整的会计年度(1 月 1 日—12 月 31 日)以上。

(5)公司上市超过 3 个完整会计年度的,最近 3 个完整会计年度的净资产收益率平均在 10％以上;上市不满 3 个完整会计年度的,按上市后所经历的完整会计年度平均计算;属于农业、能源、原材料、基础设施、高科技等国家重点支持行业的公司,净资产收益率可以略低,但不得低于 9％;上述指标计算期间内任何一年的净资产收益率均不得低于 6％。

(6)公司在最近 3 年内财务会计文件无虚假记载或重大遗漏。

(7)本次配股募集资金后,公司预测的净资产收益率应达到或超过同期银行存款利率水平。

(8)配售的股票限于普通股,配售的对象为股权登记日登记在册的公司全体股东。

(9)公司一次配股发行股份总数,不得超过该公司前一次发行并募足股份后其股份总数的 30％,公司将本次配股募集资金用于国家重点建设项目、技改项目的,可不受 30％比例的限制。

(三)增发新股的条件

公募增发是指上市公司以面向社会公开募集方式增资发行股份的行为。作为公募增发的主体必须符合下列条件:符合上市公司重大资产重组的有关规定;具有核心技术开发能力、在行业中具有竞争优势、未来发展有潜力;向社会公开发行股份的比例小于总股本的 25％,总股本超过 4 亿元以上的公司向社会公开发行股份的比例不小于 15％;既发行境内上市内资股又发行境内或境外上市外资股。

在我国,上市公司公募增发,必须具备以下条件:

(1) 上市公司必须与控股股东在人员、资产、财务上公开,保证上市公司的人员独立、资产完整和财务独立。

(2) 前一次发行的股份已经募足,募集资金的使用与招股(或配股)说明书所述的用途相符,或变更募集资金用途已履行法定程序,资金使用效果良好,本次发行距前次发行股份的时间间隔不少于《公司法》的相应规定。

(3) 公司在最近 3 年内连续盈利,本次发行完成当年的净资产收益率不低于同期银行存款利润水平;且预测本次发行当年加权计算的净资产收益率不低于配股规定的净资产收益率平均水平,或与增发前基本相当。进行重大资产重组的上市公司,重组前的业绩可以模拟计算,重组后一般应运营 12 个月以上。

(4) 公司章程符合《公司法》和《上市公司章程指引》的规定。

(5) 股东大会的通知、召开方式、表决方式和决议内容符合《公司法》及有关规定。

(6) 本次发行募集资金用途符合国家产业政策的规定。

(7) 公司申报材料无虚假陈述,在最近 3 年内财务会计资料无虚假记载,同时还应保证重组后的财务会计资料无虚假记载。

(8) 公司不存在资金、资产被控股股东占用,或有明显损害公司利益的重大关联交易。

二、股票发行方式

自从我国证券市场诞生以来,我国新股发行方式经历了多次改革。早期公开发行曾尝试类似私募和推销的方式,然后经历了从认购证抽签发行、认购证按比例配售、存单抽签发行、全额预缴比例配售,到上网竞价发行、上网定价发行,再到 2000 年向二级市场投资者按市值配售等,每一次发行方式的改变都引起了市场的广泛关注。从 2001 年 3 月 17 日开始,新股发行方式再次变革,主要措施为发行价格不封顶,推动了市场化进程。这是继 2000 年实施二级市场股票市值进入一级市场配售申购新股之后的又一重大举措。同时,证监会对股票发行的监管模式也发生了重大变化,由从前的审批制转向了核准制。

全国人大常委会 2004 年 8 月 28 日审议通过的公司法修正案、证券法修正案均已删除了新股发行价格须经监督机构核准的规定。按照规定,股票溢价发行将无需再经国务院证券监管机构批准,股票发行价格应主要通过市场机制形成。2004 年 12 月 10 日,中国证监会发布了《关于首次发行股票试行询价制度若干问题的通知》,新股 IPO 询价制度于 2005 年 1 月 1 日启动,这标志着我国股票发行制度的市场化变革迈出了坚实的一步。

从我国股票发行市场发展的实践看,曾采用的和正在采用的、并对市场产生重大影响的发行方式主要有以下几种[①]:

(一)认购证方式

认购证方式又称为认购证抽签发行方式,具体做法有以下几种:

(1)承销商在招募时向社会公众投资人公开发售股票(即认购证),每一单位的认购证代表一定数量的股票,并注明号码。

(2)投资者申请并购买认购证。

(3)承销商根据"三公"原则,在规定时间,在公证机关监督下,按照规定的程序,对所有的股票认购申请表进行公开抽签。

(4)确认中签号并按照规定程序公告,投资人持中签申请认购表在指定地点交纳股款。

1991 年深圳、1992 年上海先后采用了限量出售认购证摇号中签发行方式。它在当时股票严重供不应求情况下,通过时间优先原则成功地解决了供求矛盾,在一定程度上体现了公平性。但这种方式下,认购股票首先要购买申请表,增加了投资成本;容易出现申请表和中签表的黑市交易,严重扰乱金融秩序;滋生以权谋私现象,产生不公平问题,甚至引发社会动乱;导致出借、出售身份证现象,给公安部门身份证管理造成困难。因此,1993 年 7 月后股票发行时就采取了无限量发售认购申请表方式。相比之下,这种方式可有效消除排队抢购认购表和借、买身份证以权谋私等现象,更能体现公平原则。但这种方式同样也存在一些弊端,如造成社会资源极大浪费、大大提高了认购成本、导致股市资金的净流失,股市失血严重。关于认购证方式的一些弊端也可见本章案例。

(二)储蓄存单方式

储蓄存单方式又称为存单抽签发行方式,是通过发行储蓄存单抽签决定认股者的发行方式。其具体做法是:

(1)承销商在招募期内通过指定的银行机构无限量地向社会投资者发售专项定期定额存单,每张存单附一张抽签表,由社会投资者认购。

(2)承销商根据存单的发售数量、批准发行股票数量及每张存单可认购股份数量确定中签率,通过公开摇号抽签方式决定中签者。

[①]　贺强. 韩复龄. 证券投资学. 首都经济贸易大学出版社,2007

（3）中签者按规定要求办理缴款手续。

采取与储蓄存款挂钩发行方式，其存款期不得超过 3 个月，每股费用不得超过 0.1 元，发行收费总额不得超过 500 万元。

储蓄存单方式相对于认购证方式，由于每张抽签表要用较大的存款为代价，减少了抽签表的发行量，相应降低了发行成本；起用了已有的社会机构——银行，并使用其定期存款业务，从而减少了组织管理工作。但是该种方式最终未能解决发行工作的繁杂问题，并常常伴随巨额现金在银行之间的转移。

（三）全额预缴款方式

根据《中国证券监督管理委员会关于股票发行与认购方式的暂行规定》，全额预缴款方式包括"全额预缴款、比例配售、余款即退"方式和"全额预缴款、比例配售、余款转存"方式二种。

1．"全额预缴款、比例配售、余款即退"方式

"全额预缴款、比例配售、余款即退"方式，是指投资者在规定的申购时间内，将全额申购款存入主承销商在收款银行设立的专户中，申购结束后转存冻结银行专户进行冻结，在对到账资金进行验资和确定有效申购后，根据股票发行量和申购总量计算配售比例，进行股票配售，余款返还投资者的股票发行方式。

2．"全额预缴款、比例配售、余款转存"方式

"全额预缴款、比例配售、余款转存"方式是"与储蓄存款挂钩"方式和"全额预缴款、比例配售、余款即退"方式的结合。其在全额预缴、比例配售阶段的有关规定与"全额预缴款、比例配售、余款即退"方式的相关规定相同，但申购余款转为存款，利息按同期银行存款利率计算。该存款为专项存款，不得提前支取。

全额预缴款发行方式使所有参加申购的投资者都能按配售比例认购到股票，这是较其他发行方式改进的地方，而且在激发上市企业所在地居民的投资热情，吸引各地游资，增加当地银行资金存量及增加地方政府的收入等方面具有优势。但是这种方式使得巨额的资金长期频繁地流动于全国各地，脱离金融运作的正常循环，给金融系统造成较大的冲击；认购范围和资金来源主要集中于发行人所在的城市，大大降低总体认购资金量，且对全国其他地区投资者不公平，发行透明度欠缺。到 1996 年市场新一轮扩张时，这种方式逐步被淘汰了。

（四）上网竞价发行

上网竞价发行是指发行人和主承销商利用证券交易所的交易系统，由主承销商作为新股的唯一卖方，以发行人宣布的发行底价为最低价格，以新股实际发行量为总的卖出数，由投资者在指定的时间内竞价委托申购，发行人和主承销商以价格优先的原则确定发行价格并发行股票。

1994 年 6 月，"琼金盘"等股票发行首次采取了这种方式。这种方式完全按市场原则进行，充分发挥发行价格对需求的调节作用，消除了排队现象，可节省大量的人力、物力、财力，而且也减少了发行环节，提高了发行效率，股票发行收入扣除必要的发行费用后全归发行公司，不会造成股市失血。此外，这种方式还杜绝了不正之风，比较公平，大、小股民均可凭各自的实力和判断决定各自的申报数量和价格。因此，这种方式较受市场欢迎，但这种方式在市场过热和股民缺乏风险意识的情况下，会出现大量的非理性报价，造成发行价过高；透明度较差，不能杜绝发行公司与承销商联手操纵市场的现象；投机性强，不可控因素过多，使得投资者和券商均承担很大风险，因此，在 1995 年 2 月进行了共 4 只股票的发行试点后，就没有被采用。

（五）上网定价发行

上网定价发行方式是指主承销商利用证券交易所的交易系统，由主承销商作为股票的唯一"卖方"，投资者在指定的时间内，按已确定的发行价格，在规定的申购数量范围内按现行委托买入股票的方式进行股票申购。主承销商在"上网定价"发行前应在证券交易所设立股票发行专户和申购资金专户。申购结束后，根据实际到位资金，由证券交易所主机确认有效申购。

1994 年 7 月"粤宏远 A"是首只采取这一发行方式的股票。这种方式具有公平、公正、高效、节省的优点，因而得到了普遍的运用。1996 年后，我国股票发行基本上大都采用这种方式，但是在实践中也暴露出一些严重弊端：它排斥了市场原则，无法形成合理的价格发现机制，由此造成一级市场成为一个无风险的暴利市场，巨额资金长期滞留于一级市场，二级市场"失血"严重；投资者申购踊跃，承销商的承销工作几乎感觉不到来自市场的任何压力，承销变成了几乎毫无风险的业务，这不利于承销商提高业务水平和服务质量，也不利于承销商优胜劣汰，兼并重组；还使得企业发行上市的好处大部分落到了一级市场上的认购者手中，这无疑不利于发行公司的成长。

（六）与上网发行相结合的法人配售

证监会于 1999 年 7 月 28 日发布了《关于进一步完善股票发行方式的通知》，对公司股本总额在 4 亿元以下的公司，仍按照《关于股票发行与认购方式的暂行规定》，采用上网定价、全额预缴款或与储蓄存款挂钩的方式发行股票；对公司股本总额在 4 亿元以上的公司，可以采取对一般投资者上网发行和对法人配售相结合的方式发行股票。

2000 年 4 月，为进一步扩大对一般投资者上网发行和对法人配售相结合的发行方式适用范围，使发行股票公司能够根据市场情况和自身条件选择适当的发行方式,证监会发布了《关于进一步完善股票发行方式的通知》,法人配售不再受总股本和规模比例的限制,促使更多机构投资者加入到新股配售行列中来,有效缓解了当时市场扩容的压力。

1999 年 9 月"首钢股份"首次采用这一方式,且随后被市场广泛采用。这种方式可以提高发行市盈率和市场化程度,而且还促使更多机构投资者加入到股票配售行列中来,有效缓解当时市场扩容压力,也可以使大盘股的发行更容易,降低发行人的发行风险及承销商的承销风险。但与此同时,由于这种方式是向法人配售,这种非公开发行也可能降低市场的透明度,影响到市场的公正性,尤其是战略投资者资格条件难以准确界定,导致战略投资者确定时"暗箱操作"的迹象越来越明显。此外,在巨额利润的驱动下,一些法人投资者为了获得配售权,在申购时往往出现非理性报价。

(七)询价发行[①]

1. 路演询价

路演的本意译自英文 Roadshow,是国际上广泛采用的证券发行推广方式,指证券发行商发行证券前针对机构投资者的推介活动,是在投融资双方充分交流的条件下促进股票成功发行的重要推介、宣传手段。在 2000 年以后的一段时间内,中国股市开始试点通过"路演"向机构投资者征询股票发行价格的方式。路演询价(包括网上路演和现场路演),是发行人向机构投资者询价的发行方式,利用各种市场机制来制定发行价格。路演询价是国际资本市场中普遍选择的股票发行方式,它有利于发现新股的真实价格,提高机构投资者在股票市场中的地位和作用。

2. 新股 IPO 询价制度

新股 IPO 询价制,是指首次公开发行股票的公司(简称发行人)及其保荐机构,应通过向询价对象询价的方式确定股票发行价格。

2004 年 12 月 10 日,中国证监会发布了《关于首次公开发行股票试行询价制度若干问题的通知》及配套文件《股票发行审核标准备忘录第 18 号——首次公开发行股票询价对象条件和行为的监管要求》,标志着备受各界人士所关注的新股 IPO 询价制正式出台。首次公开发行股票试行询价制度于 2005 年 1 月 1 日正式施行。

与定价发行不同,询价发行方式给申购的投资者一个询价区间(申购价格上限和下限),然后根据投资者对该询价区间占大多数的价格认同来确定发行价

---

① 陈永新、刘用明主编. 证券投资学. 四川大学出版社,2005

格,再以该价格进行配售。按照规定,发行申请经证监会核准后,发行人应公告招股意向书,开始进行推介和询价。询价分为初步询价和累计投标询价两个阶段。发行人及其主承销商应当通过初步询价确定发行价格区间,在发行价格区间内通过累计投标询价确定发行价格。首次发行的股票在中小企业板上市的,发行人及其主承销商可以根据初步询价结果确定发行价格,不再进行累计投标询价。

按照中国证监会规定,询价对象是指符合证监会规定条件的证券投资基金管理公司、证券公司、信托投资公司、财务公司、保险机构投资者和合格境外机构投资者(QFII),以及其他经证监会认可的机构投资者。社会公众投资者不适用于 2005 年 1 月 1 日开始实施的首次公开发行股票试行询价制度。

规定指出,发行人及其保荐机构应向不少于 20 家询价对象进行初步询价,并根据询价对象的报价结果确定发行价格区间及相应的市盈率区间。公开发行股数在 4 亿股(含 4 亿股)以上的,参与初步询价的询价对象应不少于 50 家。

按照规定,发行人及其保荐机构应向参与累计投标询价的询价对象配售股票:公开发行数量在 4 亿股以下的,配售数量应不超过本次发行总量的 20%;公开发行数量在 4 亿股以上(含 4 亿股)的,配售数量应不超过本次发行总量的 50%。经证监会同意,发行人及其保荐机构可以根据市场情况对上述比例进行调整。

首次公开发行股票的公司及其保荐机构通过向基金公司、证券公司、信托公司、财务公司、保险机构及 QFII 等询价对象询价来确定股票发行价格,这是我国新股发行方式的又一次重大改革。新股 IPO 询价制度的出台体现了市场发展的要求,它标志着我国首次公开发行股票市场化定价机制的初步建立,这对提高市场配置资源效率、推动资本市场的稳定发展发挥重要作用。

三、股票发行程序

(一)聘请辅导机构辅导

股票发行人聘请的辅导机构应是具有主承销商资格、保荐资格的证券经营机构以及其他经有关部门认定的机构。辅导期限至少为 1 年。

(二)股东大会批准本次股票发行

股东大会应当就本次发行的数量、定价方式或价格(包括价格区间)、发行对象、募集资金的用途及数额、决议的有效期、对董事会办理本次发行具体事宜的授权等事项进行逐项表决,最后形成有关决议。

(三)主承销商的内核和保荐机构出具推荐文件

发行人董事会聘请主承销商推荐其发行股票。保荐机构负责证券发行的主承销工作,依法对发行人及其发起人、大股东、实际控制人进行尽职调查、审慎核查,对公开发行募集文件进行核查。主承销商、保荐机构负责向中国证监会出具推荐文件。中国证监会只接收有保荐资格机构和两名保荐代表人签名保荐的材料。

(四)中国证监会受理申请文件

中国证监会收到申请、推荐文件后,在 5 个工作日内作出是否受理的决定。

(五)初审

中国证监会受理申请文件后,对发行人申请文件的合法性、合规性进行初审,并在 30 日内将初审意见函告发行人及其主承销商、保荐机构。

(六)股票发行审核委员会审核

中国证监会对按初审意见补充完善的申请文件进一步审核,并在受理申请文件后 60 日内,将初审报告和申请文件提交"发审委"审核。"发审委"以投票方式对发行申请进行表决,提出审核意见。

(七)核准发行

依据"发审委"的审核意见,中国证监会对发行人的发行申请作出核准或不予核准的决定。予以核准的,中国证监会出具核准公开发行的文件;不予核准的,中国证监会出具书面意见,说明不予核准的理由。

中国证监会自受理申请文件之日起到作出决定的期限为 3 个月。

(八)复议

发行申请未被核准的公司,自接到中国证监会的书面决定之日起 60 日内,可提出复议申请。中国证监会收到复议申请后 60 日内,对复议申请作出决定。

四、股票的发行价格

(一)股票发行价格的种类

当股份公司发行股票时,需要根据不同情况,确定一个发行价格以销售股票。一般而言,股票发行价格有以下几种:溢价发行、折价发行和平价发行等[①]。

1. 溢价发行

溢价发行是指发行人按高于面额的价格发行股票,因此可使公司用较少的

---

① 邢天才、王玉霞. 证券投资学. 东北财经大学出版社,2007

股份筹集到较多的资金,同时还可降低筹资成本。溢价发行又可分为时价发行和中间价发行两种方式。

(1)时价发行也称市价发行,是指以同种或同类股票的流通价格为基准来确定股票的发行价格,股票公开发行通常采用这种形式。

在发达的证券市场中,当一家公司首次发行股票时,通常会根据同类公司(产业相同,经营状况相似)股票在流通市场上的价格表现来确定自己的发行价格;而当一家公司增发新股时,则会按已发行股票在流通市场上的价格水平来确定发行价格。

时价发行能使发行者以相对少的股份筹集到相对多的资本,从而减轻负担,同时还可以稳定流通市场的股票时价,促进资金的合理配置。按时价发行,对投资者来说也未必吃亏,因为股票市场上行情变幻莫测,如果该公司将溢价收益用于改善经营,提高了公司和股东的收益,将使股票价格上涨,投资者若能掌握时机,适时按时价卖出股票,收回的现款会远高于购买金额。

(2)中间价发行是指以介于面额和时价之间的价格来发行股票。

中间价格发行对象一般为原股东,在时价和面额之间采取一个折中的价格发行,实际上是将差价收益一部分归原股东所有,一部分归公司所有用于扩大经营。因此,在进行股东分摊时要按比例配股,不改变原来的股东构成。我国股份公司对老股东配股时,基本上都采用中间价发行。

2. 折价发行

折价发行是指以低于面额的价格出售新股,即按面额打一定折扣后发行股票,折扣的大小主要取决于发行公司的业绩和承销商的能力。如某种股票的面额为 1 元,如果发行公司与承销商之间达成的协议折扣率为 5%,那么该股票的发行价格为每股 0.95 元。目前,西方国家的股份公司很少有按折价发行股票的。

3. 平价发行

平价发行又称为面额发行或面值发行。是指发行人以票面金额作为发行价格。如某公司股票面额为 1 元,如果采用平价发行方式,那么该公司发行股票时的售价也是 1 元。由于股票上市后的交易价格通常要高于面额,因此绝大多数投资者都乐于认购。平价发行方式较为简单易行,但其主要缺陷是发行人筹集资金量较少。多在证券市场不发达的国家和地区采用。我国最初发行股票时,就曾采用过,如 1987 年深圳发展银行发行股票时,每股面额为 20 元,发行价也为每股 20 元,即为平价发行。

(二)影响发行价格的因素

(1) 净资产。国有企业依法改组设立的公司,发行人改制当年经评估确认的净资产所折股数可作为定价的重要参考。

（2）经营业绩。公司的经营业绩特别是税后利润水平直接反映了一个公司的经营能力和上市时的价值，每股税后利润的高低直接关系着股票发行价格。

（3）发展潜力。公司经营的增长率（特别是盈利的增长率）和盈利预测是关系股票发行价格的又一重要因素。在总股本和税后利润量既定的前提下，公司发展潜力越大，未来盈利趋势越确定，市场所接受的发行市盈率也就越高，发行价格也就越高。

（4）发行数量。不考虑资金需求量，单从发行数量上考虑，若本次股票发行的数量较大，为了能保证销售期内顺利地将股票全部出售，取得预定金额的资金，价格应适当定得低一些；若发行量小，考虑到供求关系，价格可定得高一些。

（5）行业特点。发行公司所处行业的发展前景会影响到公众对本公司发展前景的预期，同行业已经上市企业的股票价格水平，剔除不可比因素以后，也可以客观地反映本公司与其他公司相比的优劣程度。如果本公司各方面均优于已经上市的同行业公司，则发行价格可定得高一些；反之，则应定得低一些。此外，不同行业的不同特点也是决定股票发行价格的因素。

（6）股市状态。二级市场的股票价格水平直接关系到一级市场的发行价格。在制定发行价格时，要考虑到二级市场股票价格水平在发行期内的变动情况。若股市处于"熊市"，定价太高则无人问津，使股票销售困难，因此，要定得低一些；若股市处于"牛市"，价格太低会使发行公司受损，股票发行后易出现投机现象，因此，可以定得高一些。同时，发行价格的确定要给二级市场的运作留有适当的余地，以免股票上市后在二级市场上的定位会发生困难，影响公司的声誉。

（三）确定发行价格的方法

1. 市盈率法

市盈率又称本益比（P/E），是指股票市场价格与每股收益的比率。其计算公式为：市盈率＝股票市价/每股收益。通过市盈率法确定股票发行价格，首先应根据注册会计师审校后的盈利预测计算出发行人的每股收益；然后可根据二级市场的平均市盈率、发行人的行业情况（同类行业公司股票的市盈率）、发行人的经营状况及其成长性等拟订发行市盈率；最后依发行市盈率与每股收益之乘积决定发行价。

按市盈率法确定发行价格的计算公式为：

$$发行价 = 每股收益 \times 市盈率 \tag{4-1}$$

$$每股收益 = \frac{税后利润}{发行前总股本} \tag{4-2}$$

确定每股税后利润有两种方法：一种为完全摊薄法，即用发行当年预测全部税后利润除以总股本，直接得出每股税后利润；另一种是加权平均法。每股税后利润确定采用加权平均法较为合理。因股票发行的时间不同，资金实际到位的先后对企业效益影响较大，同时投资者在购股后才应享受应有的权益。

加权平均法计算公式为：

$$股票发行价格 = \frac{发行当年预测利润}{发行当年加权平均股数} \times 市盈率$$

$$= \frac{发行当年预测利润}{发行前总股本数 + \dfrac{本次公开发行股本数 \times (12 - 发行月份)}{12}} \times 市盈率$$

(4-3)

2. 竞价确定法

投资者在指定时间内通过证券交易场所交易网络，以不低于发行底价的价格并按限购比例或数量进行认购委托，申购期满后，由交易场所的交易系统将所有有效申购按照"价格优先、同价位申报时间优先"的原则，将投资者的认购委托由高价位向低价位排队，并由高价位到低价位累计有效认购数量，当累计数量恰好达到或超过本次发行数量的价格，即为本次发行的价格。

如果在发行底价上仍不能满足本次发行股票的数量，则底价为发行价。发行底价由发行人和承销商根据发行人的经营业绩、盈利预测、项目投资的规模、市盈率、发行市场与股票交易市场上同类股票的价格及影响发行价格其他因素共同研究协商确定。由于此种方法下，机构大户易于操纵发行价格，因此，经试验后停止。

3. 净资产倍率法

净资产倍率法又称资产净值法，指通过资产评估（物业评估）和相关会计手段确定发行人拟募股资产的每股净资产值，然后根据证券市场的状况，将每股净资产值乘以一定的倍率，以此确定股票发行价格的方法。其公式为：

发行价格 = 每股净资产值 × 溢价倍率　　　　　(4-4)

净资产倍率法在国外常用于房地产公司或资产现值要重于商业利益的公司的股票发行，但在国内一直未采用。以此种方式确定每股发行价格不仅应考虑公平市值，还须考虑市场所能接受的溢价倍数。

4. 现金流量折现法

现金流量折现法通过预测公司未来盈利能力，据此计算出公司净现值，并按一定的折扣率折算，从而确定股票发行价格。该方法首先是用市场接受的会计手段预测公司每个项目未来若干年内每年的净现金流量，再按照市场公允的折现率，分别计算出每个项目未来的净现金流量的净现值。公司的净现值除以公司股份数,即为每股净现值。由于未来收益存在不确定性,发行价格通常要对上述每股净现值折让 20%～30%。

国际主要股票市场对新上市公路、港口、桥梁、电厂等基建公司的估值和发行定价一般采用现金流量折现法。这类公司的特点是前期投资大,初期回报不高,上市时的利润一般偏低,如果采用市盈率法发行定价则会低估其真实价值,而对公司未来收益(现金流量)的分析和预测能比较准确地反映公司的整体和长远价值。关于股票定价的其他方法将在第九章中介绍。

案例四　认购证风波①

一、案例简介

1992 年 8 月,当深圳发售新股抽签表时,一百多万股民汇聚深圳,展开了一场惊心动魄的抢购战,最后酿成让人痛心的深圳"8.10"事件。

1992 年 8 月 7 日下午,深圳市的各种传媒分别播发、刊登了中国人民银行深圳市分行、深圳市工商局、公安局、监察局联合发布的《1992 年新股认购抽签发售公告》。根据该公告规定:深圳市将向社会公众发行面值 5 亿元的新股票,采用认购抽签表的方式认购。8 月 9 日至 10 日两天集中发售新股认购抽签表共 500 万张,中签率为 10%,每张表 100 元,每一购表人可持 10 张身份证购 10 张抽签表。中签者可买 1000 股新上市股票。

消息传出后,股民闻风而动,7 日下午便有人开始排队。到了 8 日已然人山人海,排队的长龙几乎前不见头后不见尾。这期间,为了提高中签可能性,大量身份证涌入深圳,据传有的人从内地一次搞来了 7200 张身份证,还有一部分人瞄准备了身份证"生意"的利润可观,便当上了身份证"收购专业户"。到湖南、湖北、浙江等地农村,以每张 20 至 50 元的价格租借甚至购买,然后拿到深圳以 100 至 200 元的高价出售。据当时有关部门估计,大约有 320 万张居民身份证飞到了深圳。

深圳人摩拳擦掌准备大搏一场,全国各地的股民与准股民也嗅觉灵敏。他们按往常的经验估计,这次深圳发行的新股上市后至少价格可翻 10 倍,此等的发财机会到哪里去找? 于是,7 月下旬开始,各地的股民与准股民便一手提着装

---

① 参考自《股票认购证引发的深圳"8.10"事件》,http://www.ct66.com/ProShow.asp? Proid=756

满钞票的密码箱,一手提着装满身份证的旅行袋,纷纷南下深圳,汇成一股势不可挡的人流。在抽签表即将发售的前几天,广州至深圳的火车票被炒到400元一张,超过正常价格的10倍以上,汽车票甚至炒到了上千元一张,全国各地的股民蜂拥而至。据估计外地来深圳的股民至少70万人,深圳市的大小酒店、旅馆、招待所全部爆满,仍容纳不下潮水般而来的人流,致使许多人不得不露宿街头。

8月7日新股抽签发售的公告一见报,便有许多人赶到发售网点前排起了队伍,至8月8日,各个发售网点前就已经出现了排队的长龙。8月9日上午8时,遍布深圳市城乡的303个网点开始发售新股认购抽签表,各个发售点已是人山人海,能供应50万人的抽签表,实际上购买的人数达120万人之多,可以说是"世界之最"了。

由于这次发售的组织工作存在重大失误,致使许多网点发生严重舞弊行为。有的发售点开门营业仅仅两三个小时便宣布抽签表卖光,数千人的长队中,竟只是三十多人买到了抽签表;有的发售点在刚刚宣布卖完抽签表,数千名投资者悲观失望之时一些"黄牛"便手握数以百计的抽签表登台亮相,以每张700元至1千元的价格兜售。

由于舞弊现象严重,导致了广大排队购表股民的极度不满。8月9日售表当天,一些发售网点的秩序就开始混乱,一度阻碍了发行工作的继续进行。当晚9时许所有发售网点的抽签表已全部发售完毕。8月10日下午,中国人民银行深圳市分行发布通告,宣布原定于8月10日下午6时的截止收表时间,推迟到11日11时。这一通告如一颗火种,一下子点燃了悲愤万分的广大投资者的怒火。因为他们有理由推测,银行推迟收表截止时间是为了给那些舞弊者创造方便条件以使他们有充足的时间高价卖出那些从后门买走的认购表,于是,表示愤懑、揭露舞弊行为的小字报陆续上墙。

8月10日傍晚,排了两天两夜买不到表,又发现有人舞弊的几千股民开始聚集、围观,继而打着"坚决反对作弊"、"反对贪污"、"我们要公平,我们要股票"的横幅,沿着深南中路向市政府方向游行。晚上8时左右情况恶化,数万人围在市政府周围,并阻塞了深南中路,造成交通中断。随着事态进一步发展,少数人开始行使暴力,砸汽车、砸摩托、攻击执勤干警。一些人在红荔路交通银行附近烧毁了两辆汽车、四辆摩托车,推翻四辆汽车。在武警去维持秩序时,有多名干警被打伤,在混乱中出现了伤亡。事件一直持续到次日清晨,围观者两三万人。

深圳最主要的交通干线深南中路以及深圳市政府门口的大道被堵塞,有关部门不得不动用催泪弹和水炮驱散人群。

当天夜里,市政府及有关方面召开紧急会议,决定第二天增发50万张新股认购抽签表兑换券,每券9月份以后可兑换抽签表10张,中奖率不变,并于当晚

10 时左右出动数台广播车播发了这一决定,事态很快得到平息,11 日凌晨,深圳市一些印刷厂开始赶印新股认购表兑换券,下午 2 时起开始陆续发售。中国人民银行深圳分行等 4 部门贴出公告:原有的 500 万张新股认购抽签表已经全部发售完毕。印新表时间来不及,故此先赶印抽签表兑换券⋯⋯对利用职权私下拿券和送券的要从严处理。

抽签表加倍,中签率不变,此举意味着:或是增加一倍上市股票或是每张中签表由买 1000 股股票降为 500 股。

人们又排队买兑换券,不舍昼夜。

1992 年 12 月深圳市委、市政府宣布了对"8.10"事件中舞弊者的调查及处理情况,清查出内部截留私买的抽签表达 10 万多张,涉及干部、职工 4180 人。

震惊中外的"8.10"事件终于平息。

"8.10"事件的发生,在国内外造成极其恶劣的影响,它既损害了我国的形象,也对我国改革开放事业产生了负面影响。1992 年 8 月 10 日之后,国家在长达一年的时间里停止了新股发行工作。与此同时,此次事件也促使国家证券管理部门开始考虑探寻一种更为科学合理的新股发行方式,从而导致了以后我国新股发行方式的根本性变革。这也许是"8.10"事件带给我们的唯一收获。

对于股民来说,暴富固然是梦寐以求,但对于股市来说却不是正常的。虽然价格与价值背离在世界各国股市都是非常普遍的现象,但中国股市诞生之初的这种股票价格严重脱离股票价值的现象,却也是不利于股市正常发展的,以通常评价股票价格与价值比例关系的市盈率(股票市价与每股税后收益之比)来看中国股票市场,则当时其股价不是偏高,而是畸高。如上海股市,1992 年"延中实业"股票市盈率高达 620 倍,"大飞乐"则曾达到 1350 倍。至 1992 年 6 月,上海股市的平均市盈率约为 200 倍左右。深圳股市的市盈率相对上海低一些,约为 60 倍左右。这样高的市盈率远超出成熟股市的一般标准。

二、原因分析

深圳"8.10"风波轰动全国,其沉痛教训发人深省。

股市作为典型的市场经济形态,仍然按计划经济的方法来管理,势必出乱子。例如这次发售新股,事先确定抽签表的发售量、中签率等;但到底会有多少人来购买,却一无所知。结果造成供需矛盾突出。

在发售过程中,缺乏应变能力。当着百万人南下深圳,面对发售前和发售过程中的排队长龙,应该及时采取措施。结果,还是等到群众上街游行、发生骚乱以后才临时补救。

对发售工作没有进行有效的监管。全市工商、监察部门出动 700 多人,在

303 个发售点值勤,平均每个网点二人以上。可是发行中大量截留,徇私舞弊的现象仍普遍发生,事后,政府对各个单位售表情况进行了调查,对 33 名处、科级干部在发售新股认购抽签表过程中的舞弊行为进行了处分。

风波的实质,还是供需关系失衡。百万人和几十亿资金挤到深圳这个小地方,挤到有限的认购证这一条独木桥上,岂能不出事?

三、启示

"8.10"风波说明,供求关系失衡不仅会造成商品市场剧烈波动,而且也会造成股票市场整体风险。如何协调好供求关系,是中国股票市场发展初期必须始终要关注的问题。而且即使证券市场发育成熟了,一些热门新股的发行仍然需要加强管理,否则仍可以引发乱子。例如 2000 年 2 月 23 日,香港李嘉诚属下的科技股 tom.com 招股上市,一下子 40 多万人涌向汇丰 10 间分行递交认购表格,引起大混乱,其中旺角区 20 万人交表,排队人龙高峰时达 5 万人,长 4 公里,造成大塞车,警方快速应变部队、冲锋队紧急出动防止引起骚乱。这次认股超额认购 2000 倍,抽中机会不足 30 万分之一。事件发生时,特首及特区政府高度关注,事后,责成证监会、联交所、汇丰银行、tom.com 公司及其上市保荐人 BNP 百富勒提交报告,检讨香港金融市场在制度、管理和技术等方面的问题。这告诉我们,即使将来我国证券市场比较完善了,仍然有必要做好防止招股引发乱子的应变措施。

"8.10"风波也说明了这种新股发行方式必须改进。从此以后,新股认购方式的改革一直没有停止。从发行青岛啤酒开始,无限量发行认购表,成为当时全国新股发行的主要方式。它的好处是从根本上杜绝了新股发行中的营私舞弊行为。但弊端是投入的人力物力过大,费用惊人,加大了认购者的成本。

本章思考题

1. 证券发行市场有哪几个组织要素构成?
2. 简述债券发行的目的和方式。
3. 简述债券信用评级的目的。
4. 简述确定股票发行价格的方法。

第五章　证券流通

本章学习重点

　　证券流通市场是与证券发行市场相对应的市场,本章阐述了主板、创业板等不同层次的证券市场、证券交易方式和程序,并对股票价格指数和证券市场信息披露进行了介绍。通过本章的学习,了解证券交易所的设置和主要功能,了解证券交易的方式和程序,掌握股票价格指数的作用和编制方法,了解几种重要的股票价格指数,理解证券市场信息披露的方式和内容。

第一节　证券交易市场概述

　　证券交易市场是与证券发行市场相对应的市场,是对已经发行的证券进行买卖、转让和流通的市场,因此,也称为二级市场、次级市场。证券交易市场(二级市场)与证券发行市场(一级市场)紧密联系,相辅相成,共同构成了一个完整的交易市场。一级市场创造的证券为二级市场提供了交易的对象;二级市场为一级市场证券流通提供了场所。

　　在证券交易市场中,投资者可以随时购进或卖出证券,实现投资获利的目的。因此,虽然证券交易活动不能增加社会投资总额,也不能增加新的金融资产,但是却满足了证券的流动和变现的要求,为投资者提供了投资机会。

　　证券交易活动可以在固定的场所进行,也可以在不固定的场所分散进行。根据组织形式的不同,证券交易市场可以分为场内市场和场外市场。场内市场是指有组织的、集中交易的市场,即证券交易所,它是证券市场的主体和核心;场外市场是指非组织化的、分散交易的市场,它是场内市场的必要补充。

一、证券交易所

(一)证券交易所的概念和特征

证券交易所是依据国家有关法律,经政府主管机关批准设立的证券集中竞价交易的有形场所。[1] 早在 16 世纪初,在比利时的安特卫晋和法国的里昂就出现了证券交易所。随着资本主义经济的发展,公司股票和债权的交易增多,各国相继成立了证券交易所。17 世纪,荷兰的阿姆斯特丹证券交易所成为重要的证券交易中心。1792 年 5 月 17 日,纽约 24 位股票经纪人在华尔街的一棵梧桐树下签订了一项协定,要求交易只在协定签订人之间进行,并规定了具体的交易条款和 0.25% 的最低佣金。这就是著名的"梧桐树协定"(Buttonwood Agreement),也是当今世界上最大的证券交易所——纽约证券交易所的由来。目前世界上有 60 多个国家和地区设有证券交易所。

1990 年 11 月 26 日,我国上海证券交易所由中国人民银行总行批准成立,同年 12 月 19 日正式开业。深圳证券交易所于 1989 年 11 月 15 日筹建,1990 年12 月 1 日开始集中交易(试营业),1991 年 4 月 11 日由中国人民银行总行批准成立,并于同年 7 月 3 日正式成立。根据我国《证券交易所管理办法》中的规定,证券交易所是指依法设立的、不以营利为目的,为证券的集中和有组织的交易提供场所、设施,履行国家有关法律、法规、规章、政策规定的职责,实行自律性管理的会员制事业法人。由此可见,证券交易所本身并不买卖证券,也不决定证券价格,而是为证券交易提供场所、设施、管理和服务。因此,证券交易所具备如下一些特征:

(1)有固定的交易场所和严格的交易时间;

(2)参加交易者为具备一定资格的会员证券公司,交易采取委托经纪制,即一般投资者不能直接进入交易所买卖证券,只能委托会员证券公司作为经纪人间接进行交易;

(3)交易的对象限于合乎一定标准的上市证券;

(4)通过公开竞价的方式决定交易价格;

(5)集中了证券的供求双方,具有较高的成交速度和成交率;

(6)对证券交易实行严格规范化管理。

(二)证券交易所的组织形式

证券交易所主要有两种组织形式:公司制证券交易所和会员制证券交易所。其主要区别在于:公司制证券交易所以盈利为目的,且属于企业性质;而会员制证券交易所不以营利为目的,且不属于企业性质。

1.公司制证券交易所

公司制证券交易所是以股份有限公司形式设立的、以盈利为目的的法人组

---

[1]　曹凤歧、刘力、姚长辉. 证券投资学. 北京大学出版社,2003

织。一般来说,公司制证券交易所的出资人多为银行、证券公司、信托投资机构以及各类民营公司,其收入主要来源于收取发行人的上市费和证券成交的佣金。

公司制证券交易所遵循公司法,设有股东大会、董事会、监事会和各职能部门。公司章程中明确规定股东名额、资格和公司存续期限等内容。同时,任何成员公司的股东、高级职员、雇员都不能担任证券交易所的高级职员。目前,英国的伦敦证券交易所、瑞士的日内瓦证券交易所,以及我国香港特区的联合证券交易所、台湾证券交易所都实行公司制。美国的纽约证券交易所原为会员制,1971年改组为股份有限公司。

公司制证券交易所的优点在于:首先,它对在交易范围内的证券负有担保责任,即设立赔偿基金,赔偿投资者因为证交所成员违约而遭受的损失。这样有助于获得公众的信任,促进证券交易的发展。其次,证券交易所本身不参与证券买卖,在交易中处于中立地位,从而保证了证券交易的公正公平,使证券交易顺利进行。第三,受盈利目的的驱使,更注重提供完备的交易设备和优质的服务,为证券交易提供了良好的环境。

公司制证券交易所也有不足之处。首先,随着交易所成员数量的不断增加,会增加管理的困难。其次,交易所的收入来源于交易佣金,因此证券交易量的大小决定了交易所收入的多少。这样容易导致人为夸大证券交易量,助长过度投机行为。再次,由于上市费和交易手续费相对较高,会使部分大额交易转到场外进行以节省成本。最后,公司制证券交易所本质上还是营利性法人主体,也存在因经营不善而破产倒闭的可能。一旦经营失败,将会给整个社会带来无可挽回的冲击和破坏。

2.会员制证券交易所

会员制证券交易所是若干证券公司及企业自愿组成,不以盈利为目的,实行自律型管理的会员制事业法人,其法律地位相当于一般的社会团体。其会员一般由证券公司、投资银行等证券商组成。只有会员和享有特许权的经纪人才能进入交易所内直接参与交易活动,非会员机构或个人要参与买卖上市的证券,必须委托交易所的会员进行。会员分为法人会员和自然人会员。法人会员主要是经注册的证券公司、投资银行、信托投资机构等;自然人会员一般是证券经营机构的主要负责人或合伙人。为了维护交易所的信誉,要成为交易所的会员必须经过严格的筛选。

会员制证券交易所的最高权力机构是会员大会,制定交易所的基本方针。理事会为执行机构,负责审查会员资格,决定会员人数,起草交易所章程,召开会员大会等,一般由理事会聘请经理人员处理日常事务。目前,世界上大多数国家的证券交易所都实行会员制,包括我国上海、深圳两大证券交易所。

会员制证交所优点是：收取的各类费用较低，交易双方的经济压力都相对较小。这样，一方面能够防止不规范行为的发生，另一方面有利于交易的活跃。另外，证交所得到政府的支持，不存在破产风险。

它的不足在于：首先，因为无任何担保责任，投资者在交易中的合法利益往往得不到应有的保障，风险相对较大。尤其是在不成熟的证券市场，时有投资者甚至券商都会遭受诈骗，不得不诉诸法律，给市场带来不稳定因素。其次，证交所的会员既是管理者同时又是交易的参加者，不利于市场的规范管理，有悖于投资的公平原则。

二、场外交易市场

场外交易，指在证券交易所市场外进行的证券交易，又称"店头交易"或"柜台交易"，即证券投资者通过证券商的柜台，或通过面谈、电话、电报、电传、电脑等方式直接进行的证券交易。场外交易市场是相对于证券交易所市场（也即场内交易市场）而言的，是证券市场的一种特殊的形式，也是重要的组成部分。在场外交易市场上交易的证券，即包括上市证券也包括非上市证券。

（一）场外交易市场的特征

1. 非集中性

场外交易市场是一个非集中的证券流通市场，分布各地、规模不等，大多是各自独立的证券公司分别进行的交易，主要依靠电话和计算机网络为媒介。

2. 灵活性

场外交易市场是一个具有灵活性的市场，对挂牌交易的证券限制条件相对较少，对投资者的资格也没有过多规定，投资者可以采用自营的方式直接进行证券交易，而不像证券交易所必须委托会员才能进行交易。另外，场外交易市场对证券交易额也没有数量起点和单位限制。

3. 广泛性

在场外交易市场上交易的证券种类很多，既有上市证券，也有非上市证券；既有普通股、优先股，也有各类债券、认股权证、开放型基金的受益凭证等。

4. 协商性

场外交易市场上的证券买卖，不是采用竞价方式确定的，而是"一对一"的交易方式，由证券公司同时挂出同种证券的买进价和卖出价，并根据投资人是否接受加以调整。因此，场外交易市场中证券的成交价格，是由买方与卖方协商形成的。

5. 自营性

在场外市场上，自营商可以直接与顾客进行证券交易。证券商利用自己账户里的证券存货,与顾客进行买卖,赚取证券买卖的差价收益,而不像在交易所中那样,通过接受委托、收取佣金获得收益。

(二)场外交易市场的类型

根据不同的特点和功能,场外交易市场可以分为柜台交易市场(OTC①)、第三市场和第四市场。

1. 柜台交易市场

柜台交易市场(OTC)又称店头交易市场,是指在证券公司开设的柜台上进行证券交易的市场。柜台市场交易形式简便,限制较少,便于双方直接买卖,快速成交;各种交易品种明码标价,便于买卖双方就交易价格进行协商。通过柜台市场可以二次分销巨额证券,缓冲巨额证券销售对市场的压力。正是由于这些优势,柜台市场对很多证券具有吸引力。

柜台交易市场上,每个证券商大都同时具有经纪人和自营商的双重身份,随时与买卖证券的投资者通过直接接触或以电话、计算机网络等方式迅速达成交易。还有一些证券商充当着"做市商"的角色,即先垫付资金买入若干证券,然后挂牌对外交易,通过低价买进高价卖出,从中赚取差价并承担交易风险。

随着计算机和互联网的普及和应用,柜台交易的交易方式、交易设施和交易程序不断完善和发展,网上交易已成为现实。

2. 第三市场

第三市场(Third Market)是指已经在证券交易所上市交易的证券却在证券交易所以外进行交易而形成的市场,即上市证券的场外交易市场。

第三市场最早出现于 20 世纪 60 年代的美国证券市场。第三市场出现的原因主要是美国纽约证券交易所规定,凡交易所会员都要对每一笔交易支付佣金,通过交易所会员来买卖证券,即使交易不在交易所进行,也要承担佣金。这样一来,对于单个大笔交易来说,佣金的负担就非常沉重。为了降低交易成本,买卖大宗上市证券的机构就委托非会员证券商在证券交易所以外进行交易,从而形成了独立的"第三市场",不受监管机构的管制。1975 年之后,纽约证券交易所取消了固定手续费制度,受到浮动手续费的影响,第三市场上的交易量有所萎缩。但到了 20 世纪 90 年代,第三市场的交易量又开始攀升,且交易对象主要是纽约证券交易所的股票。目前,第三市场上交易的股票占到纽约证券交易所股票交易总量的 13% 左右,第三市场成为了纽约证券交易所大宗交易的有力竞争者。

---

① OTC 是 Over The Counter 的缩写。

在上市公司的收购兼并中,第三市场扮演了很重要的角色。通常,在公开收购意向之前,收购方就会在第三市场上买入大量标的公司的股票,这样可以避免因大量收购股票而引起的二级市场上股价上扬的局面。当收购方达到预定收购数量后,才在市场上披露相关的收购信息,这样大大降低了收购业务的成本。

进入互联网时代后,第三市场也越来越依赖计算机和互联网技术。许多执行网上交易的证券公司也开始使用第三市场做市商交易纽约证券交易所的股票。美国著名的网上交易公司亿创理财(E* Trade)就把所有关于纽约证券交易所的订单全部送到第三市场交易①。

3.第四市场

第四市场(Fourth Market)是为方便机构投资者之间的相互交易便利而设立的。其实质是通过计算机网络直接进行大宗证券交易的场外交易市场。第四市场与第三市场的不同之处在于,第四市场中不存在做市商,买卖双方(通常都是机构投资者)可以直接进行谈判和交易,不需要付任何手续费。有的时候,经纪商也会作为中介人,设法拉拢买卖双方。但经纪商的主要工作只是向客户通报买方和卖方的意愿,并不直接参与到交易的过程。经纪商不需要向政府有关部门注册,不公开其交易情况,佣金也相对降低。在第四市场进行交易的一般都是大企业和大公司。在第四市场交易,避开证券交易所,可以使交易情况保密,通过谈判获得双方都满意的价格,一举多得。我国定向募集公司法人股的转让,就交易方式而言,与第四市场有相似之处。

(三)世界主要 OTC 市场介绍

在上世纪 80 年代以前,由于没有证券交易所,我国的股票交易都是在场外交易市场上完成的。自上海、深圳两家证券交易所成立以后,股票交易才开始集中在交易所市场上进行。由于我国的股票市场发展还不够成熟,开放场外交易可能会滋生违法行为,潜伏着极大的金融风险,不利于维护正常的金融秩序和保护投资者的合法利益。因此,我国《股票发行与交易管理暂行条例》第 29 条明确规定:"股票交易必须在经证监会批准可以进行股票交易的证券交易场所进行。"

2008 年 3 月,全国性非上市公众公司股权交易市场在天津滨海新区设立。在该市场上交易的证券包括不符合证券交易所上市标准的股票,以及符合交易所上市标准、但没有在交易所挂牌的股票和债券等。该市场是首个在我国法律规范下的场外交易市场,对于我国形成完整的多层次的资本市场有着重要的意义。

---

① 林建. 美国证券市场风云实录:大交易场. 机械工业出版社,2008

三、二板市场

(一)二板市场的概念、特点和功能

二板市场又称创业板市场,是相对于主板市场而言的。二板市场并不是独立于证券交易所或场外市场的另一市场组织形态,而是专门为处于创业期、但不够交易所上市条件的中小高新技术企业提供发行上市与交易的场所。从组织方式来看,二板市场既可以隶属于证券交易所,利用证券交易所的资源和设施,实行完全不同于主板市场的交易规则和交易方式,也可以完全独立于证券交易所,在场外交易市场进行交易。

二板市场在不同的国家有不同的称呼,比如自动报价系统、小盘股市场、小型公司市场和高新技术交易板等。虽然称呼不同,但反映的内涵都是一致的,都是为中小型具有成长性的企业提供的融资场所。

(二)国外二板市场介绍

从全球范围看,美国是二板市场发展较为成熟的国家,其著名的二板市场纳斯达克(NASDAQ)为世界瞩目。虽然欧洲和亚洲也都开设了二板市场,但无论从规模或是运作模式上都与 NASDAQ 市场相去甚远。

美国 NASDAQ 市场建立于 1971 年,全称为"全国证券交易商协会自动报价系统",是美国高科技企业的摇篮。NASDAQ 在市场标准、上市费用、交易制度和市场服务等方面都有别于纽约证券交易所,从而体现出其培育高科技产业的功能。美国绝大多数高科技上市公司是在 NASDAQ 上市。据估算,从 1990 到 1997 年间,NASDAQ 市场为美国高科技产业注入了近 750 亿美元,是美国私人创业资本总资本的两倍多。微软、苹果、英特尔、戴尔、斯科、亚马逊等高科技企业借助于 NASDAQ 市场这块沃土而成长为世界著名的大公司,同时也使 NASDAQ 成为美国重要的股票市场。美国上市公司中软件行业的 93.6%、半导体行业的 84.8%、计算机及外围设备行业的 84.5%、通信服务业的 82.6%、通信设备业的 1.7% 都是在 NASDAQ 上市的。

1995 年起,欧洲相继建立了多个服务于新生小企业的股票市场。例如法国的新型市场 Nouveau Marche,是巴黎交易所的独立的全资子公司,在该市场上市标准非常灵活,该市场 1996 年 3 月正式开市,至年底,在该市场上市交易的公司达 18 家。1996 年 EASDAQ(欧洲债券交易自动报价协会)开始正式交易。该市场设立在布鲁塞尔,可以说是美国 NASDAQ 的欧洲版本,许多方面都是参照美国的规则。它是覆盖欧洲大陆的第一个专门为高成长性小型企业而设立的独立的股票市场。

亚洲的二板市场与欧美国家相比,有很大不同。亚洲国家的二板市场多为非独立的附属市场,和主办市场拥有共同的组织管理系统和交易系统,甚至采用相同的监管标准。不同的是上市标准比主板市场更低。日本、马来西亚、新加坡、泰国等都设有二板市场。

(三)我国创业板市场

我国设立创业板市场的设想早在 1998 年就已提出。2000 年 4 月,当时刚出任证监会主席不久的周小川表示对设立二板市场已做好了充分准备,证监会向国务院报送了《关于支持高新技术企业发展设立二板市场有关问题的请示》。同年 9 月,深交所停止在主板市场发行新股,全面进入创业板市场的筹建。然而不久美国科技股泡沫的破裂,导致纳斯达克指数大幅下跌,连带了香港等其他地区的创业板市场股指的下跌,我国的创业板计划因而被搁置。

虽然创业板推出受挫,但各方从没停止对创业板计划的热情。2005 年以来,随着股权分置改革的进行,A 股市场进入了一个崭新的时期,资本市场的进一步深化发展客观上需要创业板市场的推出,2008 年 3 月 22 日证监会正式发布《首次公开发行股票并在创业板上市管理办法》,就创业板规则和创业板发行管理办法向社会公开征求意见。2009 年 3 月 31 日,证监会发布《首次公开发行股票并在创业板上市管理暂行办法》,筹备十余年之久的创业板于 5 月 1 日起正式开启,证监会副主席姚刚表示,创业板最早将在 2009 年 8 月正式开始交易。值此,创业板的建立走过了 11 年的风雨历程(见图 5-1)。

《首次公开发行股票并在创业板上市管理暂行办法》规定的创业板上市的企业的部分条件:

(1)发行人是依法设立且持续经营 3 年以上的股份有限公司。有限责任公司按原账面净资产值折股整体变更为股份有限公司的,持续经营时间可以从有限责任公司成立之日起计算。

(2)最近两年连续盈利,最近两年净利润累计不少于 1000 万元,且持续增长;或者最近一年盈利,且净利润不少于 500 万元,最近一年营业收入不少于 5000 万元,最近两年营业收入增长率均不低于 30%。净利润以扣除非经常性损益前后孰低者为计算依据。

(3)最近一期末净资产不少于 2000 万元,且不存在未弥补亏损。

(4)发行后股本总额不少于 3000 万元。

四、证券商

证券商是指从事证券经营的企业法人机构。证券商根据其从事的业务类型,大致可分为证券承销商、证券经纪商、证券自营商。其中,证券承销商在发行

> 1999年1月 深交所向中国证监会正式呈送《深圳证券交易所关于进行成长板市场的方案研究的立项报告》，并附送实施方案。3月，中国证监会第一次明确提出"可以考虑在沪深证券交易所内设立科技企业板块"。

> 2003年10月 党的十六届二中全会通过《中共中央关于完善社会主义市场经济体制若干问题的决定》指出，推进风险投资和创业板市场建设。

> 2004年1月31日 国务院发布《关于推进资本市场改革开放和稳定发展的若干意见》指出：分步推进创业板市场建设，完善风险投资机制，拓展中小企业融资渠道。

> 2008年3月17日 证监会主席尚福林表示，2008将加快推出创业板，争取在今年上半年推出创业板。

> 2008年3月22日 证监会正式发布《首次公开发行股票并在创业板上市管理办法》，就创业板规则和创业板发行管理办法向社会公开征求意见。

> 2009年3月31日 证监会发布《首次公开发行股票并在创业板上市管理暂行办法》，办法自5月1日起实施。这意味着筹备十余年之久的创业板于5月1日起正式开启。

图 5-1 创业板推出历程

市场上开展业务，而证券经纪商和自营商则活跃在流通市场上。

证券承销商是在证券发行市场中从事证券包销、助销或推销业务的中介机构。

证券经纪商专门进行代客买卖证券，为交易双方充当媒介并从中收取佣金。在交易中，他们不承担由于证券价格波动而产生的市场风险。

证券自营商与证券经纪商不同之处在于，他们不接受公众委托，而是自行买卖证券，通过证券价格的波动，获得差价利润，因此需要独立承担风险。

在我国，证券商可以同时扮演以上三种角色。

第二节 证券交易程序

证券交易程序,是指在证券交易市场买进或者卖出证券的具体步骤。由于证券交易有场内与场外之分,它们的交易程序并不完全相同。本节主要介绍场内交易程序,即在证券交易所条件下的证券交易。投资证券交易所中上市的股票,必须遵循严格的步骤,主要包括开户、委托、竞价成交、清算与交割、过户五个步骤。

一、开户

我国的证券交易所实行会员制,因此投资者要买卖股票,必须通过委托证券交易所的会员进行,即要选择一家信用可靠、服务质量高的证券公司作为经纪人。选定证券公司后,则需办理开户手续,开设证券交易账户。证券交易账户分为证券账户和资金账户。

(一)证券账户

证券账户是存储、管理投资者所持证券的特别账户,无论是买方还是卖方,其买卖的证券都存在此账户上。该账户准确记录投资者所持有的证券种类、名称、数量以及相应的变动情况。对于股票账户来说,它还是确认股东身份的重要凭证,具有证明股东身份的法律效力。

证券账户按照开户人性质可以分为个人账户和法人账户两种。个人账户是自然人申请开立的证券账户,开立时需要提交本人的有效身份证件。法人账户是企业或非企业单位或组织申请开立的证券账户,开立时需要提交有效的法人身份证明及加盖发证机关确认章的复印件、经办人的有效身份证及复印件、法人代表的有效身份证及复印件、法人代表证明书和委托授权书。对于同一类别的证券账户,一个自然人或法人,只能开立一个。

按照交易对象,证券账户还可以分为 A 股股票账户、B 股股票账户、基金账户、股份转让账户和其他账户。一般证券账户可以同时进行 A 股、基金和债券的现货交易,进行 B 股交易和债券回购交易需要另外开立账户。买卖上海或深圳证券交易所上市的证券,也要分别开立上海和深圳证券账户。

(二)资金账户

资金账户是证券公司为投资者设立的资金专用账户,用于存放投资人买入股票所需要的资金和卖出股票取得的价款,同时记录证券交易的币种、余额和变动情况。资金账户一般由证券公司管理,投资者可以查询和打印资金变动情况。由于我国现在还不能进行融资融券,必须全部以现款或现券进行交易,因此我国的资金账户都为现金账户。除现金账户外,资金账户还有保证金账户、联合账户、授权账户、信托账户等类型。

二、委托

委托是投资者决定买卖证券时,通过委托单、电话、互联网客户端软件等形式向证券公司发出买卖指令的过程。投资者在进行证券交易委托前,必须与证券公司签订委托协议。委托协议是一种格式合同,由中国证券业协会规定,主要包括《风险提示书》、《证券交易委托代理协议》、《授权委托书》、《网上委托协议书》等。

(一)委托方式

委托方式是投资者向证券公司发出指令的方式。根据证券公司提供的设备条件,投资者可以选择以下方式进行委托:

柜台委托。该种方式是指投资者到证券公司营业部的柜台填写委托单,由营业部工作人员输入电脑进行买卖。由于该方式效率较低,目前已较少使用。

电话委托。一般券商都有委托交易的专用电话,投资者通过拨打专用电话,按照电话自动语音系统的提示,用按键完成委托指令。由于该方式不受时间和地点的限制,适用性较高,因此在实践使用很广泛。

网上委托。随着互联网应用的普及,大部分券商都开通了网上交易。投资者可以通过客户端软件登陆账户进行委托。网上委托方便快捷,受到广大投资者的欢迎。但网上委托的安全隐患和操作风险都比较大。例如,账户被非法入侵,发生盗买、盗卖事件;交易用计算机和网络要时刻提防病毒的侵害;网络不稳定造成委托指令无法及时被传达,失去最佳交易时机;输入价格和数量发生错误,造成损失等。

除以上几种主要的委托方式以外,还有利用其他媒介进行的委托方式,例如:磁卡委托、传真委托、函电委托等。

(二)委托内容

投资者下达的委托指令,必须完整、准确、清楚地表达其委托意向,这样才能使交易顺利完成。具体来说,投资者应该准确地输入以下内容:账户号码、买入或卖出的证券名称或代码、委托的有效期限、委托数量、委托价格等。

账户号码应与所要交易股票的上市地点相对应。由于上海和深圳证券交易所分别有不同的证券账户号码,因此交易的股票在哪家交易所上市,就应输入该家交易所的账户号码。

一般来说,上市证券的名称有三种表达方式,全称、简称和代码。代码通常为六位数。在进行委托时,应准确填写证券代码。

委托的有效期限是委托指令的最后生效期限。投资者如果不在委托单上注明委托指令的有效期,证券公司均按当日有效办理。投资者下达委托指令后,如果没有成交并想取消委托指令时,可以进行撤单委托。如不想撤单,所持委托第二天自动作废。

委托数量是买卖证券的数量。在买入证券时,委托数量必须是一个交易单位或一个交易单位的整数倍。一个交易单位称为"1 手"。股票以 100 股为 1 手,基金以 100 份基金单位为 1 手,债券以 1000 元面额为 1 手,债券回购以 1000 元标准券或综合券为 1 手。因此,委托买入数量至少为 1 手。在卖出证券时,投资者可按照实际需要,进行小于 1 手的委托。

委托价格分为市价委托和限价委托。市价委托是投资者要求证券经纪人按照市场价格买入或卖出证券的委托。市价委托没有价格上的限制,因此成交迅速且成交率高。但投资者只能在成交之后才知道实际成交价格,若适逢证券价格波动剧烈,成交价格往往不尽如人意。限价委托与市价委托相反,需要投资者自行输入目标成交价,证券经纪人必须按照投资者输入的价格或者更有利的价格水平进行交易。限价委托预期性强,符合投资者意愿,但如果投资者限定的价格与市场价格差距太大,则会导致无法成交,错失良机。另外,输入的委托价格应精确到最小变动单位。目前,我国 A 股和债券现货申报价格的最小变动单位为 0.01 元人民币;基金申报价格的最小变动单位为 0.001 元人民币。

三、竞价成交

竞价成交环节集中体现了证券市场的市场属性,通过竞价,形成了公平的市场价格,也形成了有条的市场秩序。

(一)竞价原则

合理的竞价原则有利于维护证券市场的公开、公平、公正和高效。证券市场竞价原则主要体现在几个"优先性"上。

首先是价格优先,即价格最高的买方报价和价格最低的卖方报价优先于其他一切报价而成交;其次是时间优先,即在买卖双方价格相同时,按报价时间的先后顺序依次成交;第三是数量优先,即申报买卖数量大的委托单比数量小的委托单优先成交;第四是客户优先,即客户的申报比证券商自营买卖申报优先成交;第五是市价优先,即市价委托比限价委托优先成交。

通常,各个交易所都遵循价格优先与时间优先的原则,其他原则根据不同交易所的规定有所差异。

(二)竞价方式

目前,我国上海和深圳证券交易所采用的竞价方式有两种,即集合竞价和连续竞价。

1.集合竞价

集合竞价用来确定每个交易日的开盘价。在每日正式开盘以前,投资者可以根据前一天的收盘价与当天对股票价格的预测来输入股票价格,在这段时间里输入的所有价格都是平等的,不按照时间优先和价格优先的原则,而是按照最大成交量的原则来确定每只证券的价格,这个价格就是集合竞价的价位,这个过程就是集合竞价。

集合竞价确定开盘价的过程如下。首先,电脑撮合系统对所有有效的买卖申报价格进行排序。买入申报价格按照由高到低的顺序排列,卖出申报价格按照由低到高排列。无论买入还是卖出,只要限价相同,排列时都按照进入系统的时间先后顺序排列。其次,确定开盘参考价。开盘参考价必须同时满足三个条件:(1)以参考价成交,可以得到最大成交量。(2)高于参考价的买入申报和低于参考价的卖出申报必须全部成交。(3)与参考价相同价位的申报,其中买入申报和卖出申报必须有一方能全部成交。最后,如果根据这三个条件确定的参考价只有一个,则该价格为开盘价;如果产生了多个,则沪市选取这多个参考价的中间价为开盘价格,深市选取离收盘价最近的价格为开盘价格。低于开盘价的买入申报和高于开盘价的卖出申报不能成交,可继续进入连续竞价阶段。

集合竞价中需要注意以下几点:首先,所有在集合竞价成交的委托,无论委托价格高低,其成交价格均为开盘价。第二,如果在集合竞价过程中未能找到同时满足上述三个条件的参考价,则开盘价在其后进行的连续竞价中产生。连续竞价的第一笔成交价格为开盘价。如果一只证券由于某些原因停牌一小时,则其开盘后直接进入连续竞价。第三,配股、债券以及新股申购都没有集合竞价,只在正常交易时间进行连续竞价。

2.连续竞价

交易所的电脑撮合系统经过集合竞价处理后,即进入连续竞价阶段。在连续竞价过程中,对于新进入系统的买入申报,若能成交,则与卖出申报队列顺序成交,若不能成交,则进入买入申报队列等待成交。同样,对于新进入系统的卖出申报,若能成交,则与买入申报队列顺序成交,若不能成交,则进入卖出申报队列等待成交。这样循环往复,直到收市。

由于连续竞价遵循"价格优先和时间优先"的原则,投资者若要买入某种证券,在竞价时一般应选择略高于当时最高的卖出申报价;若要卖出某种证券,则应选择略低于当时最低买入价的价位,这样可以确保买入或卖出的立即实现。

四、清算交割

(一)清算交割的含义

清算交割是指一笔证券交易成交后,买卖双方结清价款和交割证券的过程。清算交割实际上包含两种情况:其一为证券商之间的清算交割。证券商之间清算交割涉及的证券种类多,证券和资金的数量大,交易对象相互交叉,手续比较复杂,一般在交易所的主持下进行。交易所通常专门设立清算部门,以内部划账、转账等方式交割证券净余额或价款。其二为投资者与证券商之间的清算交割,即买者支付现金而获得股票,卖者交付股票而取得现金。由于投资者已在证券商处开设证券账户与资金账户,故这种清算交割不必由当事人出面进行实物交割,而是由电脑自动完成。

(二)交割日期

根据交割日期的不同,有不同的交割制度。目前各国实行的交割制度主要有四种:当日交割、次日交割、例行交割与选择交割。

当日交割,又称 T+0 交割,即买卖双方在成交当天完成付款交券手续,这种方式可以使买卖双方较快地得到现金或证券。因此,在该交割制度下,投资者买入证券后,可以马上卖出;卖出证券后,可以马上买入。目前,我国的认股权证实行 T+0 的交割制度。

次日交割,又称 T+1 交割,即在成交后的下一个交易日才能办理成交的交割手续。我国实行 T+1 交割制度。投资者账户上的资金余额和证券余额均为可用数,不包括因委托买入而冻结的现金余额、因委托卖出而冻结的证券数额和当日买入成交的证券数额。值得注意的是,证券卖出成交后的资金会及时存入资金账户中,这部分资金当日可以使用。也就是说,当日买进的证券当日不能卖出;而当日卖出证券后的资金在当日到账,可用于当日继续买入。

例行交割,即按照交易所的规定或惯例进行交割。各交易所对例行交割的日期有不同的规定。例如纽约证券交易所规定例行交割在成交后的第五个交易日的中午 12 点以前进行;日本规定例行交割是在成交后的第四个交易日进行。

选择交割,即买卖双方自主选择交割日期,通常在场外交易中使用。

五、过户

过户是投资者买卖证券后办理变更所有者名称的一种手续。过户是针对记名证券而言的,记名证券是指证券券面记载特定权利人姓名或名称的证券。记名证券的转让通过背书进行。过户就是证券背书转让的过程。过户手续后,卖方放弃了其对证券的所有权,而买方确认了其对证券的所有权。

由于证券来流通过程中,当涉及分派股息红利及其他权益事项时,都以股东名册或债权人名册为准,因此,证券买卖成交后,及时办理过户手续,就非常重要。在实施无纸化交易前,买入证券的投资者要到证券发行公司或其指定的代理金融机构去办理变更股东或债权人名册登记的手续。现在,我国的证券交易所都通过计算机系统进行无纸化交易,投资者也无须自己办理过户手续,在每次交易完成后,电脑都会自动完成过户,明确相应的法律关系。在进行分红派息时,证券交易所的电脑能打印出股东或债权人名册提供给发行公司作为收益证明。过户手续完成后,一个完整的交易过程也就结束了。

六、证券交易费用

投资者在进行证券买卖时,要支付各种费用并缴税,主要包括委托手续费、佣金、过户费、印花税等。对于做短线交易的投资者来说,证券交易费用是一笔不能忽略的成本,券商往往通过调整手续费和佣金来争取客户,政府部门也经常通过调整印花税来调控证券市场的热度。

(一)委托手续费

委托手续费委托买卖股票时需要预交的手续费,若委托指令当日没有成交,则在收市后全额退回。委托手续费一般按照委托买卖的笔数计算,例如每笔交易收 5 元人民币。对于大户投资者,多数券商不收此项费用。由于券商的竞争日益激烈,对于中小投资往往也免去此项费用。

(二)佣金

佣金是券商向投资者收取的另一项费用。佣金和委托手续费常常容易混淆,它们的区别在于:委托手续费是按照交易笔数计算的,而佣金是按照成交金额的比例计算的。

根据 2002 年中国证监会、国家计划与发展委员会、国家税务总局联合发布的《关于调整证券交易佣金收取标准的通知》,A 股、B 股、证券投资基金的交易佣金实行最高上限向下浮动制度,证券公司向客户收取的佣金(包括代收的证券交易监管费和证券交易所手续费等)不得高于证券交易金额的 3‰,也不得低于代收的证券交易监管费和证券交易所手续费等。具体比例由各券商自行掌握。债券(国债、企业债券、可转换公司债券等)的佣金收费比例为不超过成交金额的 1‰,沪市最低收费不得低于 5 元,深市没有最低规定。

(三)过户费

过户费是证券委托买卖成交后,买卖双方为变更权属登记所支付的费用。这笔费用为证券登记清算机构收取,由券商在同投资者清算交割时代收代扣。

过户费的收费标准是按成交证券总额的 1‰收取,其中 0.5‰由券商所得,另外 0.5‰由券商交由证券登记公司所得。个人账户起点为 1 元,法人账户起点为 10 元。

(四)印花税

印花税是国家税法规定的一个税种。在中华人民共和国境内由《中华人民共和国印花税暂行条例》所列举凭证的单位和个人,都是印花税的纳税义务人,应当按照规定缴纳印花税。

证券交易的印花税由券商在同投资者交割的过程中代为扣收,然后同证券证券交易所或所属中央结算公司进行结算,之后由结算公司统一向国家税务机关缴纳。

1990 年 6 月 28 日深交所首次开征印花税,税率为对卖方征收 6‰。1990年 11 月 23 日深交所对股票买方也开征 6‰的印花税。从此开始征收双边印花税。1991 年 10 月深交所将印花税率调整为 3‰,上交所也开始征收 3‰的双边印花税。之后,沪深证券交易所先后多次调整印花税税率,对证券市场产生了一定的正面和负面影响。

第三节　股票价格指数

一、股票价格指数概述

股票价格指数即股价指数,是由证券交易所或金融服务机构编制的表明股票行情变动的一种供参考的数字,通常通过选取股票市场上具有代表性的公司发行的股票价格进行平均计算和动态对比后得出。由于股票价格波动起伏,瞬息万变,通过观察一种或几种股票的价格变化,投资者很难掌握整个市场的变化形势。因此,这就需要开发一个指标用来衡量股市的涨落,观察股市的变化。股票价格指数就是基于这样的目的而产生。

股票价格指数一般是由金融服务机构利用自己的业务知识和市场数据编制并公布。由于股价指数是一个综合指标,包含了成千上万只股票价格波动的信息,因此,股价指数的波动,无论对投资者来说还是政府部门来说,都具有重要的参考意义。

首先,股票价格指数是投资人研判股市走势的工具。将指数变动情况以日K线图的方式加以表示,就能反映出市场中买卖力量的对比和股价的变动趋势。对股价指数运用一系列统计方法进行计算得出的技术指标,也是投资人进行投资时机选择的参考指标。投资人根据股价指数在一段时期内的变动状况可以推算出未来一段时期股价指数的运行方向、空间和时间跨度,从而决定自己的操作策略。此外,股价指数还可以是金融衍生工具的标的物,例如我国将要推出的股指期货。

其次,政府宏观经济管理部门对股市的调控也离不开股价指数。为了使股市真正成为宏观经济的晴雨表,为了使股市真正起到推进企业改革,筹集建设资金的作用,管理层也有意图使股价指数在一个较为适当的区间内运动。根据股价指数的不同水平采取不同的调控措施,以保持股市的稳定发展。

最后,在利用股价指数来研判大势的时候,应注意到股价指数与个股价格的关系。从一般的意义上看,是个股价格的总和决定着股价指数,即股价涨反映指数涨。但是因为一些发行量极大的股票,在加权计算过程中对指数影响很大,可如果该股流通部分又相对较小,那么,由这类股票的价格变动带来的指数变动,就不一定反映整个市场价格变动的实际情况。

二、股票价格指数的计算方法

股票价格指数是现期若干种代表性股票价格的平均数与基期相比变化的百分数。由于上市股票种类繁多,计算股票价格指数是一项艰巨而复杂的工作。为使股价指数科学合理,准确地反映市场变化,计算股价指数时应考虑以下四点:(1)样本股票必须具有典型性,为此,选择样本时应综合考虑其发行量、行业分布、市场影响力等因素。(2)计算方法应具有高度的适应性,能对不断变化的股市行情做出相应的调整或修正,使股价指数或平均数有较好的敏感性。(3)要有科学的计算依据和手段。计算依据的口径必须统一,一般以收盘价为依据;计算的频率应固定,可利用每小时价格或更短的时间间隔计算。(4)基期应有较好的均衡性和代表性。

具体来说,股票价格指数的形成,主要由以下四个步骤完成:

(1)选出列入指数计算过程的成分股。成分股的选定主要依据股票的市值、活跃程度、行业代表性等。一般入选的成分股流通市值应在交易所上市交易股票品种中举足轻重,这类股票是市场价格总水平的平衡力量。同时,入选股票还应是与市场总的价格波动相关度较高的,这类股票的价格变动能够反映出市场股价总水平的变动程度和方向。另外,就是入选的股票还应考虑到行业的代表性。有时,也将不同行业分别编制指数。当然,也有的交易所将全部上市股票作为指数计算的成分股,也就不存在选择样本股的问题。

(2)计算基期股票价格的平均数。确定某一时点为编制指数的基期。采用一种方法计算这一天的成分股平均股价,如简单算术平均法就是以该日成分股收盘价之和除以成分股股数;而加权平均法,则还要以成分股的发行量、流通量或成交量为权数。将计算出的结果作为编制股价指数的基期数据。如果以全部上市公司的股票为采样股,也可以不采取平均股价的方法,直接以总市值进行计算。

(3)指数化。以基期统计数据为分母,以现期统计数据为分子,再乘一个固定乘数,就完成了指数化过程。这个固定乘数一般是 50、100、1000 等,表示基期为 50、100、1000 的情况下,现在是多少。计算结果就是股票价格指数,其单位称为"点"。股价指数的"点"不是百分点,也不是货币单位,而是统计单位。

下面,就分别介绍三种计算股价平均数的方法:简单算术平均法、修正的简单算术平均法和加权平均法。

(一)简单算术平均法

简单算术平均法是将所有成分股的价格总和(通常为收盘价)除以成分股的数量,计算公式如下:

$$\overline{P} = \frac{\sum_{i=1}^{n} P_i}{n} = \frac{成分股每股价格之和}{成分股种类数量} \tag{5-1}$$

式中,$\overline{P}$ 代表成分股票的简单算术平均价格;P_i 为每一成分股的价格;n 为成分股票的种类总数。利用该公式,分别代入现期和基期的成分股价格,计算出 $\overline{P_{基期}}$ 和 $\overline{P_{现期}}$,最后利用下面公式得出股票价格指数:

$$股票价格指数 = (\overline{P_{现期}} / \overline{P_{基期}}) \times 100 \tag{5-2}$$

现假设从股票市场上选出 A、B、C、D 四种股票作为成分股,其基期价格与现期价格见表 5-1,计算出的基期与现期的简单价格平均数分别为 7.25 和 8。

表 5-1　四种股票简单股价平均数计算例子

	基期价格(元)	现期价格(元)
A	3	4
B	5	6
C	9	7
D	12	15
$\overline{P}=(A+B+C+D)/4$	7.25	8

则股票价格指数为：(8/7.25)×100＝110.34

简单的算术平均法计算简便，但是它有两个缺点：一方面，它没有考虑各种成分股的权数，从而不能区分重要性不同的成分股对股价平均数的影响；另一方面，当成分股票发生股票分割、派发红利等情况，使除权后的股价发生明显的变化时，股票平均数也会产生断层而失去连续性，使股价指数不具备可比性。例如，上述 D 股票发生股票分割，1 股分割成 3 股时，股价将会从 15 元跌到 5 元，这时现期价格的平均数就不是 8 元，而是(4＋6＋7＋5)/4＝5.5(元)。股票价格指数也不是 110.34，而是(5.5/7.25)×100＝75.86。由此可见，D 股票价格的变化是出于技术上的修正，而不是市价出现的实质性变化，而利用简单算术平均法计算出的价格指数却出现了明显的波动，这显然不符合股票指数作为反映股价变动指标的要求。道·琼斯股票价格指数在最初编制的时候采用的就是简单算术平均法。

(二)修正的简单算术平均法

修正的简单算术平均法的实质是在简单算术平均法的基础上，修正因股票分割、增资、发放红利等因素造成股票平均数的变化，以保持股票指数的连续性和可比性。具体来说，修正的方法有两种。一种方法是除数修正法，又称道氏修正法，这是美国道·琼斯股票价格指数的创始人查尔斯·道(Charles Dow)在1928 年创造的。该方法是对上述公式的分母，即成分股的种类数量做出修正，利用变化后的股票价格总和以及修正后的分母计算出股票价格指数。另一种方法是股价修正法，即修正上述公式的分子，将变动后的股价还原成变动前的股价，利用变动前的股票价格总和以及股票的种类数量计算股票价格指数。美国《纽约时报》编制的股票价格指数采用的就是这种方法。由于股价修正法比较容易理解和操作，下面将重点介绍第一种方法，即除数修正法。

除数修正法的具体做法是：利用变化后的股票价格总和除以变化前的股价平均数作为新的分母。接上例，D 股票 1 股分割成 3 股，价格变为 5 元，利用除数修正法，修正后的分母是(4＋6＋7＋5)/8＝2.75，变化后的股价总和是 4＋6＋7＋5＝22，因此修正后的股价平均数为 22/2.75＝8，与没有发生股票分割时计算出来的股价平均数相同，即股价平均数没有受到拆股的影响。现在道·琼斯股票价格指数采用的就是这种计算方法。

(三)加权平均法

在股票市场上，不同的股票对市场的影响程度也不同，加权平均法就是根据各种成分股的相对重要性进行加权平均，从而计算出的股价平均数可以更准确地反映股票市场的变动情况。根据不同的需要，进行加权平均的权数可以选择不同的指标,例如股票发行量、股票总市值或股票的交易额等。

加权平均法的计算公式为:

$$\bar{P} = \frac{\sum\limits_{i=1}^{n} W_i P_i}{\sum\limits_{i=1}^{n} W_i} \tag{5-3}$$

其中,$\bar{P}$ 为股价平均数,W_i 为第 i 种成分股的权重指标,P_i 为第 i 种成分股的价格。根据公式分别计算出基期与现期的股价平均数,然后相除,可以得出股价指数。仍接上例,各成分股的股价见表 5-2,并以发行数量为权数。

表 5-2　加权平均法股价指数计算例子

	发行数量(万股)	权数	基期价格(元)	现期价格(元)
A	10	10/100=0.1	3	4
B	20	20/100=0.2	5	6
C	30	30/100=0.3	9	7
D	40	40/100=0.4	12	15

则:基期的股价平均数 $\overline{P_{基期}}$ =3×0.1+5×0.2+9×0.3+12×0.4=8.8

现期的股价平均数 $P_{现期}$ =4×0.1+6×0.2+7×0.3+15×0.4=9.7

股价指数=(9.7/8.8)×100=110.23

加权平均法充分考虑了不同股票的重要性,因此计算出的股票指数更贴近市场的实际情况,著名的标准普尔指数就是采用加权平均法计算的。

三、几种重要股票价格指数

(一)道·琼斯股票价格指数

道·琼斯股票价格指数是世界上历史最为悠久的股票指数,它是在 1884 年由道·琼斯公司的创始人开始编制的。

道·琼斯股票价格指数共分四组:第一组是工业股票价格平均指数,它由 30 种有代表性的大公司的股票组成,且随经济发展而变大,大致可以反映美国整个工商业股票的价格水平;第二组是运输业股票价格平均指数,它包括 20 种有代表性的运输业公司的股票;第三组是公用事业股票价格平均指数,是由代表美国公用事业的 15 家煤气公司和电力公司的股票所组成;第四组是平均价格综合指数,它是综合前三组股票价格平均指数 65 种股票而得出的综合指数。但现在通常引用的是第一组——工业股票价格平均指数。

道·琼斯股票价格指数之所以成为目前世界上影响最大、最有权威性的股票价格指数,其原因可以概括为三方面:一是道·琼斯股票价格指数所选用的股票都具有代表性。这些股票的发行公司都是本行业具有重要影响力的公司,其股票行情为世界各国投资者所瞩目。为了保持这一特点,道·琼斯公司对其选用的成分股票经常予以调整,用具有活力的更有代表性的公司股票替代那些失去代表性的公司股票。自1928年以来,仅用于计算道·琼斯工业股票价格平均指数的30种工商业股票,就更换了30余次,几乎每两年就要有一个公司的股票被替换掉。二是公布道·琼斯股票价格指数的载体——《华尔街日报》是世界金融界最有影响力的报纸。该报每天详尽报道其成分股票平均指数、百分比变动率、每种成分股票的成交数额等。在纽约证券交易所的营业时间内,每隔半小时更新一次报道内容。三是道·琼斯股票价格指数自编制以来从未间断,可以用来比较不同时期的股票行情和经济发展情况,成为反映美国股市行情变化最敏感的股票价格指数之一,是观察市场动态和从事股票投资的重要参考。

虽然道·琼斯指数影响广泛,意义重大,但它包括的公司仅占美国全部上市公司的极少部分,而且未将近年来发展迅速的服务性行业和金融业的公司包括在内,因此它的代表性也受到了人们的质疑和批评。

(二)标准普尔股票价格指数

标准普尔股票指数是美国最大的证券研究机构标准普尔公司(Standard & Poor's)于1923年开始编制并发表的。最初选择的成分股票有233种,到1957年扩大至500种股票。其中,上市的工商业股票400种、运输业股票20种、公用事业股票40种、金融业股票40种。标准普尔股票价格指数以1941—1943年抽样股票市价总值的平均值作为计算基准,采用加权平均的方法,以上市股票数为权数,按基期进行加权计算,基点数为10。计算公式为:

$$标准普尔价格指数 = \frac{\sum(每种成分股价格 \times 已发行数量)}{基期的市价总值(三年的平均数)} \times 10 \qquad (5-4)$$

与道·琼斯指数相比,标准普尔指数选用的成分股数量多,采用加权平均的计算方法,从而包含的信息量更大,更能近似地反映股票市场的情况。尽管如此,它仍不能代替道·琼斯指数。

(三)纽约证券交易所股票价格指数

纽约证券交易所股票价格指数,是纽约证券交易所自1966年开始编制,包括在纽约证券交易所上市的1570种股票。具体计算方法是将这些股票按价格高低分开排列,分别计算工业股票、金融业股票、公用事业股票、运输业股票的价格指数。其中,包含最广泛的是工业股票价格指数,由1093种股票组成;金融业股票价格指数包含由投资公司、储蓄贷款协会、分期付款融资公司、商业银行、保险公司和不动产公司构成的223种股票;运输业股票价格指数包括铁路、航空、轮船、汽车等公司的 65 种股票；公用事业股票价格指数则有电话电报公司、煤气公司、电力公司和邮电公司的 189 种股票。

纽约股票价格指数以 1965 年 12 月 31 日确定的 50 点为基数，每半个小时公布一次指数的变动情况。虽然纽约证券交易所编制股票价格指数的时间不长，但由于其可以全面及时地反映股票市场活动的综合状况，受到了投资者的欢迎。

(四)伦敦金融时报股票价格指数

伦敦金融时报股票价格指数的全称是"伦敦金融时报工商业普通股股票价格指数"，是由英国《金融时报》公布发表的。该股票价格指数包括在英国工商业中挑选出来的具有代表性的 30 家公开挂牌的普通股股票。它以 1935 年 7 月 1 日作为基期，其基点为 100 点。该股票价格指数以能够及时显示伦敦股票市场的情况而闻名于世。

(五)日本的股票价格指数

日本有两种主要的股票价格指数，一个是日经指数；一个是东证指数。

日经指数由日本经济新闻社 1950 年 9 月开始编制并公布，最早称为"东证修正平均股价"。1975 年 5 月 1 日，日本经济新闻社向道·琼斯公司买进商标，采用美国道·琼斯公司的修正法计算，这种股票指数也就改称"日经道氏平均股价"。1985 年 5 月 1 日在合同期满 10 年时，经两家商议，将名称改为"日经平均股价"。

东证指数是东京证券交易所股票价格指数(TOPIX)，由日本东京证券交易所于 1969 年 7 月 1 日正式编制和公布的。它采用加权平均法，以股票交易额为权数，以 1968 年 1 月 4 日为基准日而计算出来。东证指数每隔 60 秒钟通过交易所的市场信息系统计算和显示一次，并通过计算机网络提供给全日本的证券公司，供全球使用。

(六)香港恒生股价指数

香港恒生指数是香港股票市场上历史最久、影响最大的股票价格指数，由香港恒生银行于 1969 年 11 月 24 日开始发表。该指数的编制是以 1964 年 7 月 31 日为基期，因为这一天香港股市运行正常，成交值均匀，可反映整个香港股市的基本情况，基点确定为 100 点。由于恒生股票价格指数所选择的基期适当，因此，不论股票市场狂升或猛跌，还是处于正常交易水平，该指数都基本上能反映整个股市的活动情况。自该指数发表以来，已经过多次调整。由于 1980 年 8 月香港当局通过立法，将香港证券交易所、远东交易所、金银证券交易所和九龙证券所合并为香港联合证券交易所，在目前的香港股票市场上，只有恒生股票价格指数与新产生的香港指数并存，香港的其他股票价格指数均不复存在。

第四节　证券市场信息披露

一、信息披露的含义和特征

(一)信息披露与信息披露制度的含义

证券发行公司在证券的发行、上市和交易的过程中,不可避免地会发生某些事件,对证券的价格产生影响,进而关系到投资者的利益。这就需要上市公司真实、及时地向投资者告知这些会影响证券价格的信息,使投资者根据这些信息做出判断进而采取规避风险或谋求收益的措施。上市公司这种告知的行为就是信息披露。目前,世界各国的证券市场都用法律法规的形式明确了信息披露制度,信息披露制度已成为证券立法的重要组成内容。

信息披露制度,是指上市公司为保障投资者利益、接受社会公众的监督而依照法律规定必须将其自身的财务变化、经营状况等信息和资料向证券管理部门和证券交易所报告,并向社会公开或公告,以便使投资者充分了解其经营情况的法律制度。信息披露制度是各国证券监管机构监督上市公司和干预证券市场的主要制度,也是投资者了解上市公司经营和财务状况并做出投资决策的重要依据。因此,信息披露制度的完善与否,直接关系到广大投资者的利益和证券市场的健康发展。

(二)信息披露的主体

从狭义上讲,信息披露的主体是上市公司,即证券发行人。因为它们是拥有信息优势的一方,因此承担着证券市场上信息披露的主要义务。然而,从广义上讲,证券发行人并不是唯一的披露义务人,信息披露制度是以发行人为主线、由多方主体共同参与构成的。除发行人外,按照信息披露制度中的作用和地位,还有三方主体。

首先是证券市场的监管机构和政府有关部门,它们是证券市场大政方针的制定者,因此应负责各类法规与政策的披露与解释。特别是监管机构,它不仅是政策的制定者,同时还是监督者和执行者,这就使它在信息披露制度中的地位显得更为突出。

其次是证券市场的投资者。投资者在通常情况下没有披露信息的义务,只有在特定情形时,才具有披露义务。例如我国《股票发行与交易管理暂行条例》规定,当机构投资者直接或间接持有一个上市公司发行在外的普通股达到5%

时,便触发了公告义务。

最后是其他各类机构,包括证券交易所等自律组织、各类证券中介机构等。它们制定一些市场交易规则,有时也发布极为重要的信息,例如交易制度的改革措施等,因此也应该按照有关规定履行相应职责。

(三)信息披露的特征

信息披露在法律的框架下,表现出明显的强制性和单向性。

信息披露的强制性表现在,有关市场主体在一定条件下披露信息是一项法定义务,披露者没有丝毫变更的余地。例如,发行人须严格按照法律规定的格式和内容编制招募说明书,在此基础上,发行人的自主权是极为有限的,它在提供所有法律要求披露的信息之后,才有少许自由发挥的余地。这些信息不是发行人与投资者协商的结果,而是法律在征得各方同意的基础上,从切实保护投资者权益的基础上所作的强制性规定。并且,它必须对其中所有信息的真实性、准确性和完整性承担责任。

信息披露的单向性是指权利和义务的单向性,即信息披露人只承担信息披露的义务和责任,其他方只享有获得信息的权利。无论在证券发行阶段还是在交易阶段,发行人或特定条件下的其他披露主体均只承担披露义务,而不得要求对价。无论是现实投资者或是潜在投资者均可依法要求有关披露主体提供必须披露的信息材料。

二、信息披露的原则

(一)实质性原则

实质性原则要求信息披露必须真实、全面、准确。

真实是指信息披露者必须根据法律认可的方式,没有任何歪曲地披露信息,不管是采用书面的还是口头的,也不管是明示的还是默示的方式。按照披露信息的性质不同,可以将披露信息区分为描述性信息、评价性信息和预测性信息。相应的披露信息在法律上也有描述性真实、评价性真实和预测性真实之分。描述性真实要求应以客观事实为参照,披露信息必须具有客观性和一致性。评价性信息是对既存事实的性质、结果或影响进行的分析和价值判断,因此评价性真实要求评价依据的真实性和评价方法的合理性。预测性信息反映的是既存事实与将来事实之间的联系,要求预测具有可实现性。

全面是指证券发行人必须完整的披露各种相关信息,不仅应包括有利信息,还应包含各种不利方面和潜在的风险信息。因此,凡是对投资人价值判断有"重大影响"的资料都必须全面公开,特别是当披露信息不完全会导致投资人判断失误的时候,不完全披露与虚假披露导致的结果是一样的。有"重大影响"的信息是指能重大改变公司经营现状的信息。因此,全面披露也并不等于全部披露。

准确是指在披露信息时必须恰当明确的表示其含义,不能含糊其辞,表达方式和内容不得使人误解。判断披露信息是否准确应以信息的接受者来判断。对于描述性信息,对准确性的要求相对严格,信息披露者意图表达的信息必须与客观事实相符,必须与一般信息接受者所理解或感知的结果一致。而对于预测性信息,由于其对于未来判断存在不确定性,因此其准确性就要求披露的信息必须具有与现实一致的合理的假设基础,必须用警示性的语言提醒投资者未来的结果可能会与披露的预测大相径庭。当由于客观条件发生变化而导致预测信息变得不真实或具有误导成分时,披露人有义务及时披露并且更正预测信息。

(二)形式性原则

形式性原则是指信息披露所必须遵循披露形式在技术和表现形式方面的要求,即应符合规范性、易得性和易解性要求。

规范性要求是指披露的内容和方式应该符合法律的各项规定,必须按照同一的要求和标准来执行。这样,才能保证各个披露信息在深度和广度上具有可比性。

易得性要求是指披露的信息必须使得各方信息获取者可以较为容易的获得。通常进行信息披露的主要媒介有如下两种:一是媒体,如报纸、杂志、电视和相关网站等;二是证券监管机构或自律机构,如证监会、证交所等。在选择媒体时,应选择影响力大、发行量或点击率高的,或是相关专业性强的,确保其受众具有广泛性和针对性。

易解性要求是指披露的信息内容要容易被不具有专业证券投资知识的投资者所理解,披露的语言应浅显易懂,不能过于专业化。

三、信息披露的内容

信息披露包括证券发行前的信息披露和上市后的持续信息披露。

我国的信息披露制度主要分为强制性信息披露制度和自愿性信息披露制度。

2007年1月30日通过的《上市公司信息披露管理办法》中第五条明确规定了法律强制要求的"信息披露文件主要包括招股说明书、募集说明书、上市公告书、定期报告和临时报告等"。证券市场强制性信息披露的内容按照信息披露主体所处的阶段不同,可以分为证券信息的初次披露和持续性披露。

(一)证券信息的初次披露

证券信息的初次披露是指公司在上市前进行的信息披露,主要指 IPO(首次公开发行)时的信息披露,分为证券发行时的信息披露和证券上市时的信息披露。证券发行时披露的文件主要是招股说明书;而证券上市时披露的文件则主要是上市公告书。

2006 年 5 月我国证监会对《公开发行证券的公司信息披露内容与格式准则第 1 号——招股说明书》进行了修订,从立法上完善了对招股说明书的规定。准则以列举的方式明确了招股说明书的基本内容,主要包括:公司状况主要资料;股份总数和股本;财务状况和盈利预测;发行股票的类型、数额、价格;募集资金的使用;重要合同及重大诉讼事项;公司发展规划等内容的书面说明材料。准则同时对招股说明书的编制格式进行了更为具体的规定,对首次申请公开发行股票并申请上市的公司必须依准则编制。

从我国的相关规定中可以看出,上市公告书是作为招股说明书的补充形式出现的。其中要求发行人应披露:(1) 公司股票上市后的基本信息,主要包括:上市地点、时间、发行前股东所持股份的流通限制及期限、发行前股东对所持股份自愿锁定的承诺、本次上市的无流通限制及锁定安排的股份和保荐人等;(2) 公司股票的发行情况及公司资金募集状况的重要信息,主要包括:发行数量、发行价格、发行方式、募集资金总额及注册会计师对资金到位的验证情况、发行费用总额、每股发行费用、募集资金净额、发行后每股净资产和发行后每股收益等;(3) 发行人、股东和实际控制人情况,主要包括:发行人董事、监事、高级管理人员的姓名和持有发行人的股票、债券情况等、控股股东及实际控制人的名称或姓名、前十名股东的名称或姓名、持股数量及持股比例;(4) 发行人应披露招股说明书刊登日至上市公告书刊登前已发生的可能对发行人有较大影响的其他重要事项,主要包括:主要业务发展目标的进展、所处行业或市场的重大变化、原材料采购价格和产品销售价格的重大变化、重大关联交易事项、重大投资、重大资产(或股权)购买、出售及置换、发行人住所的变更、董事、监事、高级管理人员及核心技术人员的变化、重大诉讼、仲裁事项、对外担保等或有关事项、财务状况和经营成果的重大变化等应披露的重大事项。

(二)证券信息的持续性披露

证券发行和上市交易后,信息披露的要求并未因公司在证券发行时和上市时提供了招股说明说和上市公告书而终止,发行人必须依照法律规定的程序与方式持续地披露信息。持续性信息披露是指证券发行人、公司主要股东和有关当事人公开披露与证券交易和证券价格有关并且影响公司经营和财务状况的一切重大信息,其目的在于全面、准确和完整地揭示与证券交易价格有关的各种重大信息,以合理预见投资利益和限定投资风险。如果说信息的初次披露是证券法公开原则在发行市场(一级市场)的体现,那么持续性信息披露则是公开原则和保护投资者原则在流通市场(二级市场)的集中体现。通过持续性信息披露,投资者可以持续不断并且及时准确地获得对证券投资有价值的信息。

持续性信息披露的种类繁多,我国现行法律没有全面规定各种披露文件的具体内容,但最基本的披露文件应包括股东大会公告、董事会公告、股份变动公告、年度报告、中期报告、分红派息公告、重大事项临时公告等。其中较为重要的有年度报告、中期报告书等定期报告以及临时报告。

根据《证券法》、《股票发行与交易暂行条例》和《上市公司信息披露管理办法》的规定,上市公司在每个会计年度结束后之日起 4 个月内应向证监会和交易所报送年度报告。其内容包括:公司概况;公司财务会计报告和经营情况;董事、监事、高级管理人员简介及其持股情况;已发行的股票、公司债券情况,包括持有公司股份最多的前十名股东的名单和持股数额;公司的实际控制人以及其他法定事项。中期报告应在每个会计年度的上半年结束之日起两个月内报送或提交。其内容包括:公司财务会计报告和经营情况;涉及公司的重大诉讼事项;已发行的股票、公司债券变动情况;提交股东大会审议的重要事项以及其他法定事项。

除年报和中报外,我国证监会还规定上市公司应在每个会计季度结束后的一个月内编制季度报告。季度报告中应包含如下内容:(1)季度报告期主要会计报表项目财务指标发生大幅度变动的应当在季度报告中说明情况及原因;(2)报告期内将要发生、或以前期间发生但延续到报告期的重大事项,如果对本报告期或以后期间的公司财务状况、经营成果产生重大影响,对投资者决策产生重大影响,应该在季度报告中披露该重大事项进展情况并说明其影响和解决方案,已经在临时报告中披露过的信息无需再次在季度报告中披露;(3)应披露公司、股东及实际控制人持续到报告期内的承诺事项的进展情况;(4)若年初至下一报告期内累计利润振幅较大或者将预计出现利润亏损的情况,则应予以警示披露并说明原因。

上述年报、中报和季度报告都属于定期报告。由于定期报告必须在指定的日期发布,因此公司在经营过程中发生的很多事项就无法及时披露并为公众所得知。为了弥补滞后性缺陷,我国的法律对临时报告制度做了规定。临时报告制度,也称重大事件临时报告制度,它是对定期报告的补充,是指发生可能对上市公司股票的市场价格产生较大影响的重大事件,投资者尚未得知时,上市公司应当立即将有关该重大事件的情况向证监会和证券交易所报送,并予公告说明事件的起因、目前状态和可能产生的法律后果。对于重大事件的范围,《证券法》第 67 条明确规定了 12 类,而后公布的《上市公司信息披露管理办法》中又规定了 9 类事项,作为对证券法的补充。

（三）自愿性信息披露

根据我国相关法律的规定,自愿性信息披露的内容主要包括:(1)背景信息:包括公司的历史介绍,公司的组织结构,业务的简单介绍。(2)管理活动和基本业务数据:上市公司自愿披露的管理活动和基本业务数据内容包括对公司经营活动的回顾,对市场环境和市场机会的分析,产品市场占有率的分析,对主要财务指标变动的分析,比如营业成本、管理费用、财务费用变动原因的分析等。(3)企业面临的机会、风险及相应措施:企业面临的机会和风险主要包括基于国家宏观经济政策调整所产生的机会和风险,产业结构调整导致的机会和风险,开发新领域所产生的机会与风险,企业进行多元化经营、资产重组所产生的机会。如果能及时将企业面临的机会和风险及所采取相应措施的信息披露给信息使用者,可以更多获得信息使用者的信赖和支持。(4)预测性信息:预测性信息是上市公司在对企业未来经营活动进行假设的基础上,对企业未来的经营和财务状况进行的预测。预测性信息虽然具有一定的主观性和不确定性,但对信息使用者仍有较大的参考价值。

自愿性信息披露虽然是上市公司自愿性的披露,但其仍须遵守信息披露制度的实质性原则即真实性、准确性和完整性,必须遵守证券市场对信息披露制度的基本要求,不能任意发布虚假信息,欺骗投资者,因发布虚假信息给投资者造成损失的同样应该承担相应的责任,赔偿投资者因虚假自愿披露的信息所造成的损失。

案例五　股权分置改革

一、股权分置改革的概念界定

股权分置是指中国股市由于特殊历史原因,在特殊的发展演变中,中国 A 股市场的上市公司内部普遍形成了非流通股和社会流通股两种不同性质的股票,这两类股票形成了"同股不同价不同权"的市场制度与结构。那个时候我国股市上有 2/3 的股权不能流通。股权分置存在弊端,严重影响着股市的发展。

中国证券监督管理委员会、国务院国有资产监督管理委员会、财政部、中国人民银行、商务部于 2005 年 8 月 23 日联合发布的《关于上市公司股权分置改革的指导意见》指出股权分置是指 A 股市场的上市公司股份按能否在证券交易所上市交易被区分为非流通股和流通股,这是我国经济体制转轨过程中形成的特殊问题。股权分置扭曲资本市场定价机制,制约资源配置功能的有效发挥;公司股价难以对大股东、管理层形成市场化的激励和约束,公司治理缺乏共同的利益基础;资本流动存在非流通股协议转让和流通股竞价交易两种价格,资本运营缺乏市场化操作基础。股权分置不能适应当前资本市场改革开放和稳定发展的要求,必须通过股权分置改革,消除非流通股和流通股的流通制度差异。股权分置改革是一项完善市场基础制度和运行机制的改革,其意义不仅在于解决历史问题,更在于为资本市场其他各项改革和制度创新创造条件,为此,要将股权分置改革、维护市场稳定、促进资本市场功能发挥和积极稳妥推进资本市场对外开放统筹考虑。改革要积极稳妥、循序渐进,成熟一家,推出一家,实现相关各方利益关系的合理调整,同时要以改革为契机,调动多种积极因素,维护市场稳定,提高上市公司质量,规范证券公司经营,配套推进各项基础性制度建设、完善市场体系和促进证券产品创新,形成资本市场良性循环、健康发展的新局面。

2005 年 9 月 5 日,证监会发布了《上市公司股权分置改革管理办法》,其第二条对股权分置改革作了相关表述:上市公司股权分置改革,是通过非流通股股东和流通股股东之间的利益平衡协商机制,消除 A 股市场股份转让制度性差异的过程。

二、解决股权分置问题的紧迫性和必要性①

股改前我国上市公司股权结构的不合理主要表现在以下两个方面:(1)国家股所占比重过大。同时,机构投资者比重很小,流通股十分分散;(2)股权过度集中,上市公司处于第一大股东的超强控制状态。我国上市公司的股权集中度极高,但大股东之间持股比例相差悬殊,在一股一票和简单多数通过的原则下,决定了第一大股东在公司的股东大会上对公司的重大决策及在选举董事上拥有绝对的控制权,相应地也就控制了公司的经营方向和公司的实际运营。因此,我国上市公司实际上处于大股东的超强控制状态。这种一股独大的股权结构,不仅与现代股份公司产权主体多元化相背离,而且使产权多元化的股东制衡机制被极大地削弱。

众所周知,股票市场是社会资源合理配置和有效配置的重要场所,是保证市场经济健康发展的重要条件。而股权分置使资源配置无法通过市场得到优化,使股市价格合理评价功能失真,市场投资风险较大,更重要的是股权分置使公司治理结构难以改善,上市公司无法真正按照现代企业制度规范经营管理,上市公司总体质量不断降低,证券市场也会失去投资价值,从而阻碍我国证券市场的稳定和健康发展。所以股权分置已经导致我国股票市场从结构和功能上长期都处

---

① 孙颖. 股权分置改革与我国上市公司股权结构优化研究. 兰州理工大学硕士毕业论文,2007

于不正常状态,因此解决股权分置迫在眉睫。

股权分置给我国证券市场带来的危害还表现在:流通股股价和非流通股协议转让价之间经常存在比较大的差异,实际的资本运营中非流通股东往往可以获得额外的利益。另外,股权分置导致中国上市公司独特的与成熟市场完全不同的融资行为和融资顺序选择。中国上市公司的融资行为与现代资本结构理论所描述的有序融资顺序几乎完全相逆。上市公司遵循的是股权融资绝对优先的顺序,这样的选择就是因为市场运行是以股权分置为基础的流通股溢价发行机制。甚至一些资本运作机构往往通过协议转让的形式低价受让非流通股股权而取得上市公司控制权,然后向流通股股东高价配股或增发新股套取大量现金,对上市公司资源滥用(例如担保),最后再掏空上市公司。这种恶性事件时有发生说明与这种市场结构的存在有很大关联。种种现象表明,上市公司股权分置的格局,彻底破坏了上市公司股东之间利益机制一致性的基础。这种股权结构使得非流通股东在上市后相当长的时间里的资产投资收益并不主要取决于上市公司的经营利润,而是主要取决于其净资产的增加值,即流通股的高溢价认购带来的财富转移。股权分置的格局客观上使得非流通股东特别是那些绝对控股股东的资产价值与市场走势关联不大。这就是中国上市公司业绩难以改善,缺乏长期投资价值的内在原因之一。上市公司常常进行外延式的规模扩张与频繁的大规模资产关联交易,大多是受控股股东的影响,甚至有的发展为控股股东的提款机。并且在这种利益机制下容易导致市场内幕交易盛行,任何形式的外部监管都难以有效的防范,这也直接破坏了市场公平原则,严重损害了其他股东特别是中小股东的权益。股权分置使流通股股东与非流通股股东在风险和收益问题上处于严重的不对称状态,非流通股股东获得的收益远远超过其承担的风险,而流通股股东承担的风险要远远超过其收益。两种股权的流动性不同,市场不存在风险和收益的平衡机制,收益与风险在流通股与非流通股之间严重的不对称状态被模式化了。流通股股东几乎承担了所有不利因素所引发的所有风险,市场的系统风险的承担者无疑都是流通股股东,非流通股股东面对风险只是个旁观的获利。

三、股权分置改革的沿革和现状

2005 年 4 月 29 日中国证监会发布了《关于上市公司股权分置改革试点有关问题的通知》,标志着中国资本市场股改的开始,到 2005 年 8 月 23 日中国证监会等五部委发布的《关于上市公司股权分置改革的指导意见》,股改开始大规模推行。

2005 年 5 月 9 日,推出首批股权分置改革试点企业。清华同方、三一重工、金牛能源、紫江企业四家上市公司成为首批试点的企业。现在我国深市和沪市的上市公司都基本进行了股权分置改革。自 2005 年 9 月 A 股市场全面股改启动至今,深沪市每周公布一批股改名单,每批股改公司家数基本保持 20 家左右。股改公司对价方案多以送股为主,两市平均支付对价水平约 10 股送 3 股。而股改方案的实施只是股权分置改革的第一步,股改的完成则至少在股改方案实施三四年之后,因为只有非流通股本全部进入了全流通状态,股改才算完成。截至 2008 年 6 月 6 日,沪市已完成股改或已进入股改程序的上市公司总数为 796 家,占应股改公司总数的 98.2%,市值总额已占应股改公司的 99.7%。

股权分置改革不仅是证券市场内部股权结构的改革,它还与国有资产管理体制和上市公司治理以及市场的规范发展和制度创新等相联系,它反映出非流通股股东和流通股股东之间的利益分配格局以及市场机制在引导资源配置中的作用。

从我国股市的建立和发展过程来看,我国股市存在的问题,不仅仅是证券市场方面的问题,还受其他方面的制约。股权分置改革只是手段,完善资本结构和治理结构、推进证券市场持续规范发展,进而推进中国经济稳定协调发展,才是最终目的。通过股权分置改革以来出台的相关法规和政策以及进行改革的上市公司所采取的改革方案可以看出改革中存在的及改革后一段时间内会存在的一些问题需要进行深入探讨和分析,以求找到较好地解决方案保证改革和改革后我国股市和经济的顺利发展。

本章思考题

1. 证券交易的程序分为哪几个环节?

2. 什么是场外市场?它有哪些特点?

3. 说明几种重要的股价指数的编制方法。

4. 证券市场信息披露的原则和内容是什么?

5. 你认为股权分置改革会给中国证券市场带来哪些影响?

第六章　证券投资基本理论

本章学习重点

　　本章介绍了证券投资的基本理论，包括资产组合理论和资本资产定价模型。通过本章的学习，掌握收益和风险的度量，了解可行区域与有效边界，掌握马柯维茨资产组合理论确定最优组合的方法，了解 CAPM 和 APT 模型的基本假设和原理，掌握资本市场线的内涵。掌握证券市场有效的含义，了解法玛对有效市场的三种分类。理解行为金融学的定义和理论基础。

第一节　资产组合理论

一、资产组合理论形成与发展

　　现代资产组合理论（Modern Portfolio Theory，简称 MPT）最早由美国著名经济学家马柯维茨系统提出，他于 1952 年 3 月的《金融杂志》上发表了一篇题为《"资产组合"的选择》的论文并于 1959 年出版同名专著，这是现代证券理论的起源，为现代证券理论的建立和发展奠定了基础。由于马柯维茨在这方面的开创性贡献，他被授予了 1990 年诺贝尔经济学奖。

　　马柯维茨现代证券投资理论主要解释了投资者如何衡量不同的投资风险，如何合理组合自己的资金以取得最大收益，认为组合证券资产的投资风险与收益之间有一定的特殊关系，投资风险分散有其规律性。马柯维茨注意到一个典型的投资者不仅希望"收益高"，而且希望"收益尽可能确定"。这意味着投资者在寻求"预期收益最大化"的同时追求"收益的不确定性最小"，在期初进行决策时必然力求使这两个相互制约的目标达到某种平衡。马柯维茨分别用期望收益率和收益率的方差来衡量投资的预期收益水平和不确定性（风险），建立均值方差模型来阐述如何全盘考虑上述两个目标，从而进行决策。推导出的结果是，投资者应该通过同时购买多种证券而不是一种证券进行分散化投资。然而这种方法涉及计算所有资产的协方差矩阵,面对上百种可选择资产,需要大量而繁重的计算工作,更无法满足实际市场频繁的价格变动。这严重地阻碍了马柯维茨证券组合理论在实际中的应用。

1964 年,马柯维茨的学生威廉·夏普根据马柯维茨的模型,提出了可以对协方差矩阵加以简化估计的单因素模型——"单因素模型"。这一模型假设资产收益只与市场总体收益相关,使计算量大大降低,在此基础上后来发展出"多因素模型",与实际有更精确的近似。这一简化形式使得投资组合理论应用于实际市场成为可能。特别是 20 世纪 70 年代计算机的发展以及软件的应用,极大地促进了现代投资组合理论在实际中的应用。

20 世纪 60 年代初期,金融经济学家们开始研究马柯维茨的模型是如何影响证券的估值的,这一研究导致了资本资产定价模型(CAPM)的产生。夏普、林特和摩森三人分别于 1964 年、1965 年和 1966 年独立推导出著名的资本资产定价模型。这一模型阐述了在投资者都采用马柯维茨的理论进行投资管理的条件下,市场价格均衡状态的形成,把资产预期收益与预期风险之间的理论关系用一个简单而又合乎逻辑的线性方程式表示出来。该模型不仅提供了评价收益—风险相互转换特征的可运作框架,也为投资组合分析、基金绩效评价提供了重要的理论基础。

1976 年,针对 CAPM 模型所存在的不可检验性的缺陷,罗斯提出了一种替代性的资本资产定价模型,即套利定价理论(APT)模型。这一理论认为,只要任何一个投资者不能通过套利获得收益,那么期望收益率一定与风险相联系。这一理论需要较少的假定,罗尔和罗斯在 1984 年认为这一理论至少在原则上是可以检验的。套利定价理论发展至今,其地位已不低于 CAPM。

二、投资组合分析

(一)收益及其度量

任何一项投资的结果都可用收益率来衡量,通常收益率的计算公式为:

$$收益率=\frac{收入-支出}{支出}\times100\% \tag{6-1}$$

投资期限一般用年来表示,如果投资者投资期限不是 1 年整数,则需转换为年。在证券投资中,投资收益等于期内投资者所得到的现金收益和市场价格相对于初始购买价格的升值价差收益之和,其收益率的计算公式为:

$$r=\frac{红利+期末市价总值-期初市价总值}{期初市价总值}\times100\% \tag{6-2}$$

[例 6-1] 某投资者购买了总价为 100 元的股票,投资期内获得 6 元现金

股利,一年后,该股票价格上涨到 104 元,则一年后投资收益率为:

$$r = (6+104-100)/100 = 10\%$$

通常情况下,投资的未来收益率是不确定的,因为未来收益受许多不确定因素的影响,因而是一个随机变量。为了对这种不确定的收益进行度量,我们假定收益率服从某种概率分布,把所有可能出现的投资收益率按其可能发生的概率进行加权平均计算,对这一投资未来可能出现的收益率有一个综合估计,这就是期望收益率。求期望收益率或收益率平均数的公式如下:

$$E(r) = \sum_{i=1}^{n} r_i P_i \qquad (6-3)$$

式中:$E(r)$—期望收益率;

　　P_i—情况 i 出现时的概率;

　　r_i—情况 i 出现时的收益率。

(二)风险及其度量

1. 风险的含义及种类

证券投资风险是指某种资产收益的各种可能值偏离其期望值的可能性及其幅度。通俗地说,就是使投资者蒙受损失的可能性。投资收益的可能分布发散性越强,证券投资的风险越大。若证券市场或个别证券之市价因政治、经济及个别公司状况等各方面因素的影响产生难以预测的波动时,投资者就可能承受损失,承担风险。但风险不等于亏损,因为可能值可能低于也可能高于期望值。

证券投资风险可分系统性风险和非系统性风险两大类。系统性风险也称不可分散风险,是指因各种因素影响使整个市场发生波动而造成的风险,政治、经济以及社会环境变化是系统风险的来源。这类风险与所有的证券存在着系统性联系,因此,投资者一般无法通过投资组合来消除或降低该类风险。利率风险、市场风险和购买力风险等就属于系统性风险。非系统性风险是指某些因素的变化对个别证券造成损失的可能性,这类风险通常与整个股市的状况不发生系统性的联系,经营风险、财务风险和违约风险等属于非系统性风险。由于非系统性风险可以通过多样化投资而加以消除,故又称可分散风险。

2. 投资风险的度量

实际收益率与期望收益率有偏差就产生了风险。期望收益率是使可能的实际值与预测值的平均偏差达到最小(最优)的点估计值。可能的收益率越分散,它们与期望收益率的偏差程度就越大,投资者承担的风险也就越大,因而风险的大小由未来可能收益率与期望收益率的偏差程度来反映。在数学上,这种偏离程度由收益率的方差来度量。如果偏离程度用 $[r_i - E(r)]^2$ 来度量,则平均偏离程度被称为方差,记为 σ^2,其平均根称为标准差,记为 σ。用公式表示为:

$$\sigma^2(r)=\sum_{i=1}^{n}\left[r_i-E(r)\right]^2 P_i \tag{6-4}$$

(三)组合的收益与风险

投资组合是指投资者按一定的比例所持有的不同的证券组合。如果将投资组合视为一只证券。那么,投资组合的收益率和风险也可用期望收益率和方差来计量。不过,由两个或两个以上证券组成的证券组合中,收益率与风险的计算和测量会复杂得多。

1. 两个投资组合的收益与风险

(1)投资组合收益。投资组合的预期收益 $E(r_p)$ 是投资组合中所有证券预期收益的简单加权平均值,其中的权数 X 为各证券投资占总投资的比率。公式为:

$$E(r_p)=x_A E(r_A)+x_B E(r_B) \tag{6-5}$$

其中:$x_A+x_B=1$

(2)投资组合的方差。计算投资组合的方差没有计算预期收益那样简单,投资组合的方差并不等于各证券方差的简单加权平均,因为证券组合的风险不仅取决于构成它的各种证券的风险,而且还取决于它们之间相互关联的程度。这就需要引入两个可以表征随机变量之间关系的变量——协方差和相关系数。

协方差是表示两个随机变量之间关系的变量,反映了两个证券收益率之间的走向关系。以 A,B 两种证券为例,协方差可以记作 cov_{AB},也可记作 σ_{AB},是用来确定证券投资组合收益率方差的关键性指标,其计算公式为:

$$\text{cov}_{AB}=1/n\times\sum\left[R_{Ai}-E(R_A)\right]\left[R_{Bi}-E(R_B)\right] \tag{6-6}$$

其中,分别表示证券 A 和证券 B 的收益率;分别表示证券 A 和证券 B 的预期收益率。

为了计算上的方便,一般情况下,用相关系数来代替协方差。相关系数是协方差的标准化,记作 ρ_{AB}。相关系数与协方差的关系用公式可表示为:

$$\rho_{AB}=\sigma_{AB}/\sigma_A\sigma_B$$

相关系数仍然保持着协方差的性质,只是其取值范围被限制在 -1 到 $+1$ 之间。当 $\rho_{AB}=1$ 时,A 的变动与 B 的变动绝对一致,被称为完全正相关;ρ_{AB} 越是接近 $+1$,A 与 B 的正向相关度越大;当 $\rho_{AB}=-1$ 时,A 的变动与 B 的变动绝对相反,被称为完全负相关;ρ_{AB} 越是接近 -1,A 与 B 的负向相关度越大;当 $\rho_{AB}=0$ 时,A 与 B 毫无关系,被称为互不相关。

证券组合的风险也是用证券组合的预期收益率的均方差来测量的。由 A、B 两资产组成的资产组合的方差的计算公式为:

$$\sigma_p{}^2=x_A{}^2\sigma_A{}^2+2x_A x_B\text{cov}_{AB}+x_B{}^2\sigma_B{}^2$$

$$= x_A{}^2\sigma_A{}^2 + 2x_Ax_B\rho_{AB}\sigma_A\sigma_B + x_B{}^2\sigma_B{}^2 \tag{6-7}$$

式中:x_A,x_B—— 证券 A,B 在组合中所占的比例;

$\sigma_A{}^2$,$\sigma_B{}^2$—— 证券 A,B 的方差。

2. 多个投资组合的收益与风险

把两个证券的组合的讨论拓展到任意多个证券的情形。设有 N 种证券,记作 A_1,A_2,A_3,$\cdots$,A_n,投资组合 $P = (x_1,x_2,x_3,\cdots,x_n)$ 表示将资金分别以权数 x_1,x_2,x_3,$\cdots$,x_n 投资到证券 A_1,A_2,A_3,$\cdots$,A_n。如果允许卖空,则权数可以为负,负的权数表示卖空相应证券占总资金的比例。正如两种证券的投资组合情形一样,投资组合的收益率等于各单个证券的收益率的加权平均。即:设 A_i 的收益率为 $r_i(i = 1,2,3,\cdots,n)$,则投资组合 $P = (x_1,x_2,x_3,\cdots,x_n)$ 的收益率为:

$$r_p = x_1r_1 + x_2r_2 + \cdots + x_nr_n = \sum x_ir_i \tag{6-8}$$

推导可得投资组合 p 的期望收益率为:

$$E(r_p) = \sum x_iE(r_i) \tag{6-9}$$

对于多个资产的组合来说,计算方差的一般公式为:

$$\sigma_p{}^2 = \sum\sum x_ix_j\text{cov}ij \tag{6-10}$$

由于当 $i=j$ 时,$cov(r_i,r_j)=\sigma_i^2$,资产组合方差的一般公式也可表示为:

$$\sigma_p{}^2 = \sum x_i\sigma_i^2 + \sum\sum x_ix_j\text{cov}ij \tag{6-11}$$

该公式表明,资产组合的方差是资产各自方差与它们之间协方差的加权平均。资产组合的标准差不仅与单个资产的方差有关,还受到资产中任意两个资产之间协方差的影响。

有关资产组合的其他相关内容,本书在第十章第三节"证券资产组合管理"中还要涉及。

三、对资产组合理论的评价

资产组合理论对证券投资具有重要的指导意义和实践意义。随着计算机技术的发展,人们可以利用计算机对大量数据进行计算处理,计算出有关资产的期望收益率、标准差和相关系数,并构造出资产组合集合。其基本原理是利用过去一段时间内各股票价格变动的历史数据,用回归的方法计算出各股票的期望收益率和标准差,以及每一股票同其他所有股票的相关系数。这样,利用求得的期望收益率,衡量风险的标准差及相关系数,根据一定的模型,即可计算出各资产组合的最低风险,进而构造出资产组合集合的效率。

利用数学模型计算出资产组合的效率边界可以帮助投资者解决如何构造资产组合、实现风险分散等问题,但最终选择哪一种资产组合,是要靠投资者根据自己的风险承受能力和投资偏好作出最终决策的[①]。

资产组合理论在现代投资学中有着重要的影响和广泛的应用,但它的应用存在着一些明显的局限。第一,资产组合理论本身所赖以依存的理论存在着很大的局限,很多假定难以进行科学和客观的实证。现实远未达到假设条件的理想状态。如这一理论将收益率的期望值和标准差作为实际收益和风险的代表,但真实情况显然会与这一假设有所不同。第二,运用这一理论要求利用股票的历史数据求出其期望收益率、标准差及相关系数,但未来并不是历史的重演,用过去的数据来预测和判断未来不够准确。第三,资产组合理论的应用需要大量的基本数据,包括证券的期望收益率、方差、协方差等,当证券数量非常大时,需要利用复杂的计算机程序进行计算。

第二节　资本资产定价模型

资本资产定价模型(Capital Asset Pricing Model,简称 CAPM)是现代金融学的奠基石之一。它是在马柯维茨资产组合理论的基础上发展起来的市场均衡定价理论,属于实证经济学的范畴。资本资产定价模型要解决的问题是,在资本市场中,假定每个投资者都采用马柯维茨的投资组合理论来经营他们的投资,这种集体行为将会对证券价格产生怎样的影响,或者说,资产的均衡价格是如何在收益与风险的权衡中形成的。

一、假设条件

当我们讨论一种理论的时候,都需要先假定一些条件来对现实世界进行抽象,这些假设对现实事物进行大量的简化,使得经济理论更易于从数学角度来理解。由于资本资产定价模型理论是以马柯维茨的投资组合理论为基础发展而成的,所以资本资产定价模型中包含了投资组合模型的假设。除此之外,它自己的有关假设比投资组合理论更为严格,还有如下几个假设:

假设 1:所有的投资者都依据期望收益率评价投资组合的收益水平,依据方差(或标准差)评价投资组合的风险水平,并按照马柯维茨投资组合理论进行投资决策。

假设 2:所有的投资者对投资的期望收益率、标准差及证券间的相关性具有完全相同的预期。

---

① 邢天才,王玉霞. 证券投资学. 东北财经大学出版社,2008

假设3：证券市场是完美无缺的，没有摩擦。所谓摩擦是指对整个市场上的资本和信息自由流通的阻碍。该假设意味着不考虑交易成本及对红利、股息和资本收益的征税，并且假定投资者都是证券价格的接受者，不能影响证券价格，并掌握同样的信息；在借贷和卖空上没有限制及市场上只有一个无风险利率。

二、资本市场线

（一）无风险资产与风险资产的组合

前章介绍的是马柯维茨风险资产进行最优组合理论，该模型的假设条件之一就是全部证券都存在风险，但是，一旦允许无风险借贷的存在，投资者所面对的有效边界就会发生改变。

所谓的无风险证券，是指投资于该证券的回报率是确定的、没有风险的，如购买国债。既然是没有风险的，因此其标准差为零。由于无风险证券的回报率是确定的，与任何风险证券的收益率无关，由此可以推出，一个无风险证券的收益率与一个风险证券的收益率之间的协方差为零。因此，它们之间的相关系数为零。

假设 m 表示仅由风险资产构成的任意组合，ω 表示在新组合中无风险资产所占的比例，$1-\omega$ 表示投资于风险资产的比例。无风险利率为 R_f，无风险资产收益率标准差为 σ_f，风险资产组合 m 的预期收益率为 R_m，标准差为 σ_m，ρ 为无风险资产与风险资产组合 m 的相关系数，则这两种资产进行组合的预期收益和风险可计算如下：

$$E(r_p) = \omega R_f + (1-\omega)R_m \tag{6-12}$$

其中当 $\omega>0$ 时，表示投资者将初始资金一部分以无风险利率借出，一部分投资于风险资产组合 m；当 $\omega=0$ 时，表示全部资金投资于该风险资产组合 m；当 $\omega<0$ 时，则表示以无风险利率借入资金，与初始资金一起投资于风险资产组合 m。

$$\sigma_p^2 = \omega^2\sigma_f^2 + (1-\omega)^2\sigma_m^2 + 2\omega(1-\omega)\rho\sigma_f\sigma_m$$

由 $\rho=0$，$\sigma_f=0$，$\sigma_p^2 = (1-\omega)^2\sigma_m^2$

$$\sigma_p = (1-\omega)\sigma_m \tag{6-13}$$

联立公式（6-12）和公式（6-13）可以推出资本配置线的函数表达式，即：

$$E(r_p) = R_f + (R_m - R_f)\sigma_p/\sigma_m \tag{6-14}$$

资本配置线（capital allocation line）是用来描述引入无风险借贷后，将一定量的资本在某一特定的风险组合 m 与无风险资产之间分配，从而得到所有可能的新组合的预期收益与风险之间的关系。从上述公式不难推断出资产组合预期收益和风险之间是线性关系。也就是说，当我们对无风险资产和风险资产进行组合投资时,由这两种资产各种组合的预期收益和风险数据所构成的是一条直线。如图6-1,线段 AB 上的各种组合是按不同比例同时投资 A、B 这两种资产的情况。A 点表示无风险资产,B 点表示风险资产,B 点右方的射线代表对 A 做卖空,并将收益全部投资于 B 资产的情况。

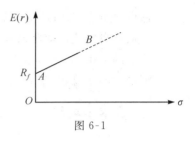

图 6-1

由公式(6-12)可以看出,新组合的预期收益率由两部分构成:一是无风险利率,它代表着对放弃流动性的补偿,可以认为是时间价格,且任何资产或组合的时间价格都是相同的;二是组合的收益率标准差与单位风险预期回报的乘积,它是对风险的补偿,将因组合而异。

(二)无风险证券对有效边界的影响

由于可以将一个投资组合作为一个单个资产,因此,任何一个投资组合都可以与无风险证券进行新的组合。当引入无风险证券时,证券组合可行区域发生了变化(见图6-2)。

在图中,由无风险证券 R_f 出发并与原有风险证券组合可行域的上下边界相切的两条资本配置线所夹角形成的无限区域便是在现有假设条件下所有证券组合形成的可行域。现有证券

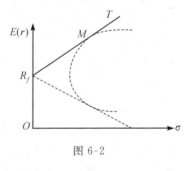

图 6-2

组合可行域比原有风险证券组合可行域之所以扩大并具有直线边界,主要基于如下两方面的原因[①]:

一方面,因为投资者通过将无风险证券 R_f 与每个可行的风险证券组合再组合的方式增加了证券组合的种类,从而使得原有的风险证券组合的可行域得以扩大。新的可行域既含有无风险证券,又含有原有风险证券组合,同时也含因无风险证券 R_f 与原有风险组合再组合而产生的新型证券组合。

另一方面,因为无风险证券 R_f 与任意风险证券或证券组合 M 进行组合时,其结合线恰好是一条由无风险证券 R_f 出发,经过风险证券或证券组合 M 的射线 R_fMT,从而无风险证券 R_f 与切点证券组合 M 进行组合的结合线便是射线 R_fMT,并成为新可行域的上部边界——有效边界。

由于可行区域发生了变化,因此有效边界也随之发生了变化。新的效率边界变成了一条直线,即由无风险证券 R_f 出发并与原有风险证券组合可行域的

---

① 邢天才,王玉霞. 证券投资学. 东北财经大学出版社,2008

有效边界相切的射线 R_fMT 便是在现有假设条件下所有证券组合形成的可行域的有效边界(见图 6-2)。R_fMT 这条直线就成了资本市场线(capital market line，CML)，资本市场线上的点代表无风险资产和市场证券组合的有效组合。

效率边界 R_fMT 的斜率是 $(R_m-R_f)/\sigma_m$，该斜率表明单位总风险的市场价格。(R_m-R_f) 代表风险溢价，即风险组合收益率超过无风险收益率的部分。

切点 M 所代表的是市场组合，是有效组合中唯一一个不含无风险证券而仅由风险证券构成的组合。也就是说，市场上仅有两种资产，一种是无风险资产，另一个是风险资产，而风险资产就是市场组合 M。如果投资者遵从效率原则，那么，任何一个投资者所选择的风险资产都是市场组合。不管投资者的效用函数如何，只要他是风险回避者，他的投资组合中的风险资产就一定包括市场组合。

效用函数将决定投资者持有无风险资产与市场组合的份额。效用函数这一作用被称为分割定理(separation theory)。根据分割定理，投资者的投资决策分为两个阶段：第一阶段是对风险资产的选择。在这一阶段内，投资者只需考虑每项资产期望收益、方差和相关系数，即只考虑风险资产本身的特性，而无须考虑自身的风险偏好。因此，不管投资者之间风险偏好差异多大，只要他们对风险资产的特性的判断相同，他们将选择同样的风险资产组合。第二阶段是最终资产组合的选择。这取决于投资者对风险的偏好程度，在这一效率边界上，每个投资者将根据自己的风险偏好购买各种证券，即安排所持有的无风险资产与风险资产的比例，选择适当的资产组合。

投资者效用曲线的形状没有发生变化，但由于效率边界是一条直线，因此，效用曲线与新的效率边界的切点是投资者的最优投资选择。

如果投资者的效用曲线为 U_1，那么，该投资者将同时持有无风险资产与市场组合。效用曲线与效率边界的切点离 R_f 越近，投资者持有无风险资产的比例就越大；切点离 R_f 越远，投资者持有风险资产(市场组合)的比例就越大。

如果投资者的效用曲线为 U_2，那么投资者将按无风险利率借入资金，并将获得的资金与原有资金一起全部投资于风险资产组合——市场组合 M 上。在风险回避者中，完全不承受风险的投资者将不持有市场组合，愿意承受较低风险的投资者将同时持有无风险资产和市场组合，而愿意承受更多风险的投资者将借入资金来购买市场组合(如图 6-3 所示)。

市场组合是每一个愿意承受风险的投资者所必须持有的唯一风险资产，是独立于投资者效用函数的最佳组合。市场组合包括市场中的每一种风险证券，如果有一种风险证券没有被资产组合包括，那么将会产生套利行为。因为没有被市场组合包括的证券的价格将下降，收益率提高，而风险并没有发生变化，因

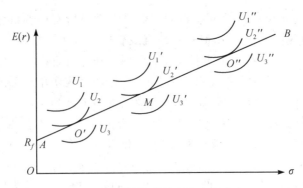

图 6-3　不同投资者最佳组合的决定

此套利者将这只证券纳入组合后,收益率提高,而组合的风险是既定的。反之亦然。当所有风险资产的价格调整都停止时,市场就达到了一种均衡状态。此时,投资者对每一种风险资产都愿意持有一定数量,也就是说最佳风险资产组合包含了所有的风险资产;每种风险资产供需平衡,价格是均衡价格;无风险利率的水平正好使得借入资金的总量与贷出资金的总量相等。结果就是,最佳风险资产组合中投资于每一种风险资产的比例就等于该风险资产的相对市值,即该风险资产的总市值在所有风险资产市值总和中所占的比例[①]。

(三)资本市场线方程

　　通过上面的讨论我们知道:在资本资产定价模型假设下,当市场达到均衡时,市场组合 M 成为一个有效组合;所有有效组合都可视为无风险证券 R_f 与市场组合 M 的再组合。

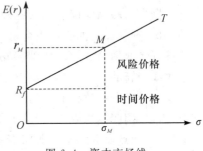

图 6-4　资本市场线

　　在均值标准差平面上,所有有效组合刚好构成连接无风险资产 R_f 与市场组合 M 的射线 R_f 与 MT,这条射线被称为资本市场线(如图 6-4 所示)。资本市场线揭示了有效组合收益和风险之间的均衡关系,这种均衡关系可以用资本市场线的方程来描述:

$$E(R_P) = R_f + (R_M - R_f) \times \sigma_p / \sigma_M \qquad (6\text{-}15)$$

式中:$E(R_P)$——有效组合 P 的期望收益率;

　　σ_p——有效组合 P 的标准差;

　　R_M——市场组合 M 的期望收益率;

　　① 刘红忠. 投资学. 高等教育出版社,2003

σ_M— 市场组合 M 的标准差；

R_f— 无风险证券收益率。

资本市场线方程式对有效组合的期望收益率和风险之间的关系提供了十分完整的阐述。有效组合的期望收益率由两部分构成：一部分是无风险收益率 R_f，它是由时间创造的，是对投资者放弃即期消费的补偿；另一部分是风险溢价 $(R_M-R_f)\times\sigma_p/\sigma_M$，它与风险承担大小成正比，是对投资者承担风险 σ_p 的补偿。其中的系数即资本市场线方程式中的第二项（斜率）代表了对单位风险的补偿，通常称之为单位风险的市场价格。

三、证券市场线

资本市场线只是揭示了有效组合的收益和风险的均衡关系，而没有给出任意证券或组合的收益风险关系。由资本市场线所反映的关系可以看出，在均衡状态下，市场对有效组合的风险（标准差）提供补偿，而有效组合的风险（标准差）由构成该有效组合的各单个成员证券（指风险证券）的风险共同合成，因而市场对有效组合的风险补偿可视为市场对各单个成员证券的风险补偿的总和，或者说市场对有效组合的风险补偿可以按一定的比例分配给各单个成员证券。当然，这种分配应按各单个成员证券对有效组合风险贡献的大小来分配。不难理解，实现这种分配就意味着在单个证券的收益和风险之间建立某种关系。

为实现这种分配，首先要知道各单个成员证券对有效组合风险的贡献大小。鉴于市场组合 M 也是有效组合，因此将市场组合 M 作为研究对象，分析 M 中各单个成员证券对市场组合风险的贡献大小，之后再按照贡献大小把市场组合的风险补偿分配到各单个成员证券。

首先来考察单个风险证券对市场组合的风险贡献度。市场组合 M 的方差可表示为：

$$\sigma_M{}^2=\sum\sum\omega_{iM}\omega_{jM}\sigma_{ij} \tag{6-16}$$

其中，ω_{iM} 和 ω_{jM} 分别表示风险证券 i 和 j 在市场组合 M 中所占的比例；σ_{ij} 为风险证券 i 和风险证券 j 的协方差。

可以将公式(6-16)改写为：

$$\sigma_M{}^2=\omega_{1M}\sum\omega_{jM}\sigma_{1j}+\omega_{2M}\sum\omega_{jM}\sigma_{2j}+\cdots+\omega_{nM}\sum\omega_{jM}\sigma_{nj} \tag{6-17}$$

利用协方差的性质：证券 i 与市场组合的协方差 σ_{iM} 可以表示为它与组合中每个证券协方差的加权平均，即：

$$\sigma_{iM}=\sum\omega_{jM}\sigma_{ij} \tag{6-18}$$

将公式(6-18)应用于公式(6-17)可得：

$$\sigma_M{}^2=\omega_{1M}\sigma_{1M}+\omega_{2M}\sigma_{2M}+\cdots+\omega_{nM}\sigma_{nM}$$

式中:σ_{iM}表示第i种成员证券与市场组合M之间的协方差。

式中的$\omega_{iM}\sigma_{iM}$可被视为投资比重为ω_{iM}的第i种成员证券对市场组合M的风险贡献大小的绝对度量,而$\omega_{iM}\sigma_{iM}/\sigma_M^2$视为投资比重为$\omega_{iM}$的第$i$种成员证券对市场组合$M$的风险贡献大小的相对度量。期望收益率$E(R_M)-R_f$可被视为市场对市场组合$M$的风险补偿,也即相当于对方差$\sigma_M^2$的补偿,于是分配给单位资金规模的证券$i$的补偿按其对$\sigma_M^2$作出的相对贡献应为:

$$[E(R_i)-R_f]/\sigma_{iM}=[E(R_M)-R_f]/\sigma_M^2$$

即:$E(R_i)=R_f+[E(R_M)-R_f]\sigma_{iM}/\sigma_M^2$ \hspace{2cm} (6-19)

公式(6-19)所表达的就是证券市场线(security market line,SML),如图6-5。它代表的是一条直线,表明σ_{iM}与预期收益率的关系是线性的。证券市场线反映了个别证券与市场组合的协方差与其期望收益率之间的均衡关系。

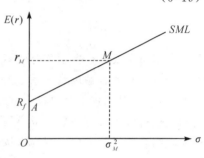

图 6-5　证券市场线

证券市场线的另一种表示方式为:

$$E(R_i)=R_f+[E(R_M)-R_f]\beta i \quad (6-20)$$

其中,$\beta i=\sigma_{iM}/\sigma_M^2$。$\beta i$就是通常所说的$\beta$系数。由此可以将证券市场线绘制成以$\beta$测度风险的图形,如图6-6。$\beta$系数在CAPM中成为衡量证券承担系统风险或市场风险的一个标准,用来反映证券或组合的收益水平对市场平均收益水平变化的灵敏度。一般来说,β系数的绝对值越大,表明证券承担的系统风险越大;β系数的绝对值越小,表明证券承担的系统风险越小。如果一只股票的β系数大于1,则这只

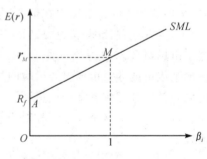

图 6-6　β形式的证券市场

股票被成为进取型股票,因为该股票收益率的变化大于市场组合收益率的变化。

公式(6-19)给出的就是资本资产定价模型,由此模型可知:单个证券i的期望收益率与其对市场组合方差的贡献率$\beta_i=\sigma_{iM}/\sigma_M^2$之间存在着线性关系,而不像有效组合那样与标准差(总风险)有线性关系。因而,从定价角度考虑,单个证券的风险用βi来测定更为合理。β_i表示某一证券的收益率对市场收益率的敏感性和反应程度,用于测量某一证券风险相对于市场风险的比率。

资本市场线与证券市场线是资本资产定价模型中两个重要结论,两者存在

着内在的关系[①]：

第一，资本市场线表示的是无风险资产与有效率风险资产再组合后的有效资产组合期望收益与总风险(σ_M)之间的关系，因此在资本市场线上的点就是有效组合；而证券市场线表明的是任何一种单个资产或组合的期望收益与其系统风险(β)之间的关系，因此在证券市场线上的点不一定在资本市场线上。

第二，证券市场线既然表明的是单个资产或组合的期望收益与其市场风险或系统风险之间的关系，因此在均衡情况下，所有证券都将落在证券市场线上。

第三，资本市场线实际上是证券市场线的一个特例，当一个证券或一个证券组合是有效率的，该证券或证券组合与市场组合的相关系数等于1，此时，证券市场线与资本市场线就是相同的。

第三节　有效证券市场

一、有效市场假说

有效市场假说(efficient market hypothesis,EMH)是现代资本市场理论体系的一个重要基石，资本资产定价模型、套利定价理论等都是建立在有效市场理论的基础之上。有效市场假说认为金融资产的价格能够反映市场上所有可以获得的信息，投资者不可能利用任何已知信息获得额外收益。

国外学者对有效市场假说作了长期的研究。早在1889年，经济学家Gibson在《伦敦、巴黎和纽约的股票市场》一书中就描述过市场的有效性特征，尽管当时没有使用"有效市场"这个词。最早描述和验证随机游走模型的法国经济学家Bachelier在其1900年的博士论文《投机理论》中，也探讨过公平游戏的原则，提出了投机者期望利润应为零的假说。穆斯(Muth)在1961年提出的理性预期理论认为，人们对未来金融市场变化的预期是基于过去的历史经验和当前信息所做出的最好判断，这个理论被认为是有效市场理论的前身。1965年，保罗·萨缪尔森(Paul Samuelson)首先提出有效市场假说。

直到1970年法玛(Fama)才在他的经典论文《有效资本市场：理论和实证研究回顾》中将有效市场假说系统地总结出来。此后，有效市场假说的内涵不断加深，外延不断扩大，最终称为现代金融经济学的支柱理论之一。有效市场是指在一个充满信息竞争和信息交流的社会里，市场上的信息是众所周知的并且能迅

---

① 邢天才、王玉霞. 证券投资学. 东北财经大学出版社，2008

速地传播到所有的参与者。证券价格对新的市场信息的反应是迅速而准确的，证券价格能完全反映全部信息，市场竞争使证券价格从一个均衡水平过渡到另一个均衡水平，而与新信息相应的价格变动是相互独立的或称随机的，因此有效市场理论也被称为随机行走理论。

有效市场假说是建立在三个强度依次减弱的假设之上的[①]。

(1)理性投资者。投资者是完全理性的，因而可以完全理性地对资产估价。

(2)随机交易。即使投资者不是完全理性的主体，由于他们的交易是随机发生的，因此彼此交易对价格产生的影响也可以互相抵消。

(3)有效套利。即使投资者非理性且行为趋同，交易行为不能相互抵消，但是由于套利者的存在，其理性行为仍然可以冲销非理性行为以及行为趋同因素对价格产生的影响。

二、有效市场的分类

有效市场假说涉及有关资本市场效率研究的两个关键问题：一是关于信息和证券价格之间的关系，即信息的变化如何引起价格的变动；二是与证券价格相关的信息种类，即不同信息对证券价格的影响程度不同。

对于证券市场上的信息——价格关系，我们可以通过考察证券市场投资者行为来揭示。市场上拥有大量相互独立地追求利润最大化的参与者，他们分析、评估市场上的各种资产和证券。信息是随机独立出现，而不同的投资者采用不同的信息分析处理方法，即使对同样的信息也存在不同的判断。然而在信息充分披露的情况下，任何与证券价格有关的信息都将反映在证券价格上。任何投资者都不可能单独地操纵市场价格，因此所有的投资者对信息的处理只能引起证券价格的随机波动。

对于证券市场的信息种类与不同效率的证券市场的关系，法玛将资本市场的有关信息分为三类：一是历史信息；二是公开信息；三是内部信息，从而定义了三种不同程度的市场效率。

(一)弱式有效市场

在弱式有效市场中，证券价格充分反映了历史上一系列交易价格和交易量中所隐含的信息，投资者不可能通过对以往的价格进行分析而获得超额利润。也就是说，使用技术分析当前及历史价格对未来作出预测将是徒劳的。在这一市场上，不仅仅存在"内幕信息"，而且并不是每一位投资者对所披露的信息都能

---

① 赵昌文、俞乔. 投资学. 清华大学出版社，2007

作出全面、正确、及时和理性的解读和判断,只有那些掌握专门分析工具的专业人员才能对所披露的信息做出全面、正确、及时和理性的解读和判断,并在此基础上作出投资决策,再通过他们的买卖行为把自己对全部公开信息的解读和判断贯彻到市场价格中去。但是一般的投资公众却很难把握全部公开的信息所包含的真正价值。另外,一般投资公众对分析工具的应用水平也不如专业投资者。这样,一般公众投资者对公开信息的解读和判断各有不同。根据这种投资决策所采取的投资行为,以及由此导致的市场价格的变化也就不可能反映全部公开信息所表明的投资价值。

(二)半强式有效市场

在半强式有效市场中,证券当前价格完全反映所有公开信息。在该市场上,证券的发行者由于种种原因没有将所有有关发行证券的信息完全、真实、及时地公开,因此,发行者和投资者在信息的占有上处于不平等的地位。投资者获得的只是发行者公开出来的信息,而不是发行者自己所掌握的全部信息。在现实的市场上,那些未公开的真实信息被称为"内幕信息"。

在半强式市场上,只有那些利用内幕信息的人才能获得非正常的超额回报。已公布的基本面信息无助于挑选价格偏离内在价值的股票,基本面分析无效。

(三)强式有效市场

在强式有效市场上,证券价格总是能及时、充分地反映所有相关信息,包括所有公开的信息和内幕信息。也就是说,信息的产生、公开、处理和反馈几乎是同时的。另外,有关信息的公开是真实的,信息的处理是正确的,反馈也是准确的。结果,在强式有效市场上,每一位交易者都掌握了有关证券的所有信息,而且每一位交易者所占有的信息都是一样。同时,每一位交易者的判断都是一致的,都能将自己的投资方案不折不扣地付诸实施。总之,在强式有效市场中,证券价格已完全反映所有的信息,任何投资者都无法通过对公开或内幕信息来赚取超额利润。

三、对有效市场假说的评价

证券市场价格之所以趋向于反映所有相关信息,是市场竞争的结果。当投资者花费时间和金钱去收集、分析各类信息时,这些活动应该能够提高投资者的期望收益,否则将得不偿失。由于市场上存在着大量的投资者,这些投资者都在努力寻求一切可能的获利机会,都在把自己掌握的信息用于投资活动从而反映在证券价格上。因此,在市场均衡的条件下,证券价格将反映所有有关的信息。而一旦市场偏离均衡,出现了某种获利机会,立即有人在极短时间内填补这一空隙,使市场恢复均衡。

　　证券市场比其他市场更接近竞争性的市场机制,在这个市场上存在着许多,知识和技术能力、分析能力都很强的投资者。这种信息竞争机制可以有效消除信息垄断,使股价充分反映所有有关信息,可见竞争是市场信息有效的成因。

　　有效市场假说体现了经济学家们一直梦寐以求的东西,那就是竞争均衡。如果确实存在着能为市场发现、并足可利用的某个低效定价领域,那么追求利润最大化的交易者或投资者将最终通过他们的买卖活动而使市场价格拉平,获得超常收益的可能性便会消失。EMH 实际上是亚当·斯密“看不见的手”在金融市场的延伸,它的成立保证了金融理论的适用性,许多现代金融投资理论,如CAPM(资本资产定价模型、APT 套利定价理论)等都是建立在 EMH 的基础之上的。它获得了经济学家广泛的检验讨论,成为现代证券市场理论体系的支柱之一,也是现代金融经济学的理论基石之一[①]。

第四节　行为金融与证券投资

一、行为金融概念与发展

　　行为金融学实在对传统金融理论(尤其是对 EMH 和 CAPM)的挑战和质疑的背景下形成的。传统金融学是建立在理性预期和有效市场假设的基础之上,其核心内容是有效市场假说。这些理论都是建立在投资者是理性人这样一种微观基础上研究市场的。所谓理性人,通常都具有以下几个特征:(1)风险厌恶者;(2)以效用最大化为目标;(3)对一切信息能够进行正确的加工和处理。在此基础上,这些理论的模型和范式都局限在“理性”的分析框架中,忽视了对投资者实际决策行为的分析。随着金融市场的发展,出现了很多传统金融学理论和模型无法解释的“金融之谜”,如股票长期投资的收益率溢价、股票价格的异常波动与股价泡沫、封闭式基金折价交易、股价对市场信息的过度反应或反应不足等。20 世纪 80 年代,金融学家开始将人类心理与行为因素引入金融学理论,成功地解释了一些市场异常现象,成为现代传统金融理论的有力补充。

　　另一个使行为金融学蓬勃发展的原因是 Kahneman 和 Tversky(1979)提出的前景理论(prospect theory),用来作为人们在面对不确定性条件下从事决策的模型,以解释传统效用理论与实证结果的分歧。前景理论被视为对有效市场

---

①　范依梅. 有效市场假说综述. 集团经济研究,2007(9)

理论强有力的挑战。他们通过比较典型的心理学实验法,证明了人在不确定情形下做出判断时存在"系统性偏差",而不是像传统经济学理论认为的那样,只是随机偏差。行为金融学以前景理论为基础,加上其他心理学对于投资者行为模式的发现,对有效市场假说的三个假设提出了质疑。它认为投资者是非理性的,并且投资者的非理性行为并非随机发生,套利会受一些条件上的限制以至于不能发挥预期中的作用。

行为金融理论以心理学对人类决策心理的研究成果为依据,以人们的实际决策心理为出发点,讨论投资者的投资决策对证券价格变化的影响。它广泛吸收了心理学、社会学、人类学,尤其是行为决策研究的成果,从经济行为发生、发展和演变的内在心理机制及经济心理活动的特点和规律入手,突破了经典现代金融理论只注重最优决策模型,使人们对证券市场价格行为的研究,由研究"人们应该怎样做投资决策"进入到研究人们实际上是怎么样进行投资决策的领域,从而使这方面的研究更加接近实际。

行为金融学的兴起和蓬勃发展标志着学者对经济生活心理效应认识的深化和发展。它以实际经验为依据,修正了传统金融学的某些基本假设。行为金融学认为,投资者是非理性人,情绪和认识偏差的存在使投资者无法做到理性预期和效用最大化,从而他们的非理性行为导致市场的非有效性、资产价格偏离其基本价值。因此,证券的市场价格并不只由证券自身包含的一些内在因素所决定,而且还在很大程度上受到各参与主体行为的影响,即投资者心理与行为对证券市场的价格决定及其变动具有重大影响。行为金融学的蓬勃发展离不开心理学分析所起的作用。它融汇了心理学基本原理,其主要表现在信仰(过度自信、乐观主义和如意算盘、代表性、保守主义、确认偏误、定位、记忆偏误)以及偏好(展望理论、模糊规避)在行为金融学的应用。因此,行为金融理论中包含两个关键要素:(1)部分投资者由非理性或非标准偏好驱使而做出非理性行为;(2)具有标准偏好的理性投资者无法通过套利活动纠正非理性投资者造成的资产价格偏差。这意味着非理性预期可以长期、实质性地影响金融资产的价格。行为金融学正是基于对心理因素是影响投资决策和资产定价不可或缺的重要因素的认识据此建立起相应的投资决策模型。

行为金融理论的发展历史可以概括为以下 3 个阶段[①]。

(一)早期阶段

这一阶段以凯恩斯和普莱尔为代表。凯恩斯是最早强调心理预期在投资决

---

① 刘志阳. 西方行为金融理论:一个文献综述. 学术研究,2002(2)

策中作用的经济学家,他基于心理预期最早提出故事"选美竞赛"理论和基于投资者"动物精神"而产生的股市"乐车队效应";凯恩斯把影响证券资产价格的决定因素归因于投资大众的未来动向和预期心理,而与证券资产的真实价值无关。他从繁荣与萧条的周期更迭的心理角度,解释了投资者行为以及这种投资行为对证券资产价格波动的影响。

普莱尔(Burrel)是现代意义上金融理论的最早研究者,在其《以实验方法进行投资研究的可能性》论文中,开拓了应用实验将投资模型与人的心理行为特征相结合的金融新领域。普莱尔认为市场行为是相对稳定的人类行为模式的反映,构建实验方法来揭示人们在市场中是如何行为的,对于理解证券市场的运行是很有价值。

(二)心理学行为金融阶段(从 1960 年至 20 世纪 80 年代中期)

这一阶段的行为金融研究以以色列心理学家崔斯凯(Tversky)和卡尼曼(Kahneman)为代表。崔斯凯研究了人类行为与投资决策模型基本假设相冲突的 3 个方面:风险态度、心理会计和过度自信,并将观察到的现象称为"认知偏差"。崔斯凯和卡尼曼发表了两篇奠定行为金融理论基础的重要论文。一篇是1974 年在《科学》杂志上发表的《不确定状态下的判断:启发式经验法则和偏差》,另一篇是 1979 年在《计量经济学》上发表的《前景理论:风险条件下的决策分析》,文中卡尼曼和崔斯凯共同提出了"前景理论",使之成为行为金融研究中的代表学说。后来的学者将其与其他心理学说广泛应用于金融领域的资本资产定价及投资者决策行为的研究,从而形成了行为金融理论。但是在这一阶段,行为金融的研究仍没有引起足够的重视。

(三)金融学行为金融阶段(从 20 世纪 80 年代中期至今)

在这一阶段行为金融理论取得了突破性的进展,主要以芝加哥大学的泰勒(Thaler)和耶鲁大学的西勒(Shiller)为代表。泰勒主要研究了股票回报率的时间序列、投资者心理会计等问题;西勒主要研究了股票价格的异常波动、股市中的"羊群效应"、投机价格和流动心态的关系等。与上个时期相比,这个时期的行为金融研究是从投资策略上加以完善,注重把心理学研究和投资决策结合起来。在这一时期,行为金融理论的研究内容呈现多样化、纵深化的特点。大致来说,行为金融理论在资产定价方面、投资者行为方面和套利有限性方面有了重大的进展。

二、行为金融学的理论基础

(一)期望理论

标准金融理论的预期效用理论假设人们对前景选项的期望就是所有可能的结果的期望效用,并且,所有结果预期效用都是基于资产的最终状态的。另外,预期效用理论还假设无论人们在面对损失前景还是盈利前景的时候,都是风险厌恶的,即效用函数是凹函数。然而实际上人们的决策过程并非如此。1979年,心理学家崔斯凯和卡尼曼发现了许多与预期效用理论相悖的决策现象,例如:(1)人们偏好肯定的结果,因此对于那些被认为是肯定的结果,人们就赋予较高的决策权重,相反,对于那些被认为可能性不大的结果,人们就赋予较低的决策权重;(2)当一个决策问题的阐述形式发生变化时,人们的偏好就会随之变化,人们很难透过表面看到实质;(3)针对前景为亏损的情况,人们的偏好会与前景是盈利时的偏好正好相反,在赢利的前景下表现为风险厌恶,而在损失的前景下表现为风险追求等[1]。

针对期望效用理论的这些悖论,他们提出了另外一个风险条件下的个人决策模型——期望理论。期望理论认为投资者的效用以当前的财富为参考点。投资者在损失的情况下常是风险偏好的,而在盈利时则往往是风险回避的,并且投资者损失时所感受到的痛苦,通常远大于盈利时获得的愉悦。投资者在评价决策选项的价值时,会根据现有财富对选项可能造成的盈利和损失进行判断,并且会在心理上对损失和盈利造成的后果有不同的感受;在评价选项的概率时,投资者主观上往往会对事件发生的概率进行夸大或缩小,由此产生了投资者心理概率与真实概率之间的不一致。

(二)投资者行为偏差

行为金融学结合心理学家和实验经济学家的研究成果,找到了产生市场异象和导致投资者决策时有限理性的心理学依据,为行为金融学理论提供了支撑。所谓直观推断偏差,是指在不确定条件下,人们依赖于一定数量的直观推断的原则,来处理概率和预测价值而导致的一些系统性问题。直观推断偏差有很多种形式,例如,典型启示、过度自信、后悔厌恶、锚定直觉等。大量心理学实验表明,人在认知过程当中,会运用一种叫做启发法的认知捷径,也叫经验法则。启发法既可得出准确的也有可能导致错误的结论。当错误的结论以心理偏差的形式表现出来,就是所谓的启发法偏差。投资者对自己的判断过度自信有两种形式:一

---

① 唐瑜冲、罗孝玲、张黄. 行为金融学理论研究述评. 中国市场,2008(3)

是估计可能性时缺乏准确性,二是数量估计的置信区间太窄。过度自信是事后聪明偏差、账面/市值比效应和过度交易的心理学原因。后悔厌恶是指当人们作出错误决策时,对自己的行为感到痛苦。后悔比受到损失还要痛苦,因为这种痛苦让人感到自己必须为损失承担责任。为了避免后悔,人们常作出非理性的行为。实证表明人们经常犯由后悔厌恶带来的错误。锚定直觉是指人在估计不确定数值时,往往以一个初始的参照点或锚定值为基准来降低模糊性,进行一定的调整而得出结论,而且调整通常是不充分的。

(三)市场非有效性

无效市场要解答金融市场的种种非理性决策是否会造成系统性偏差,或是否会因为非理性决策导致金融产品存在大幅度、长期错误定价。传统金融学采用了一些严格的假设,例如市场充分竞争,所有市场参与者都是价格的接受者;所有市场参与者都是理性的,并追求效用最大化等。然而在现实生活中,这些假设条件很难成立。行为金融学认为,资产定价在很多情况下偏离其基本价值,而这些偏离可能因为市场中存在着非理性交易者。人类在风险条件下的决策不可避免会遭受行为偏差的影响,并且这些行为偏差在短时期内不可能得到纠正,因为人们的学习过程总是很缓慢,这就会导致市场价格长期地系统性偏离其实际价值。

行为金融学认为,如果投资者承认市场的无效性,并转而研究投资者的行为特征以及实际的决策过程,并用模型更精确地描述市场的定价机制及投资者建立投资组合的过程,那么投资者可以更理性地制定投资策略,同时市场也能更好地优化配置资源。

三、行为金融学投资策略

针对市场中异常现象的存在,行为金融学家提出了许多投资策略,比较有代表性的有反向投资策略、动量交易策略、成本平均策略和时间分散化策略。

(一)反向投资策略

反向投资策略,就是买进过去表现差的股票而卖出过去表现好的股票来进行套利。这种策略的提出最初是基于 De Bondt 和 Thaler(1985,1987)对股市过度反应的实证研究。行为金融理论认为,由于投资者在实际投资决策中,往往过分注重上市公司的近期表现,根据公司的近期表现对其未来进行预测,从而导致对近期业绩情况做出持续过度反应,形成对绩差公司股价的过分低估和对绩优公司股价的过分高估,最终为反向投资策略提供了套利的机会[1]。

(二)动量交易策略

动量交易策略,即预先对股票收益和交易量设定过滤准则,当股票收益或股票收益与交易量同时满足过滤准则就作出股票的投资策略。行为金融意义上的动量交易策略的提出,源于对股市中股票价格中间收益延续性的研究。Jegadeesh与Titman(1993)在对资产股票组合的中间收益进行研究时发现,以3到12个月为间隔所构造的股票组合的中间收益呈现出延续性,即中间价格具有向某一方向连续变动的动量效应。Rouvenhorst(1998)在其他十二个国家发现了类似的中间价格动量效应,表明这种效应并非来自于数据采样偏差[2]。

(三)成本平均策略和时间分散化策略

成本平均策略是指投资者在购买证券时,采用分批买入,逐步加仓的办法来建立仓位。该策略可以在证券价格下跌时,降低购入证券的平均成本,从而避免了一次性买入可能带来的风险。成本平均策略其实是次优的而非最优的投资策略。时间分散化策略的理论依据是假设投资股票的风险将随着投资期限的延长而降低,该策略建议投资者在年轻时可以更多地进行股票投资,并随着年龄的增长逐步减少。

案例六　巴菲特的投资理念

沃伦·巴菲特是著名投资大师,他创造了前无古人的投资业绩,每年平均复合增长率达24%,保持达30多年之久。假如你在1956年将1万美元交给他,今天这笔钱已超过1.4亿美元,当中已扣除了所有税收和有关一切的交易费用。

20多年来,由巴菲特主持的投资,有28年成绩跑赢标准普尔五百(S&P 500)指数,要知道S&P 500指数在这些年里保持了10%左右的复合增长率,这对大部分投资者来说已是非常满意的数字了。但是巴菲特的表现,抛离标普五百一倍半在增长,着实令人惊讶。

现在巴菲特的投资王国——伯克希尔·哈撒韦公司(Berkshire Hathaway)在纽约证券交易所挂牌交易,是全世界以每股计最贵的股票,市值达每股美元七万五千左右。不少人以拥有巴菲特的股票为身份的象征,以每年春天能前往奥

①　杨艳军. 投资学. 清华大学出版社、北京交通大学出版社,2006

②　张元萍. 投资学. 中国金融出版社,2007

马哈开股东大会为乐,巴菲特参与撰写的年报被称为投资界的"圣经"。

比起金融学术界很多著名的投资理论,如随机漫步理论(random walks)、有效市场假设(the efficient market hypothesis)和资产定价(capital assets pricing model)等学说,股神的投资理论要简单得多,而且多了些实用性。巴菲特的投资理论受格雷厄姆的影响很深,早在他就读于哥伦比亚大学商学院时,他就师从格雷厄姆,耳濡目染他的价值投资理论;另一个影响了巴菲特的投资理论的人是费雪,他以挑选成长股见长。巴菲特的投资理论精髓在于挑选优良及价值(value)的股票买入(buy),然后长期持有(hold),具体可概括为以下几点:

一、集中投资

巴菲特认为应该把注意力集中在几家公司上,合理的数目是 10～15 家。如果投资者的组合太过分散,反而不利于投资组合的管理。巴菲特认为要选出最杰出的公司,分析它们的经济状况和管理者素质,然后全力买入那些能长期表现良好的公司,集中投资在它们身上。对于分散投资,股神说:"分散投资是无知者的自我保护法,对于那些明白自己在干什么的人来说,分散投资是没什么意义的。"

二、只投资自己熟悉的领域

巴菲特的投资成绩,在 1999—2000 年度一度落后于大市,当时正是网络泡沫最盛之时,科技类股票的价格似乎没有上限地上涨,但股神表示因为不懂互联网科技,而拒绝买入高科技股,甚至拒绝了比尔·盖茨的投资邀请。结果随着科网泡沫的爆破,再次证明股神是对的,这说明了股神只会买入自己能够了解的公司股票。

三、关注内在价值,忽略短期波动

股神认为找到了买入股票的内在价值后,就不要理会它短期的价格波动。因为市场上充斥着太多不理性的投资者。股神长期居住在奥马哈,远离喧闹的纽约,正直为了避开充满狂热而缺乏理性的市场。巴菲特的理论是:"设法在别人贪心的时候持谨慎恐惧的态度,相反当众人都小心谨慎时,要勇往直前。"事实上,短线的股价经常都不可理喻。

四、长期持有

选中好的公司股票并长期持有下去。只要该公司仍然表现出色,管理层稳定,就应该继续持有。股神说:"如果你拥有很差的企业,你应该马上出售,因为丢弃它你才能在长期的时间里拥有更好的企业。但如果你拥有的是一家好公司股票,千万不要把它出售。"

五、拒绝投机

股神从不相信内线消息,坚持独立思考。他说,即使联邦储备局主席格林斯潘在他耳边秘密告知未来利率的去向也不会因此而改变任何投资计划。

六、等待入市良机

股神近来总结归纳他的投资心得时指出:投资者不需要在市场上经常出没。在发掘在好股票的时候,要等待好时机买入才能作长期持有的策略,这样胜算自然高。

(摘自"股神"巴菲特的六大投资良策. http://www.28833.com/2/a/11/38/14094.html. 2006-11-29)

本章思考题

1. 如何理解市场组合的概念?
2. 资本市场线和证券市场线有何区别?
4. 有效市场假说给我们带来什么启示?

第七章　证券投资基本分析

本章学习重点

　　本章介绍了证券投资的基本分析方法,主要包括宏观经济分析、行业分析和公司分析三部分。通过本章的学习,了解宏观经济分析、行业分析和公司分析的意义和内容,掌握各分析方法考虑的主要指标,了解行业和市场的类型,了解上市公司研究报告的基本框架。

第一节　证券投资基本分析概述

　　基本分析法又称基本面分析法,是指证券投资分析人员对决定证券价值的一些基本要素进行分析。如对于宏观经济指标、经济政策走势、行业发展状况、产品市场分布、公司销售和财务状况等要素进行分析,评估证券的投资价值,判断证券的合理价位,提出相应的投资建议的一种分析方法[①]。

　　基本分析法的出发点是任何一种金融资产都有"内在价值",证券起伏不定的价格最终围绕其"内在价值"而波动。当市场价格和"内在价值"不相等时,金融资产的价格将被误定,因此,当市场价格低于(或高于)内在价值时,便产生了金融资产的买入(或卖出)机会。

一、基本分析法的内容

　　基本分析的内容主要包括宏观经济分析、行业分析和公司分析三部分。

(一)宏观经济分析

　　宏观经济通常指一国或一个地区的经济总体情况,其对证券市场价格的影响是全局性和系统性的,它决定了证券市场走势的基本格局。宏观经济分析主

---

　　① 张玉明. 证券投资学. 清华大学出版社、北京交通大学出版社,2007

要是探讨各经济指标和经济政策对证券价格的影响。为了便于对宏观经济进行分析,投资者通常应该选择一些重要的宏观经济指标作为参考,包括国内生产总值、投资指标、货币供应量、通货膨胀率、利率和汇率等。除了经济指标之外,主要的经济政策有:货币政策、财政政策、税收政策、利率和汇率政策、产业政策、收入分配政策等。

(二)行业分析

单个企业的发展总是受到它所在行业发展的影响,深入分析行业是证券分析取得成功的先决条件。行业分析就是要界定行业本身所处的发展阶段及其在国民经济中的地位,同时对各不同行业进行横向比较,为确定投资对象提供必要的行业背景资料。

(三)公司分析

公司分析是基本分析的重点,无论什么样的分析报告,最终都要落实在某个公司证券价格的走势上。公司分析通过收集上市公司公开发布的经营管理、财务等方面的信息,分析公司的竞争能力、盈利能力、经营管理能力、发展潜力、财务状况、经营业绩及潜在风险等,借此评估和预测证券的投资价值、价格及其未来变化的趋势,从而找出有投资潜力的上市公司。

二、基本分析法的特点及适用范围

基本分析法的优点主要是能较全面地把握证券价格的基本走势,应用起来相对简单;而缺点主要是对短线投资者的指导作用较弱,预测的精确度相对较低。

根据基本分析法的优缺点,基本分析法主要适用于周期相对较长的证券价格预测,以及相对成熟的证券市场和预测精确度要求不高的领域。

第二节 宏观经济分析

一、宏观经济分析的意义和方法

(一)宏观经济分析的意义

证券市场与宏观经济密切相关,股票市场素有宏观经济晴雨表之称。证券市场的变动趋势受宏观经济走向的影响。在证券投资领域中,宏观经济分析非常重要,只有把握经济发展的大方向,才能作出正确的长期决策。宏观经济因素对证券投资的影响主要体现在两个方面:一是宏观经济的运行决定了证券市场的总体运行态势。二是宏观经济政策的调整对证券市场产生重大影响。因此,宏观经济分析有助于把握证券市场的总体变动趋势,判断整个证券市场的投资价值,掌握宏观经济运行和宏观经济政策对证券市场的影响力度和方向。

(二)宏观经济分析的方法

1. 经济指标分析

宏观经济分析可以通过一系列经济指标的计算、分析和对比来进行。经济指标有三类:一是先行指标,指先于经济周期发生变动的时间序列指标,主要有货币供应量、价格指数等。从实践来看,通过先行指标对国民经济的高峰和低谷进行计算和预测,得出结论的时间可以比实际高峰和低谷的出现时间提前一些。二是同步指标,是最常见的衡量经济行为的时间序列指标,主要包括失业率、国民生产总值等,通过同步指标算出的国民经济转折点大致与总的经济活动的转变时间同时发生。三是滞后指标,指在总的经济活动之后发生变动的时间序列指标,主要有银行短期商业贷款利率、工商业未还贷款等。滞后指标反映出国民经济的转折点一般要比实际经济活动晚一些。滞后指标有助于验证先行指标所表示的经济趋向是否准确。

此外,还用宏观经济分析时经常使用的国内生产总值、国民生产净值、国民收入、个人收入、个人可支配收入五个有密切联系的主要综合指标来反映和分析国民经济的主要面貌,如经济发展水平及其增长状况、国内生产总值和国民收入在部门与行业间的发展情况等。

在对经济指标进行分析时,主要有总量分析法和结构分析法。

总量分析法是指对影响宏观经济运行总量指标的因素及其变动规律进行分析,如对国民生产总值、消费额、投资额、银行信贷总额及物价水平变动规律的分析,进而说明整个经济状态。总量分析主要是一种动态分析,因为它主要研究总量指标的变动规律。

结构分析法是指对经济系统中各组成部分及其对比关系变动的分析,如国内生产总值中三次产业的结构分析、消费分析、投资结构分析和经济增长中各因素作用的结构分析等。结构分析主要是一种静态分析,即对一定时间内经济系统中组成部分变动规律的分析。

总量分析法侧重总量指标速度的考察,它侧重分析经济运行的动态过程;结构分析法侧重于对一定时期经济整体中各组成部分相互关系的研究,它侧重分析经济现象的相对静止状态。为使投资策略更加准确,需要对经济运行进行全面把握,通常将总量分析法和结构分析法结合起来使用。

2. 计量经济模型[①]

所谓计量经济模型,就是将相互联系的各种经济变量表现为一组联立方程式,来描述整个经济的运行机制,利用历史数据对联立方程式的参数值进行估计,根据制订的模型来预测经济变量的未来数值。计量经济模型主要有经济变量、参数以及随机误差三大因素。

(1)经济变量是反映经济变动情况的量,分为自变量和因变量。计量经济模型中的变量则可分为内生变量和外生变量两种。内生变量是指由模型本身加以说明的变量,它们是模型方程式中的未知数,其数值可由方程式求解获得;外生变量则是指不能由模型本身加以说明的量,它们是方程式中的已知数,其数值不是由模型本身的方程式算得,而是由模型以外的因素产生。

(2)计量经济模型的第二大要素是参数。参数是用以求出其他变量的常数,参数一般反映出事物之间相对稳定的比例关系。在分析某种自变量的变动引起因变量的数值变化时,通常假定其他自变量保持不变,这种不变的自变量就是所说的参数。

(3)计量经济模型的第三个要素是随机误差。随机误差是指那些很难预知的随机产生的差错,以及经济资料统计、整理和综合过程中所出现的差错。可正可负,或大或小,最终正负误差可以抵消,因而通常忽略不计。

为证券投资而进行宏观经济分析,主要应运用宏观计量经济模型。所谓宏观计量经济模型是指在宏观总量水平上把握和反映经济运行较全面的动态特征,研究宏观经济主要指标间的相互依存关系,描述国民经济各部门和社会再生产过程各环节之间的联系,并可用于宏观经济结构分析、政策模拟、决策研究以及发展预测等功能的计量经济模型。

二、经济增长对证券市场的影响

在宏观经济分析中,国内生产总值指标占有非常重要的地位,它的增长速度及状况是判断宏观经济是处于景气还是衰退的直接指标。从国际投资的角度,投资者也经常采用各国国内生产总值的增长速度与世界经济总体情况的比较以及国家之间的相互比较作为投资的重要参考指标。GDP 变动是一国经济成就的根本反映,GDP 的持续上升表明国民经济良性发展,制约经济的各种矛盾趋于或达到协调;如果 GDP 处于不稳定的非均衡增长状态,暂时的高产出水平并不表明一个好的经济形势,不均衡的发展可能激发各种矛盾,从而孕育一个深的经济衰退。GDP 增长和不同的经济形势相结合,会对证券市场产生不同的影响。

---

① 胡金焱、李维林. 金融投资学. 经济科学出版社,2004

(一)持续、稳定、高速的 GDP 增长

此时,社会总供求协调增长,经济结构逐步趋于平衡,经济增长来源于需求刺激并使得闲置的或利用率不高的资源得以更充分的利用,从而表明经济发展的良好势头,这时证券市场将基于下述原因而呈现上升走势。一方面表现为伴随着总体经济成长,上市公司利润持续上升,股息和红利不断增长,企业经营环境不断改善,投资风险也越来越小,从而公司的股票和债券得到全面升值,促使价格上涨。另一方面表现为国民收入和个人收入都不断得到提高,人们对经济形势形成了良好的预期,投资积极性得以提高,从而增加了对证券的需求,促使证券价格上涨。

(二)高通胀下的 GDP 增长

当经济处于严重失衡下的高速增长时,总需求大大超过总供给,这将表现为高的通货膨胀率,这是经济形势恶化的征兆,如不采取调控措施,必将导致未来的"滞涨"(通货膨胀与增长停滞并存)。这时经济中的矛盾会突出地表现出来,企业经营将面临困境,居民实际收入也将降低,因而失衡的经济增长必将导致证券市场价格普遍下跌。

(三)宏观调控下的 GDP 增长

当 GDP 呈失衡的高速增长时,政府可能采用宏观调控措施以维持经济的稳定增长,这样必然减缓 GDP 的增长速度。如果调控目标得以顺利实现,GDP 仍以适当的速度增长,而未导致 GDP 的负增长或低增长,说明宏观调控措施十分有效,经济矛盾逐步得以缓解,为进一步增长创造了有利条件,这时证券市场也将反映这种好的形势而呈平稳渐升的态势。

(四)转折性的 GDP 变动

如果 GDP 一定时期以来呈负增长,当负增长速度逐渐减缓并呈现向正增长转变的趋势时,表明恶化的经济环境逐步得到改善,证券市场走势也将由下跌转为上升。当 GDP 由低速增长转向高速增长时,表明低速增长时,经济结构得到调整,经济的"瓶颈"制约得以改善,新一轮经济高速增长已经来临,证券市场亦将伴之以快速上涨之势[①]。

三、经济周期对证券市场的影响

经济周期与证券市场周期之间存在着十分紧密的联系。宏观经济周期一般

---

① 中国证券业协会. 证券投资分析. 中国财政经济出版社,2007

经历四个阶段,即萧条、复苏、繁荣、衰退。如此循环往复,周而复始,其中每四个阶段构成一个经济周期。

在萧条阶段,经济下滑至低谷,公司经营情况不佳,股市低迷,证券价格也在低位徘徊。由于预期未来经济状况不佳,公司业绩得不到改善,投资者普遍对经济形势持悲观态度。股票持有者纷纷抛出持有的股票,使整个股市价格大跌,市场处于萧条和混乱之中。

当经济走出萧条,步入复苏阶段时,公司经营状况开始好转,业绩上升。此时,人们开始对经济发展前景恢复信心,企业开始增加投资,对资金需求增加。随着经济的逐渐恢复,在一部分较为敏锐的投资者投资行为示范效应下,更多的投资者进入股市,从而推动证券价格不断走高。

随着经济的日渐活跃,繁荣阶段就会来临,公司经营业绩也在不断提升,公司竞相投资、扩大市场。由于经济好转和证券市场上升趋势的形成得到了大多数投资者认同,投资品价格大幅上扬,并屡创新高,整个经济和证券市场均呈现一派欣欣向荣的景象。

由于繁荣阶段的过度扩张,社会总供给开始超过总需求,经济增长减速,同时经济过热造成工资、利率等大幅上升,使公司营运成本上升,公司业绩开始出现停滞甚至下降之势,繁荣之后衰退的来临不可避免。在衰退阶段,更多投资者基于对衰退来临的共同认识加入到抛出证券的行列,从而使整个证券市场形成向下的趋势。

总的来看,证券价格的变动大体上与经济周期相一致。一般是,经济繁荣,证券价格上涨;经济衰退,证券价格下跌。理解经济周期和证券周期的关系,可以帮助投资者做出投资决策。但是证券市场价格的变动周期在时间上并不与经济周期相同。证券周期是宏观经济周期的先行指标。这就是通常所说"证券市场是经济的晴雨表"的原因所在。

四、通货变动对证券市场的影响

(一)通货膨胀对证券市场的影响

通货膨胀常与经济过热联系在一起,但通货膨胀对证券市场的影响较为复杂,既有刺激股票市场的作用,也有抑制股票市场的作用。

温和、稳定的通货膨胀对证券价格上扬有推动作用。通常这是因为政府调整某些商品的价格并以此推动经济的增长。在这种情况下,某些行业、产业和上市公司因受政策的支持,其商品价格有明显的上调,销售收入也随之上升,公司业绩提高,促使其证券价格上涨,但与此同时,一部分上市公司得不到政策支持,其业绩承受向下调整的压力,其证券价格也有较大幅度的下降。因此,以温和、稳定的通货膨胀来刺激经济,其初始阶段将会导致证券市场各品种之间的结构性调整。如果通货膨胀在一定范围内存在,经济又处于比较景气阶段,证券价格也会稳步攀升。

但是通货膨胀达到一定限度就会损害经济的发展。严重的通货膨胀时,价格被严重扭曲,货币不断大幅度贬值,人们为资金保值而囤积商品、购买房产,资金相应流出资本市场,证券价格随之下跌;同时,扭曲的经济失去效率,企业不仅难以筹集到生产资金,而且原材料、劳动力价格飞涨,使企业经营严重受损,盈利水平下降,甚至倒闭。政府不能长期容忍通货膨胀的存在,又必然会运用宏观经济政策抑制通胀,其结果是倒置企业于紧缩的宏观形势中,这又势必在短期内导致企业盈利的下降,资金进一步逃离资本市场,证券市场的价格又会形成新一轮的下跌。

通货膨胀对证券市场的影响有时会得出互为矛盾的结论,但是长期的通货膨胀必然恶化经济环境、社会环境,导致证券市场价格下跌,从而抵消通货膨胀在短期中对证券市场的积极效应。在适度通货膨胀的刺激下,人们为了避免损失,将资金投入证券市场,同时通货膨胀初期物价上涨,也刺激了企业利润增加,证券价格相应看涨;但持续通货膨胀的存在,提高了企业成本,遏制了商品需求,企业收支状况恶化,证券价格下跌。此时,如果政府再采取严厉的紧缩政策,这必然使企业经营环境进一步恶化,证券价格不可避免地下跌。

(二)通货紧缩对证券市场的影响

通货紧缩是指物价水平普遍连续下降的经济现象。尽管从表面上看,物价水平的下跌可以提高货币的购买力,增强公众的消费能力,但是物价的下跌导致商品销售的减少和企业收入的下降,企业只能缩小生产规模,使得就业率相应减少。通常在通货紧缩的初期,因为货币购买力的增强,公众的消费和投资增加,带动证券市场的活跃。但是随着就业机会的减少,公众对未来的收入预期趋于悲观,他们将相应减少支出,企业商品积压明显增加,就业形势进一步恶化。此时房地产和商业的经营状况率先不佳,涉及这些行业股票价格下跌,这些领域的投资者遭受损失。随着通货紧缩的加剧,需求都可能损失惨重。造成通货紧缩的原因很多,可能是外国金融危机导致对出口商品需求的减少,也可能是国内居民消费和投资的不振,更可能是两者的共同作用。通货紧缩的直接原因是货币供给增长速度的下降,因为总需求的不足导致商业银行"惜贷",中央银行宽松的货币政策难以作用到位。

从利率的角度分析,通货紧缩形成了对利率下调的稳定预期,由于真实利率等于名义利率减去通货膨胀率,下调名义利率降低了社会的投资预期收益率,导致有效需求和投资支出进一步减少,引起物价更大幅度的下降。可见,因通货紧缩带来的经济负增长,使得股票、债券及房地产等资产价格大幅下降,银行资产状况进一步恶化。而经济危机与金融萧条的出现,反过来又大大影响了投资者对证券市场走势的信心。

五、宏观经济政策对证券市场的影响

(一)货币政策对证券市场的影响

中央银行主要通过三大货币政策工具来实现对宏观经济的调控,即法定存款准备金率、再贴现政策和公开市场业务。当国家为了防止经济衰退、刺激经济增长而实行扩张性货币政策时,中央银行就会通过降低法定存款准备金率、降低中央银行的再贴现率或在公开市场上买入国债的方式来增加货币供应量,扩大社会的有效需求。当经济持续高涨、通货膨胀压力较重时,国家往往采取紧缩性的货币政策。此时,中央银行可以通过提高法定存款准备金率,提高中央银行的再贴现率或在公开市场上卖出国债以减少货币供应量,以实现社会总需求和总供给大体保持平衡。

中央银行的货币政策对证券市场的影响主要表现为以下几个方面。货币政策以货币市场为媒介,通过利率等手段来调节货币供应量,因此,它对证券市场的影响直接而迅速。例如,中央银行在公开市场上买进或卖出债券就直接影响债券的需求,影响其价格的变动;而利率的调整则在瞬间改变了证券投资的机会成本和上市公司未来的营运成本等。当实行扩张性货币政策时,一方面社会货币供给总量扩大,证券市场的资金增多,通货膨胀使人们为了保值而购买证券,从而推动证券价格上涨。另一方面,货币供应量增加导致利率的调整。当利率降低时,证券投资的机会成本降低;同时,上市公司的营运成本下降,业绩提高,从而证券市场的整体价格水平上升。

另外,货币政策对人们的心理影响非常大,对"政策市"尤其明显,这种影响对股市的涨跌又将产生极大的推动作用。

(二)财政政策对证券市场的影响

财政政策是通过财政收入和财政支出的变动来影响宏观经济活动水平的经济政策。其主要手段包括:改变政府购买水平、改变政府转移支付水平和改变税率。

政府购买是社会总需求的一个重要组合部分。扩大政府购买水平,如增加政府在道路、桥梁、港口等非竞争性领域的投资,可直接增加相关产业(如水泥、钢铁、建材等产业)的产品需求,这些产业的发展又形成对其他产业的需求,以乘数的方式促进经济发展,可使与这些行业有关公司的利润增加,居民收入增加,从而促使证券价格上涨。

改变政府转移支付水平主要从结构上改变社会购买力状况,从而影响总需求。提高政府转移支付水平,如增加社会福利费用、增加为维持农产品价格而对农民的拨款等,会使一部分人的收入水平得到提高,因此有利于证券市场价格上涨。一般来说,如果中央政府提高对地方政府的转移支付水平,地方政府将拥有更多的自主财力,直接或间接地扶持当地上市公司的发展,从而促进该地区上市公司业绩的提高和证券价格上升。

在其他条件不变的条件下,公司税调整直接影响公司的净利润,并进一步影响公司扩大生产规模的能力和积极性,从而影响公司未来成长潜力。个人所得税将直接影响居民个人的实际收入水平,因而将影响证券市场的供求关系。而证券交易税则直接关系证券交易的成本。由此可见,税率的提高将抑制证券价格的上涨,而税率的降低或免税将有助于证券价格的上涨。

从总体上看,实行扩张性财政政策,增加财政支出,可增加总需求,使公司业绩上升,经营风险下降,居民收入增加,从而使证券市场价格上涨;反之,实行紧缩性财政政策,可减少社会总需求,使过热的经济受到抑制,从而使公司业绩下滑,居民收入减少,证券市场价格下降。

(三)汇率政策对证券市场的影响

汇率对证券市场的影响是多方面的。一国的经济越开放,证券市场国际化程度越高,证券市场受汇率的影响越大。汇率下跌,本币贬值,本国产品的竞争力增强,出口型企业将受益,该类上市公司的证券价格将上涨;同时将导致资本流出国外,本国的证券市场资金供应减少,价格下跌。反之亦然。

为了消除汇率变动对本国经济的消极影响,本国中央政府经常对汇率的变动进行干预,这种干预政策也会影响本国的证券市场。当汇率下跌时,为保持汇率稳定,政府可能动用外汇储备,抛出外汇,购进本币,从而减少本币的供应量,使证券价格下跌;也可能抛出外汇,同时回购国债,这样将使得国债市场价格上扬。

六、政策因素对证券市场的影响

政策因素是指那些对股票价格具有一定影响力的国际政治活动、政府的法令以及政策措施等。当今世界,政治与经济已经密不可分。政治形势,尤其是国际政治关系的变化,对证券市场产生重要的影响。如两国外交关系的改善会使有关跨国公司的股价上升。战争会使各国政治经济不稳定,人心动荡,证券价格下降,但与军需工业有关的公司证券价格会上涨。而国内的政权更迭、政治风波等都会对证券市场产生重大影响。法律制度也会影响一国的证券市场。如果一个国家在金融方面的法律制度比较健全,投资行为就会得到管理和规范,从而提高投资者持有证券的信心,促进证券市场的健康发展。

第三节 行业分析

一、行业划分的方法

(一)行业分析的意义

行业,是指从事国民经济中同性质的生产或其他经济社会活动的经营单位和个体等构成的组织结构体系,如林业、汽车业、银行业、房地产业等。行业分析是连接宏观经济分析和公司分析的桥梁,在证券投资分析中占有非常重要的地位。

首先,行业分析是宏观经济的构成部分。行业经济活动是介于宏观经济活动和微观经济活动中的经济层面,是中观经济分析的主要对象之一。宏观经济分析是为了掌握证券投资的宏观环境,把握证券市场的总体趋势,宏观经济的发展水平和增长速度反映了各个行业的平均水平和速度,但实际上,总是有些行业的增长快于宏观经济的增长,而有些行业的增长慢于宏观经济的增长。

其次,行业有自己特定的生命周期,处于生命周期不同发展阶段的行业,其投资价值也不一样,而在国民经济中具有不同地位的行业,其投资价值也不一样。公司的投资价值可能会由于所处行业不同而有明显差异。因此,行业是决定公司投资价值的重要因素之一。

(二)行业划分的方法

行业分类是指对构成国民经济的各类不同性质的生产经营活动,按一定的标准进行分解和组合,划分成不同层次的产业部门。行业分类是研究国民经济结构的前提,是进行国民经济统计分析的基础。证券业为反映证券市场的活动变化,也将上市公司划分为不同行业,分别计算其股价指数、成交额、平均市盈率等有关指标。以下是有代表性的行业划分方法[①]。

1. 道·琼斯分类法

道·琼斯分类法是在 19 世纪末为选取在纽约证券交易所上市的有代表性的股票而对各公司进行的分类,它是证券指数统计中最常用的分类法之一。

---

① 张玉明. 证券投资学. 清华大学出版社、北京交通大学出版社,2007

道·琼斯分类法将大多数股票分为 3 类:工业、运输业和公用事业,然后选取有代表性的股票。虽然入选的股票并不涵盖这类行业中的全部股票,但足以代表该行业的变动趋势,具有相当的代表性。在道·琼斯指数中,工业类股票取自工业部门的 30 家公司,例如包括了采掘业、制造业和商业。运输业包括了航空、铁路、汽车运输业。作为计算道·琼斯股价指数的股票类别,公用事业行业直到 1929 年才被确认添加进来。

2.标准行业分类法

为便于汇总各国的统计资料并进行相互对比,联合国经济和社会事务统计局制定了一个《全部经济活动国际标准行业分类》(简称《国际标准行业分类》),该分类将国民经济划分为 10 个门类:①农业、畜牧狩猎业、林业和渔业;②采矿业及土、石采掘业;③制造业;④电、煤气及水的生产和供应业;⑤建筑业;⑥批发和零售业、饮食和旅馆业;⑦运输、仓储和邮电通信业;⑧金融、保险、房地产和工商服务业;⑨政府、社会和个人服务业;⑩其他。

3.我国国民经济行业的分类

2002 年,我国推出了新《国民经济行业分类》国家标准(GT/T4754-2002),其中共有行业门类 20 个,行业大类 95 个,行业中类 396 个,行业小类 913 个,基本反映出我国目前行业结构状况。

其中,大的门类从 A 到 T 分别为:A. 农、林、牧、渔业;B. 采掘业;C. 制造业;D. 电力、煤气及水的生产和供应业;E. 建筑业;F. 交通运输、仓储及邮政业;G. 信息传输、计算机服务和软件业;H. 批发和零售业;I. 住宿和餐饮业;J. 金融业;K. 房地产业;L. 租赁和商务服务业;M. 科学研究、技术服务与地质勘察业;N. 水利、环境和公共设施管理业;O. 居民服务和其他服务业;P. 教育;Q. 卫生、社会保障和社会福利业;R. 文化、体育和娱乐业;S. 公共管理和社会组织;T. 国际组织。

4.我国上市公司的行业分类

中国证监会于 2001 年 4 月 4 日公布了《上市公司行业分类指引》(以下简称《指引》)。《指引》是以中国国家统计局《国民经济行业分类与代码》(GT/T4754-94)为主要依据,借鉴联合国国际标准分类、北美行业分类体系有关内容的基础上制定而成的。

《指引》将上市公司共分成 13 个门类、90 个大类和 288 个中类。门类及其代码为:A. 农、林、牧、渔业;B. 采掘业;C. 制造业;D. 电力、煤气及水的生产和供应业;E. 建筑业;F. 交通运输、仓储业;G. 信息技术业;H. 批发和零售贸易;I. 金融、保险业;J. 房地产业;K. 社会服务业;L. 传播文化业;M. 综合类。

二、行业分析的一般特征

(一)行业的市场结构

根据行业中企业数量的多少、产品差异程度、厂商对价格的控制程度和进入限制等,行业基本上可以分为 4 种市场结构:完全竞争、不完全竞争或垄断竞争、寡头垄断、完全垄断。

1. 完全竞争

完全竞争型市场结构是指许多企业生产同质产品的市场情形,它具有以下特点:

(1)生产者众多,各种生产资料都可以完全流动;

(2)产品不论有形或无形的,都是同质的、无差别的;

(3)没有一个企业能够影响产品的价格;

(4)企业永远是价格的接受者而不是价格的制定者;

(5)企业的盈利基本由市场对产品的需求来决定;

(6)生产者和消费者对市场的情况非常了解,并可以自由进入或退出这个市场。

由此可以看出,完全竞争只是一个理论上的假设,其根本特点在于企业的产品无差异。现实中只有一些传统行业比较接近这类市场,如小麦等初级产品就属于这一类。

2. 不完全或垄断竞争

不完全市场是指既有垄断又有竞争的市场结构。在不完全竞争市场上,有许多企业生产同种类型的产品,但是产品之间有较大差异。每个企业都在市场上具有一定的垄断力,但它们之间又存在激烈的竞争。它具有以下特点:

(1)生产者众多,各种生产资料可以流动。

(2)生产的产品同种但不同质,即产品之间存在着实际或想象上的差异。这是垄断竞争和完全竞争的主要区别。

(3)由于产品差异性的存在,生产者可以树立自己产品的信誉,从而对其产品的价格有一定的控制能力。

可以看出,垄断竞争行业中有大量企业,但没有一个企业能有效地影响其他企业的行为。这一特征决定了这类企业的分化较大。对于那些生产规模大、质量好、服务优、品牌知名度高的企业在同行业中具有较强的竞争能力,其经营业绩一般较好且相对稳定,投资风险相对较小。如啤酒、服装、鞋类等都属于这一类。

3.寡头垄断

寡头垄断型市场结构是指一个行业中由少数几家大企业占有绝对多数的市场份额。其特点是企业数量较少,但产量很大,各企业生产的产品仍具有一定的同质性且相互替代性强,进入该行业的门槛较高,一般为资金密集型或技术密集型,往往由于资金、技术等因素限制了新企业的进入,因而,个别企业对其产品价格有较强的控制能力。如汽车制造、飞机制造、钢铁冶炼等行业。

4.完全垄断

完全垄断型市场结构是指一个行业中仅仅只有一家企业生产该类型的产品。完全垄断可以分为两种类型:一是政府完全垄断,如国有铁路、邮电等部门;二是私人完全垄断,如根据政府授予的特许专营或根据专利生产的独家经营,以及由于资本雄厚、技术领先而建立的排他性私人垄断经营。它具有以下特点。

(1)由于市场被独家企业所控制,产品又没有合适的替代品,因此垄断者能够根据市场的供需情况制定理想的价格和产量,以获取最大的利润。

(2)垄断者在制定产品价格与生产数量方面的自由性是有限制的,要受到反垄断法和政府管制的约束。

(二)行业生命周期分析

大多数行业从产生到衰亡要经历一个相当长的过程,这一过程便称为行业的生命周期。一般地,行业的生命周期可分为幼稚期、成长期、成熟期和衰退期。

1.幼稚期

幼稚期是一个行业的起步阶段。在行业组织方面,只有为数不多的创业公司介入这一新兴行业,行业的企业数量少、集中程度高;而且由于技术相对不成熟,行业的产品品种单一,质量较低且不太稳定。同时,作为新行业,其被大众普遍了解和认可尚需一个过程,因而行业的市场规模狭小,市场需求增长缓慢,需求的价格弹性也很小。初创期行业的创立和产品的研究开发费用较高,成本也高,但销售收入较低,利润较少,甚至没有盈利,经营风险很大。

2.成长期

成长阶段是行业发展的黄金时期。在这一阶段,新行业快速成长。新产品经过广泛宣传和消费者的使用,逐渐赢得市场的认可,因而市场需求增长迅速,市场规模增大,需求的价格弹性增大;且随着生产技术的日渐成熟和稳定,产品呈现多样化、差别化,质量提高且稳定;行业的利润迅速增长,且利润率较高。在竞争状况方面,大量的新厂商看到这一行业的发展前景,纷至沓来。随着竞争的加剧,产品市场价格急速下降,品种增多。在这种情况下,各生产厂商一方面通过扩大产量、提高市场份额来增加收入;另一方面依靠提高生产技术、降低成本以及研制和开发新产品的方法来争取竞争优势,战胜竞争对手和维持企业的生存。在激烈的市场竞争中,资本和技术力量雄厚、经营管理有方的厂商将占有优势,而那些财力和技术实力相对较弱、经营不善,则往往被淘汰或被兼并。因而,这一时期行业的利润虽然增长很快,但行业内部竞争压力也非常大,破产率和合并率相当高。

由于行业中生产厂商与产品竞争优胜劣汰规律的作用,市场上生产厂商的数量在大幅度下降后便逐渐稳定下来。由于市场需求基本饱和,产品的销售增长率减慢,迅速赚取利润的机会减少,整个行业开始进入成熟期。

3. 成熟期

成熟期是行业发展的巅峰阶段,通常会持续相对较长的时期。在这一时期,通过激烈的市场竞争和优胜劣汰而生存下来的少数大厂商,已成为市场上资金实力雄厚、财务状况良好、竞争能力极强的一流企业,基本上垄断了整个行业的市场,每个厂商都占有一定比例的市场份额,由于彼此势均力敌,市场份额比例发生变化的程度较小,因此,成熟阶段也是行业发展的稳定阶段。这一阶段的主要特征是,行业的集中程度较高,而风险却因市场比例比较稳定而较低;新企业很难打入成熟期市场;市场需求虽然仍在增长,但增长速度已明显减缓;产品开始再度无差别化,需求的价格弹性减小。

4. 衰退期

在经过一个较长的稳定阶段后,行业就进入衰退期。由于新产品和替代品的大量出现,原有行业的竞争力下降,市场需求开始逐渐减少,销售增长率降低,甚至出现负增长。一些厂商开始不断地从原有行业撤出资金,转向其他高利润的行业。当正常利润无法维持或现有投资折旧完毕后,整个行业便逐渐解体了。

但从历史上看,真正被完全淘汰的行业很少,行业的发展呈现出"生多死少"的特征,多数情况是行业自此进入一个发展停滞、随波逐流的状态。

行业的实际生命周期变化是一个复杂的过程。由于受产业政策等影响,各行业的生命周期会存在一定的差异,同一行业在其周期发展的不同阶段也有很大的差异。这些差异决定着该行业上市公司的利润水平。

三、影响行业发展的主要因素

(一)技术进步

科学技术是第一生产力,科学技术的应用推动新兴行业的生产与发展,并对原有产业产生深刻的影响。世界经济的发展表明,在农业经济时代科技贡献率只占 10%,在工业经济后期占 40%,到了当今信息时代要占 80% 以上。技术进步往往催生了一个新行业的出现,同时迫使一个旧的行业加速进入衰退期,如新兴的 MP3 播放器取代了老式的录音机。

(二)产业政策

政府对行业的促进作用可通过补贴、优惠贷款、优惠税法、保护某一行业的附加法规等措施来实现,因为这些措施有利于降低该行业的成本,并刺激和扩大其投资规模。同样,政府考虑到生态、安全、企业规模和价格等因素,也会对某些行业实施限制性规定。这既可以通过行政手段直接干预,也可以运用经济手段进行约束,如提高该行业的贷款利率、税收,降低其利润水平等。因此,符合国家产业政策支持的行业的股票价格会上升;相反,股票价格则会下降。

(三)社会习惯改变

随着人民生活水平和受教育水平的提高,消费心理、消费习惯、文明程度和社会责任感会逐渐改变,这又会引起对某些商品的需求变化并进一步影响行业的兴衰。消费者消费习惯和消费心理的改变与社会物质生活水平的提高密切相关。按照马斯洛的需求层次理论,低层次需求得到满足后,人们会转向更高层次的需求。在基本温饱解决后,人民更注重生活质量,注重智力投资和丰富的精神生活。所有这些社会观念、社会习惯、社会趋势的变化都足以使一些不再适应社会需要的行业衰退而又激发新型行业的发展。

第四节　公司分析

一、公司基本要素分析

公司竞争实力强弱和公司的生存能力、盈利能力有密切关系,投资者一般都乐意投资于具有强大竞争实力的公司。在市场经济的激烈竞争中,公司要始终立于不败之地,主要依靠雄厚的资金实力、规模经营的优势、先进的技术水平、优异的产品质量和服务、高效的经营管理等条件。下面从以下几个方面进行公司分析。

(一)市场分析

公司的市场状况与其收益有直接关系。公司市场分析包括市场质量和市场份额。首先分析企业所在地区的自然历史条件、政府的产业政策和区域内的人才、经济发展状况,市场是否活跃,未来是否有扩大的可能。其次分析公司的产品市场占有率。如果一个公司的市场份额大,则公司的发展能力强,可从以下两个方面进行。一方面分析公司产品销售市场的地域分布,看其是属于地区型还是全国型或是世界型的。市场分布越广,说明公司的经营能力越强。另一方面分析公司产品销售量占该类产品整个市场销售总量的比例。该比例越高说明公司的经营能力和竞争力越强。

(二)产品分析

如果一个公司具备了成本优势、质量优势、品牌优势、技术优势,其产品的竞争优势就会得到确立。成本优势是指公司产品依靠低成本获得高于同行其他企业的盈利能力。在很多行业中,成本优势是决定竞争优势的关键因素。企业一般通过规模经济、专有技术、优惠的原材料和低廉的劳动力实现成本优势。质量优势是指公司的产品以高于其他公司同类产品的质量赢得市场,从而取得竞争优势。质量是产品信誉的保证,质量好的产品会给消费者带来信任感。不断提高公司产品质量是提升公司产品竞争力的行之有效的方法。具有质量优势的上市公司往往在该行业中占据领先地位。品牌优势在产业进入成熟期时尤为重要、当产业竞争充分展开时,品牌就成为产品及企业竞争力的一个越来越重要的因素,品牌具有产品所不具有的开拓市场的多种功能。技术优势是指企业拥有的比同行业其他竞争对手更强的技术实力及其研究与开发新产品的能力。这种能力主要体现在生产技术水平和产品的科技含量上,能够降低企业产品的可替代性。

(三)经营管理水平

投资公司股票能否获得好的回报不仅决定于公司的行业和产品,在很大程度上还取决于公司本身的管理能力。管理能力反映了企业管理团队的综合素质。它包括了管理人员在学识、能力、专业技能和面对市场变换的创新能力等。一个高效卓越的管理机构应该表现为有足够能力解决公司可能面临的内部事务或外部事务。公司治理结构也反映了公司的经营管理水平。治理结构的内容包括公司的股权结构、独立董事制度、监事会的设立等,观察公司的主要股东是否一股独大,独立董事、监事会是否认真负责,这些都决定了公司是否能实现独立经营。考察公司管理能力的主要途径是收集公司每年股东大会信息、重大公告信息以及年报信息,关注公司重要人物的管理理念、公司信誉情况和经营业绩等。

(四)公司成长性分析[①]

公司成长性分析包括公司经营战略分析和公司规模变动特征及扩张潜力分析。

---

① 张玉明. 证券投资学. 清华大学出版社、北京交通大学出版社,2007

1.公司经营战略分析

经营战略是在符合和保证实现企业使命的条件下,在充分利用环境中存在的各种机会和创造新机会的基础上,确定企业同环境的关系,规定企业从事的经营范围、成长方向和竞争对策,合理地调整企业结构和分配企业的资源。由于经营战略决策直接牵涉企业的未来发展,其决策对象是复杂的,所面对的问题常常是突发性的、难以预料的,因此对公司经营战略的评价比较困难,难以标准化。

在进行分析时,可以通过收集公开信息、到公司调查走访等途径了解公司的经营战略,考察和评估公司高级管理层的稳定性及其对公司经营战略的可能影响,分析公司的投资项目、财力资源、人力资源等是否适应公司经营战略的要求。

2.公司规模变动特征及扩张潜力分析

公司规模变动及扩张潜力一般与所处的行业发展阶段、市场结构、经营战略密切相关,它是从微观方面具体考察公司的成长性。通过分析公司规模的扩张动力是来自供给推动还是来自需求拉动,公司是用产品创造市场需求还是用产品去满足市场需求,是靠技术进步还是靠其他因素实现扩张等,指出公司发展的内在规律;通过比较公司历年的销售、利润和资产规模等数据判断公司的发展趋势是加速发展还是稳步扩张或停滞不前;通过将公司的销售、利润、资产规模等数据及其增长率与行业平均水平比较及与主要竞争对手的数据比较,了解公司行业地位的变化。另外,还可以通过分析、预测公司主要产品市场前景及公司投资和筹资能力来分析公司的扩张潜力。

二、公司财务分析

(一)公司主要的财务报表

财务分析是证券投资分析的主要内容。财务分析对象是上市公司定期公布的财务报表。财务报表主要有资产负债表、利润表、现金流量表。这些财务报表反映了公司的财务状况、经营业绩、获利能力以及企业现金流量等信息。

1.资产负债表

资产负债表又称资金平衡表,是企业最主要的财务报表,反映某一特定时点上公司的资产、负债和所有者权益状况的会计报表。资产负债表的基本构成要素包括三大部分,即资产、负债和所有者权益。三者的关系用公式表示为:资产＝负债 ＋ 所有者权益。资产是指公司拥有的各种财产和债权等权利,是公司过去的交易、事项形成并由企业拥有或者控制的资源,可以是有形的,也可以是无形的。企业的资产按流动性分为流动资产、长期投资、固定资产、无形资产和其他资产。负债是指过去的交易、事项形成的现时义务,履行该义务预期会导致经济利益流出企业。企业的负债按其流动性分为流动负债和长期负债。所有者权益是指股东所有的以资产总值减去负债总额后剩余资产的权益。所有者权益包括实收资本(或者股本)、资本公积、盈余公积和未分配利润。

对资产负债表分析目的是了解公司所拥有的资产及其结构、负债构成以及所有者在公司拥有的权益情况,分析各项资产与负债的平衡状况及其内部结构的合理性,并从这些资料中进一步分析公司的偿债能力和变现能力,结合利润表还可以分析公司营运能力,了解公司的经营风险及稳定性。

2. 利润及利润分配表

利润及利润分配表也称损益表或收益表,由利润表与利润分配表合并而成。它是反映公司在一定时期内的经营成果的财务报表。

利润及利润分配表是一个动态报告,反映了公司在一定时间内的业务经营状况,揭示了公司获得利润能力的大小和潜力及经营趋势,为判断公司盈利能力、经营效益及公司在行业中的竞争地位和持续发展能力提供依据。在利润表中,一般最上面的部分是收入,包括销售收入和投资收入以及营业外收入,接下来是费用栏,它们与收入同时产生并且还包含折旧费。

3. 现金流量表

现金流量表详细描述了公司由经营、投资与筹资活动所产生的现金流,它是反映公司在某一会计年度内现金变化的结果和财务状况变化原因的一种会计报表。现金流量是指在一定会计期间内流入和流出企业的现金和现金等价物的数量。这里现金包括现金和现金等价物。现金主要指库存现金和存入银行及其他金融机构的活期存款。现金等价物是指企业持有的期限短、流动性强、易于转换为现金的投资,如短期国债和短期企业债券。

企业在一定期间内产生的现金流量归为三类:(1)经营活动产生的现金流量。经营活动是指企业投资活动和筹资活动以外的所有交易和事项,包括销售商品或提供劳务、经营性租赁、购买货物、接受劳务、制造产品、广告宣传、推销产品、缴纳税款等。经营活动形成的现金流量是一个重要的指标,通过它可以判断在不依靠外部资金来源的情况下,企业经营形成的现金流量是否足以偿还贷款、维持企业的经营能力、派发股利以及进行新的投资。(2)投资活动产生的现金流量。投资活动是指企业长期资产的构建和不包括在现金等价物范围内的投资及其处置活动。这种现金流量代表了有多少支出已用于为了企业未来收益和现金流量的投资业务。(3)筹资活动产生的现金流量。筹资活动是指导致企业资本及债务规模和构成发生变化的活动,包括吸收投资、发行股票、分配利润等。单独揭示融资业务形成的现金流量有助于资本提供者预计企业对未来现金流量的需求。现金流量表是投资者在选股、分析上市公司的投资价值时重要的分析资料和依据。

(二)公司财务分析的主要内容

公司的财务状况和经营成果一般可以从盈利能力、偿债能力、营运能力、发展能力和综合能力五个方面得到反映。

1.公司盈利能力

公司盈利能力是指公司获取利益的能力。企业盈利能力的大小主要取决于企业实现的销售收入和发生的费用与成本这两个因素。一个公司当前投入的资本如何运用、获利状况如何,是衡量公司是否有活力、经营是否有效率的标志,也是投资者选择公司或证券的主要依据。投资者应该选择利润丰厚、投资回报率高的公司进行投资。

(1)销售净利率。销售净利率是指净利与销售收入的百分比。其计算公式为:

$$销售净利率＝净利/销售收入 \tag{7-1}$$

净利是指税后利润。销售利润率是用来反映公司综合盈利能力的指标。它反映每一元销售收入带来的净利润的多少,表示销售盈利水平。销售利润率指标应当越高越好。

(2)资产收益率。资产收益率是公司净利润与平均资产总额的百分比。其计算公式为:

$$资产收益率＝净利润/平均资产总额 \tag{7-2}$$

$$平均资产总额＝(期初资产总额＋期末资产总额)/2 \tag{7-3}$$

它是用来衡量公司整体的资金使用效率的指标。把公司一定期间的净利与公司的资产相比较,表明公司资产利用的综合效果。该指标值越高,表明资产的利用效率越高。影响资产收益率高低的因素主要有产品的价格、单位成本的高低、产品的产量和销售的数量等。

(3)主营业务利润率。主营业务利润率是主营业务利润与主营业务收入的百分比。其计算公式为:

$$主营业务利润率＝主营业务利润/主营业务收入 \tag{7-4}$$

该指标反映公司的主营业务获利水平,只有当公司主营业务突出,获利水平较高,即主营业务利润率较高的情况下,才能在竞争中占据优势地位。

(4)净资产收益率。净资产收益率是净利润与年末净资产的百分比。其计算公式:

$$净资产收益率＝净利润/年末净资产 \tag{7-5}$$

年末净资产是指资产负债表中所有者权益的期末数。净资产收益率反映公司所有者权益的投资报酬率,具有很强的综合性。净资产收益率提高是资产运作效率的提高,是反映成长性的一个指标。这个指标也是上市公司获准配股、增发新股需要达到的指标(6%或者 10%左右)。

2.偿债能力

偿债能力是指企业的资产转化为可用于支付状态的能力。偿债能力的大小取决于两点:一是企业能够将经营资产转化为偿债资产的数量,数量越大,说明企业偿债能力越强;二是企业能将资产转化为偿债资产的速度,转化速度越快,企业的偿债能力也越强。在某一时点上,企业的获利能力与偿债能力并不完全成正比。有的企业当前盈利不错,但资金结构不合理,偿债能力差,因而潜伏着较大的风险。

(1)流动比率。流动比率是流动资产除以流动负债的比值,其计算公式为:

$$流动比率 = 流动资产/流动负债 \tag{7-6}$$

流动比率是衡量公司短期偿债能力最常用的指标。它表明企业每一元流动负债有多少流动资产作为支付保证。流动比率越大,表明公司的短期偿债能力越强。

(2)速动比率。速动比率是公司的速动资产与流动负债的比率。速动资产是指公司的流动资产中偿债能力较强或变现速度较快的资产,如货币资金、有价证券、各项应收及预收账款等。它反映公司在极短时间内取得现金偿还短期债务的能力。计算公为:

$$速动比率 = 速动资产/流动负债 = (流动资产-存货)/流动负债 \tag{7-7}$$

一般认为,正常的速动比率为 1,即速动资产和流动负债相当就行。但分析时要与行业的平均水平比较,以便正确评价。

(3)利息支付倍数。利息支付倍数指标是指公司经营业务收益与利息费用的比率,用以衡量偿付借款利息的能力,也称利息保障倍数。计算公式为:

$$利息支付倍数 = 息税前利润/利息费用 \tag{7-8}$$

公式中的"息税前利润"是指利润表中未扣除利息费用和所得税之前的利润,可以用"利润总额加利息费用"来预测。公式中的"利息费用"是指本期发生的全部应付利息,不仅包括财务费用中的利息费用,还应包括计入固定资本成本的资本化利息。资本化利息虽不在损益表中扣除,但仍然是要偿还的。

(4)资产负债率。资产负债率是公司负债总额与资产总额之间的比率,它反映债权人所提供的资本占全部资本的比例(也被称为举债经营比率),以衡量债权的保证程度。其计算公式为:

$$资产负债率 = 负债总额/资产总额 \tag{7-9}$$

通过分析负债比率,可以得知公司长期负债能力的大小。

(5)长期负债比率。长期负债比率是从总体上判断企业债务状况的一个指标,它是长期负债与资产总额的比率。其计算公式为:

长期负债比率＝长期负债/资产总额 (7-10)

3.公司管理效率

公司的管理效率可以通过资产使用的高效率来表现。通过分析财务报表中各项资金或资产周转速度的快慢来反映出一个公司经营效率的高低。资金周转速度可以用资产的周转率和资产周转天数来表示。

(1)应收账款周转率和周转天数。应收账款周转率是年度内应收账款转为现金的平均次数,它说明应收账款流动的速度。同时表示周转速度的是应收账款周转天数,也称应收账款回收期。它表示公司从取得应收账款的权利到收回款项,转换为现金所需要的时间。其计算公司为:

应收账款周转率＝销售收入/平均应收账款 (7-11)

应收账款周转天数＝360/应收账款周转率

＝平均应收账款×360/销售收入 (7-12)

公式中"销售收入"数来自损益表,是指扣除折扣和折让后的销售净额。"平均应收账款"是资产负债表中"期初应收账款余额"与"期末应收账款余额"的算术平均数。

(2)存货周转率和存货周转天数。在流动资产中,存活所占比重较大。存货的流动性将直接影响公司的流动比率。存货的流动性一般用存货的周转速度指标来反映,即存货周转率或存货周转天数。其计算公式为:

存货周转率＝销货成本/平均存货 (7-13)

存货周转天数＝360/存货周转率

＝平均存货×360/销货成本 (7-14)

(3)固定资产周转率。固定资产周转率是销售收入与全部固定资产平均余额的比值。其计算公式为:

固定资产周转率＝销售收入/平均固定资产 (7-15)

平均固定资产＝(年初固定资产＋年末固定资产)/2 (7-16)

固定资产周转率是用以衡量企业利用现存厂房、机器设备等固定资产形成多少销售额的指标,反映了企业固定资产的使用效率。一般来说,该比率越高,表明固定资产运用效率越高,利用固定资产效果越好。

4.公司的成长能力

成长能力是企业未来的发展趋势和发展速度,包括企业规模扩大、利润增长、所有者权益增加等。一个企业的成长能力概括了该企业的盈利能力、管理效率和支付能力,是企业实力的综合反映。通过对比前后会计报表资料,可以分析企业的资产、利润及所有者权益的增长情况,包括增长方向和增长速度,以预测该企业的未来发展趋势。

(1)主营业务收入增长率。主营业务收入增长率是本期主营业务收入同上期主营业务收入之差与上期主营业务收入的比值。其计算公式为：

主营业务收入增长率＝(本期主营业务收入－上期主营业务收入)/上期主营业务收入　　　　(7-17)

主营业务收入增长率可以用来衡量公司的产品生命周期，判断公司发展所处阶段。一般来说，如果主营业务收入增长率超过 10％，说明公司的产品处于成长期，将继续保持较好的增长势头，没有面临产品更新的风险，属于成长型公司。如果主营业务收入增长率在 5％～10％之间，说明公司产品已进入稳定期，需要着手开发新产品。如果该比率低于 5％，说明公司产品已进入衰退期，保持市场份额已很困难，主营业务利润开始滑坡。

(2)股东权益增长率。股东权益增长率从另一个角度反映了公司的增长能力，它是本期股东权益增加额与股东权益期初余额的比值。

股东权益增长率＝本期股东权益增加额/股东权益期初余额　　　(7-18)

(3)资产增长率。

资产增长率＝本期资产增长额/资产期初余额　　　(7-19)

5. 综合能力

(1)股东权益比率。股东权益比率是股东权益总额与资产总额的比率，其计算公式为：

股东权益比率＝股东权益总额/资产总额　　　(7-20)

股东权益比率＝股东权益总额/(负债总额＋股东权益总额)　　　(7-21)

股东权益总额即资产负债表中的所有者权益总额。该指标反映所有者提供的资本在总资产中的比重，反映公司基本财务结构是否稳定。

(2)市盈率。市盈率是每股市价与每股收益的倍数，也称本益比(P/E)。其计算公式为：

市盈率(倍)＝每股市价/每股收益　　　(7-22)

该指标是衡量上市公司盈利能力的重要指标，反映投资者对每一股净利润愿支付的价格，也反映了投资该公司的股票给予投资者的回报周期。可以用它评估公司股票的投资报酬和风险。

(3)市净率。市净率也称净资产倍率，是每股市价与每股净值的比值，其计算公式为：

市净率(倍)＝每股市价/每股净值　　　(7-23)

市净率表明股票以每股净值的若干倍在流通转让，评价股价相对于净值而言是否被高估。净资产倍率越小，说明股票的投资价值越高，股价的支撑越有保证；反之，则投资价值越低。这一指标也是投资者判断某股票投资价值的重要指标。

三、公司重大事项分析①

(一)公司的资产重组

资本市场上的资产重组包含了既不相同又相互关联的三大类行为——公司扩张、公司调整、公司所有权和控制权转移。从理论上讲,资产重组可以促进资源的优化配置,有利于产业结构的调整,增强公司的市场竞争力,从而使一批上市公司由小变大,由弱变强。但是从我国上市公司资产重组的实践来看,有个案表明公司在资产重组后,其经营业绩并没有得到持续、显著的改善。不同类型的重组对公司业绩和经营的影响也是不一样的。对于扩张型资产重组而言,通过收购、兼并,对外进行股权投资,公司可以拓展产品市场份额,或进入其他经营领域。但这种重组方式的特点之一就是其效果受被收购兼并方生产经营的影响较大,磨合期较长,因而见效可能放慢。有关统计资料显示,上市公司在实施收购兼并后,主营业务收入的增长幅度要小于净利润的增长幅度,每股收益和净资产收益率仍是负增长,这说明虽然重组后公司的规模扩大了,主营业务收入和净利润有一定程度的增长,但其盈利能力并没有同步提高。从长远来看,这类重组往往能使公司在行业利润下降的情况下,通过扩大市场规模和生产规模,降低成本,巩固或增强其市场竞争力。

(二)公司的关联交易

关联交易是指公司与其关联方之间发生的交换资产、提高商品或劳务的交易行为。《企业会计准则——关联方关系及其交易的披露》第4条对关联方进行了界定,在企业财务和经营决策中,属于下列情况之一的,就视为关联方:(1)一方有能力直接或间接控制、共同控制另一方或对另一方施加重大影响;(2)两方或多方同受一方控制。所谓"控制",是指有权决定一个企业的财务和经营政策,并能据以从该企业的经营活动中获取利益,包括直接控制和间接控制两种类型。

从理论上说,关联交易属于中性交易,它既不属于单纯的市场行为,也不属于内幕交易的范畴,其主要作用是降低企业的交易成本,促进生产经营渠道的畅通,提供扩张所需优质资产,有利于实现利润最大化。但在实际操作过程中,关联交易有它的非经济特性,与市场竞争、公开竞价的方式不同,其价格可由关联双方协商决定,特别是在我国评估和审计等中介机构尚不健全的情况下,关联交易就容易成为企业调节利润、避税和为一些部门及个人获利的途径,往往会侵害中小股东的利益。

---

① 张玉明. 证券投资学. 清华大学出版社、北京交通大学出版社,2007

(三)会计和税收政策变化

会计政策是指企业在会计核算时所遵循的具体原则及企业所采纳的具体会计处理方法。当会计制度发生变更或者企业根据实际情况认为需要变更会计政策时,企业可以变更会计政策。企业会计政策发生变更将影响公司年末的资产负债表和利润表。如果采用追溯调整法进行会计处理,则会计政策的变更将影响公司年初及前年度的利润、净资产、未分配利润等数据。

税收政策的变更也会对上市公司的业绩产生一定的影响。例如,1999 年国务院发布了《关于纠正地方自定税收先征后返政策的通知》,要求各地区自行制定的税收先征后返政策从 2000 年 1 月 1 日起一律停止执行,结果一些公司原来按 15% 的所得税率缴税,要恢复为按 33% 的税率缴税,等于减少了 18% 的收益。又如增值税的出口退税,其出口退税是指销售时免征增值税,同时将购进时支付的增值税进项税额退给企业,这就意味着产品是以不含税的价格进入国际市场的,因此从价格上提高了企业在国际市场上的竞争能力,使企业出口业务扩大,销售收入增加,经营业绩提高。

第五节　上市公司研究报告基本框架

一、公司现状与发展

这一部分主要对公司的现状进行总的分析,主要包括以下几个部分:

(一)公司概要

简要介绍公司的发展史和公司背景,使人们对公司有大致的了解,重点分析公司的股权结构、产品、行业背景和地位。一般来说,公司的背景也会成为影响公司股价的重要因素。上市公司的股权结构可能会影响到公司所能获得的资金和政策支持。公司所在的行业应符合政府的产业政策,得到政府的优先发展和扶持,处于成长期或成熟期。上市公司的产品应该符合社会需求,并且在很长时间内还将保持较高的需求量。最后对公司的行业地位进行分析。主要包括两方面的内容。一是公司在行业内是否属于领导企业,二是分析公司是否有价格影响力,在市场的占有率和同行业公司的比较。在大多数行业里,无论行业的平均盈利水平如何,总有部分公司比其他公司具有更高的盈利能力。公司的行业地位决定了其盈利能力是高于还是低于行业平均水平,决定了其行业内的竞争地位。

(二)经营管理能力

上市公司经营管理水平对企业的生存和发展至关重要。因此要对公司的管理体制和发展战略进行分析。经营理念是公司发展一贯坚持的一种核心思想,员工坚守的价值观,也是公司制定战略目标的前提条件和基本依据。通常稳健型的经营理念和管理风格下的公司,发展较为平稳,少有大起大落,但也较难获得高额利润,跳跃性增长的可能性较小。而创新型的经营理念和管理风格可能获得超常规的发展,但风险也较大。同时要对员工的素质进行分析。员工是公司持续发展的动力。分析公司业务人员是否具有必备的专业技术能力,对公司的忠诚度和责任感等。

(三)财务分析

根据最近两年的财务数据进行分析,包括考察公司的分红政策与资本结构。通过分析公司的资产负债表、利润表和现金流量表,可以了解公司的财务状况和经营成果。财务分析的主要方法有比率分析法和比较分析法。比率分析法是以同一期财务报表上若干重要会计科目之间的相关数据,用比率来反映它们之间的关系,用以评价公司的经营活动,以及公司目前和历史状况的一种方法。比较分析法是通过对同行业之间、公司不同时期之间各项财务指标进行直接对比,以判断公司财务状况和经营发展趋势的一种方法。通过财务分析,将公司的偿债能力、资本结构、经营状况、盈利水平和投资价值以直观的数据指标加以表现。

二、公司竞争优势分析

公司在行业中的竞争地位是由公司的核心竞争力决定的,影响公司核心竞争力的因素有技术水平、产品开发能力、市场开拓能力等。产品优势是公司在行业竞争中保持有利地位的关键因素。

在对公司的竞争优势进行分析时,可以使用波特的竞争力模型。五力分别是:供应商的讨价还价能力、购买者的讨价还价能力、潜在竞争者进入的能力、替代品的替代能力、行业内竞争者现在的竞争能力。

(一)供应商的讨价还价能力

供应商力量的强弱主要取决于他们所提供给公司的是什么投入要素。当供应商所提供的投入要素其价值构成了公司产品总成本的较大比例、对买主产品生产过程非常重要、或者严重影响买主产品的质量时,供应商对于买主的潜在讨价还价力量就大大增强。如果供应商垄断了该种投入要素,也会使公司对供应商有很强的依赖性,从而提高了供应商的讨价还价能力。供方主要通过其提高投入要素的价格,来影响行业中现有企业的盈利能力与产品竞争力。

(二)购买者的讨价还价能力

购买者主要通过其压价与要求提供较高的产品或服务质量的能力,来影响行业中现有企业的盈利能力。如果购买者的总数较少,且每个购买者的购买量较大,占了卖方销售量的很大比例。或者购买者所购买的基本上是一种标准化产品,并且存在多个卖方。在这样的情况下,购买者拥有强大的议价能力。

(三)潜在竞争者进入的能力

新进入者有可能会与现有企业发生原材料与市场份额的竞争,最终导致行业中现有企业盈利水平降低,严重的话还有可能危及这些企业的生存。进入障碍主要包括规模经济、产品差异、资本需要、转换成本、销售渠道开拓、政府行为与政策自然资源(如冶金业对矿产的拥有)、地理环境等方面,这其中有些障碍是很难借助复制或仿造的方式来突破的。

(四)替代品的替代能力

两个处于不同行业中的企业,可能会由于所生产的产品是互为替代品,从而在它们之间产生相互竞争行为,这种源自于替代品的竞争会以各种形式影响行业中现有企业的竞争战略。第一,现有企业产品售价以及获利潜力的提高,将由于存在着能被用户方便接受的替代品而受到限制;第二,由于替代品生产者的侵入,使得现有企业必须提高产品质量、或者通过降低成本来降低售价、或者使其产品具有特色,否则其销量与利润增长的目标就有可能受挫;第三,源自替代品生产者的竞争强度,受产品买主转换成本高低的影响。总之,替代品价格越低、质量越好、用户转换成本越低,其所能产生的竞争压力就强;而这种来自替代品生产者的竞争压力的强度,可以具体通过考察替代品销售增长率、替代品厂家生产能力与盈利扩张情况来加以描述。

(五)行业内现有竞争者的竞争

大部分行业中的企业,相互之间的利益都是紧密联系在一起的,作为企业整体战略一部分的各企业竞争战略,其目标都在于使得自己的企业获得相对于竞争对手的优势,所以,在实施中就必然会产生冲突与对抗现象,这些冲突与对抗就构成了现有企业之间的竞争。现有企业之间的竞争常常表现在价格、广告、产品介绍、售后服务等方面,其竞争强度与许多因素有关。

(六)公司未来发展

在对公司的现状分析后,要预测公司未来的发展。因为公司股价是未来现金流的现值。所以公司的发展对股价有很大的影响。通过对公司最近三年的项目分析,对下一年的情况作出预测。再结合宏观经济形势和社会发展,分析公司未来的发展潜力和方向。

(七)综合投资评判结论

最后要对公司的表现进行总的评价,根据近年二级市场股价表现分析,并按短期、中期和长期提出投资决策建议。

案例七　同仁堂公司分析报告

一、公司简介

同仁堂是我国最大的中成药生产经营企业,在中药行业中久负盛名。新中国成立40多年来,同仁堂陆续创建了同仁堂中药提炼厂、同仁堂药酒厂、同仁堂制药二厂、同仁堂饮片厂等企业。1992年,以同仁堂产品为龙头,以北京中药为主体组建的中国北京同仁堂集团公司正式成立,并且成为集"产供销、科工贸、资产经营为一体"的北京市计划单列的现代化大型企业集团。公司主要产品均为治疗性中成药,知名产品有:牛黄清心丸、安宫牛黄丸、大活络丹、国公酒等,历来以"配方独特、选料上乘、工艺精湛、疗效显著"而驰名中外。公司"十大王牌"和"十大名药"等因历史悠久、疗效显著而多次被评为国优、市优产品。

二、公司近况

2012年公司实现销售收入、净利润分别为75.04亿元、5.70亿元,同比增长分别为22.85%、30.13%(扣非后净利润为5.54亿元,同比增长35.45%);公司综合毛利率为41%,同比提高2.91个百分点;销售费用、管理费用分别为14.03亿元、6.76亿元,同比增长分别为34%、26%,低于净利润增速;经营性现金流8.94亿元,同比增长60.39%;政府补助收入2800万元,同比增长150%。子公司表现良好。2012年同仁堂科技实现收入24.26亿元,同比增长28.77%;净利润4.00亿元,同比增长41.95%;同仁堂商业实现收入34.67万元,同比增长35.76%;净利润2.06亿元,同比增长60.91%;子公司经营仍存在较大的提升空间。(注:同仁堂2013一季度报表预计2013年4月26日发布,故公司近况以2012年同仁堂年度报告为基础进行分析整理)

三、发展前景

同仁堂品牌雄积淀深厚,发展战略独特,同时具备丰富的产品资源,有42个品种进入基本药物目录,将受益于医保覆盖增加带来的需求增长,加之国家对其有力政策以及医药行业良好的发展前景,该公司未来具备业绩增速提升的坚实基础,发展潜力很大。运用综合估值该股的估值区间在40.78~44.85元之间,该股票目前价格在22元左右,股价暂处于低估区,预计股票价格会进一步上涨。同时要注意的是,该品牌价值受制于体制弊端一直未能充分发挥,公司为此进行了长期渐进式改革。一季度营销推动带来的向好变化体现了内在潜力,未来上升空间取决于体制方面的改革力度。

四、主要财务状况分析

1.主要财务数据

表7-1　同仁堂主要财务数据　　　　　　单位:元

	2012 年	2011 年	2010 年
总资产	926,574.47	7,329,899,385.53	6,101,466,006.6
净资产	3,978,833,688.65	3,476,849,965.80	3,247,587,669.74
现金流量净额	873,968,414.52	544,905,320.56	565,509,799.08
营业收入	7,504,031,977.53	6,108,383,711.48	4,942,744,267.43
净利润	570,056,218.42	438,066,654.62	340,442,814.12
扣除非经常性损益的净利润	553,506,023.02	408,641,874.66	332,143,552.49
加权平均净资产收益率	15.56	13.03	10.79
基本每股收益(元/股)	0.438	0.336	0.261
稀释每股收益(元/股)	0.438	0.336	0.261

从主要财务数据可以看出,同仁堂的总资产、净资产、营业收入、净利润在近三年来不断上升,2012年净利润较2011年攀升了30.13%。此外,每股收益亦逐年增加,2011—2012增加了30.36个百分点。净利润与每股收益的逐年增加说明同仁堂运营情况良好,盈利能力不错,具有较好的发展潜力。

2.盈利能力分析

表 7-2　同仁堂主要盈利情况

	2012 年	2011 年	2010 年
净资产收益率	15.29%	13.03%	10.28%
总资产报酬率	12.84%	12.09%	10.92%
投入资本回报率	12.74%	12.29%	10.26%
销售净利率	11.71%	8.48%	8.73%
销售毛利率	43.91%	41.00%	41.45%
营业成本率	56.09%	59.00%	58.55%
营业费用率	15.56%	13.03%	10.79%
管理费用率	43.91%	41.00%	41.45%
财务费用率	0.11%	0.04%	0.11%
营业利润率	13.98%	12.93%	12.32%
流动资产利润率	7.05%	7.36%	6.89%

从表 7-2 中可以看出,同仁堂的净资产收益率一直呈现上升的态势,2010 至 2012 年间,净资产收益率上涨了 5 个百分点,说明企业资本运营的综合效益的提高以及对企业投资人和债权人权益的保障程度的提升,企业自有资金的获利能力是在不断上涨的。资本投入回报率也逐渐增加,说明公司成本控制得当,企业资本得到了充分的利用。此外,销售毛利率是企业获利的基础,2012 年,公司销售毛利率为 43.91% ,较 2011 年 41.00% 提升了将近三个百分点,这说明企业抵补各项期间费用的能力不断增强,获利能力有所提高,发展趋势良好,不会出现亏损局面。再看销售净利率,2009—2012 年销售净利率呈上升又下降的波动趋势,说明销售收入的收益水平不稳定,其成本费用控制能力有待于加强。这一点也可以从管理费用与财务费用上看出来,2010—2012 年间,同仁堂的管理费用与财务费用先减再增,说明企业在成本控制上还需进行完善与整改。综上所述,该企业盈利能力是不错的,而且是在不断提高的,但同时也是不稳定的。

3.偿债能力分析

表 7-3　同仁堂偿债能力指标

	2012 年	2011 年	2010 年
流动比率	278.85%	245.87%	305.43%
速动比率	148.18%	105.89%	158.89%

续表

	2012 年	2011 年	2010 年
现金比率	125.57%	85.91%	124.23%
现金自给率	109.02%	35.85%	94.12%
资产负债率	42.03%	34.36%	27.43%
产权比率	102.13%	72.45%	51.54%

从公司的短期偿债能力指标来看,公司的流动比率始终保持大于 2 的水平,且速动比率保持大于 1 的水平,可见该公司资金流动性较好,流动资产偿还流动负债的能力较强。从长期偿债能力来看,与一般公认标准(40%～60%)相比,同仁堂的资产负债率虽有所增长却始终保持低于公认标准,说明企业的偿债能力较强但有削弱趋势,能够保证债权人的权益。产权比率也在增加,说明归属母公司的净资产在增加。

4.运营能力分析

表 7-4　同仁堂运营能力指标

周转率(次)	2012 年	2011 年	2010 年
存货周转率	1.23	1.33	1.37
流动资产周转率	1.07	1.12	1.08
固定资产周转率	7.62	6.57	5.30
运营资金周转率	144.82	173.04	148.68
应付账款周转率	3.27	3.91	3.93
应收账款周转率	24.30	20.03	16.18

公司存货周转率虽然在逐年减小,但是越来越接近最佳存货周转率 1∶1,说明企业存货管理得当,存货量正好满足企业销售需求,资金回笼也及时,不会出现资金短缺的情况。公司应收账款周转率 24.3,与同行业相比较高,表明企业应收账款回收速度快,管理效率高,资产流动性强。同时,应付账款周转率也高于同行业,说明同仁堂的偿债能力较强。

五、结论

通过分析可知,虽然当下宏观经济并不很景气,股票大盘亦不喜人,但是当下医药行业面临巨大的发展机遇,中国的医药市场还有很大的潜力,同仁堂作为医药行业的龙头企业,运营状况良好,盈利与偿债能力表现优秀,将有更多的机会和能力做大做强。因此,建议买进同仁堂股票并长期持有。

(根据公司年报与相关资料整理)

本章思考题

1. 紧缩性财政政策对证券市场的影响。
2. 影响行业兴衰的因素。
3. 公司竞争优势包括哪些内容？其分析的指标主要有哪些？
4. 根据上市公司资料,任选一家上市公司进行分析,并写一份简单的研究报告。

第八章　证券投资技术分析

本章学习重点

　　本章对主要的技术分析方法进行了简要的介绍,包括道氏理论、波浪理论、K 线理论,然后介绍了常用的指标和形态分析,如移动平均线、KD 指标、RSI、MACD 等。通过本章的学习,了解技术分析的三大假设和基本要素,掌握几个理论的基本观点,理解股价的图形形态及含义,掌握主要的技术指标并运用技术指标判断行情,理解技术分析的局限性。

第一节　证券投资技术分析概述

一、技术分析的含义

　　技术分析是根据证券市场的历史交易资料,以证券价格的动态和变动规律为分析对象,运用统计技术和图形分析的技巧,通过对证券市场行为的分析,判断证券价格变动方向和变动程度的分析方法。技术分析法常用于分析股票的价格趋势,以便选择最有利的买卖股票的时间[①]。目前在国内外证券市场交易中,技术分析法仍然被很多分析师和投资者所应用。与基本分析法相比,技术分析法侧重于对过去和现在的市场行为进行分析,如时间、股票价格、成交量等,以推测未来价格的变动趋势。它认为宏观经济情况、行业情况和公司竞争力等因素都已经反映在市场行为上,因此只要对股票过去的信息进行分析,就可以进行投资决策。

二、技术分析基本假设

　　技术分析的理论基础是三个重要的市场假设:市场行为涵盖一切信息;价格沿趋势运动;历史会重演。

---

　　① 　胡金焱、李维林. 金融投资学. 经济科学出版社,2004

(一)假设 1：市场行为涵盖一切信息

这一假设是技术分析的基础。其主要思想是影响证券市场的一切因素最终都必然体现在股票价格的变动上。这里的市场行为是指证券市场上的各种证券交易的信息，包括交易时间、交易价格和成交量以及它们的变化。这个假说认为影响证券价格的因素无论是内在的还是外来的，都会体现在证券市场行为的变化上，投资不必分析具体影响证券价格的因素，只要研究这些市场行为就可能掌握所有的信息。

(二)假设 2：价格沿趋势移动

这一假设认为证券价格的变动是按一定规律进行的，即有保持原来方向的惯性。只有承认价格沿趋势变动，技术分析者才会运用各种方法，试图找出证券价格的变动规律。证券价格的运动方向是由供求关系决定的，证券价格变动反映了一定时期内供求关系的变化。只要供求关系不发生彻底改变，证券价格走势就不会反转。

(三)假设 3：历史会重演

该假设认为过去曾出现过的运动形态，在相同的条件下又会重新出现。技术分析法认为，根据历史资料概括出来的规律已经包含了未来证券市场一切变动的趋势，所以可以根据历史预测未来。这一假设是建立在对投资者心理分析的基础上，即当市场出现和过去相同或相似的情况时，投资者会根据过去的成功或失败经历来做出投资选择。

三、技术分析的要素

证券市场中，价格、成交量、时间和空间是技术分析的基本要素。这几个要素的相互关系是构成技术分析的基础。

(一)价格和成交量

价和量是市场行为最基本的表现。过去和现在的成交价、成交量涵盖了过去和现在的市场行为。在某一时点上的价和量反映的是买卖双方在这一时点上共同的市场行为，是双方暂时均势点。随着时间变化，均势会不断发生变化，这就是价量关系的变化。价、量是技术分析的基本要素，技术分析就是利用过去和现在的成交量、成交价资料，以图形分析和指标分析工具来分析、预测未来的市场走势。一般说来，买卖双方对价格的认同程度通过成交量的大小得到确认。认同程度小，分歧大，成交量大；认同程度大，分歧小，成交量小。双方的这种市场行为反映在价、量上往往就呈现出"价升量增，价跌量减"的趋势规律。

(二)时间和空间

在技术分析中,时间是指完成某个过程所经过的时间长短,通常指一个波段或一个升降周期所经过的时间。空间在某种意义上讲,可以认为是价格的一方面,指的是价格波动能够达到的极限。

时间体现了市场潜在的能量由小变大再变小的过程,而空间反映的是每次市场发生变动程度的大小,体现市场潜在的上升或下降的能量的大小。上升或下降的幅度越大,潜在能量就越大;反之,上升或下降的幅度越小,潜在能量就越小。

一般来说,对于时间长的周期,今后价格变动的空间也应该大;时间长,波动空间大的过程,对今后价格趋势的影响和预测作用也大;反之亦然。

第二节　道氏理论

一、道氏理论的产生

道氏理论是使用最早和影响最大的技术分析方法,以美国著名的证券分析家查尔斯·道的姓命名,历时几十年形成。查尔斯·道是活跃于美国 19 世纪末的股市理论家,他创造了两个著名的指标——"道·琼斯铁路指数"和"道·琼斯工业平均指数"。1902 年,在查尔斯·道去世以后,威廉姆·彼得·汉密尔顿(William Peter Hamilton)和罗伯特·雷亚(Robert Rhea)继承了道氏理论,并在其后有关股市的评论写作过程中,加以组织与归纳,并于 1922 年出版了《股票市场的晴雨表》一书,确立了道氏理论在技术分析法中的地位。道氏理论主要的研究目标是探讨股市的基本趋势,认为基本趋势一旦确立就会一直持续,直到趋势遇到各种因素的影响才会改变方向。

二、道氏理论的基本内容

道氏理论认为证券市场上的股票价格存在着三种运动方式:基本趋势、次级趋势与短期趋势。这三种趋势同时存在、相互影响,决定了股票价格的走势。

(一)基本趋势

基本趋势体现市场价格波动的基本方向,是指连续 1 年或 1 年以上的证券价格的变化趋势。它由两个相反的趋势构成,即上升趋势和下降趋势。

1.上升趋势

证券市场的上升趋势通常包括如下三个阶段:

第一阶段:买方对发行证券的公司盈利情形看好,开始买进被悲观的卖方卖出的股票和债券,或者卖方由于种种原因使其卖出量减少,这一切导致了证券市场价格开始上升。不过投资者还是对股市存有戒心,证券市场交易不是很活跃,但交易量开始增加。

第二阶段:证券市场价格已经上升,公司盈余的增加导致证券市场交易量的增加;公司收益情况的好转已经引起投资者的注意,股票交易日趋活跃,成交量随之扩大。

第三阶段:随着大量资金的涌入,证券市场上各种证券的价格已经升至一个高峰,投资者争先恐后购买证券,股市一片繁荣,交易量很大;但是繁荣的背后隐藏着深刻的危机。此时的股价水平已与其内在价值严重背离。

2.下跌趋势

下跌趋势通常也包括三个阶段:

第一阶段:股市上升趋势已经结束,交易额虽然并未下降,反而略有增加,但已有减少的趋势;普通投资者参与交易仍然很活跃,但获得的差价利益已经大大减少,整个购买气氛已经冷却下来。

第二阶段:这是一个恐慌阶段,部分主力抛售大量股票使证券价格急剧下跌,交易量已大幅度减少,卖方力量剧增。投资者参与交易的活跃程度已大幅度下降。这一阶段过后,一般都必须经过较长时间的喘息或停滞才进入第三阶段。

第三阶段:在经历了上述的恐慌阶段以后,有关公司收益恶化的消息到处流传,投资者信心丧失,加速了投资者的卖出。但各种证券市场价格的下跌程度各不一样,一些投资者开始补进绩优股票。

(二)次级趋势

次级趋势是指在上升的主要趋势中出现的中期回档下跌或在下跌的主要趋势中出现的中级反弹回升。由于中期趋势经常与长期的运行方向相反,并对其产生一定的牵制作用,因而也称作股价的修正趋势。

次级趋势是对长期趋势正常且必要的整理状态。它们是对股价暴涨暴跌在技术上的修正,修正幅度一般为长期趋势变动幅度的 $1/3\sim2/3$ 左右,通常一个长期趋势中总会出现二三次次级趋势。次级趋势持续的时间可达两周至数月不等。中期趋势一般并不改变长期趋势的发展方向。当股市出现回档下跌或反弹上升时,及时区分是中期变动还是长期趋势的根本转向是很重要的。

(三)短期趋势

短期趋势是价格的日常波动,时间很少超过三个星期,通常少于六天。短期趋势的重要性较小,且易受人为操纵,这与客观反映经济动态的中长期趋势有本质的不同,因而一般不被人们作为趋势分析的对象。当然也应该承认,证券市场的短期波动形成中长期趋势的基础。

三、对道氏理论的评价[①]

(一)优点

道氏理论具有合理的内核和严密的逻辑,指出了股市循环和经济周期变动的联系,在一定程度上能对股市的未来变动趋势做出预测和判断。依道氏理论编制的股票价格平均数和股价指数是反映经济周期变动的灵敏的晴雨表,被认为是最可靠的先导指标。更重要的是道氏理论对技术分析法产生了重大影响,后人在道氏理论的基础上发展演绎出种种长期、中短期的技术分析方法。

(二)缺点

道氏理论的缺点在于可操作性差。道氏理论侧重于长期分析而不能做出中短期分析,更不能指明最佳的买卖时机。道氏理论对大势判断有较大作用,而对每日每时都在发生的小波动则无能为力,甚至对次要趋势的判断作用也不大。即使是对长期趋势的预测,道氏理论也无法预先精确地指明股市变动的高峰和低谷,对市场逆转的确认具有滞后效应。

第三节 波浪理论

一、波浪理论的主要思想

(一)波浪理论的形成过程

波浪理论的全称是艾略特波浪理论,是以美国人 R. N. Elliott 的名字命名的一种技术分析理论。波浪理论的形成和完善经历了几代人的努力。

大自然的潮涨潮退有着自身的规律,最初是由艾略特首先发现股价的运动与波浪运动有着相似的规律,并将其应用于证券市场,最终提出了新的股市理论,并于 1938 年出版了《波浪理论》一书。1946 年他完成了波浪理论的集大成之作——《自然法则:宇宙的秘密》。但是他的这些研究成果没有形成完整的体系,在艾略特在世的时候没有得到社会的广泛承认。直到 20 世纪 70 年代,柯林斯总结了艾略特和其他人的研究成果,并出版了的专著《波浪理论》,才奠定了波

---

① 霍文文. 证券投资学. 高等教育出版社,2004

浪理论在股市技术分析理论中的地位。

(二)波浪理论的基本思想

艾略特波浪理论强调股价的运动是按照有规律的波浪形态发展的,人们可以通过掌握和运用股价运动的周期规律来预测股价的涨跌,把握投资的买卖时机。

艾略特最初的波浪理论是以周期为基础的。他把大的运动周期分成时间长短不同的各种周期,并指出,在一个大周期之中可能存在一些小周期,而小的周期又可以再细分成更小的周期。每个周期无论时间长短,都是以一种模式进行,即每个周期都是由上升(或下降)的 5 个过程和下降(或上升)的 3 个过程组成。这 8 个过程完结以后,将进入另一个周期。新的周期仍然遵循上述的模式。没有永恒的上升波浪,也没有永恒的下跌波浪。

艾略特波浪理论中的大部分理论与上一节介绍的道氏理论相吻合。不过较明显的区别在于,道氏理论必须等到新的趋势确立以后才能发出行动的信号,而波浪理论可以明确地知道目前股价是处在上升(或下降)的尽头,或是处在上升(或下降)的中途,可以更明确地指导操作。

艾略特波浪理论中所用到的数字 2、3、5、8、13、21、34……都来自斐波纳奇数列。这个数列是数学上很著名的数列,它有很多特殊的性质,是艾略特波浪理论的数字基础。

二、波浪理论的主要原理

(一)波浪理论考虑的因素

波浪理论考虑的因素主要有形态、比例和时间。

(1)形态。股价的形态是最重要的,它是指股价走势所形成的波浪形状和构造,是波浪理论赖以生存的基础。

(2)比例。比例指股价走势图中各个高点和低点所处的相对位置;高点和低点所处的相对位置是波浪理论中各个浪的开始和结束位置。通过计算这些位置,可以弄清楚各个波浪之间的相互关系,确定股价回落点和将来股价的走势。

(3)时间。时间指完成某个形态所经历的时间长短。波浪理论中各个波浪之间在时间上是相互联系的,用时间可以验证某个波浪形态是否已经形成。

(二)波浪理论价格走势的基本形态结构

艾略特认为,股价和股价指数总是在上涨和下跌交替运动中前进。股价上下波动也是按照某种规律进行的。通过多年的实践,艾略特发现每一个周期(无论是上升还是下降)可以分成 8 个小的波浪,其中 5 浪是主浪,3 浪是调整浪。

这 8 浪一结束,一次大的行动就结束了,紧接着的是另一次大的行动。现以上升为例说明这一过程。图 8-1 是一个上升阶段的 8 个浪的全过程。

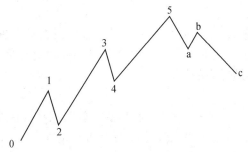

图 8-1　波浪结构的基本形态图

其中,0~1 是第 1 浪,1~2 是第 2 浪,2~3 是第 3 浪,3~4 是第 4 浪,4~5 是第 5 浪。这 5 个浪中,第 1、第 3 和第 5 浪称为上升主浪,而第 2 和第 4 浪是对第 1 和第 3 浪的调整浪。上述 5 浪完成后,紧接着会出现一个 3 浪的向下调整,这 3 浪是:从 5 到 a 为 a 浪,从 a 到 b 为 b 浪,从 b 到 c 为 c 浪。

在图 8-1 中,从 0 到 5 可以认为是一个大的上升趋势,而从 5 到 c 可以认为是一个大的下降趋势。如果认为这是 2 浪的话,那么 c 之后一定还会有上升的过程,只不过时间可能要等很长。这里的 2 浪只不过是一个更大的 8 浪结构中的一部分。

三、波浪理论的应用及其应注意的问题

(一)波浪理论的运用

1. 第 1 浪

通常第 1 浪出现在熊市即将结束或正在转向牛市的时期。几乎半数以上的第 1 浪是出现在股市经过长期盘整筑底后开始上升,其后的第 2 浪调整幅度往往很大。一般而言,第 1 浪的涨幅是五浪中最小的。

2. 第 2 浪

通常第 2 浪在实际走势中调整幅度较大,而且还具有较大的杀伤力,这主要是因为市场人士常常误以为熊市尚未结束。当此浪调整到接近第 1 浪的起涨点时,投资者开始出现惜售心理,成交量逐渐萎缩。

3. 第 3 浪

通常第 3 浪属于最具有爆炸性的一浪。第 3 浪的运行时间通常会是整个循环浪中最长的一浪,涨幅也最大;第 3 浪的运行轨迹,大多数都会发展成为一涨再涨的延升浪;在成交量方面,成交量急剧放大,体现出具有上升潜力的量能;在

图形上,常常会以势不可挡的跳空缺口向上突破,给人一种突破向上的强烈讯号。

4. 第 4 浪

从形态的结构来看,第 4 浪经常是以三角形的调整形态进行运行。第 4 浪的浪底不允许低于第 1 浪的浪顶。经过第 3 浪的强劲上升后,这一浪走势开始疲软,已初显涨势后继乏力的征兆。

5. 第 5 浪

在股票市场中,第 5 浪是三大推动浪之一,但其涨幅在大多数情况下比第 3 浪小。在第五上升浪的运行中,二、三线股是市场的主导力量,升幅极其可观。第 5 浪的特点是市场人气较为高涨,主力机构开始悄悄出货,而普通投资者还在盲目跟风。

6. a 浪

在上升循环中,a 浪的调整是紧随着第 5 浪而产生的,市场上大多数投资者会认为大市仍未逆转,只看作为一个短暂的调整,还会逢低吸纳。不过股市成交量开始减少,各种技术指标已显示顶背离现象,预示股市即将下跌。

7. b 浪

此浪常以上升态势出现,市场上大多数人仍未醒悟过来,还以为上一个上升尚未结束,形成"多头陷阱",从成交量上看,成交稀疏,出现明显的价量背离现象,上升量能已接济不上。

8. c 浪

c 浪的特点通常是跌势强烈,跌幅大,持续时间长。大盘开始全面下跌,从性质上看,其破坏力较强。

只要明确了目前的位置,按波浪理论所指明的各种浪的数目就会很方便地知道下一步该干什么。

(二)应用波浪理论应注意的问题

从表面上看,波浪理论会给我们带来利益,但是从波浪理论本身的构造我们会发现它的诸多不足。

(1)波浪理论最大的不足是应用上的困难。浪的层次的确定和浪的起始点确认是应用波浪理论的两大难点。波浪理论从理论上讲是 8 浪结构完成一个完整的过程,但是,主浪的变形和调整浪的变形会产生复杂多变的形态,波浪所处的层次又会产生大浪套小浪、浪中有浪的多层次形态。

(2)波浪理论的第二个不足是面对同一个形态,不同的人会产生不同的数法,而不同的数浪法产生的结构可能相差很大。

(3)波浪理论只考虑了价格形态上的因素,而忽视了成交量方面的影响。

第四节 K线图分析

一、K线的画法

K线又称为蜡烛线、日式线,起源于200多年前的日本。最初运用于米市交易,当时的米市商人用它记录一定时间内米市行情价格的波动变化。后来人们把这套方法运用于股市,经过长期的发展和完善,成为现在普遍使用的技术分析方法。

K线按时间可划分为5、15、30、60分钟K线和日、周、月、年K线,可以分别代表短、中、长期趋势。

K线的结构分为实体、上影线和下影线三部分。实体表示一定时期(1日、1周、1月、1年等)的开盘价和收盘价。上影线的上端顶点表示同一时期的最高价,下影线的下端顶点表示最低价。根据开盘价和收盘价的关系,K线又分为阳线和阴线两种。收盘价高于开盘价,则K线实体部分为空白或白色,称为阳线;当日收盘价低于开盘价则K线实体部分为黑色,称为阴线。

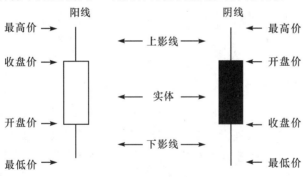

图 8-2 K线的两种常见形状

二、K线的基本形态及意义

(一)阳线

(1) 光头光脚阳线(见图8-3a),表示开盘价成为当天的最低价,收盘价是当天的最高价,低开高走,说明买方力量强。实体部分的长短,代表着买盘的强劲程度,实体越长,买方力量越强。如出现在底部或盘局中,表明买盘强劲,如有大成交量,可看做买入信号。

（2）带下影线的阳线（见图 8-3b），属于先跌后涨型。表明开盘后股价曾一度遭到卖方打压，至最低价后得到有力支持，股价回升，以最高价收盘。实体越长，买方越强；下影线越长，表明买方潜在实力越强。

（3）带上影线的阳线（见图 8-3c），属于上升抵抗型。当天开盘后，股价曾经有力地向上涨，但在高位遇到卖方抛压，使股价上升气势收到打压，但是收盘价仍然在开盘价的上方。上影线越长表示压力越大，买方不断遭到卖方抛压，实体越长，说明买方势力越强。如果股价处于上升趋势中，出现上影线很长的阳线预示股市可能转向下跌。

（4）带上下影线的阳线（见图 8-3d），这是最为普遍的 K 线形状。表明多空双方争夺激烈，双方都一度占据优势，但还是以买方占上风，属于上有压力、下有支撑型。对多方和空方优势的衡量，主要依靠上下影线和实体长度来确定。

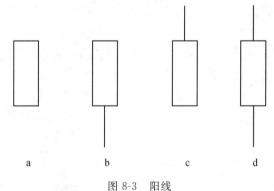

图 8-3　阳线

（二）阴线

（1）光头光脚阴线（见图 8-4a），表示开盘价为当天的最高价，收盘价是当天的最低价，说明卖方势力强大。实体部分的长短，代表着卖盘的强劲程度，实体越长，卖方力量越强。若出现在高价位区，表明大势很可能反转下跌；若出现在低价位区，很可能表明卖方最后的疯狂。

（2）带下影线的阴线（见图 8-4b），表示开盘后卖方即占上风，但低位遇买方阻力，股价慢慢回升，但是回升的股价仍离开盘价有一段距离，最后收盘价低于开盘价。实体越长，卖方力量越强；下影线越长，买方力量越强。在下跌趋势中，如实体较短，下影线较长，并且有量的配合，很可能是股价反转的信号。

（3）带上影线的阴线（见图 8-4c），属于先涨后跌型。表示当天开盘后，股价上涨，但是上升遇到了阻力，开始下跌，而且跌破了开盘价，卖方力量较强直到收盘。实体越长，卖方力量越强，上影线越长，卖方力量越强。

（4）带上下影线的阴线（见图 8-4d），表明当天盘中大幅震荡，多空双方交战激烈,而且卖方力量始终占上风。根据实体和上下影线长短分别组合排列,也可以分为多种类型。

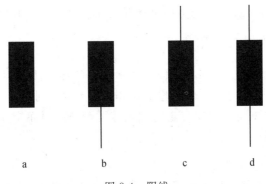

图 8-4　阴线

(三)十字转机线

(1)十字星线(见图 8-5a)。十字星表明买卖双方几乎势均力敌,开盘价和收盘价在同一点。阳十字星线表示多方力量较强,阴十字星线表示空方力量较强。上影线和下影线的对比表明了多空双方的力量比较。上影线长于下影线,表明空方力量较强;下影线长于上影线,表明多方力量较强。在高位区出现十字星,后市往往转跌;在低位区出现十字星后,后市将转好。

(2)T 字型(见图 8-5b),又称锥子线。T 字型的本义表示下有支撑,下影线越长,支撑的力度越大。T 字型是当天开盘后就下跌,下影线越长,探底的幅度越大,但是在下探中遇到买方力量的支持,使股价回升,而且回升的幅度也很大,最后收盘与开盘持平。若出现在高价位区,并有成交量配合,表明卖方力量较强,行情不看好;若出现在低位,则后市有看好的态势。

(3)倒 T 字型(见图 8-5c),又称灵塔线。倒 T 字型的本意是上有压力,上影线越长,压力越大。倒 T 字型显示当天开盘后上涨,上影线越长向上刺探的幅度越大,但是在此过程中遇到了卖方力量的抛压,使股价向下回落,到收盘时股价与开盘相同。开盘价、收盘价、最高价相同,说明买方力量稍强。若出现在高价位区并有成交量配合,则后市不容乐观。

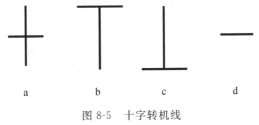

图 8-5　十字转机线

（4）四合一型（见图 8-5d），是十字星的变形，表示整个交易日，股价只有一个，即开盘价、收盘价、最高价、最低价都是一个价位。它常常出现在涨停板或跌停板价位上。若跳空涨停，预示后市看好；若跳空跌停，预示行情还将下跌。

三、K 线的组合运用[①]

K 线图将买卖双方一段时间以来实际争夺的结果用图表表示出来，从中能够看出买卖双方在争夺中力量的增加、减弱，以及双方对争斗结果的认同。将几根 K 线组合起来就可以发现一定时期内股票价格运动的趋势。下面介绍几种常见的形态。

（一）K 线买入信号

前提是股价已经经历了一段幅度的下跌后出现的买入信号。所谓转势是指后面将开始的趋势与前面的趋势完全相反。

1. 阳线类

（1）大阳线。股价经过一路下跌后，经反弹又下跌，直到出现一根大阳线，也称作"拉长红"、"红旗飘飘"。这根阳线是股价止跌回升的强烈信号。大阳线犹如多方吹响了反攻的号角，插起了红旗，阳线代表旗杆，随后几天可能出现的回落被称为"旗面整理"，意味着整理完毕会继续上升。投资者可以在拉长红的当天买入，也可以在后面几天的整理中买入，只要整理时的股价或指数不低于大阳线的底部。当然大阳线以后的整理形态各有不同（见图 8-6）。

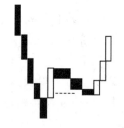

图 8-6　红旗飘飘

（2）三阳线。分为中阳线和小阳线。

股价经过一路下跌后，经反弹后又下跌，后来出现一组中阳线，可以称作为"三阳开泰"。三根阳线代表多方占优势，开始逐步买入，步步推进，这是一个较强的买入信号。投资者可以在开阳线的交易日中买入，也可以

图 8-7　三阳开泰

在后面回落整理时买入，只要整理时股价不跌破三根阳线的底部，双底形成（见图8-7）。

小阳线被称作为"红三兵"。股价经过一路下跌后虽有反弹但又继续创新低下跌，等到出现三根一组的小阳线才止跌，并且回落整理时已不创新低了，也视

---

　　① 王秀芳. 证券投资理论与实务. 北京大学出版社，2006

为小双底形成,小阳线中买方的力量四合没有大阳线、中阳线强,这是多方在试探性地买入,投资者在小心跟进(见图8-8)。

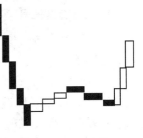

图8-8　红三兵

2.十字星类

(1)T字型。股价下跌后,突然某一天开盘后还在探底,但在探底过程中遇到了买方的支撑。多方见股价长期下跌已跌幅较深,正在寻找买入的机会,一旦继续下跌过深就会积极买入,所以在当天多方又将股价或股指拉起,收盘价在开盘价附近,留下长长下影线的T字型,也称为"早晨之星"、"希望之星",多方开始进攻,股价上升有希望,是买入的信号。

(2)止跌十字星。股价经过下跌、反弹又下跌后,出现了标准的十字星,可以看做是止跌十字星。当然光一根十字星本意是观望,说它止跌还要与后面一天的走势结合起来观察,后面一天是阳K线一般可以确认是反转的信号,若是阴线,而且后面一天股价或指数创出了新低,那这个十字星则能看做是下跌途中的停顿、休息(见图8-9)。

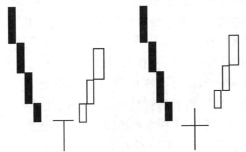

图8-9　止跌十字星

(3)倒T字线。股价一路下跌后,某一天开盘后却一反常态,多方组织力量进攻,扭转了颓势,但是由于长期下跌,投资者心有余悸,一见上涨就想逃,所以股价或指数上升时遇到了阻力,到收盘时收盘价或指数又回到了开盘的附近。尽管无功而返,但是多方看到了希望,所以这是一个将要上涨的买入

图8-10　倒T字买入信号

信号,当然同样要与后面几天的K线结合起来观察。需要说明的是倒T字线本意上有压力,但是在不同部位(顶部还是底部)意义是不一样的,所以对这个信号投资者应引起重视(见图8-10)。

（二）卖出信号

前提是经过一段上涨以后出现的信号。这些信号都有转势的意义。

1. 阴线类

（1）大阴线。也称作"乌云盖顶"或"天狗食月"，是股市中常见的出货形态。一般由连续三根K线组成。买方力量不敌卖方的抛压，获利盘、解套盘蜂拥而出，一改前面上涨的势头，最后收盘拉了一根长黑K线，而且盖过了前几天的阳线，并且明显伴随着成交量的放大。这是一个强烈的卖出信号（见图8-11）。

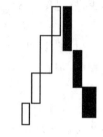

图 8-11　乌云盖顶

（2）中阴线。经过一段上升后，出现调整信号的中阴线，常常是那种带上下影线的阴线，称"穿头破脚"或者向下跳空低开的中阴线，前者还必须与后面一天结合起来观察，若后一天仍是中阴线，应该得到确认了。一根穿头破脚的中阴线表示当天股价大幅度地震荡过，而且卖方力量较强，是卖出的信号（见图8-12）。

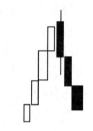

图 8-12　穿头破脚

（3）小阴线。小阴线卖出信号常常是以两个或三个一组出现的。前者称"双飞乌鸦"，后者称"三只乌鸦"，而且是"三只乌鸦停在树梢上"，一看就知道显然是一个不吉利的名字，是卖出的信号。在股价经过一段上升后，堆积了一定的获利盘，加上解套盘的加入，渐渐抛压沉重。三天连续拉阴线，说明买方力量转弱，空方已在出货，以后的走势更是证明一旦下跌趋势形成，股价或指数会溃不成军。所以投资者不能轻视小阴线的下跌，不能抱有太多的幻想（见图8-13）。

图 8-13　双飞乌鸦

2. 十字星类

（1）倒T字型。倒T字线本义是上有压力，所以股价在高位出现这类星是典型的卖出信号，人们称它们为"射击之星"、"垂死之星"。这类K线表示在交易过程中，股价或股指上升到高位时，就有人抢先卖出，留下了长长的上影线，往往预示着上涨行情行将结束（见图8-14）。

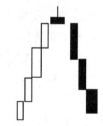

图 8-14　垂死之星

（2）T字型。T字型的本义是下有支撑，但是在不同位置代表的意义完全不一样，在股价上涨以后的高位出现这类星是卖出的信号，所以它在高位被称作为"黄昏之星"、"竹蜻蜓"或"吊颈线"。一般投资者会忽

视这类星的卖出信号,因为它表示当天的交易日内股价
或指数进行了大幅震荡,虽然股价或指数探底较深,但
是在收盘前给多方力量托起,所以留下长长的下影线。
黄昏之星图形的出现预示着股价涨势可能结束,市场将
会反转(见图8-15)。

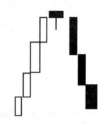

图 8-15　吊颈线

(3)十字星。十字星说明当天股价或指数大幅度震
荡,向上有阻力,向下探底又有支撑,多空双方势均力
敌,但毕竟已在高位,获利盘想出逃已成事实,若后面一
天开始下跌,那种震荡和观望已经变成了卖出的力量,
所以十字星在高位是不吉利的信号,被称作为"墓碑",
应准备卖出(见图8-16)。

3.阳线类

(1)大阳线。大阳线的本义是买方力量强,但在不
同部位意义不一样,在底部是买入信号,在上涨一段以
后的顶部恰恰是卖出信号,被称为"消耗性的大阳线"。
股价或指数经过一段上涨后,已经消耗了多方相当多的
力量,也积累了许多获利盘,一旦多方力量竭尽,获利盘
涌出,上升的趋势就会改变。"消耗性的大阳线"是这样
出现的:它一改前面缓慢推动的态势,或者是有利多消
息的刺激,当天多方动员了所有的力量进攻,拉出一根
长阳,这不仅消耗了多方的力量,而且更增加了获利盘
的获利,导致后市多方力量不济,终于空方乘虚而入,股
价开始下跌(见图8-17)。

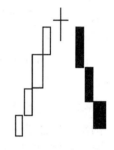

图 8-16　墓碑

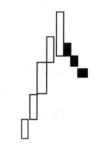

图 8-17　消耗性大阳线

(2)一串阳线。称作"九连阳"或"一串红",这是阳
线卖出信号的特例。它是一组阳线,当然也允许有一、
二根的阴线夹在其中。这种走势常常是股价或指数特
别强劲的表现。连续拉大阳线或中阳线,可想而知它属
于"井喷",成了"黑马",所以称作"一串红"。这样的阳
线大约可以持续 8～9 天或 11～13 天左右。经过暴涨
以后获利者利润丰厚,随时有出逃的可能。它的爆发力
强、持续性差,往往回调幅度会很深,即使不深幅回调也
要长时间的横向整理,后市都不容乐观(见图8-18)。

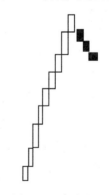

图 8-18　九连阳

第五节　常用指标与形态分析

一、移动平均线(MA)

移动平均线是指连续若干天市场价格(通常指收盘价)加以算术平均,然后连成一条线。天数是移动平均线的参数。通常使用的移动平均线有 5 日、10日、20 日、30 日、60 日、120 日、250 日等等。

(一)移动平均线的特征

1. 追踪趋势

移动平均线表示股价的波动趋势,并追随这个趋势,不轻易改变。如果从股价的图表中能够找出上升或下降趋势线,那么移动平均线将保持与趋势线方向一致,消除股价在这个过程中出现的起伏对趋势的影响。

2. 稳定性

移动平均线是股价几天变动的平均值,只有当天股价发生很大的变化,才能较大的改变移动平均的数值,因此减少了短期振荡对判断趋势方向的干扰。但在股价原有趋势发生反转时,由于移动平均线的追踪趋势的特性,其行动往往过于迟缓,调头速度落后于大趋势,也决定了移动平均线的滞后性。

3. 助涨助跌性

当股价突破了移动平均线时,无论是向上突破还是向下突破,意味着原来的移动平均线趋势已经失效,从而引起投资者的信心发生变化,延长了涨或跌的趋势。

4. 支撑和阻力作用

移动平均线对股价具有支撑或阻力作用,当股价从移动平均线上方下跌到移动平均线位置,会受到移动平均线的支撑;当股价从移动平均线下方上涨道移动平均线的位置,会受到移动平均线的阻力,此时移动平均线称为压力线。

(二)葛兰威尔(Granvile)八大法则

通过移动平均线进行投资决策,可以根据葛兰威尔法则进行,该法则主要有八个方面的规定,人们通常称之为葛兰威尔八大法则,具体内容为:

(1)平均线从下降逐渐走平,而股价从平均线的下方突破平均线时,是买进信号。

(2)股价虽跌入平均线下,而均价线仍在上扬,不久又回复到平均线上时,为买进信号。

（3）股价趋势线走在平均线之上，股价突然下跌，但未跌破平均线，股价又上升时，可以加码买进。

（4）股价趋势线低过平均线，突然暴跌，远离平均线时之时，极可能再趋向平均线，是买进时机。

（5）平均线走势从上升逐渐走平，而股价从平均线的上方往下跌破平均线时，应是卖出的机会。

（6）股价虽上升突破平均线，但又立刻回复到平均线之下，而且平均线仍然继续下跌时，是卖出时机。

（7）股价趋势线在平均线之下，股价上升但未达平均线又告回落，是卖出时机。

（8）股价趋势线在上升中，且走在平均线之上，突然暴涨、远离平均线，很可能再趋向平均线，为卖出时机。

(三)移动平均线的优缺点[①]

1. 移动平均线的优点

（1）移动平均线适用广泛，构造简便，它的参数易于检验，所以被绝大部分顺应趋势操作人士所运用。它的客观性和精确性常常为人称道。

（2）使用移动平均线可观察股价总的走势，不考虑股价的偶然变动，这样可选择出入市的时机。

（3）平均线能显示"出入货"的信号，将风险水平降低。无论平均线变化怎样，反映买或卖信号的途径都一样，即若股价（收盘价）向下穿破移动平均线，便是卖出信号；反之，若股价向上突破移动平均线，便是买入信号。

2. 移动平均线的缺点

（1）移动平均线变动缓慢，不易把握股价趋势的高峰与低谷。

（2）在价格波幅不大的平衡市期间，平均线折中于价格之中，出现上下交错型的买卖信号，使分析者无法作出定论。

（3）平均线的日数没有一定标准和规定，常根据股市的特性、不同发展阶段及分析者思维定性而各有不同，投资者在拟定计算移动平均线的时间参数前，必须先清楚了解自己的投资目标。

（4）移动平均线在行情调整时发出的买卖信号无法给出充足的依据，一般还要靠其他技术指标的辅助。

---

① 任淮秀. 证券投资学. 高等教育出版社，2007

二、平滑异同移动平均线(MACD)

(一)MACD 的计算

平滑异同移动平均线(MACD)指标吸收了移动平均线的优点,运用移动平均线判断买卖时机。在趋势明显时,收效很大。但如果碰上牛皮盘整的行情,移动平均线所发出的信号频繁而不准确。根据移动平均线原理发展出来的 MACD 指标,一来克服了移动平均线假信号频繁的缺点,二来确保了移动平均线最大的战果。

MACD 由正负差(DIF)和异同平均数(DEA)两部分组成。其中,DIF 是核心,DEA 是辅助。DIF 是快速移动平均线与慢速移动平均线的差,DEA 是 DIF 的移动平均,即连续若干天的 DIF 的算术平均。

在 MACD 的计算过程中,首先以算术平均法计算出快速移动平均线(一般选 12 日)和慢速移动平均线(一般选 26 日),再以快速线数值减慢速线值即得到快慢线相对距离的差,即 DIF。为使趋势信号更明显并且不受股价过分波动的影响,对 DIF 也进行算术平均(一般选 9 日),得到 DEA,把 DIF 和 DEA 画在以时间为横轴,以 MACD 为纵轴的坐标上,观察 DIF 和 DEA 的方向以及绝对位置和相对位置关系,把它们的同向、异向和交叉现象作为买卖信号的提示。为使买卖信号更直观,还可从 DIF 减去 DEA 的差再乘以 2,向横轴引垂直线,得到 MACD 柱状线。其计算步骤和公式如下(以常用参数为例):

(1) 计算 MACD 首先要选定移动平均线的初值,一般以起始日的收盘价作为指数平滑移动平均线 EMA 的初值。

(2) 快速移动平均线 EMA 是 12 日的,其计算公式为:

$$当日\ EMA(12)=2/(1+12)\times当日收盘价 + 11/(1+12)$$
$$\times前一日\ EMA(12) \tag{8-1}$$

慢速移动平均线 EMA 是 26 日的,其计算公式为:

$$当日\ EMA(26)=2/(1+26)\times当日收盘价 + 25/(1+26)$$
$$\times前一日\ EMA(26) \tag{8-2}$$

(3) 计算 DIF:

$$DIF=EMA(12)-EMA(26) \tag{8-3}$$

(4) 计算 DIF 的 9 日指数平滑移动线 DEA(9):

$$当日\ DEA(9)=8/(9+1)\times当日\ DEA(9)+2/(9+1)\times当日\ DIF \tag{8-4}$$

其中可用第一个 DIF 作为 DEA 的初值。

(5) 计算 MACD 柱状线(BAR):

$$BAR=2\times(DIF-DEA) \tag{8-5}$$

(二)MACD 的特点

在 MACD 图形上有三条线：DIF、DEA 和 MACD 柱状线。买卖信号就是 DIF 和 DEA 的正负位置和交叉，同时观察 MACD 柱状线的正负和长短。当 DIF 和 DEA 为负值时，表明市场目前处于空头市场；当 DIF 和 DEA 为正值时，表明市场目前处于多头市场。MACD 没有固定的数值界线，其数值围绕零值上下摆动，属摆动指标。

(三)MACD 的运用法则

(1) DIF 和 DEA 同处正值，则短期线在长期线之上，市场处于多头市场，属中期强势。DIF 向上突破 DEA 是买进信号；DIF 向下跌穿 DEA 只能认为是回落，应卖出股票。

(2) DIF 和 DEA 同处负值，则短期线在长期线之下，市场处于空头市场，属中期弱势。DIF 向下跌破 DEA 是卖出信号；DIF 向上突破 DEA 只能认为是反弹，可作暂时补空。

(3) 当股价曲线的走势向上，而 DIF、DEA 曲线走势与之背道而驰，则表示行情即将转跌；反之，则表示行情将出现好转。

(四)MACD 的优缺点

MACD 的优点是除掉了移动平均线的滞后反应和频繁出现的买入卖出信号，使发出信号的要求和限制增强，避免假信号的出现，用起来比移动平均线更为可靠。

MACD 的缺点是无法从这一指标看出行情是处于长期升势还是长期跌势，或是长期盘整市道，这方面的判断还要依赖于长期移动平均线以及其他技术指标。

三、随机指标(KDJ)

KDJ 是分析师乔治·兰德(George Land)首先提出的技术分析理论，在股票、期货等证券市场中有很好的实战效果。

KDJ 的核心原理是平衡的观点，即股价的任何动荡都将向平衡位置回归。这一指标把一定周期的最高股价和最低股价的中心点作为平衡位置，高于此位置过远将向下回归，低于此位置过远将向上回归。在分析中，设置快指标 K(又称为快速线)和慢指标 D(又称为慢速线)，K 指标反应灵敏，但容易出错，D 指标的反应较慢，但稳定可靠，另外，为了反映 D 和 K 的差值，即两者的位置关系，设置了 J 指标。

(一)KDJ 的计算过程

1. 计算未成熟随机值 RSV(raw stochastic value)

$$N \text{ 日 } RSV = (Ct - Ln) / (Hn - Ln) \times 100 \tag{8-6}$$

式中:N 为所选的周期天数;Ct 为计算日的收盘价;Ln 和 Hn 为周期内的最低价和最高价。RSV 表示计算日当天收盘价在周期内最高价到最低价之间的位置。

2. 计算 K 值和 D 值

$$\text{当日 K 值} = 2/3 \text{ 昨日 K 值} + 1/3 \text{ 当日 RSV} \tag{8-7}$$

当日 D 值 = 2/3 昨日 D 值 + 1/3 当日 K 值

式中:1/3 为平滑因子,是认为选定的,也可以改成别的数字,不过目前已成约定。K 值实际上是 RSV 的 3 天平滑移动平均线,D 值是 K 值的 3 天平滑移动平均线。K、D 表示了计算日收盘价在周期内全部价格区间位置的两次平滑计算结果。

K 值和 D 值需要有个初值,可在 0～100 之间选择。

3. 计算 J 值

$$J = 3K - 2D \text{ 或 } J = 3D - 2K \tag{8-8}$$

K 值和 D 值均在 0～100 之间,属摆动指标。把 K 值、D 值和 J 值标在以时间为横轴,以 KDJ 为纵轴的直角坐标上,分别用曲线平滑连接每天的 K 值、D 值和 J 值,即得到 KDJ 的三条曲线。

(二)KDJ 指标的运用法则

(1)当股价持续上涨时,股价会保持在周期内的较高位置,这时 K 值、D 值也会不断上升,维持在 50 以上,表明市场处于强势。当强势持续,K 值、D 值进入过高位置时即是高价警戒信号,一般标准是 K 值在 80 以上、D 值在 70 以上时是超买信号,股价即将回落。

(2)股价持续下跌时,K 值、D 值不断下降,维持在 50 以下,表明市场处于弱势。当弱势持续,K 值、D 值进入较低位置时即是低价警戒信号,一般标准是 K 值在 20 以下、D 值在 30 以下时是超卖信号,即股价将上涨。

(3)K 值、D 值在 50 附近时,市场处于徘徊区,买卖信号不明。

(4)当 K 线在低位自下而上突破 D 线时,形成黄金交叉,是买进信号。

(5)当 K 线在高位自上而下跌破 D 线时,形成死亡交叉,是卖出信号。

(三)KDJ 指标的优缺点

KDJ 指标的优点是具有客观性,操作简便。

KDJ 指标的不足是买卖信号出现时机不稳定。当 KDJ 指标的位置、方向、背离、交叉等信号出现后,股价的最佳买卖点往往在其前或其后,另外,这一指标对指数大势较为准确,对个股较差,需要同时与其他指标、股价形态和成交量等指标分析配合使用。

四、相对强弱指标(RSI)

RSI 由美国人威尔德于 1978 年首先提出,最初是在期货市场使用。RSI 从市场价格变化观察买卖双方的力量对比,其中以价格上涨幅度代表买方力量,以价格下跌幅度代表卖方力量,以涨跌幅度的对比代表买卖双方力量的对比,通过对比预测未来股价的运行方向。

(一)RSI 的计算和作图

RSI 的计算过程是:首先选定 RSI 的计算周期,之后计算该周期内每日收盘价涨幅之和与该周期内每日收盘价跌幅之和,把跌幅之和取绝对值并加上涨幅之和作为张跌幅总和,用涨幅之和除以涨跌幅总和再乘以 100,即得到 RSI 数值。计算公式如下:

$$n\ 日\ RSI = n\ 日涨幅之和/(n\ 日涨幅之和 + n\ 日跌幅之和的绝对值) \times 100$$

$$(8-9)$$

周期的天数 n 是 RSI 的参数。如果周期过短而股价变化较大时,RSI 数值也会随之剧烈变动、过于敏感而失去规律性;如果周期过长而股价变化对 RSI 数值影响力减弱,导致 RSI 反应过于缓慢、信号不明显,可见,周期过长或过短都不宜。目前,国内较多使用的周期有 5 日、9 日、14 日、20 日等。

RSI 数值固定在 0～100 之间,属摆动指标,市场不同时期 RSI 数值有不同的常态分布区。

(二)RSI 的运用法则

(1)当 RSI 数值大于 80 时,市场处于超买状态,是卖出信号;当 RSI 数值小于 20 时,市场处于超卖状态,是买进信号。

(2)当 RSI 在较高或较低的位置形成头肩形和多重顶(底),是采取行动的信号。这些形态一定要出现在较高位置和较低位置,离 50 越远,结论越可靠。

(3)RSI 处于高位,并形成一峰比一峰低的两个峰,而此时,股价却对应的是一峰比一峰高,这叫顶背离,是比较强烈的卖出信号。与此相反的是底背离:RSI 在低位形成两个底部抬高的谷底,而在股价还在下降,是可以买入的信号。

(三)RSI 的优点和缺点 ①

(1) 相对强弱指数能显示市场是处于超卖区还是处于超买区,预期价格将见顶下跌或见底回升等,但 RSI 只能作为一个警告信号,并不意味着市场必然朝这个方向发展,尤其在市场剧烈震荡时,必须参考其他指标综合分析,不能单独依赖 RSI。

(2) 背离走势的信号对于使用者而言,通常都是事后历史而且有背离走势发生之后,行情并无反转现象,有时背离一两次才真正反转,因此,还须不断分析历史资料以提高经验。

(3) 在牛市行情时,RSI 在 40～60 之间徘徊,虽有时突破阻力线和压力线,但价值无实际变化。

五、应用技术分析要注意的几个问题

(一)技术分析必须与基本分析结合使用

技术分析三大假设是建立在完全市场基础之上的,在现实的市场当中,由于信息不对称、人为操纵等不完全市场因素的影响,技术分析的条件及结果肯定会与实际有所出入。所以,仅靠过去和现在的数据、图表去预测未来是不可靠的。我们不能机械地使用技术分析。除了在实践中不断修正技术分析外,还必须结合基本分析。

(二)多种技术分析综合使用

由于技术分析的理论和指标很多,它们是从不同角度、不同侧重点来对股价走势进行研判。在运用技术分析时,须全面考虑技术分析的各种方法对未来进行预测,综合这些方法得到的结果,最终得出合理的多空双方力量对比。实践证明,单独使用一种技术分析方法有相当的局限性和盲目性,仅靠一种方法出错的概率大。如果多用几种方法进行互验,那么这一结论出错的可能性就很小。

(三)实践验证已经存在的结论

证券分析的方法各异,已有的结论是在过去一定特殊条件和特定环境中得到的。随着环境的变化,这些曾经成功的结论在实际运用中可能失败,所以必须验证后才能使用。在阅读经典的技术分析理论的同时,要通过实践对这些经验仔细推敲,总结出适合自己的部分。投资者应尽量使用自己熟悉的技术分析理论和指标。

---

① 张玉明. 证券投资学. 清华大学出版社、北京交通大学出版社,2007

案例八　用技术分析个股[①]

一、"黄昏之星"形态介绍

出现"黄昏之星"形态,是较强烈的上升趋势出现反转的信号。

(1)在上升趋势中某一天出现一根长阳实体。

(2)第二天出现一根向上跳空高开的星形线,且最低价高于头一天的最高价,与第一天的阳线之间产生一个缺口。

(3)第三天出现一根长阴实体。

二、实战举例

东方电机(600875)。该股从 2006 年初随大盘一路小幅攀高,一直保持着良好的上升通道,每次调整触及 25 日均价线后都会止跌回升。2006 年 5 月 9 日拉出一根大阳线,创出了近期的新高。随后三天调整,又一根涨幅 5% 的大阳线再创新高。此时大部分技术指标趋向好,市场一片看多,许多投资者都纷纷抢买,恰恰这时就是短期的头部。第二根阳线出现后,第二天便出现连续 7 天的暴跌,途中也出现过一天的反弹,但毫无意义。7 天下跌了 22%,投资者损失惨重。

分析:

(1)该股从 2006 年 1 月份开始一直小幅攀高,保持在良好的上升通道,在 5 月 9 日突然放量收涨停,应引起投资者的高度注意,因为出现这种情况,后面不是大涨就是大跌。稳健的投资者应在第二天冲高后降低仓位。

(2)涨停之后出现了"黄昏之星"的标准 K 线组合(见图 8-20),预示了上升趋势即将反转。投资者毫无疑问应在"黄昏之星"出现后的一、两天调低仓位,5 月 12 日、5 月 15 日是卖出的最佳时机。

(3)由于 2006 年 5 月 15 日在出现"黄昏之星"的第二天又开始放量大涨,并且成交量比 5 月 9 日涨停那天成交量还大,创出了 18.52 元的新高。之后 16 日不但没有承接 15 日的上涨反而出现低开下跌的走势,当时盘中分时图一泻千里。投资者应于此时果断地全部清仓出局。

---

① 李飞. 股市实战技法之技术分析. 新浪财经网站. http://finance.sina.com.cn/focus/szjfjsfx/index.shtml。

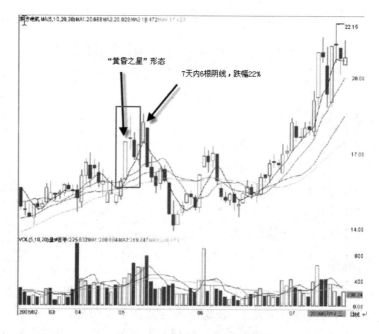

图 8-19 "黄昏之星"形态

本章思考题

1. 基本分析与技术分析的联系与区别。

2. 道氏理论的要点是什么？它对技术分析有何贡献？

3. 波浪理论所阐述的主要思想是什么？

4. K 线基本种类有哪些？各有什么含义？

第九章　股票定价方法

本章学习重点

　　普通股价值分析方法有：股息贴现模型、市盈率模型和自由现金流分析法。股息贴现模型认为，股票的内在价值等于投资股票可获得的未来股息现值。对于市盈率模型，要掌握基本的判断准则，如果股票的实际市盈率低于其正常市盈率，说明该股票被低估了。

第一节　收入资本化法与普通股价值分析

一、收入资本化法的一般形式[①]

　　收入资本化法认为任何资产的内在价值取决于持有资产可能带来的未来现金流收入。由于未来现金流取决于投资者的预测，其价值采取将来值的形式，所以，需要利用贴现率将未来现金流量调整为它们的现值。在选用贴现率时，不仅要考虑货币的时间价值，而且应该反映未来现金流风险大小。用数学公式表示（假定对于所有未来现金流选用相同的贴现率）为：

$$V=\frac{C_1}{1+r}+\frac{C_2}{(1+r)^2}+\frac{C_3}{(1+r)^3}+\cdots=\sum_{t=1}^{\infty}\frac{C_t}{(1+r)^t} \tag{9-1}$$

　　其中，V 代表资产内在价值，C_t 表示第 t 期现金流，r 是贴现率。

二、股息贴现模型

　　收入资本化法运用于普通股价值分析中的模型，又称股息贴现模型。其函数表达式如下：

---

　　① 张亦春、郑振龙主编．金融市场学（第二版）．高等教育出版社，2003

$$V=\frac{C_1}{1+r}+\frac{C_2}{(1+r)^2}+\frac{C_3}{(1+r)^3}+\cdots=\sum_{r=1}^{\infty}\frac{C_t}{(1+r)^t} \tag{9-2}$$

其中,V 代表普通股的内在价值,C_t 表示第 t 期支付的股息和红利,r 是贴现率,又称资本化率。股息贴现模型假定股票价值等于它的内在价值,而股息是投资股票唯一的现金流。

三、利用股息贴现模型指导证券投资

所有的证券理论和证券价值分析,都是为投资者投资服务的。换言之,股息贴现模型可以帮助投资者判断某股票的价格属于低估还是高估。判断股票价格高估或是低估的方法包括两种。

第一种方法,计算股票投资的净现值。如果净现值大于零,说明该股票被低估;反之,该股票被高估。用数学公式表示:

$$NPV=V-P=\Big[\sum_{t=1}^{\infty}\frac{D_t}{(1+r)^t}\Big]-P \tag{9-3}$$

其中,NPV 代表净现值,P 代表股票的市场价格。当 NPV 大于零时,可以逢低买入;当 NPV 小于零时,可以逢高卖出。

第二种方法,比较贴现率与内部收益率的差异。内部收益率(Internal Rate of Return,IRR)是能使未来现金流量现值等于现金流出量现值的贴现率,换言之,IRR 是指使得 NPV 恰好为零的贴现率。如果贴现率小于内部收益率,证明该股票的净现值大于零,即该股票被低估;反之,当贴现率大于内部收益率时,该股票的净现值小于零,说明该股票被高估。即:

$$NPV=V-P=\Big[\sum_{t=1}^{\infty}\frac{D_t}{(1+IRR)^t}\Big]-P=0 \tag{9-4}$$

第二节　股息贴现模型

根据对股息增长率的不同假定,股息贴现模型可以分为零增长模型、不变增长模型以及多阶段模型等形式。

一、零增长模型

零增长模型(Zero-Growth Model)是股息贴现模型的一种特殊形式,它假定股息是固定不变的。换言之,股息的增长率等于零。零增长模型不仅可用于普通股的价值分析,而且适用于统一公债和优先股的价值分析。股息不变的数学

表达式为：

$$D_0 = D_1 = D_2 = \cdots = D_\infty \text{ 或者 } g_t = 0$$

将股息不变的条件代入,得到：

$$V = \sum_{t=1}^{\infty} \frac{D_t}{(1+r)^t} = D_0 \left[\sum_{t=1}^{\infty} \frac{1}{(1+r)^t} \right] \tag{9-5}$$

当 r 大于零时,$1/(1+r)$ 小于 1,可以将上式简化为：

$$V = \frac{D_0}{r} \tag{9-6}$$

零增长模型的应用似乎受到相当的限制,毕竟假定对某一种股票永远支付固定股利是不合理的。但在特定情况下,在决定普通股价值时,这种模型也具有一定的应用性,尤其是在决定优先股的内在价值时。因为大多数优先股支付的股利不会因每股收益的变化而产生改变,而且由于优先股没有固定的生命期,预期支付是能永远进行下去的。

[例 9-1] 假定投资者预期某公司支付的股息将永久性地固定为 1.2 美元/每股,并且贴现率定为 14%。那么,该公司股票的内在价值等于 8.57 美元,计算过程如下：

$$V = \frac{1.2}{1+0.14} + \frac{1.2}{(1+0.14)^2} + \frac{1.2}{(1+0.14)^3} + \cdots = \frac{1.2}{0.14} = 8.57$$

如果该公司股票当前的市场价格等于 9.57 美元,说明它的净现值等于 -1 美元。由于其净现值小于零,所以该公司的股票被高估了 1 美元。如果投资者认为其持有的该公司股票处于高估的价位,他们可能抛售该公司的股票。相应地,也可以使用内部收益率的方法,进行判断。即：

$$NPV = D - P = \frac{D_0}{r} - P = 0 \text{ 或者 } IRR = \frac{D_0}{P}$$

所以,该公司股票的内部收益率等于 12.5%（1.2/9.57）。由于它小于贴现率 14%,所以该公司的股票是被高估的。

二、不变增长模型

不变增长模型是股息贴现模型的第二种特殊形式。由于该模型是由戈登推广普及,因此,不变增长模型又称戈登模型（Gorden Model）。戈登模型有 3 个假定条件：

(1)股息的支付在时间上是永久性的,即：t 趋向于无穷大（$t \to \infty$）;

(2)股息的增长速度是一个常数,即：g_t 等于常数;

(3)模型中的贴现率保持不变,并且大于股息增长率,即：r 大于 g（$r > g$）。

根据上述 3 个假定条件,股票价值计算公式可以推出如下：

$$V=\frac{D_1}{r-g}=\frac{D_0(1+g)}{r-g}\qquad(9-7)$$

该式是不变增长模型的函数表达形式,其中的 D_0、D_1 分别是初期和第一期支付的股息。当股息增长率等于零时,不变增长模型就变成了零增长模型。所以,零增长模型是不变增长模型的一种特殊形式。

由不变增长模型可以看出,股票的内在价值取决于三个因素:预期的未来股利大小(D_1),公司的贴现率(r)及股利增长率(g)。这些因素对股票内在价值的影响分析如下:预期未来每股股利越多,股票内在价值越高;公司的贴现率越低,股票的内在价值越高;股利增长率越高,股票内在价值就越高。

[例 9-2] 某公司股票初期的股息为 1.8 美元/每股。经预测该公司股票未来股息增长率将永久性地保持在 5% 的水平,假定贴现率为 11%。那么,该公司股票的内在价值应该等于 31.50 美元。

$$V=\frac{1.8\times(1+0.05)}{0.11-0.05}=\frac{1.89}{(0.11-0.05)}=31.5$$

如果该公司股票当前的市场价格等于 40 美元,则该股票的净现值等于负的 8.5 美元,说明该股票处于被高估的价位。投资者可以考虑抛出所持有的该公司股票,利用内部收益率的方法同样可以进行判断,并得出完全一致的结论。将有关数据代入,可以算出当该公司股票价格等于 40 美元时的内部收益率为 9.72%。因为,该内部收益率小于贴现率(11%)。所以,该公司股票是被高估的。

三、多阶段模型

多阶段增长模型是股息贴现模型最一般的形式。多阶段增长模型考虑到行业周期的影响,公司处于其生命周期的不同阶段时,公司的股利政策会有所不同,因此假定在某一时点 T 之后股息增长率为一常数 g,但是在这之前股息增长率是可变的。多阶段增长模型的内在价值计算公式为:

$$V=\sum_{t=1}^{T}\frac{D_t}{(1+r)^t}+\frac{D_{T+1}}{(r-g)(1+r)^T}\qquad(9-8)$$

第三节　市盈率法

在股票股价中,市盈率(Price—earnings Ratio,P/E)也是一种很常见的方法,尤其在实际操作中常常被用到。所谓市盈率就是每股市价与每股收益的比值。

在运用当中,与股息贴现模型相比,市盈率模型具有以下几方面的优点:(1)由于市盈率是股票价格与每股收益的比率,即单位收益的价格,所以市盈率模型可以直接应用于不同收益水平的股票价格之间比较;(2)对于那些在某段时间内没有支付股息的股票,市盈率模型同样适用,而股息贴现模型却不能使用;(3)虽然市盈率模型同样需要对有关变量进行预测,但是所涉及的变量预测比股息贴现模型要简单。

市盈率模型也存在一些缺点:(1)市盈率模型的理论基础较为薄弱,而股息贴现模型的逻辑性较为严密;(2)在进行股票之间的比较时,市盈率模型只能决定不同股票市盈率的相对大小,却不能决定股票绝对的市盈率水平。尽管如此,由于操作较为方便,市盈率模型仍然是一种被广泛使用的股票价值分析方法。市盈率模型同样可以分成零增长模型,不变增长模型和多元增长模型等类型,本章仅介绍不变增长模型。

一、不变增长模型

回顾上一节股利贴现模型的不变增长模型,股票的内在价值可以表示为:$V = \dfrac{D_1}{r-g}$。尽管股票的市场价格 P 可能高于或低于其内在价值,但当市场达到均衡时,股票价格 P 应等于其内在价值 V。

故,$P = V = \dfrac{D_1}{r-g}$

而每期的股息应等于当期的每股收益(E)乘派息比率(b),即:$D_t = E_t \times b_t$

即　$P = \dfrac{D_1}{r-g} = \dfrac{E_1 \times b_1}{r-g}$

取消有关变量的下标,将上式移项,可以推出不变增长的市盈率模型的一般表达式:

$$\frac{P}{E} = \frac{b}{r-g} \tag{9-9}$$

从上式可以看出,市盈率(P/E)取决于三个变量:股息支付率 b、贴现率 r 以及股息增长率 g。市盈率与股票的股息支付率比率、股息增长率成正比,与贴现率成反比。

二、各变量的决定因素

(一)股息增长率的决定因素

为简单起见,做以下三个假定条件:(1)股利支付率固定不变,恒等于 b;(2)

股东权益收益率（ROE）固定不变，即 ROE 等于一个常数；(3)没有外部融资。

根据股息增长率的定义，$g = \dfrac{D_1 - D_0}{D_0}$，而股息、每股收益与股利支付比率之间的关系表现为：$D_1 = bE_1$，$D_0 = bE_0$，所以：

$$g = \frac{D_1 - D_0}{D_0} = \frac{E_1 - E_0}{E_0}$$

根据股东权益收益率的定义，$ROE_1 = \dfrac{E_1}{BV_0}$，$ROE_0 = \dfrac{E_0}{BV_{-1}}$，

可知：$g = \dfrac{E_1 - E_0}{E_0} = \dfrac{BV_0 - BV_{-1}}{BV_{-1}}$

其中，BV 表示 t 年末每股股东权益的账面价值。

由于没有外部融资，所以账面价值的变动，$BV_0 - BV_{-1}$ 应等于每股收益扣除支付股息后的余额，即 $E_0 - D_0 = E_0(1-b)$

可得：$g = \dfrac{BV_0 - BV_{-1}}{BV_{-1}} = \dfrac{E_0(1-b)}{BV_{-1}} = ROE(1-b)$ (9-10)

公式表明，股利增长率是由收益留存率和股权收益率所决定的。即股息增长率 g 与股东权益收益率 ROE 成正比，与股利支付率 b 成反比。其中在财务管理学中，著名的杜邦财务分析法进一步将股东权益率 ROE 分解为：

$$ROE = \frac{\text{净利润}}{\text{股东权益}} = \frac{\text{净利润}}{\text{资产}} \times \frac{\text{资产}}{\text{股东权益}} = \text{资产收益率} \times \text{权益乘数}$$

$$ROE = \frac{\text{净利润}}{\text{销售收入}} \times \frac{\text{销售收入}}{\text{资产}} \times \frac{\text{资产}}{\text{股东权益}}$$
$$= \text{销售净利率} \times \text{资产周转率} \times \text{权益乘数}$$

(二)贴现率的决定因素

根据 CAPM 模型，证券市场线可以表达为：

$$\bar{r}_i = r_f + (r_m - r_f)\beta_i \tag{9-11}$$

其中，$\bar{r}_i$ 是投资第 i 种证券期望的收益率，即贴现率 $\bar{r}_i$。r_f 和 r_m 分别是无风险资产的收益率和市场组合的预期收益率；β_i 是第 i 种证券的贝塔系数，反映了该种证券的系统性风险大小。所以，贴现率取决于无风险资产的收益率，市场组合的平均收益率和证券的贝塔系数等三个变量，并且与无风险资产的收益率和市场组合的平均收益率成正比，与证券自身的贝塔系数成反比。那么，贝塔系数又是由什么因素决定的呢？哈马达（R. Hamada）1972 年从理论上证明了贝塔系数是证券所属公司杠杆比率或权益比率的增函数，并在之后的实证检验中得到了验证。哈马达认为，在其他条件不变的情况下，公司负债率与其贝塔系数成正比；而公司增发股票，将降低其杠杆比率，从而降低贝塔系数。我们把杠杆比

率之外影响贝塔系数的其他因素,用变量∂表示。所以该证券市场线又可以改做:

$$\bar{r}_i = r_f + (r_m - r_f)\beta_i,\text{其中 }\beta_i = f(L, \partial)$$

三、市盈率模型的一般表示方法及分析

市盈率模型可表示为:

$$\frac{P}{E} = \frac{b}{r-g} - \frac{b}{r-ROE(1-b)} = \frac{1}{ROE + \dfrac{r-ROE}{b}} \tag{9-12}$$

如果 $r > ROE$,则市盈率与股票支付率正相关;

$r < ROE$,则市盈率与股票支付率负相关;

$r = ROE$,则市盈率与股票支付率不相关。

很明显,股利支付率同时出现在市盈率决定公式的分子和分母之中。在分子中,股利支付率越高,市盈率越高;但是,在分母中,股利支付率越高,市盈率越低。这是因为当股利支付率高时,当前的股息支付水平也就比较高,所以市盈率较高;然而,当股利支付率高时,股息增长率就会降低,所以市盈率较低。

在公式(9-12)中,r 是投资股票的期望回报率,ROE 是公司股东权益收益率,是公司税后收益与股东权益账面价值之比。在公司发展初期,股东权益收益率较高,一般超过股东投资的期望报酬率,此时,股票的市盈率就低,公司会保持较低的股利支付率以保持更多的留存资金用于公司成长;当公司进入成熟期以后,股东权益收益率会降低并低于股票投资的期望回报率,此时提高股利支付率会增加市盈率,公司会提高股利支付率。

其次,杠杆比率与市盈率之间的关系也是不确定的。在分母中,减数和被减数中都含有杠杆比率项。在被减数(贴现率)中,当杠杆比率上升时,股票的贝塔系数上升。所以,贴现率也将上升,而市盈率却将下降;在减数中,杠杆比率净资产收益率成正比。所以,当杠杆比率上升时,减数加大,从而导致市盈率上升。

案例九　市盈率之争

在本章介绍了市盈率估价模型,而这一模型也在现实的 IPO 等定价中经常运用,但这一模型在实际估价应用中依然存在很大的争议。从经济内涵意义上讲,市盈率反映的是投资者为获得预期收益权利所支付的成本,也可以理解为静态的投资回收期。市盈率越高,表明为获得这种权利所支付的成本越高,静态投

资回收期也越长,投资者每年获得的投资收益越低;反之则成本越低,回收期越短,投资者每年获得的投资收益就越高。据深沪交易所统计,截至 2007 年 4 月 26 日,深市 A 股平均市盈率 47.64 倍;沪市 A 股平均市盈率 52.98 倍。同日香港主板平均市盈率为 16.31 倍,香港创业板平均市盈率为 29.12 倍,两相比较不难发现,深沪市 A 股平均市盈率水平明显高于香港市场。中国股市市盈率的偏高是否合理? 各界一直争论不休……

一、我国股市市盈率之争[①]

对比中美股市的市盈率数据,对于中国股市的市盈率水平,一般学者都认为我国股价市盈率的确存在高估的可能。从 2007 年的数据来看,171887 亿总市值显然包括 2007 年新上市公司的市值,而用于指标计算的净利润(市盈率计算的分母)显然不包括 2007 年新上市公司的净利润,在分子高估和分母低估的双向作用下,结果更加高估毋庸置疑。另外,由于我国亏损上市公司的破产退市通道一直不顺畅,在计算市盈率时,总市值部分包含了早该破产退市的公司的市值,且 2007 年上半年垃圾股的炒作达到了登峰造极的程度,而这部分公司对总的净利润贡献为零,如果这些公司是美国公司并在美国上市,恐怕早已经破产退市了。因此,考虑到新上市公司和亏损股的扰动,45.46 倍的市盈率明显是高估了,它并没有反映我国股市的真实投资价值。

而从中国股市的市盈率结构来看,中国股市存在着非常独特的现象:既有市盈率高的"新股",也有市盈率仅 10 多倍的绝对具有投资价值的"老股",还有存在着被收购希望的市盈率高得无法计算的亏损股和微利股。有人认为中国投资者"喜新厌旧",无论股市行情是走牛还是走熊,新股上市第一天总能够出现这只股票历史上的成交天量,而且每只股票的高市盈率几乎都出现在它上市后一直能够称为"新股"的一段时期。一旦变为"老股",其成交量就会日益萎缩,价格和市盈率也会走低。

但是这种高估是否合理? 一方面,也有专家从财务的角度分析,认为市盈率的准确性值得商榷;另一方面,更多的专家从投资理念经济增长等角度进行了分析,认为目前的高市盈率有其存在的合理性。

---

① 张建民、宁代兵. 中国股市"市盈率偏高"问题之驳论. 投资与证券,2005(2);宋李建、尹鹏. A 股市场平均市盈率之辩. 银行家,2008(3)

二、市盈率计算的准确性

从财务与会计的角度看,一些不可控的计算误差会影响市盈率计算的准确性,从而影响最终市盈率的结果。这主要体现在以下两个方面:

其一,上市公司对证券投资资产的划分方法不同会影响公司的利润。如果公司将该资产划分为交易性金融资产,那么公司根据新的会计准则来看,将通过公允价值记账,这种情况下,股价的上涨必定或多或少地反映在上市公司的盈利当中,从而减缓市盈率随股价上升而上升的速度;但如果公司将金融资产划分为可供出售的金融资产,由于该部分资产的账面盈利在当年是计入资本公积的,因此这部分利润没有计入当年利润,其对市盈率也会产生一定影响。由此可见,证券资产如何划分以及划分比率将影响最后的市盈率计算结果。从美国所采用的国际会计准则来看,其一直是允许公允价值计量的,所以,美国上市公司的净利润中是包含股市上涨因素的,也就是说,鉴于美国股市不断创出历史新高的事实,美国的市盈率有低估嫌疑,因此在与美国股市比较以前,我们有必要考虑会计因素。

其二,上市公司的短期经营状况难以估计,需要投资者很好地解读披露的信息。比如管理费用、财务费用等,一般投资者在阅读前一年披露数据的时候,会根据一个适当的固定比率来考虑下一年的各种费用增长情况。但是这个固定比率的增长并不能代表企业内部实际情况,以财务费用为例,可能会出现由于前年借款突增之后导致预测期财务负担加大,财务费用激增的情况,但投资者并不一定能有效分析这一问题,导致盈利预测偏差较大。

三、我国股市市盈率的合理性分析

由于我国股市具有特殊性,简单的数字比较并不合理,需要对市盈率进行调整以反映我国股市的真实市盈率,使之与其他股票市场具有可比性。认为高市盈率是合理现象的学者主要是基于以下几个方面:

(一)中国股市投资者的投机心理

投资者的投资与投机行为的区别在于持股时间的长短。投资行为表现为通过长期持股获得分红派息回报,人称以时间换金钱;投机行为则表现为利用股价的波动通过频繁地买卖而获取差价利得,而不看重分红派息的多少,人称以空间换金钱。投资者关注的是市盈率高低,一般在市盈率较低的时候才会入市,较高的情况下则会观望;而投机者关注的则是股价可能的上涨空间,无论股价多高,只要买进以后能够涨上去就敢果断买进股票,而不去理会其市盈率高低。这就是买股票不同于买商品的"博傻"行为。但是由于市场变化无穷,股市行情常常出乎人们的预料,致使投资者的投资与投机行为时常相互转化。所以进入股市者谁也说不清自己是投资者还是投机者。而且,由于我国股市一直存在信息不对称的缺陷等原因,广大中小散户投资者必然产生从众心理,其典型行为表现就是"跟庄"、"追涨杀跌",这种投机行为促使股价不断攀升,甚至会出现市盈率高达 100 多倍的股票。所以市盈率高是必然的。

(二)上市公司独特的股本结构

过去大多数上市公司的股本一分为三:国家股、法人股、社会公众股,按规定占股本总额 2/3 的国家股与法人股不得上市流通,以保证国家的大股东及其控股地位不会旁落,致使中国上市公司流通股的投资价值折扣了一半并因流通股股本过小而凸现其投机价值。我国 A 股市盈率的计算没有考虑非流通股和流通股定价的差异。在市盈率的计算公式中,所有股票都按照市场价乘以发行数量来计算股票的市值,这就暗含了将收盘价作为非流通股价格的假设。而非流通股的定价不同于流通股,因此在计算我国股市的市盈率时,需要对非流通股和流通股分别定价。这是中国股市具有高市盈率、高投机性特征的根本原因。如今股权分置改革已经基本完成,这一点似乎不再成为一个依据。

(三)虚拟资本的逐利性

股票被称为"虚拟资本",实体资本是其存在的基础。然而虚拟资本却有自己的相对独立性。最大特征在于它是没有价值的非商品但却像商品一样有价格,可以买卖,由于股票买卖没有像商品买卖那样以价值作为定价"准绳",其价格高低完全由买卖双方的竞争决定。只要市场内人气很旺,抢购股票者众多,股票价格及其市盈率就会涨上去;市场内人气低迷,抛售股票者众多,股票价格及其市盈率就会跌下来。何况中国股市的整体规模很小,2000 年近千只股票的总市值仅与美国微软公司一只股票的总市值相当,而可供股票投资的资金却很充裕,这样的供求关系必然决定了中国股市的整体市盈率水平偏高。

(四)经济的高速增长

熟悉国内和国外上市公司估值技术的人都知道,在计算市盈率时,价值类股票和成长类股票的估值技术是不一样的,成长类股票在股价除以净利润后,还要再除以高增长率,唯有如此,价值类股票和成长类股票才有可比性。

比如,我国 2007 年上半年 GDP 增长 11.5%,是美国经济增长速度的 3 倍以上,考虑到农业和教育等行业增长缓慢,上市公司总体增长平均 25% 的增长速度应属合理。同年,上市公司一季度净盈利同比平均增长 47%,由于一季报未经审计而有高估嫌疑,故我们保守估计实现年均 25% 的增长,而美国上市公司能保持年均 10% 的增长已属不易。因此,我们有理由把中国股市相对于美国股市看做是成长类股市,故为了与美国的市盈率具有可比性,再对增长率之差进行调整,即 23.4 倍除以(1+15%)得 20.3 倍,所以,经济高增长因素将使市盈率进一步降低到 20.3 倍。

本章思考题

1. 根据股息贴现模型决定股票内在价值是否忽视了买卖股票的资本利得,为什么?
2. 决定市盈率的因素有哪些,其中哪些因素对市盈率的影响是不确定的?
3. 请比较用股息贴现模型与市盈率模型判断股票的区别与联系。

第十章 证券投资风险与组合管理

本章学习重点

了解证券投资收益类型；证券风险的主要分类可以分为系统性风险与非系统性风险；掌握风险的衡量方法；掌握投资组合理论的基本分析方法。

第一节 证券投资收益

证券投资收益是指投资者进行的证券投资所获得的净收入，主要包括债券利息、股利、基金红利以及资本利得。①债息，是指债券投资者凭借所持债券定期向发行公司或发行机构领取的债券利息收入。②股利，是指优先股股息与普通股红利的合称，即股票投资者定期或不定期从股票发行公司领取的一部分税后利润。优先股股息通常按照面值与票面利率计算，一般具有固定性和稳定性的特点；普通股红利则完全取决于公司经营理财业绩的优劣与股利分配政策的倾斜方向与程度，具有非固定性和非稳定性的特点。③基金红利，是基金投资者凭借所持基金份额定期或不定期向管理机构领取的盈利，按照基金管理暂行办法规定基金红利不得低于基金净收益的 90％，则基金红利水平完全取决于基金管理人运作业绩的优劣。④资本利得即价差收入，是指证券投资者进行证券买卖所获得的净收入，也即证券出售金额扣除证券购入金额、证券交易费用后的余额。由于证券投资收益的多少受到所投资本金额大小的影响，所以在分析评价证券投资收益时，一般应以收益额与投资额之比表示，这一比率也称证券投资收益率[1]。

---

① 本章部分内容参考自张宏良主编. 证券投资概论. 中央民族大学出版社,2002

一、债券的收益

(一)债券收益的来源及影响因素

1. 债券收益的来源

债券收益主要包括两方面的内容：

(1)利息收入：是债券的基本收入，它是债权资产的法定收入，于债券发行时确定。

(2)资本损益：指债券买入价与卖出价或偿还额之间的差额，当债券卖出价高于买入价时，为资本收益，当卖出价低于买入价时，为资本损失。由于债券买卖价格受市场利率和供求关系等因素的影响，资本损益很难在投资前准确预测，但因其利息收入和期限确定，故价格波动有限。

2. 影响债券收益的因素

根据债券收益的来源，影响债券收益的因素主要有债券利率、债券的价格、债券的还本期限。

(1)债券的利率，指债券的票面利率。债券票面利率的高低是影响债券利息收入的决定性因素，在其它条件相同的情况下，债券票面利率越高，收益也越高。债券票面利率的高低既取决于债券发行者的资信状况，又受当时市场利率等多种因素的影响，它是债券发行的重要条件之一。

(2)债券的价格。债券的价格有发行价格与交易价格之分。由于种种原因，债券往往以高于或低于面值的价格发行。债券发行价格若高于面值，则收益率将低于票面利率；反之，收益率将高于票面利率。债券的交易价格是在二级市场买卖债券的价格，投资者买卖债券的差价收益或亏损就是资本损益，它直接影响收益率的高低。

(3)债券的还本期限。债券的还本期限影响债券的票面利率，即期限长，票面利率高，期限短，票面利率低。此外，债券的还本期限长短还从两个方面影响收益率：①当债券价格与票面金额不一致时，还本期限越长，债券价格与面值的差额对收益率的影响越小；②当债券以复利方式计息时，债券期限越长，收益率就越高，因为复利计息实际上考虑了债券利息收入再投资所得的收益。

(二)债券收益率

1. 名义收益率

名义收益率又称票面收益率，是指投资者按照既定的债券票面利率每年所获得的利息收益(C)与债券票面金额(V)的比率。其计算公式为：

$$Y = \frac{C}{V} \times 100\%　\qquad (10-1)$$

如某债券票面金额为 100 元,按票面利率投资者每年可获得利息收入 8 元,则该债券的名义收益率为 8％,因此债券名义收益率实际上就是债券的票面利率。名义收益率所考虑的债券收益只是债券票面利息收益,而没有考虑买入价与票面额不一致的情况和债券到期偿还时的资本损益。因此债券的名义收益率一般不能反映债券的实际收益率水平,但由于债券名义收益率规定了债券发行人必须支付的利息额,反映了发行人的融资成本,因此对于债券发行人来讲具有重要意义[①]。

2. 当期收益率

当期收益率是指债券的年利息收入与买入债券的实际价格之比。其计算公式为:

$$Y_d = \frac{C}{P_0} \times 100\% \tag{10-2}$$

[例 10-1] 某债券面值为 100 元,5 年期,票面利率为 10％,发售价 95 元,则投资者在认购债券后持有当期可获得的当期收益率为

$$Y_d = \frac{100 \times 10\%}{95} \times 100\% = 10.53\%$$

当期收益率反映了投资者的投资成本带来的收益。上例中,投资者购买债券的实际价格低于债券的面值,因此当期收益率高于债券票面利率。反之,则投资者购买债券的实际价格高于债券的面值,则当期收益率低于债券票面利率。

当期收益率与名义收益率相比,考虑到购买价与票面额不一致的情况,以债券的投资本金,即债券的购买价格作为计算对象,在购买价与票面额不等的情况下,反映了投资者的实际收益水平。但是,当期收益率也存在不足之处,它忽略了资本损益,即没有计算投资者买入价格与持有债券至期满按面额偿还本金之间的差额,也没有反映买入价格与到期前出售或赎回价格之间的差额。

3. 持有期收益率

持有期收益率是指投资者在投资期间由于拥有某一债券所获得收益与初始投资的比率,用于衡量投资者在发行日购入债券,在到期日前卖出的情况下的债券收益率。投资者在投资期间获得的收益通常可概括为持有期所获得的利息和债券的资本利得两部分。因此,持有期收益率的计算公式可以表示为:

$$Y_d = \frac{C + (P_1 - P_0)/n}{P_0} \times 100\% \tag{10-3}$$

其中,P_1 是债券卖出价格,P_0 是债券买入价格,n 是持有年限,C 是年利息。

[例 10-2] 参考例 10.1,债券投资者认购后持有至第三年末以 99.5 元的

---

① 董继华、崔美. 证券投资学概论.经济科学出版社,2002

价格卖出,则

$$Y_d = \frac{100 \times 10\% + (99.5-95)/3}{95} \times 100\% = 12.11\%$$

4. 到期收益率

到期收益率是用来衡量债券投资者将债券保存到期满还本时所获得的收益的指标,是指债券的利息收入和资本收益与实际购买价格之间的比率。计算公式为:

$$Y_d = \frac{C + (V-P_0)/n}{P_0} \times 100\% \tag{10-4}$$

[例 10-3]　如上例债券,投资者认购后一直持有至期满收回本金,则到期收益率为:

$$Y_d = \frac{100 \times 10\% + (100-95)/5}{95} \times 100\% = 11.58\%$$

二、股票收益率

(一)股票收益的来源及影响因素

1. 股票收益的来源

(1)股利收入:股利即股息和红利的合称,其中股息是股东定期从股份公司分取的盈利,红利则是公司在分派完股息之后对剩余利润的分配,股利分派是股份公司股东权利的最基本的内容,没有股利的股票,投资者是不会投资的。股利的大小取决于两个方面:一是公司的经营状况和盈利水平;二是公司的股利分配政策。

(2)资本损益:即资本利得,是指投资者买入和卖出股票的差价收入或差价损失。主要取决于股票市场的价格变化,而股利的大小又直接影响着股价的高低。

2. 影响股票收益的因素

根据股票收益的来源,可以看出影响股票收益的因素,主要有以下方面:

(1)市场利率。利率对股票价格的作用是双重的。一方面,市场利率的高低会直接影响股票折现值的大小,利率上升,折现值就变小,股票的价格就下降;反之,利率下降,股价上升。另一方面,利率的变化会引起公司成本的变化,从而影响公司的盈利水平。利率上升,必然会增加公司的利息负担,导致公司资金成本增大,盈利水平降低,股价下降;反之,利率下降,公司利息负担减轻,资金成本下降,盈利水平提高,股价上升。

(2)公司的盈利水平。公司盈利增加,股价上升,反之则下降。

(3)公司的股利分配政策。股利增加,股价上升,反之则下降。

以上三因素是股票价格决定的基本因素,除此之外,股票价格还受许多其他因素的影响。

(4)经济因素。经济状况的好坏、经济景气状况会影响公司的经营环境,进而影响公司的业绩,造成股价的波动。经济增长率和通货膨胀率的高低也会对股票价格产生较大影响,经济政策的变动同样会作用于股市。

(5)股票市场的供求状况。股票市场的供求状况直接影响着股票价格的升降。影响股票市场供求的因素主要有:企业的筹资动向、机构投资者的投资意向、投资者的收入状况、市场的交易规则等。

(6)政治因素和社会心理因素。

(二)股票收益率

衡量股票投资收益水平的指标主要有股利收益率、持有期收益率、持有期收益率和拆股后的持有期收益率等。

1. 股利收益率

股利收益率也叫获利率。指股份公司以现金形式派发股息与股票市场价格的比率。反映投资者以现行价格购买股票的预期收益水平。用公式表示为:

$$股利收益率 = \frac{D}{P_0} \times 100\% \tag{10-5}$$

[例 10-4] 某投资者以 30 元一股的价格买入某公司股票,持有一年分得股利每股 2.10 元,则:

$$股利收益率 = \frac{2.10}{30} \times 100\% = 7\%$$

2. 持有期收益率

持有期收益率是指投资者持有股票期间的股息收入与买卖差价占股票买入价格的比率。持有期收益率是投资者最关心的指标,但如果要将它与债券收益率、银行利率等其他金融资产的收益率进行比较,须考虑时间的可比性,即要将持有期收益率化为年率。其计算公式为:

$$持有期收益率 = \frac{D + (P_1 - P_0)}{P_0} \times 100\% \tag{10-6}$$

[例 10-5] 上例中投资者在分得现金股息两个月后将股票以 35 元的市价出售,则:

$$持有期收益率 = \frac{2.1 + (35 - 30)}{30} \times 100\% = 23.67\%$$

3. 持有期回收率

持有期回收率指投资者持有股票期间的现金股息收入和股票卖出价占买入价的比率。该指标主要反映投资回收情况,如果投资者买入股票后股价下跌或操作不当,就有可能出现股票卖出价低于买入价,甚至出现持有期收益率为负值的情况。此时,持有期回收率可作为补充指标,反映投资本金的回收比率,其计算公式为:

$$持有期回收率 = \frac{D+P_1}{P_0} \times 100\%$$　　　　　　　　　　　　　　　　(10-7)

或:持有期回收率＝1＋持有期收益率

[例10-6]　某投资者以 30 元一股的价格买入某公司股票,持有一年分得现金股 2.10 元,若投资者最后以 23 元一股的价格卖出,则出现投资亏损。

$$持有期回收率 = \frac{2.1+23}{30} \times 100\% = 83.67\%$$

4. 调整后的持有期收益率

投资者在买入股票后,有时会发生该股份公司进行拆股、送股、配股的情况,它们会影响股票的市场价格和投资者的持股数量。因此,有必要在股份变动后做出相应调整,以计算调整后的持有期收益率。

调整后持有期收益率＝(调整后的资本收益或损失＋调整后的现金股息)/调整后的购买价格

[例10-7]　例 10.4 中投资者买入股票并分得现金股利之后,公司以 1 比 2 的比例拆股,拆股决定公布之后,公司股票市价涨到 32 元一股,拆股后的市价为 16 元一股。若投资者此时以市价出售,则需要对持有期收益率进行调整。

$$调整后的持有期收益率 = \frac{(16-15)+1.05}{15} \times 100\% = 13.67\%$$

三、资产组合的收益率

当投资者持有多种金融资产时就形成资产组合。资产组合的收益率就是构成资产组合的所有金融资产收益率的加权平均数。权数是各种金融资产的价值占资产组合总价值的比例。计算公式如下:

$$\bar{Y}_p = \sum_{i=1}^{m} X_i Y_i$$　　　　　　　　　　　　　　　　(10-8)

[例10-8]　某投资者持有 A、B、C、D 四种股票,组成一个资产组合,这四种股票价值占资产组合总价值的比率分别为 10％、20％、30％、40％,它们的预期收益率分别为 8％、12％、15％、13％。该组合的预期收益率为:

$$\bar{Y}_p = 0.1 \times 8\% + 0.2 \times 12\% + 0.3 \times 15\% + 0.4 \times 13\% = 12.9\%$$

如果用实际收益率代替预期收益率,计算结果为资产组合的实际收益率。

显然,若投资者对组合中各种股票所占比率作出调整,组合的收益率将发生变化,要提高资产组合的收益率,可以通过改变组合中资产的品种,也可以通过调整组合中各资产所占的比率。当然,随着资产组合收益率的变化,其风险也会相应变化。

第二节　证券投资风险

证券投资是一种高度复杂而又充满风险的金融活动。人们进行投资的最直接目的是获得收益,但收益与投资之间存在时间上的滞后,这种滞后导致收益受许多未来不确定性因素的影响,使投资者可能得不到预期的收益甚至亏损,这便是投资的风险。证券投资风险是指投资者在投资期内不能获得预期收益甚至遭受损失的可能性。与证券投资相关的所有风险称为总风险。总风险可以分为系统性风险和非系统性风险两大类,它们受不同的因素影响而具有不同的特点。

一、系统性风险

(一)系统性风险的含义[1]

系统性风险又称市场风险、不可分散风险。它是由于某种全局性的因素变化对证券市场整体发生影响,因而也叫"宏观风险"。

系统性风险的特征:

(1)它是由共同因素引起的。如经济方面的利息率、通货膨胀率、财政与货币政策、经济周期等;政治方面的政权更迭、战争冲突等;社会方面的体制变革、所有制结构改变等;自然灾害。这些都属于对投资者的收益会产生影响的共同性因素。

(2)它对市场上所有证券持有者都有影响,任何投资者都无法回避,只不过有些证券的敏感程度相对高些,如基础性行业、原材料行业等,其证券具有较高的系统性风险。

(3)它无法通过投资分散化来加以消除。由于系统风险是个别企业或行业所不能控制的,是社会、经济、政治系统内的一些因素造成的,它影响着经济体中绝大多数企业的运营,所以单个投资者无论如何选择投资组合都无法分散风险。

(4)它与证券投资收益正相关。投资者承担较高的系统性风险,可以获得与之相适应的较高的投资收益。

(二)系统性风险的组成

系统性风险包括市场风险、利率风险、购买力风险、外汇风险等。

---

① 张宏良. 证券投资学概论. 中央民族大学出版社,1998

1. 市场风险

市场风险是指证券市场价格波动可能造成的损失,这种风险来自于市场买卖双方供求不平衡引起的价格波动,这种波动使得投资者在投资到期时可能得不到投资决策时所预期的收益。这是金融投资中最普遍、最常见的风险,几乎所有的投资者都必须承受这种风险。

证券行情变动受多种因素影响,但决定性的因素是经济周期变动,也即经济发展从高涨－衰退－萧条－复苏的周期性变化。经济周期的变化决定了企业的景气效益,从而根本上决定了证券行情,特别是股票行情的变动趋势。证券行情随经济周期的循环而起伏变化,总的趋势可分为看涨市场(多头市场)和看跌市场(空头市场)两大类型。看涨市场从萧条阶段开始,经复苏到高涨;而看跌市场则从高涨开始,经衰退到萧条。看涨市场和看跌市场是指股票行情变化的大趋势,实际上,在看涨市场中,股价并非直线上升,而是大涨小跌,不断出现盘整和回档行情;在看跌市场中,股价也非直线下降,而是小涨大跌,不断出现盘整和反弹行情。但在这两大变动趋势中,一个重要的特征是:在整个看涨行情中,几乎所有的股票价格都会上涨;在整个看跌行情中,几乎所有股票价格都不可避免地有所下跌,只是涨跌的程度不同而已。可见,市场风险是无法回避的,投资者要设法减轻其影响。

2. 利率风险

利率风险是指市场利率变动引起证券投资收益变动的可能性。市场利率的变化会引起证券价格的变动,并进一步影响证券收益的确定性,从而给投资者带来风险。一般而言,当市场利率下降时,人们会把资金转向证券市场,证券价格会有一定幅度的上涨,投资者的利率风险较小;当市场利率上升时,证券市场的资金供给量缩小,使证券价格下跌,投资者的利率风险较大。此外,市场利率水平的变化会引起企业资金成本的变化,进而影响其利润水平,导致企业证券的市场价格产生波动。但利率变动对不同证券的影响幅度也不一致。

债券是利息率固定的收益证券,它对利率变动影响最敏感。对债券而言,利率风险包括价格变动和息票率风险。市场利率水平的变动使得债券价格发生相对变动。利率上升,投资者往往抛售债券而转向银行存款,市场债券供给量的增加会进一步导致债券价格下跌;反之,利率下降时,债券收益率相对升高,部分资金流回证券市场,增加对债券的需求,导致债券价格上涨。债券价格波动的幅度还受债券期满时间长短的影响,债券持有期越长,价格变动风险越大,投资短期债券可以减小价格变动风险,但短期债券将带来息票率风险。债券每年的息票率波动必然影响投资报酬率。

股票是股利随企业利润而定的不固定收益证券,它受利率风险的影响相对较小。因为影响企业预期利润的因素除利率之外还有很多,因此,对这些不确定的股利,利率风险的影响就不像债券那样无回旋的余他。在企业发行的股票中,普通股和优先股所受利率风险的影响有很大差别。由于优先股的股息同债券利率一样,均是在发行时就已确定了,因此,虽然优先股股利也受企业利润前景的影响,但它受利率风险的影响必然大于普通股。

3. 购买力风险

购买力风险又称通货膨胀风险,是由于通货膨胀、货币贬值给投资者带来实际收益水平下降的风险。在通货膨胀条件下,随着商品价格的上涨,证券价格也会上涨,投资者的货币收入有所增加,但由于货币购买力下降,投资者的实际收益可能没有提高,甚至有所下降。投资者要通过计算实际收益率来分析购买力风险。

实际收益率 = 名义收益率 — 通货膨胀率

通常,证券市场上标明的收益率都是名义收益率,经过通货膨胀调整后才是实际收益率,只有通过实际收益率才能衡量出资产真正的变动。例如某投资者买了一张年利率为 5% 的债券,即其名义收益率为 5%。若一年中通货膨胀率为 3%,则投资者的实际收益率为 2%;当年通货膨胀率为 5% 时,投资者的实际收益率为 0%;而当年通货膨胀率超过 5% 时,投资者不仅没有得到收益,甚至是处于亏损状态。可见,只有当名义收益率大于通货膨胀率时,投资者才有实际收益。

4. 外汇风险

外汇风险是指由外国货币与本国货币之间的汇率变动所造成的证券投资收益变动。汇率是各国货币间的兑换比率,其联系着各国之间的货币关系,反映各国价格的对比,以及各国生产成本和收益的比较。两国货币之间的汇率主要由两国货币的相对购买力来决定,因而可反映两国物价的相对变化。各国通货膨胀率的差异是决定汇率变化的基础,此外,国际收支状况、利率水平、金融政策以及政治、军事等因素都会影响到汇率的波动。若投资者投资于外国资产,汇率的变动会给其带来外汇得益或外汇损失。所以,投资于外国资产的收益要通过汇率变动予以调整。

实际投资收益率=(1±名义投资收益率)×(1±汇率变动)

实际收益率小于名义收益率表明外汇损失;反之,实际收益率大于名义收益率则表明外汇得益。

二、非系统性风险

(一)非系统性风险的含义与特征

非系统性风险,又称非市场风险,可分散风险。它是指由于某种因素对个别证券造成损失的可能性。非系统风险与市场整体没有关联,只影响某只股票(或债券)的价格。这类风险主要来自于上市公司本身。因而可以称为"微观风险"。

非系统性风险的特征:

(1)它是由个别特殊因素引起的。例如,由于企业的经营管理不善,劳工问题、消费者偏好变化等引起的对证券收益的影响。

(2)它只影响某种证券的收益。它是某一企业或某一行业特有的风险。生产非耐用消费品的行业,如公用事业、通讯行业和食品行业等,都具有较高的非系统性风险。

(3)它可以通过投资分散化来加以消除。由于非系统性风险属于个别风险,是由可控因素带来的,投资者可以通过投资多样化的方式将它分解,并能有效地进行防范。

(4)它与证券投资收益相关不大。投资者承担较高的非系统性风险,并不能获得较高的收益补偿。

(二)非系统性风险的组成

非系统性风险主要包括财务风险、信用风险与经营风险。

1. 财务风险

财务风险是指由融资方式的选择所带来的风险。融资方式不同会导致融资成本有所不同。例如,通过发行股票所筹得的资金可以作为资本来使用,其股息的支付一般不固定,可完全根据公司的经营状况来确定;但是,通过发行股票来筹集资金,其筹资过程中所发生的成本往往比较高。相反,通过发行债券所筹集得到的资金可以根据债券期限安排使用,筹集过程中所产生的成本往往比较低;然而发行债券后,公司必须按期付息,而且债券的利率一般比较高。所以,在一个公司的财务结构中,按固定利息付息的债务越多,其预期收入就越不稳定。由于债券和贷款到期还本付息具有强制性,公司需要保持合理的财务结构,以避免面临较大的流动性风险[①]。

2. 信用风险

信用风险又称违约风险,是指证券发行者在证券到期时无法还本付息而使

[①]　沈悦. 金融市场学. 科学出版社,2004

投资者遭受损失的风险。证券发行人加果不能支付利息、股息或偿还本金,哪怕是仅仅不能如期偿付债务都会影响投资者的利益,使投资者失去再投资和获利的机会。信用风险是在发行人的财务状况不佳时出现违约和破产的可能,它主要受证券发行人的经营能力、盈利水平、事业稳定程度及规模大小等因素影响。

债券、普通股、优先股都可能有信用风险,但它们的程度有所不同。信用风险是债券的主要风险,因为债券是需要按时还本付息的要约证券。政府债券的信用风险最小,一般认为中央政府债券几乎没有信用风险,除非出现政权不稳定的情况,其他债券的信用风险从低到高依次排列为地方政府债券、金融债券、公司债券。股票没有还本要求,普通股股息也不固定,但仍有信用风险,不仅优先股股息有缓付或少付甚至不付的可能,而且若公司不能按期偿付债务,就立即会影响股票市场价格,更不用说当公司破产时,该公司股票价格会接近于零,无信用可言。

3. 经营风险

经营风险是指由于公司经营状况变化而引起盈利能力变化,从而造成投资者的收益或本金减少的可能性。经营风险可能是由公司经营决策失误、管理混乱致使产品质量下降、成本上升等内部因素引起,也可能由其他公司以外的客观因素引起,如政府产业政策的调整、竞争对手的实力变化使公司处于相对劣势地位等。

公司经营状况集中表现于盈利水平的变化,经营风险主要是通过盈利变化产生的影响,并且对不同证券的影响程度有所不同。经营风险是普通股的主要风险,公司盈利的变化既会影响普通股票的股息收入,又会影响股票价格。当公司盈利增加时,股息派发增加,股票价格上涨;当公司盈利减少时,股息减少,股价下降。经营风险对优先股的影响相对小些,因为优先股的股息一般是固定的,盈利水平的变化对其价格的影响有限。公司盈利的变化对公司债息的影响很小,并且信用评级较高的公司债受盈利水平变化的影响较小,信用评级较低的公司债受盈利水平的影响较大。

三、证券风险的衡量[①]

(一)单一证券风险的衡量

在证券投资过程中,风险证券的未来收益无法预先得知,通过对不同收益水平下的收益率进行加权平均得到的平均值指标,作为证券的预期收益率。这一

---

① 参考自张亦春、郑振龙. 金融市场学(第二版). 高等教育出版社,2003

指标可以用概率中的期望值来表示,因为期望值是以相关概率为权数的加权平均数。预期收益就是证券在各种可能情况下的收益与对应概率的加权平均值。其计算公式为:

$$\bar{R} = \sum_{i=1}^{n} P_i R_i \tag{10-9}$$

其中,$\bar{R}$ 表示预期收益,R_i 表示证券在第 i 中情况下可能的收益率,P_i 表示收益率为 R_i 的概率,n 表示可能性的数目。

证券风险是未来收益的变动可能和变动幅度,其变动幅度可以表示为未来可能收益水平围绕预期收益变化的区间大小,因此,风险量化可以用未来收益水平对预期收益的离散程度来表示。在概率论中,随机变量的取值区间大小,即概率分布离散程度是用随机变量的方差或标准差来表示:

$$V = \sum_{i=1}^{n} (R_i - \bar{R})^2 \times P_i \tag{10-10}$$

$$\sigma = \sqrt{V} \tag{10-11}$$

通常情况下,当期望收益率相同时,收益率的方差或者标准差越小,对应的风险也就越小,反之则大。

根据概率论,标准差的直接含义是,当证券收益率服从正态分布时,2/3 的收益率在 $\bar{R} \pm \sigma$ 范围内,95% 的收益率在 $\bar{R} \pm 2\sigma$ 范围之内。表 10-1 通过一个例子来说明预期收益率和标准差的计算。

表 10-1 预期收益率与标准差的计算

可能的收益率 R_i	概率 P_i	预期收益率	方 差
−0.1	0.05	−0.005	$(-0.1-0.09)^2 \times 0.05$
−0.02	0.1	−0.002	$(-0.02-0.09)^2 \times 0.01$
0.04	0.2	0.008	$(0.04-0.09)^2 \times 0.2$
0.09	0.3	0.027	$(0.09-0.09)^2 \times 0.3$
0.14	0.2	0.028	$(0.14-0.09)^2 \times 0.2$
0.2	0.1	0.02	$(0.2-0.09)^2 \times 0.1$
0.28	0.05	0.014	$(0.28-0.09)^2 \times 0.05$
	$\sum = 1$	$\sum = 0.09$	$\sum = 0.00703 = \sigma$

但是,用标准差作为风险的衡量标准有时也可能引起误解。因此,可以引入变差系数的概念来解决这一问题。变差系数是相对偏离程度的衡量标准——每单位预期收益率所含风险的衡量标准。变差系数越大,投资的相对风险也越大。

$$变差系数(CV) = \frac{\sigma}{\bar{R}} \tag{10-12}$$

例如,考虑两种投资机会 A 和 B,它们一年收益率的分布如表 10-2 所示。

表 10-2 投资机会的收益率特征

	投资 A	投资 B
标准差	0.04	0.08
预期收益率	0.01	0.25
变差系数	0.40	0.32

若仅以标准差作为风险的衡量标准,则肯定会得出 B 风险大于 A 的结论。然而,考虑预期收益率的大小后,以变差系数作为衡量风险的标准,可以发现实际上投资 A 的风险更大。

(二)两个证券组合风险的衡量

由于两个证券的风险具有相互抵消的可能性,双证券组合的风险就不能简单地等于单个证券的风险以投资比重为权数的加权平均数,其收益率的方差的公式为:

$$\sigma_P^2 = X_A^2 \sigma_A^2 + X_B^2 \sigma_B^2 + 2X_A X_B \sigma_{AB} \tag{10-13}$$

式中,σ_{AB} 为证券 A 和 B 实际收益率和预期收益率离差之积的期望值,在统计学中称为协方差,其计算公式为:

$$\sigma_{AB} = \sum_{i=1}^{n} (R_{Ai} - \overline{R_A})(R_{Bi} - \overline{R_B}) P_i \tag{10-14}$$

协方差可以用来衡量两个证券收益之间的互动性。正的协方差表明两个变量朝同一方向变动,负的协方差表明两个变量朝相反方向变动。两种证券收益率的协方差衡量这两种证券一起变动的方向和程度。

表示两证券收益变动之间的互动关系,除了协方差外,还可以用相关系数 ρ_{AB} 表示,两者的关系为:

$$\rho_{AB} = \sigma_{AB} / \sigma_A \sigma_B \tag{10-15}$$

相关系数的一个重要特征为其取值范围介于 -1 与 $+1$ 之间。当取值为 -1 时,表示证券 A、B 收益变动完全负相关;$+1$ 时证券 A、B 完全正相关。

也可以通过图标的方式来说明,如图 10-1,当 $\rho=1$ 时,证券 A、B 组合的收益与风险关系落在 AB 直线上(具体在哪一点决定于投资比重 X_A 和 X_B);当 $\rho<1$ 时,代表组合的收益

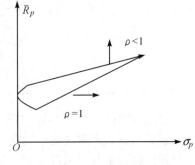

图 10-1 证券组合收益
风险关系

和风险所有点的集合是一条向后弯的曲线,表明在同等风险水平下收益更大,或者说在同等收益水平下,风险更小,ρ越小,往后弯曲的程度越大;$\rho=-1$,是一条后弯的折线。

(三) N 个证券组合风险的衡量

证券组合风险(用标准差表示)的计算不能简单地把组合中每个证券的标准差进行加权平均而得到,其计算公式为:

$$\sigma_p=\sqrt{\sum_{i=1}^{n}\sum_{j=1}^{n}X_iX_j\sigma_{ij}} \tag{10-16}$$

其中:n 是组合中不同证券的总数目,X_i 和 X_j 分别是证券 i 和证券 j 投资资金占总投资额的比例,σ_{ij} 是证券 i 和证券 j 可能收益率的协方差。

由上可知,证券组合方差不仅取决于单个证券的方差,而且还取决于各种证券间的协方差。随着组合中证券数量的增加,在决定组合方差时,协方差的作用越来越大,而方差的作用越来越小。这一点可以通过考察方差—协方差矩阵看出来。在一个由两个证券组成的组合中,有两个加权方差和两个加权协方差。但是对一个大的组合而言,总方差主要取决于任意两种证券间的协方差。例如,在一个由多种证券组成的组合中,有 30 个方差和 870 个协方差。若一个组合进一步扩大到包括所有的证券,则协方差几乎就成了组合标准差的决定性因素。

[例 10-9]　假定某一股票年预期收益率为 16%,标准差为 15%,另一股票年预期收益率为 14%,标准差为 12%,两种股票的相关系数为 0.04,每种股票投资的金额各占一半,那么证券组合的预期收益率为:

$$\bar{R}_p=0.5\times16\%+0.5\times14\%=15\%$$

因此:

$$\sigma^2=0.5^2\times1\times0.15^2+2\times0.5\times0.5\times0.4\times0.12\times0.15+0.5^2\times1\times0.12^2$$
$$=0.012825$$
$$\sigma=11.3\%$$

从上例可知,只要两种证券的相关系数小于 1,证券组合的标准差就要小于两种证券标准差的加权平均数 13.5%。实际上,不论证券组合中包括多少种证券,只要证券组合中每对证券间的相关系数小于 1,证券组合的标准差就会小于单个证券标准差的加权平均数。这意味着只要证券的变动不完全一致,高风脸的证券就能组成一个只有中低风险的证券组合。

(四)系统性风险的衡量

系统风险是由社会、政治、经济等共同因素引起的,并会影响到整个证券市场价格变动的风险。系统风险会影响到几乎所有的证券,使证券市场收益率发生变化,是无法通过有效的证券组合来消除的,但每一种证券受系统风险影响的程度并不相同。

系统风险可以用 β 值来衡量。β 是用来测定一种证券的收益随着整个证券市场收益变化程度的指标,也可以解释为用于衡量一种证券的收益对市场平均收益敏感性或反应性的程度。计算某一债券 β 值的公式为:

$$\beta_i = \sigma_{iM}/\sigma_M^2 \tag{10-17}$$

其中,σ_{iM} 为该证券的收益率和市场组合的收益率的协方差,σ_M^2 为市场组合收益率的方差。

由于系统性风险无法通过多样化投资来抵消,因此一个证券组合的 β 系数等于该组合中各种证券的 β 系数的加权平均数,权重为各种证券的市值占整个组合总价值的比重,其公式为:

$$\beta_p = \sum_{i=1}^{N} X_i\beta_i \tag{10-18}$$

如果一种证券或证券组合的 β 系数等于 1。说明其系统性风险与市场组合系统性风险一样;如果 β 系数大于 1,说明其系统性风险大于市场组合;如果 β 系数小于 1,说明其系统性风险小于市场组合;如果 β 系数等于 0,说明没有系统性风险。

在实际应用中,我们通常可以采用综合股票价格指数收益率来代表整个市场的收益率。因为股票价格指数本身就是一种有效的资产组合,甚至包括了所有的上市股票,它的非系统风险趋于零,只剩下系统风险。因此,根据综合股票指数收益率计算出来的某一证券的 β 系数值的大小可以作为衡量该证券风险的指标。计算出来的 β 值表示证券 i 的收益率随着市场收益率变动而变动的程度,从而说明其风险程度。证券的 β 值越大,表示它的系统风险越大。可根据 β 值的大小将证券分为几种类型:

当 $\beta_i < 1$ 时,市场的收益率上升时,证券 i 的收益率上升幅度比市场平均水平低;当市场收益率下降时,它的收益率下降幅度也小。$\beta_i = 1$ 时,证券 i 的收益率与市场收益率变动幅度完全一致,即当市场收益率上升 1% 时,证券 i 的收益率也上升 1%;当 $\beta_i > 1$ 时,当市场收益率上升时,证券 i 的收益率上升幅度比市场平均幅度大,反之,该证券的下跌幅度也高于市场平均幅度。

第三节　证券资产组合理论

一、证券组合与分散风险

"不要把所有的鸡蛋放在一个篮子里",如果将这句古老的谚语应用在投资决策中,就是说不要将所有的钱投资于同一证券,通过分散投资可以降低投资风险,这是一个非常浅显易懂的道理。那么,应该将"鸡蛋"放在多少个"篮子"里最好呢?将"鸡蛋"放在什么样的不同篮子里最好呢?

如前所述,证券组合的风险不仅决定于单个证券的风险和投资比重,还决定于每个证券收益的协方差或相关系数,而协方差或相关系数又起着特别重要的作用。因此投资者建立的证券组合就不是一般的拼凑,而是要通过各证券收益波动的相关系数来分析。

每个证券的全部风险并非完全相关。构成一个证券组合时,单一证券收益率变化的一部分就可能被其他证券收益率反向变化所减弱或者完全抵消。事实上,可以发现证券组合的标准差一般都低于组合中单一证券的标准差。因为各组成证券的总风险已经分散化而大量抵消,只要通过分散化就可以使总风险大量抵消.我们就没有理由使预期收益率与总风险相一致;与投资预期收益率相一致的只能是通过分散投资构成证券组合不能相互抵消的那一部分风险,即系统性风险。

根据证券组合预期收益率和风险的计算公式可知,不管组合中证券的数量是多少,证券组合的收益率只是单个证券收益率的加权平均数,分散投资可以降低收益率变动的波动性,各个证券之间收益率变化的相关关系越弱,分散投资降低风险的效果就越明显。显然,在现实的证券市场上,大多数证券收益之间存在一定的相关关系,相关的程度有高有低。有效证券组合的任务就是要找出相关关系较弱的证券组合,以保证在一定的预期收益下尽可能地降低风险。

从理论上讲,一个证券组合只要包含了足够多的相关关系弱的证券,就完全有可能消除所有的风险,但是在现实的证券市场上,各证券收益率的正相关程度很高,因为各证券的收益率在一定程度上受到一些因素的影响(如经济周期、利率的变化等)。因此,分散投资可以消除证券组合的非系统性风险,但是并不能消除系统性风险。组合证券数量与组合风险之间的关系如图 10-2 所示:

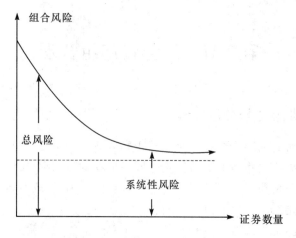

图 10-2　证券数量与组合风险关系

二、风险偏好与无差异曲线

(一)风险偏好

1952 年,马科维茨在《金融杂志》上发表了具有里程碑意义的论文《证券组合选择》,它标志着现代投资组合理论的诞生,该理论对投资者对于收益和风险的态度有两个基本假设:一个是不满足性;另一个就是厌恶风险。

1. 不满足性

现代投资组合理论假设,投资者在其他情况相同的两个投资组合中进行选择时,总是选择预期回报率较高的那个组合。换句话说,在一期投资的情况下,投资者用同样的期初财富来投资,总是偏好获得较多的期末财富。这是因为较多的期末财富可为投资者未来提供更多的消费,从而获得更多的满足。

2. 厌恶风险

现代投资组合理论还假设,投资者是厌恶风险的,即当预期收益一致时,理性投资者偏好风险最小的投资,要想让投资者承担额外的风险,必须在收益上给予相应的补偿。

除了风险厌恶投资者之外,投资活动中还存在另外两种类型的投资者,即风险中性的投资者和风险爱好者。风险中性投资者只按照预期收益率来决定是否投资,并不关注风险的高低;风险爱好者则把风险的"乐趣"考虑在内,将风险看做是正效应。

在正常情况下,理性的投资者是风险厌恶的。但在某些极端的情况下,理性的投资者也可能是爱好风险的。例如,如果你身无分文,并欠别人 1000 万元。此时,若有人要与你掷硬币赌博,正面你赢 1000 万元,反面你输 1000 万元。虽然其预期收益率为 0,但你极可能会选择赌,因为若赌赢了,你就能一身轻松了;若赌输了,你无非是再多欠人 1000 万元而已。

(二)无差异曲线

无差异曲线代表了能够使投资者得到相同期望效用的资产组合集合。对任何一个厌恶风险而追求收益最大化的投资者而言,风险越小或收益率越大,代表的投资效用越大。但是,不同的投资者对风险的厌恶程度或对收益的偏好程度存在差异,这时需要用无差异曲线(indifference curve)来反映这种差异。

无差异曲线的第一个特征是曲线斜率为正。投资者的目标是投资效用最大化,而投资效用函数取决于投资的预期收益率和风险,其中预期收益率带来正的效用,风险带来负的效用。因此,为了吸引投资者承受更高的风险,必须提高收益率。在图形上,曲线的斜率为正值,期望收益率随着标准差的增加而增加。

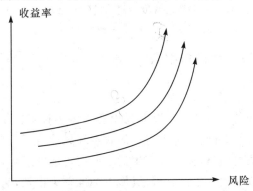

图 10-3　投资者无差异曲线

无差异曲线的第二个特征是该曲线是下凸的。这意味着,要使投资者多冒等量的风险,给予他的补偿——预期收益率应越来越高。无差异曲线的这一特点是由预期收益率边际效用递减规律决定的,由于边际效用递减,为了吸引投资者多承担等量的风险,提供的期望收益率必须越来越多。

无差异曲线的第三个特征是,同一投资者有无数条无差异曲线。这意味着对于任何一个风险——收益组合,投资者对其的偏好程度都能与其他组合相比。由于投资者对收益的不满足性和对风险的厌恶,因此在无差异曲线图中越靠左上方的无差异曲线代表的满足程度越高。投资者的目标就是尽量选择位于左上角的组合。

无差异曲线的第四个特征是,同一投资者在同一时点的任何两条无差异曲线都不能相交。

第五个特征是,无差异曲线越陡峭,表明投资者越厌恶风险。无差异曲线的斜率表示风险和收益之间的替代率,斜率越高,表明为了让投资者多冒同样的风险,必须给他提供的收益补偿也应越高,说明该投资者越厌恶风险。同样,斜率越小,表明该投资者厌恶风险程度较轻。图 10-4 用图形方式表示了两种不同程度厌恶风险的投资者的无差异曲线。

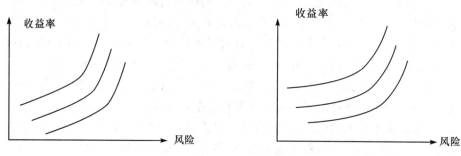

图 10-4　风险厌恶程度不同的投资者无差异曲线比较

三、有效集与最优投资组合

(一)可行集

　　面对可供选择的 N 种证券,投资者投资于每种证券的资金比例变动,将产生无数的资产组合,每种组合都有对应的收益和风险。可行集就是由 N 种证券构成的所有组合集合,它包括了现实生活中所有可能的组合,任何一种组合都位于可行集的内部或者边界上。一般来说,以标准差为横轴,期望收益率为纵轴描述的可行集呈现伞状(如图 10-5 所示),随着可供选择证券的变化,可行集的图形会有所调整,但是它的伞形图案不会发生根本性变化。

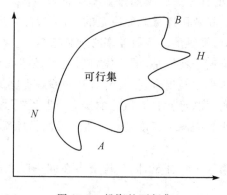

图 10-5　投资的可行集

(二)有效集

可行集包含所有可能的资产组合,但是投资者没有必要也不可能对所有的组合进行分析。对于一个理性投资者而言,他们都是厌恶风险而偏好收益的。所以他们只会选择同样的风险水平下提供最大预期收益率的组合,或者选择同样的预期收益率下,风险最小的组合。可行集中能同时满足这两个条件的投资组合的集合就是有效集。

同时满足上述两个条件,因此 N、B 两点之间上方边界上的可行集就是有效集。所有其他可行组合都是无效的组合,投资者可以忽略它们。这样,投资者的评估范围就大大缩小了。

因此,有效集曲线具有如下特点:(1)有效集是一条向右上方倾斜的曲线,它反映了"高收益、高风险"的原则;(2)有效集是一条向上凸的曲线;(3)有效集曲线上不可能有凹陷的地方。

(三)最优投资组合的选择

确定了有效集的形状之后,投资者就可根据自己的无差异曲线群,选择能使自己投资效用最大化的最优投资组合了。这个组合位于无差异曲线与有效集的相切点 O。

从图 10-6 可以看出,虽然投资者更偏好 I_3 上的组合,然而可行集中找不到这样的组合,因而是不可实现的。至于 I_1 上的组合,虽然有一部分在可行集中,但由于 I_1 的位置位于 I_2 的右下方,即 I_1 所代表的效用低于 I_2,因此 I_1 上的组合都不是最优组合。而 I_2 代表了可以实现的最高投资效用。因此 O 点所代表的组合就是最优投资组合。

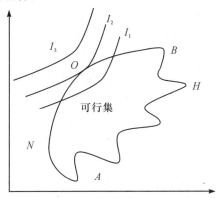

图 10-6　投资组合的选择

有效集向上凸特性和无差异曲线向下凸特性决定了有效集和无差异曲线的相切点只有一个,也就是说最优投资组合是唯一的。

对于投资者而言,有效集是客观存在的,它是由证券市场决定的。而无差异曲线则是主观的,它由自己的风险—收益偏好决定。从上一章的分析可知,厌恶风险程度越高的投资者,其无差异曲线的斜率越陡,因此其最优投资组合越接近 N 点。厌恶风险程度越低的投资者,其无差异曲线的斜率越小,因此其最优投资组合越接近 B 点。

四、考虑无风险借贷情况下的最优投资组合

(一)无风险资产的定义

无风险资产是指未来收益率固定、不存在任何不确定性的证券。在单一投资期的情况下,这意味着如果投资者在期初购买了一种无风险资产,那他将准确地知道这笔资产在期末的确切价值。由于风险资产的期末价值没有任何不确定性。因此,其标准差应为零。同样,无风险资产收益率与风险资产收益率之间的协方差也等于零。

由此可以看出,无风险资产没有违约风险,也没有市场风险。由于所有的公司证券从原则上讲都存在着违约的可能性,因此公司证券均不是无风险资产。另外,无风险资产应没有市场风险。虽然政府债券基本没有违约风险,但对于特定的投资者而言,并不是任何政府债券都是无风险资产。例如,对于一个投资期限为 1 年的投资者来说,期限还有 10 年的国债就存在着风险。因为他不能确切地知道这种证券在 1 年后将值多少钱。事实上,任何一种到期日超过投资期限的证券都不是无风险资产。同样,任何一种到期日早于投资期限的证券也不是无风险资产,因为在这种证券到期时,投资者面临着再投资的问题,而投资者现在并不知道将来再投资时能获得多少再投资收益率。综合以上两点可以看出,只有到期日与投资期相等的国债才是无风险资产。

当存在无风险资产时,投资者可以对无风险资产和风险资产进行配比,形成新的资产组合。无风险贷款就是将一部分资金投资于无风险资产,将其余部分投资于风险资产;无风险借款就是按照无风险利率借入一部分资金投资于风险资产。无风险资产的引入使可供投资者选择的资产组合发生变动,因此,由有效集曲线与无差异曲线的切点决定的最佳组合也将发生变化,下面仅从无风险贷款方面来讨论。

(二)考虑无风险贷款的情形

在这里,我们以投资于一种无风险资产和一种风险资产为例。

1. 无风险贷款下的投资组合

假设风险资产和无风险资产在投资组合中的比例分别为 X_1 和 X_2,它们的

预期收益率分别为 R_1 和 R_2，它们的标准差分别等于 σ_1 和 σ_2，它们之间的协方差为 σ_{12}。根据 X_1 和 X_2 的定义，我们有 $X_1 + X_2 = 1$，且 X_1、$X_2 > 0$。根据无风险资产的定义，我们有 σ_{12} 都等于零。我们可以算出该组合的预期收益率为：

$$\bar{R}_p = \sum_{i=1}^{n} X_i \bar{R}_i = X_1 \bar{R}_1 + X_2 \bar{R}_2$$

$$\sigma_p = \sqrt{\sum_{i=1}^{n} \sum_{j=1}^{n} X_i X_j \sigma_{ij}} = X_1 \sigma_1$$

由上式可得：

$$X_1 = \frac{\sigma_p}{\sigma_1}, X_2 = 1 - \frac{\sigma_p}{\sigma_1}$$

$$\bar{R}_p = \bar{R}_2 + \frac{\bar{R}_1 - \bar{R}_2}{\sigma_1} \times \sigma_p$$

由于 $\bar{R}_1$、$\bar{R}_2$ 和 σ_1 已知，上式是一个线性函数，其中 $\frac{\bar{R}_1 - \bar{R}_2}{\sigma_1}$ 为单位风险报酬。由于 X_1、$X_2 > 0$，因此上式所表示的只是一个线段，如图 10-7。A 点表示无风险资产，B 点表示风险资产，由这两种资产构成的投资组合的预期收益率和风险一定落在 A、B 这个线段上。由于 A、B 线段上的组合均是可行的，因此允许无风险贷款将扩大可行集的范围。

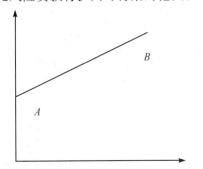

图 10-7 考虑无风险贷款下的投资组合

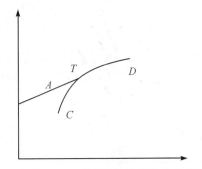

图 10-8 考虑无风险贷款的有效集

2. 引入无风险贷款对有效集的影响

引入无风险贷款后，有效集将发生重大变化。如图 10-8，弧线 CD 代表马科维茨有效集，A 点表示无风险资产，我们可以在马科维茨有效集中找到一点 T，使 AT 直线与弧线 CD 相切于 T 点。T 点所代表的组合称为切点处投资组合。

T 点代表马科维茨有效集中众多的有效组合中的一个，但它却是一个很特殊的组合。因为没有任何一种风险资产或风险资产组合与无风险资产构成的投

资组合可以位于 AT 线段的左上方。即，AT 线段的斜率最大。

从图 10-8 可以看出，引入 AT 线段之后，CT 弧线将不再是有效集。因为对于 T 点左边的有效集而言，在预期收益率相等的情况下，AT 线段上风险均小于马科维茨有效集上组合风险，而在风险相同的情况下，AT 线段上的预期收益率均大于马科维茨有效集上组合的预期收益率。按照有效集的定义，T 点左边的有效集将不再是有效集。由于 AT 线段上的组合是可行的，因此引入风险贷款后，新的有效集由 AT 线段和 TD 弧线构成。

3. 引入无风险贷款对投资组合选择的影响

由于引入无风险贷款使得有效集发生变化，由有效集和无差异曲线的切点决定的最佳资产组合自然也要变化。但是这种变化只对部分投资者发生影响。按照投资者偏好不同，可以分为两种情况。

对于厌恶风险程度较轻的投资者，其无差异曲线与有效集的切点位于 DT 弧线上的投资者而言，引入无风险贷款导致有效集的变动对这部分投资者不会产生影响。因为只有 DT 弧线上的组合才能获得最大的满足。如图 10-9，对于该投资者而言，他仍将把所有资金投资于风险资产，而不会把部分资金投资于无风险资产。

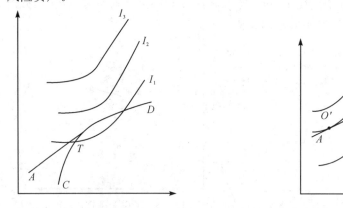

图 10-9　引入无风险贷款对投资组合选择的影响

对于较厌恶风险的投资者而言，由于代表其原来最大满足程度的无差异曲线 I_1 与 AT 线段相交，因此不再符合效用最大化的条件。因此该投资者将选择其无差异曲线与 AT 线段的切点 O' 所代表的投资组合。对于该投资者而言，他将把部分资金投资于风险资产，而把另一部分资金投资于无风险资产。

案例十　系统性风险——次贷危机引发全球金融危机

　　2008 年,全球金融系统面临自 1929 年以来的最大危机。始于美国房地产次级抵押贷款市场的金融风暴,酿成全球性的深重危机,而昔日翻云覆雨的华尔街也脆弱不堪,全球金融体系面临前所未有的挑战。我们发现,系统性风险爆发,全球各类市场几乎无一幸免的遭受牵连与拖累……

　　本章的案例将通过对次贷危机爆发的初始与高潮的描述以及对其产生机制的分析来让读者了解本次危机的发展,并通过分析为读者展现次贷危机所产生的系统性风险对全球金融经济市场所带来的影响。

一、次贷及相关产品的产品链

　　在美国,不同信用评级的人在寻求银行或贷款机构贷款时享受不同的贷款利率。信用评级高于 660 分的贷款者,可以享受优惠利率。信用评级低于 660 分的贷款者,不得不接受相对较高的利率。在房贷市场,这种相对较高的利率被称为次级抵押贷款利率或次优抵押贷款利率。次级抵押贷款利率通常比优惠利率高 2~3 百分点。

　　在美国,许多个人贷款者向抵押贷款公司而不是直接向银行申请抵押贷款。抵押贷款公司将抵押贷款出售给商业银行或者投资银行。银行将抵押贷款重新打包成抵押贷款证券后出售给再购买抵押贷款证券的投资者,转移风险。同时,银行会与抵押贷款公司签署协议,要求抵押贷款公司在个人贷款者拖欠还贷的情况下,回购抵押贷款。此外,为了规避风险,投资银行又将这些次级抵押债券分类,通过与保险公司等金融机构的协商,由其为高级别、流动性强、风险低、收益高的部分抵押债券银行进行担保,从而产生担保债务凭证(CDO);另一方面,又以更高的利率要求对冲基金这类追求高回报的金融机构为低级别、流动性差、风险高、收益低的次级抵押债券提供担保,这是另一类担保债务凭证(CDS)。

　　而问题恰恰是出在后面这一部分。当购房人购房热情火热时,所有的房价都非理性的大幅度上涨,因此对于这些次级贷的借款人来说,总是有足够的资金来还款,整个次级贷产品链条完好无损,而房产增值的收益也分配给了更多的人。毫无疑问,在市场一片繁荣的时候,并没有人意识到可能出现的问题。

　　但是,房价并不可能永远上涨,泡沫终究会破灭。房价下跌,还款人很快意识到他们没有能力再负担还款压力,恰恰是美国的法律又允许还款人拍拍屁股,将房子仍给银行之后与银行再无拖欠,于是所有的压力全部压在了银行以及抵押贷款公司身上。资金链断裂,抵押贷款公司无力还款,所有的问题一时间都爆发,而且不仅仅是出现在抵押贷款公司。在这条次贷金钱游戏的链条上,不仅拴住了美国国内的商业银行机构、大量政府托管基金、养老基金、教育基金和保险基金,而且还圈住了来自欧洲、亚洲、加拿大、澳大利亚等国家和地区的大量外国基金。华尔街投行们自身设立的对冲基金,以及其他私募基金更是这场游戏中当仁不让的要角,它们多以高达1:30甚至1:40左右的高杠杆比例拆入资金加入这场游戏,使次债资金链条更加复杂化,危机累积的爆发能量和破坏力更加巨大。

二、次贷风暴发展①

第一阶段:次级按揭贷款及证券化产品(次按贷款抵押债券)危机

此阶段由 2007 年 2 月 HSBC 美国附属机构报告 105 亿美元的次级按揭贷款亏损伊始,一直到 2007 年第三季度末。这其中包括 2007 年 4 月 2 日,美国当时最大的次级按揭贷款放款公司之一的新世纪金融公司破产;2007 年 5 月,UBS 关闭在美国的次按贷款业务机构 Dillon Read Capital Management;2007 年 7 月贝尔斯登停止客户赎回属下管理的两只次贷类的对冲基金;2007 年 8 月,另一个最大的美国按揭贷款机构之一的 American Home Mortgage 破产;以及接下来众多金融机构报告次贷相关业务的亏损等等。这一时期的危机呈现两个特点:第一,问题的表现是局部性的,仅局限于次按贷款业务机构及专业性的次按投资者。第二,人们不清楚,到底都有哪些机构,持有了多少次贷相关产品?并希望从陆续公布的各公司的业绩报告中,了解更多的相关信息。

这一阶段从 2007 年第四季度到 2008 年 3 月 17 日贝尔斯登被摩根大通收购。期间,越来越多的机构报告次贷相关产品的亏损。包括:花旗集团(Citigroup)报亏 407 亿美元、瑞银集团(UBS)报亏 380 亿美元;美林证券(Merrill Lynch)报亏 317 亿元等等,另外一些欧美银行也报告了次贷相关业务亏损。市场觉察到次贷的问题比原来预计的要严重。人们开始担心,相关的投资者如果抛出次贷类相关的资产,会导致此类资产价格的大幅度下跌。正是基于这种担心,投资机构,特别是杠杆类的投资机构,纷纷在市场上抢先抛售相关低品质的资产变现,同时银行为修补资产负债而纷纷进行再融资。这两个行动导致了市场流动性的紧张。短期资产的流动性价差大幅度增加。

这一阶段的市场也有三个特点:(1)投资者一般只是抛售低品质资产套现。(2)人们仍然期望美联储的降息能够缓解流动性危机,从而不至于使流动性危机

---

① 摘引自孙昊. 次按危机到全球金融危机:仍在演奏的四部曲. 上海证券报,2008-10-28

发展成信用危机。(3)央行减息政策和相关贴现窗口的措施在一定程度上缓解了流动性,似乎对市场有所帮助。

第二阶段:流动性危机合并信用危机

这一阶段由 2008 年 3 月 17 日摩根大通收购贝尔斯登开始,直到 2008 年 9 月 15 日雷曼兄弟申请破产保护。贝尔斯登的被收购,使得投资者对流动性的担心迅速转变成对流动性和信用危机的双重担心。这时,人们意识到,一些深陷次贷问题的机构有可能因资产大幅度贬值和流动性问题而破产,因此,金融机构纷纷收紧信用放款,这促使面临基金赎回压力的投资机构及其他一些银行类投资者进一步抛售资产套现。

这一时期的市场又呈现出以下三个特点:(1)在流动性价差继续攀高的同时,各类信用价差也普遍大幅度攀升至历史的高位。(2)投资者因流动性压力,不仅仅限于抛售低品质资产,也开始抛售一些通常被认为的一些高品质资产。(3)市场在与政府政策措施博弈中产生了恐慌和担心,市场剧烈波动。

第三阶段:全球金融体系的危机

这一阶段从 2008 年 9 月 15 日雷曼兄弟申请破产保护一直到现在。雷曼兄弟的倒闭,美国政府拯救雷曼兄弟的失败使得市场信心彻底崩溃。由于短期货币市场的瘫痪,危机由金融领域急速地扩展到实体经济领域,亏损的投资主体也迅速地由专业的投资者蔓延至普通的百姓。危机的范围也由美国及主要的金融中心迅速地蔓延到全球。

这一时期的市场呈现出下列特点:(1)市场的功能被破坏,特别是价格发现机制失效,很多在通常有较好流动性的资产也无法定价及交易。(2)美国百姓因货币市场瘫痪、货币市场基金无法定价和赎回而遭受损失。(3)货币市场的瘫痪使得美国非金融类企业无法再通过短期商业票据从货币市场筹措短期资金,实体经济遭重创。(4)金融的结算和支付系统受信用危机冲击,交易双方对抵押品要求急增。(5)危机对全球不同地区的冲击开始显现,冰岛是一个典型的情况。

三、金融危机对全球金融经济的影响

无疑,全球金融危机的爆发宣告着次贷危机在全球金融经济体系的蔓延,欧美等发达国家多家金融机构出现问题,而冰岛之类的离岸金融市场也面临着"国家破产的危险",此外亚洲各国也波及其中,越南、韩国都先后出现货币大量贬值、通货膨胀等现象。无疑,通过全球金融体系,系统性风险已经在各国之间传导,并发生效力。

全球经济在未来两年左右的时间内将明显放缓,主要发达国家或地区也将陷入衰退。相关的经济影响将按照下列的顺序传递:金融危机的爆发预示着美国实体经济放缓或衰退,事实上2008年9月份公布的零售业数据的大幅下降也暗示着消费需求的减缓与放慢,这必然导致中国、印度等发展中国家出口减少,进而导致这些国家的制造业萎缩。对于以出口拉动经济的发展中国家而言,出口的下降将会放慢整体经济,原材料和能源需求下降,又进一步导致原材料和能源出口国经济减速。这样的循环将会一直持续,而股票市场的相关反应大体会遵循这样一个过程。比如,俄罗斯、巴西这样的原料能源出口国,其股票的下跌发生在越南、印度这样的加工出口国之后。中国的情况则要看如何以提高内需来抵消出口下降所带来的影响。

全球金融业将面临大的整合。原有的一些盈利模式将有所改变。比如,各种业务需要更多的资本支持,金融业的整体杠杆会大幅度降低,对冲基金类高杠杆的行业会整体萎缩,融资成本会普遍上升。事实上,伴随着高盛与摩根获准成为商业控股银行之后,投资银行这个过去几十年来一直雄踞华尔街的机构已经消失。而伴随着这些金融机构体制的改变,其内部控制结构、流程业务以及运营监控风险管理等都会出现大幅度的改变。多数受损失的金融机构会继续增加资本,新增资本会稀释每股盈利,单位资本的盈利水平会下降。股票会在新的盈利水平下重新估值。

就全球投资而言,各种风险溢价会被重新评估。相关的风险包括信用风险、期限风险、流动性风险和波动性风险。多数投资者会从风险性投资回归传统类投资。衍生品交易的监管会加强,交易量会下降。

全球政府举债的增加,使全球在将来面临着通货膨胀的压力。如果一个公司破产,那么它会不付息、不还款。但一个政府很难不付息、不还款。政府将会通过增发货币来还债。这势必导致该货币通货膨胀或贬值。虽然眼下发生的衰退可能会导致短期的通缩,但从更长期的时间看,很多国家货币存在贬值和通货膨胀的压力。

本章思考题

1. 解释为什么一个投资者的无差异曲线不能相交。

2. 简述证券组合投资理论的主要结论。

3. 如何计算投资组合的收益和方差。

第十一章　证券投资基金

本章学习重点

　　了解证券投资基金的发展,掌握封闭式与开放式基金、契约型基金与公司型基金以及其他基金的分类方式,掌握证券投资基金的绩效评价指标。

第一节　证券投资基金的发展

一、证券投资基金的概念

　　证券投资基金是一种利益共享、风险共担的集合投资制度,在国外又被称为共同基金或单位信托。通过发行基金证券募集社会公众投资者的资金,将投资者分散的资金集中起来,由基金托管人托管,由证券分析家和投资专家等专门管理人员运用资产组合理论,分散投资于股票、债券或其他金融资产,从而达到分散和降低风险,以获得投资收益和资本增值的目的,并将投资收益按份额分配给基金持有者的一种证券投资工具。

　　证券投资基金在不同国家有不同的称谓。美国称为共同基金,英国和我国香港称为单位信托,日本和我国台湾称之为证券投资信托基金,我国则直接称为证券投资基金。这主要由于各国证券投资基金在形态和组织形式上存在差异,各国主流的资金类型也有所区别,因此导致了具体称谓上的差异。虽然称谓有所不同,证券投资基金都具有以下几个方面的共同特点[1]:

(一)证券投资基金的投资方向是有价证券

　　证券投资基金主要投资于各类有价证券,如股票、债券、外汇、期权、期货及认股权证等原生金融工具和衍生金融工具。这是证券投资基金与产业投资基

---

　　[1]　陈高翔.证券投资学.中国经济出版社,2004

金、风险投资基金的主要区别。产业投资基金以某个产业为投资对象,投资者可以取得资本利得和利息收入,其主要风险在于该行业所处的产业周期变化。风险投资基金的投资对象是处于创业期但尚未上市的新兴中小企业。

(二)资产规模庞大,具有规模效益

证券投资基金通过汇集众多机构投资者和个人投资者的资金,形成较大的资产规模。我国新发行基金的规模一般都在 20 亿元以上,在美国,单只基金的规模更可以高达几百亿美元,远远高于一般机构投资者和个人的证券投资规模。因此,证券投资基金是券商重点争取的机构投资者,可获得比一般投资者更高的佣金折扣。

(三)通过证券组合投资降低投资风险

通过组合投资理论,我们知道风险可以分为系统性风险和非系统性风险,其中系统风险与市场有关无法消除,但是非系统风险与公司有关,可以通过投资组合来降低。对个人投资者来说,由于资金少,可以购买的股票种类有限,无法做到分散投资,承担的风险相对较大。而证券投资基金汇集了众多投资者的资金,资金总额非常庞大,克服了个人投资者持股单一的弊端,可以做到分散风险,通过投资组合化解非系统风险,并可以根据经济形势的变化不断调整投资组合,以做到风险最小化、收益最大化。

(四)专家理财、专业管理

证券投资基金的运作方式是基金资产的经营和保管相分离。基金运营中各项投资决策的制定,由专业化投资机构负责。在基金管理公司中,专职的证券分析人士、证券投资组合专业人员和专业操作人员协同工作,运用先进的技术手段分析各种信息,能对金融市场中各有价证券的价格变动趋势作出比较正确的预测,最大限度避免投资决策的失误,能够较好地弥补个人投资者和一般机构投资者信息分析不足、操作技能不高等缺陷,为投资者带来更高的回报。基金资产的保管则是由信誉卓越的商业银行或信托投资公司等专门金融机构来负责。基金公司在托管机构中设立专户,实行独立核算,资金运用和托管分离的制度可以对基金资产运用起到制约和监督的职能,从而保证了基金资产的安全。

二、国外投资基金的发展——以美国为例

证券投资基金起源于 19 世纪 60 年代的英国,随着第一次产业革命的成功,英国的生产力得到了极大的提高,导致社会经济发展和社会财富的大量积聚。当时,英国国内资金充裕,公债利率较低,对投资者缺乏吸引力;与英国的情况相反,美国和许多殖民地在工业化的进程中需要大量的资金,其公债利率远高于英

国,在这种情况下,英国资本开始大量流往美国及其他海外地区。但投资者没有预料到的是,美国的铁路建设热潮及南美的矿业热潮很快冷却,投资于这些事业的投资者,尤其是中小投资者遭受了沉重打击。惨痛的教训使投资者认识到,如果将众多的中小投资积聚成大的资本共同运用,委托专人管理,进行分散投资,可以减少投资风险、获得较高收益。这样,在 1868 年,世界上第一个证券投资基金"国外及殖民地政府信托基金"产生了[①]。

美国直至 1924 年才出现第一家投资基金,但是投资基金在美国得到了较快的发展。从 1921 年的"国际证券信托基金"开始,美国证券投资基金已走过了近90 年的发展历程,其发展大致经历了五个阶段。

(一)证券投资基金的萌芽期(1940 年以前)

一战后,美国经济空前繁荣,国民收入剧增,国内投资活动异常活跃,英国的基金制度被引入美国,各地纷纷设立投资公司开展证券投资信托业务。1921 年美国首只基金"国际证券信托基金"产生,1924 年则组建了具有现代意义的"马萨诸塞投资信托基金"。1929 年股市崩溃以前,封闭式基金占据统治地位,资产总额为 28.9 亿美元,占投资公司总资产的 95.4%,而开放式基金的总资产只有1.4 亿美元。随后的股市暴跌与"大萧条",使整个基金业发展陷入了低潮。之后,开放式基金逐步替代封闭式基金而成为投资公司优先选择的组织形式,1940年封闭式基金的资产份额已下降至 57.5%。

(二)证券投资基金的发展期(1940 —1970 年)

"大萧条"后,美国政府为恢复投资者信心而对证券市场加强了监管。《1940年投资公司法》对投资基金运作进行了规范。该法对包括公司构成、投资者以购买股份方式参与以及财务公开、董监事任命、经理人的选择甚至销售和宣传等均作了严格的规定,这不仅为投资者提供了较为完善的法律保护,而且为投资基金快速发展奠定了良好的制度基础。《1940 年投资公司法》最重要的规定是对任何有资格成为"受监管的投资公司"免征所得税,为取得上述资格,投资基金必须在每个会计年度将其收入的 90% 分配给基金持有人,必须遵循投资多样化、流动性及短期交易和收入的原则。1940－1970 年美国投资基金获得了稳定增长,基金资产增长到 476 亿美元。这一时期,基金的种类很少,绝大多数属于股票基金,开放式基金已成为美国投资公司的普遍形式,1970 年封闭式基金所占比重只有 7.8%。

---

① 吴晓求.证券投资学(第二版).中国人民大学出版社,2004

(三)证券投资基金的成长期(1970—1990 年)

这时期投资基金的发展主要呈现出三大特点:(1)投资组合的多样化和基金种类的迅速增多。1970 年投资基金种类只有 5 种,到 80 年代末基金种类已超过 30 种,丰富的基金品种不但满足了不同风险偏好的投资者需要,而且为投资基金的迅猛发展奠定了产品基础。(2)货币市场基金成为成长期基金业发展的重大创新。1980—1984 年货币市场基金的资产份额最低为 57%,最高则达到 77%。货币市场基金与银行提供的付息支票存款账户相类似,既可以作为储蓄工具又可作为交易支付账户使用。(3)形成了共同基金家族(fund family)或基金集团。10 家最大共同基金集团在 80 年代末已控制了近 50%的市场份额,其中前五大基金集团控制了超过 32%的共同基金资产。美国投资基金在该阶段的发展,主要是通过货币市场基金替代银行这一传统金融中介的部分功能而扩展了证券市场边界。

(四)证券投资基金的扩张期(1990—2000 年)

进入 20 世纪 90 年代后,随着美国经济的稳步增长及股市的屡创新高,投资基金资产规模以年增长率超过 20%的速度爆炸性增长,并形成了以商业银行为主体的存款机构、以共同基金为主体的投资机构以及人寿保险公司三足鼎立的局面。伴随投资基金重要性的上升,投资基金对于证券市场的稳定功能得到发挥。一方面,机构投资者(主要指投资基金)持有证券的集中度大幅度提高,另一方面,机构投资者持有证券的稳定性也显著增强。据统计,纽约交易所股票的平均周转率为 55%,而机构投资者的股票周转率仅为 20%左右。

(五)证券投资基金的成熟期(2000 年至今)

新世纪初,因经济增长放缓以及股市的暴跌,美国证券投资基金呈现出增长停滞的局面,由此引发了投资基金是否进入成熟期的争论。主要理由如下:(1)基金资产变化呈稳定态势,行业净资产围绕 7 万亿美元波动,即使股市下跌了近 60%,亦没有出现过大的起伏;(2)市场集中度已趋于稳定,基金资产主要控制在 10 家共同基金集团手中;(3)市场趋于饱和;(4)产品推出与公司进入放缓。

三、我国证券投资基金发展历程与现状

(一)我国证券投资基金发展历程

我国基金业的发展可以分为三个历史阶段:1992 年至 1997 年 11 月 14 日《证券投资基金管理暂行办法》(以下简称《暂行办法》)颁布之前的早期探索阶段;《暂行办法》颁布实施以后至 2001 年 8 月的封闭式基金发展阶段和 2001 年

9 月以来的开放式基金发展阶段[①]。

1. 早期探索阶段

1992 年 11 月,我国国内第一家比较规范的投资基金——淄博乡镇企业投资基金(简称"淄博基金")正式设立。该基金为公司型封闭式基金,募集资金 1 亿元人民币,并于 1993 年 8 月在上海证券交易所最早挂牌上市。淄博基金的设立揭开了投资基金业发展的序幕,并在 1993 年上半年引发了短暂的中国投资基金发展的热潮。但中国投资基金业的起步阶段存在一定的问题,主要包括:(1)基金的设立、管理、托管等环节缺乏有效的监管机构和监管规则;(2)一些投资基金的运作管理不规范,投资者权益缺乏足够的保证;(3)资产流动性较低,账面资产价值高于实际资产价值。在基金发展过程中,这些不规范性和积累的其他问题逐步暴露出来,多数基金的资产状况趋于恶化。针对这一问题,中国人民银行与 1993 年 5 月 19 日发出紧急通知,要求各省级分行立即停止不规范发行投资基金的做法,并于 1994 年 3 月下发了《关于投资基金有关问题的通知》,停止审批设立和发行新的投资基金,自此我国基金业的发展陷于停滞状态。截至 1997 年《证券投资基金管理暂行办法》(以下简称《暂行办法》)颁布之前,我国共设立各类投资基金 78 只,其中在沪深两地挂牌上市的基金共 27 只,俗称为"老基金"。

2. 封闭式基金发展与规范阶段

1997 年 11 月 14 日,为了促进我国证券市场和证券投资基金业健康、稳定发展,国务院证券管理委员会颁布了《暂行办法》,对证券投资基金的设立、募集与交易,基金管理人、基金托管人和基金持有人的权利和义务,基金投资运作与管理都做了明确的规范。这是我国第一部证券投资基金法规,为我国基金业的规范发展奠定了法律基础。1998 年 3 月 27 日,经中国证监会批准,新成立的南方基金管理公司和国泰基金管理公司分别发起设立了规模均为 20 亿元的两只封闭式基金——"基金开元"和"基金金泰",由此拉开了中国证券投资基金试点的序幕。至 1999 年初,我国共设立了 10 家基金管理公司。截至 2001 年 9 月开放式基金推出之前,我国共有 47 只封闭式基金,规模达 689 亿份。

从 1999 年 3 月起,证监会按照国务院的要求,组织对老基金进行清理规范,有原有投资基金进行清理、改制和扩募,达到规范化要求后,一批老基金重新挂牌成为新的证券投资基金。2002 年 9 月 2 日基金融鑫在深交所挂牌交易,作为我国最后一只由老基金清理规范而成的封闭式基金,基金融鑫的成功上市标志着老基金已完成历史使命而退出了历史舞台。

---

① 胡昌生,熊和平,蔡基栋.证券投资学.武汉大学出版社,2002

3. 开放式基金发展阶段

在封闭式基金成功试点的基础上,2000 年 10 月,证监会发布《开放式基金试点办法》,正式拉开我国开放式基金发展的序幕。2001 年 9 月,我国第一只开放式基金——"华安创新"诞生,使我国基金业发展实现了从封闭式基金到开放式基金的历史性跨越。2004 年 6 月 1 日正式实施的《中华人民共和国证券基金法》以法律形式确认了基金业在资本市场以及社会主义市场经济中的地位和作用,成为中国基金业发展历史上的又一个重要里程碑。随着中国基金业的快速发展,基金规模不断扩大,基金品种不断创新,基金投资风格日趋多样化。

(二)我国证券投资基金发展现状

从近年来我国开放式基金的发展看,我国基金业在发展中表现出以下几方面的特点:

1. 基金规模日益扩大

证券投资基金对市场的影响日益重要,逐渐成为证券市场中不可忽视的机构投资者。其中既包括新发行的封闭式与开放式基金,也包括原有投资基金经清理、改制和扩募之后形成的规范化运作的证券投资基金(见图 11-1)。

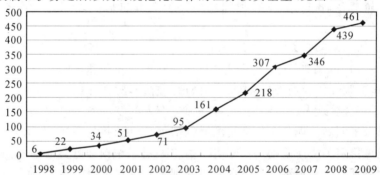

图 11-1 我国基金数目变化(只)

数据来源:证监会网站

由基金规模增长趋势图 11-2 可以看出,2007 年证券投资基金资产总规模快速增长。截至 2007 年底,全国有基金管理公司 59 家,管理证券投资基金 346 只。基金资产净值从 2007 年初的 8565 亿元增长到年末的 3.28 万亿元,所有证券投资基金股权投资占沪深流通市值的 26%。

2. 基金品种日益丰富

目前,我国在开放式基金的基础上成功推出了股票型基金、混合型基金、债券型基金和货币市场基金,特别是引入了一些国际基金市场上出现的新品种,包括 ETF 基金、生命周期性基金和具有本土创新意义的 LOF 基金,基本涵盖了国

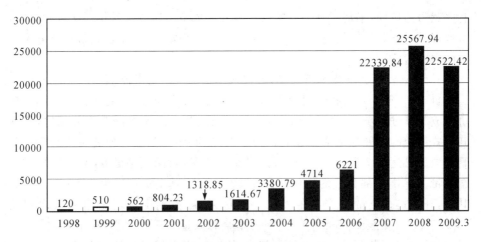

图 11-2　我国基金规模变化(亿元)

数据来源:证监会网站

际上主要的基金品种,为投资者提供了多方位的投资选择(见表 11-1)。

表 11-1　中国基金业产品创新时间

2002 年 8 月	南方基金管理公司推出我国第一只债券基金——南方宝元
2003 年 3 月	招商基金管理公司推出我国第一只系列基金
2003 年 12 月	华安基金管理公司推出我国第一只准货币型基金——华安现金富利基金
2004 年 10 月	南方基金管理公司成立了国内首只 LOF——南方基金配置基金
2004 年底	华夏基金管理公司推出国内首只 ETF——华夏上证 5OETF
2005 年	第一只中短债基金——博时稳定价值债券基金
2006 年	第一只 QDII 基金——华安国际配置基金

资料来源:《中国证券监督管理委员会年报》2007 年

3. 合资基金管理公司发展迅猛,形成有效竞争格局

2002 年 7 月,《外资参股基金管理公司设立规则》开始试行。自 2002 年末首家中外合资基金公司诞生以来,我国基金业的对外开放程度明显提高,合资基金公司在我国基金市场中的份额就一直处于上升趋势。截至 2007 年底,59 家基金管理公司中有 28 家合资基金管理公司,有 52 家境外机构获得 QDII 资格,截至 2009 年 4 月,我国共有基金管理公司 61 家,其中,中资基金公司数量为 28 家,而合资基金公司则达到 33 家,占到基金管理公司总数的 54%。合资基金管理公司带来的国际先进投资理念、风险控制技术和营销体系等,在很大程度上推动了国内基金业的快速发展。内资公司、合资公司和 QFII 形成了机构投资者

有序竞争的格局,丰富了基金业的投资品种和风格。通过业界相互交流和竞争,有效促进了行业整体的规范运作,提升了专业管理水平,并使基金行业具有了一定的国际竞争力

4. 开放式基金成为市场主流,封闭式基金地位不断下降

自 1999 年 4 月底我国封闭式基金首次出现折价交易后,封闭式基金的高折价已成为其进一步发展的巨大障碍。与封闭式基金发展的停滞不前相比,我国开放式基金的发展却是蒸蒸日上。2006 年末,我国的基金管理公司已有 58 家,管理数量已达 307 只。其中,开放式基金 254 只,封闭式基金 53 只。开放式基金数量占基金全部数量的比例达到了 82.74%。基金资产净值 8565.05 亿元。其中,开放式基金的资产净值 6941.41 亿元,已占到中国基金市场资产规模的 81.04%。截至 2008 年 11 月,国内基金总数量 456 只,开放式基金数量 411 只,封闭式基金数量 31 只,QDII 基金数量 9 只,ETF 数量 5 只;基金总份额 23499.2 亿份;基金总资产 16953.5 亿元。

5. 法律规范进一步完善

2004 年 6 月 1 日《证券投资基金法》的正式实施,以法律形式确认了基金业在资本市场以及社会主义市场经济中的地位和作用,成为中国基金业发展历史上的又一个重要里程碑。中国证监会相应的配套法规迅速出台,推动了基金业在规范的法制轨道上稳健发展。

(三)我国证券投资基金迅速发展的原因

1. 宏观经济运行良好,人民币升值预期强烈

近年来我国经济一直保持着快速发展的势头,经济环境全面改善,生产力水平大幅提高,带动国民生产总值迅速增长,人均国民收入水平上升,出现众多中小投资者,这些中小投资者也想获取和机构投资者一样的投资收益,客观上就要求实现投资方式社会化,以实现中小投资者的利益。同时,人民币升值预期强烈,加上前几年贸易收支顺差,造成国内流动性过剩的现象,客观上需要更多的投资渠道。这样,由经济发展催生的众多中小投资者参与社会投资的要求与现存投资方式不相适应的矛盾为证券投资基金发展提供了基础动力。

2. 证券市场不断完善

上市公司股权分置改革、证券公司综合治理、清理大股东资金占用和上市公司违规担保等基础制度建设的顺利推进,改善了证券市场的环境,提高了市场效率,为基金业的发展奠定了基础。我国证券市场经过不断的发展,已具备一定的深度和广度,为基金提供了更多的投资选择。此外,我国证券市场的流动性不断提高,有效降低了基金资产的风险,并且能使基金净值增长顺利变现。

3. 法律法规不断完善，监管力量加强，为基金业的运作创造良好的外部环境

2004年6月1日《证券投资基金法》（以下简称《基金法》）的正式实施，确立了基金业的法律地位，为基金业的发展奠定了法律基础。《基金法》系统总结了1997年颁布的《证券投资基金管理暂行办法》实施以来的市场实践，既充分考虑我国基金行业的发展实际，又较多借鉴了国际经验。在此基础上，《基金法》制定了基金市场的基本制度，完善了市场准入制度，明确了基金当事人的法律责任，强化了基金管理人和托管人的义务，进一步规范了基金运作，健全了运行机制，维护了市场秩序，有利于加强对投资者权益的保护，增强基金投资者信心。《基金法》的出台有助于我国基金业适应加入WTO后的国际化趋势，促进不同基金管理机构的公平竞争。《基金法》为国家对基金业实施统一监管提供了法律依据，为不同基金管理机构的竞争构建了公开、透明的平台。

第二节　证券投资基金的作用

随着经济和证券市场的发展以及金融工具的涌现，证券投资基金规模不断扩大，逐渐成为金融市场最有影响力的金融中介之一。证券投资基金的快速发展推动了证券市场的规范发展，促进了金融市场体系的完善和经济结构及经济体制的调整。

一、为中小投资者拓宽投资渠道

对中小投资者来说，证券投资基金是一种十分理想的投资工具。存款或购买债券较为稳妥，但收益率较低；投资于股票有可能获得较高收益，但个人投资者资金有限，小额资金入市难以做到组合投资、分散风险，而且缺乏投资经验和研究能力，投资风险较大。证券投资基金作为一种新型的投资工具，把众多投资者的小额资金汇集起来进行组合投资，注重长期投资，经营稳定。投资基金最大的特点在于专家管理和运作，基金管理公司的研究分析人员能够及时搜集到国内外宏观经济和上市公司经营状况的资料，具有信息优势。基金管理公司内部还设置监察和稽核部门，定期对基金经理的投资决策进行查核，以减少基金运作中的风险。所以说，证券投资基金大大扩宽了中小投资者的投资渠道，个人投资者可以通过购买基金份额投资于资本市场，在减少投资风险的同时享有更高收益。

二、有利于促进证券市场的规范化运作[①]

第一,证券投资基金的发展有利于发挥证券市场优化资源配置的功能。证券投资基金采取专业理财,基金经理人员都是投资专家,经过专业训练,掌握扎实而广博的金融证券知识和丰富的证券投资经验,而且证券投资基金作为机构投资者,具有信息优势,能够及时地从多种渠道获得信息资料,有助于证券市场信息透明化。因此,证券投资基金可以较为准确地挖掘企业的投资价值、选择投资对象,这使得资金向收益较高、资本需求度较高的企业和行业流动,最终使资源优化配置。此外,证券投资基金的专业理财过程也是证券市场资源在不同产业间的配置过程,一方面会引导产业结构的调整;另一方面,得到更多资源配置的产业会获得更快发展,从而促进产业结构的调整。

第二,证券投资基金的发展有利于促进上市公司的规范化运作。一方面,基金可以通过用脚投票的方式来筛选股票,从而影响上市公司股价,对上市公司形成外部约束力;另一方面,在长期投资情况下,证券投资基金还可以以股东身份参加股东大会,参与制定上市公司的经营和投融资决策,监督上市公司的行为,要求上市公司规范运作,从而产生内部约束力。因此,上市公司为了得到投资基金的资本资源,就必须努力为包括基金在内的所有股东获取尽可能多的投资回报,规范运作企业。

第三,证券投资基金的发展有利于规范机构投资者的行为。在以个人投资者为主的市场中,少量的机构投资者就可以发挥其信息优势、资金优势、人才优势操纵个股,通过虚假交易、虚假信息、内部交易侵害其他投资者的利益。证券投资基金丰富了证券市场中的机构投资者数量,加大了机构投资者之间的相互竞争。为获取收益,机构投资者会在制度框架内展开激烈的竞争,从而规范了广大机构投资者的行为。

三、有利于促进金融市场体系的发展

证券投资基金市场是金融市场的重要组成部分,一方面,证券投资基金将大量储蓄资金转化为资本性资金后,增加了资本市场的资金供给,降低了金融市场的运行风险;另一方面,基金对金融市场体系的结构和商业银行业务产生了很大冲击,促进了金融市场体系的结构调整和发展。

第一,证券投资基金最大的优点在于具有专业理财功能,它可以大大降低资源配置成本,从而使它在与其他金融产品的竞争中脱颖而出。证券投资基金的

[①] 何孝星主编. 证券投资理论与实务. 清华大学出版社,2004

壮大,不仅促进了商业票据、银行承兑汇票等短期票据市场的迅猛发展,而且促进了诸如远期、互换、期货、期权等各类金融衍生产品的快速发展,由此引起了金融组织结构、金融市场结构、金融产品结构的大幅度调整,并促使各国金融体系从分业经营体系向混业经营体系过渡。

第二,证券投资基金的发展为商业银行业务增加了新的获利方式,大大促进了商业银行的发展。证券投资基金作为商业银行的中间业务主要体现在以下几个方面:一是商业银行担任基金托管人,获得托管费用收入,这是目前各国的通用做法。二是担任基金管理人,获得管理费用收入,在美国,商业银行不仅可以担任基金的托管人,还可担任基金的管理人。一般说来,商业银行会直接担任货币市场基金管理人,但对股票基金、混合基金,商业银行不会直接担任基金管理人,而是通过与其他机构共同发起设立投资顾问公司来间接管理基金。三是销售基金单位,获得代销费收入。尤其对于开放式基金来说,由于客观上要满足投资者随时提出的认购和赎回要求,从成本角度出发,商业银行利用广泛网点来代理此项业务比证券投资基金自己直销成本要低得多,所以大部分开放式证券投资基金通过商业银行或与其有直接联系的机构发售。

目前,不论是封闭式还是开放式证券投资基金,我国基金托管人的角色基本都由商业银行担任,开放式证券投资基金的大部分销售和赎回业务也通过商业银行办理。

四、可以吸引外资,促进证券市场的国际化

投资基金最初产生的动力之一就是为了便于国际投资。在现代社会,跨国合作已成为国与国之间经济联系的重要内容,在全球经济一体化的过程中,境外投资市场吸引着越来越多的投资者。然而投资者要想直接投资于境外证券市场,由于信息不灵,交易不便,语言、投资惯例、法律法规不同等,面临着许多现实困难。但如果通过基金投资,一切就变得简单易行了。投资者只需购买基金证券,委托熟悉国际投资环境的专业投资人士进行投资就可以享受投资所获得的收益。因此,可以说基金是境外投资者间接投资于异地证券市场的理想中介,因而投资基金也备受境外投资者的青睐,并日益成为世界各国或地区尤其是发展中国家或地区吸引外资的重要途径之一。

第三节　证券投资基金的类型

根据不同分类方式,证券投资基金有不同分类,常见的有以下几种。

一、契约型与公司型基金

按照设立基金的法律基础及组织形态不同,可以把投资基金分为契约型投资基金和公司型投资基金。这是投资基金最基本的分类,也是基金最主要的特征。

(一)契约型基金

契约型基金,又称信托型基金,是依据一定的信托契约而组织起来的代理投资行为。该类基金一般包括三方当事人:基金管理公司、基金保管机构和投资者。基金管理公司(委托人)是基金的发起人,通过发行收益凭证将募集资金组成信托财产,依据信托契约进行投资。基金保管机构(受托人)一般由信托公司或银行担当,按照契约负责保管信托财产和相关的会计核算等事宜。投资者是受益凭证持有人,通过购买收益凭证,参与基金的投资,享有投资收益。契约型基金筹集资金的方式一般是发行基金受益券或者基金单位,这是一种有价证券,表明投资人对基金资产的所有权,凭其所有权参与权益分配(见图 11-3)。它是历史最为悠久的一种基金,亚洲国家和地区如日本和我国的香港、台湾多是契约型基金[①]。

(二)公司型基金

公司型基金不同于契约型基金,这种投资基金本身就是投资公司,它是依据公司法组建的,通过发行股票或受益凭证的方式来筹集资金,然后选择合适的投资管理公司负责管理资金的证券组合,投资者凭其持有的投资基金股份,依法享有投资收益。投资者通过购买基金公司发行的股票或受益凭证成为公司的股东,按所持的股份承担经营风险、分享投资收益和参与公司决策管理。股东通过股东大会选举董事会、监事会,再由董事会、监事会投票选举总经理共同执行业务,并由董事会选聘基金管理公司,委托其管理基金资产。美国的投资基金大多为公司型的。

公司型基金通常包括四个当事人:投资公司、管理公司、保管公司和承销公

---

① 李曜. 证券投资基金学(第二版). 清华大学出版社,2005

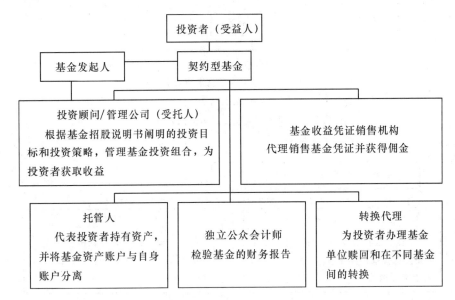

图 11-3　契约型基金当事人的关系结构图

司。投资公司是公司型基金的主体,它以发行股票的方式筹集资金,公司的股东就是受益人。管理公司在与投资公司订立管理契约后,既要办理一切管理事务并收取报酬,又要为投资公司充当顾问,提供调查资料和服务(见图 11-4)。保管公司一般由投资公司指定的信托公司或银行充当,在与投资公司签订保管契约之后,保管公司负责保管投资的证券,办理每日每股资产净值的核算,配发股息及办理过户手续等,并收取保管报酬。承销公司接受投资公司的委托把投资公司的股票批销给零售商,再由零售商向投资者出售。如果投资者想退出基金并要求投资公司购回股票时,也由承销公司办理有关事宜。

公司型基金和契约型基金的区别见表 11-2。

表 11-2　契约型基金与公司型基金比较

	契约型基金	公司型基金
设立的法律基础	信托法	公司法
法人资格	不具有法人资格	具有法人资格
运作方式	契约期满,基金终止	作为公司运营,无具体到期日
投资者的身份	基金受益人,不具有决策权	公司股东,具有决策权
融资渠道	契约型不能发行新的基金单位,很少对外借款,也不能发行优先股和公司债券	可向银行借款,或向投资者发行普通股

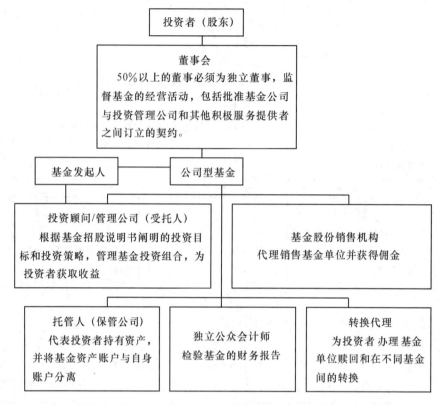

图 11-4 公司型基金当事人的关系结构图

二、开放式基金和封闭式基金

根据基金单位是否可赎回,即基金规模是否固定,可以将基金分为封闭式基金和开放式基金。

(一)开放式基金

开放式基金是指基金发行的份额总数是不固定的,投资者可根据市场状况和自己的投资决策,随时申购和赎回基金单位份额,投资者申购和赎回开放式基金的价格根据基金净值加上一定的手续费来确定,这一价格也反映了基金的市场供求状况。

目前国际上基金发展的主流为开放式基金。如日本、我国香港的基金均为开放式基金,美国开放式基金比例也达到 80%。这是因为开放式基金具有以下优点:开放式基金允许基金公司可根据基金发展需要追加发行,有助于吸收新资金、壮大基金规模,便于基金迅速地调整投资结构和投资品种;开放式基金允许投资者随时认购和赎回基金单位,对基金经理行为的约束机制较强,有利于基金的规范化运作;开放式基金按照单位资产净值交易,有效保证了投资者的利益,避免了受供求及投机的不利影响;开放式基金具有更加严格的信息披露制度,特别是在投资者获取基金经理人行为信息方面。但同时,开放式基金由于基金发行股份的数量不受限制且可以随时赎回,导致基金总额经常发生变动,不利于实现长期稳定的基金投资组合。投资公司为了应付投资者中途抽回资金,不得不从基金总额中提取一定比例的现金资产,以满足随时变现的需要。这类现金资产不可避免地将影响到基金总体的盈利水平,因此投资公司在投资者赎回时一般要求其支付一定的赎回费,以约束他们过于频繁变动资金的行为[①]。

(二)封闭式基金

封闭式基金是指在设立时基金的发行总额就是限定的,在发行期满后基金就封闭起来不再增加新的份额。此后,投资者想购买或赎回基金单位,只能通过证券经纪人在证券交易所里进行买卖。封闭式基金的交易价格是根据市场供求状况来确定的,由基金的供求关系、基金业绩、市场行情等因素共同决定。

封闭式基金与开放式基金相比较更适合于发展水平较低的发展中国家金融市场。这类市场规模小、金融制度不完善、开放程度不高、资金的周转速度较慢、投资工具少而灵活性差,不适合大规模资金的运作。这类市场采用封闭式基金,既可以防止国际游资对正在发展的资本市场带来的冲击,又可以保证资金总额的稳定,让基金从事长期投资从而获得比较稳定的收益,还可以避免应付赎回问题,降低投资成本。

开放式基金与封闭式基金的区别见表 11-3。

表 11-3　开放式基金与封闭式基金比较

	开放式基金	封闭式基金
基金规模	可以变化	封闭期内固定不变
基金单位的交易价格	以基金单位对应的基金净值为基础,不会出现折价	受市场供求影响较大,价格波动较大
基金单位买卖渠道	随时直接向基金管理公司赎回或购买,手续费较低	在证券市场上交易,需要交手续费或交易费,一般费用高于开放式基金
投资策略	为应付基金赎回,必须保留一部分基金,因此长期投资受到限制	不可赎回,能充分运用基金,进行长期投资
所要求市场条件不同	适用于开放程度较高、交易规模较大的市场	适用于开放程度较低、交易规模较小的市场

---

① 何德旭. 中国投资基金制度变迁分析. 西南财经大学出版社,2003

三、股票基金、债券基金、货币市场基金

根据投资标的不同,将投资基金又划分为股票基金、债券基金、货币市场基金、认股权证基金、贵金属基金等,这里我们将着重介绍前三种。

(一)股票基金

股票基金是指以股票为主要投资对象的投资基金,其投资目标侧重于追求资本利得和长期资本增值。购买股票基金的投资者必须承担较高风险,因此相应要求获得较高的收益率作为补偿。股票基金是基金最基本的品种之一,在基金市场上占有非常重要的地位。其原因如下:

(1)股票作为一种理想的金融工具具有市场规模大、运作规范、监管严格的优点,这些优点为股票基金的投资操作、分散风险创造了良好的客观条件。根据投资风格的不同,股票基金可以灵活地组合股票品种,向投资者提供多样化的投资理财服务。

(2)通过股票基金,投资者可以进行国际股票投资。目前金融市场的全球化日益明显,全球外汇交易可以 24 小时不停顿地进行,欧洲货币市场的兴起,离岸金融业务的迅速扩大,使得投资者进行国际投资成为可能。由于受到各国经济结构、法律体系、政府金融货币政策的限制,投资者个人要从事股票的国际投资风险很大,而股票投资基金是一个理想的途径。投资者通过介入某些股票投资基金来参与股票的国际投资,不仅风险较小,而且在基金公司的帮助下,可能获得较高的投资收益。

(3)股票投资基金可以汇集市场上个人投资者资金,扩大基金规模,有能力聘用投资顾问实现委托专家理财,使投资决策更加专业、科学,而且通过巨额投资交易,能够获得规模效应降低投资成本,在降低投资风险的同时提高投资者的收益。

(二)债券基金

债券基金是指主要以政府公债、公司债券等债券品种为投资对象的基金,其投资目标侧重于在保证本金安全的基础上获取稳定的利息收入,具有风险小、收益稳定的特点。但是与股票基金相比,它缺乏资本增值的能力,因此更适合于那些追求稳定收入的投资者,是为稳健型投资者设计的。

债券基金也存在投资风险,风险主要来自三个方面:

(1)市场利率水平通过影响债券价格进而影响债券收益率。市场利率水平主要随资金供求状况、通货膨胀率、货币政策和财政政策等的变化而相应调整。在投资债券时,合理安排固定利率债券与浮动利率债券的搭配、中长期债券和短

期债券的搭配将直接影响债券基金的未来收益。

（2）国际市场债券基金的汇率风险。汇率风险是指那些投资于外国债券或欧洲债券的基金，由于资产计值单位与投资对象的计值货币不一致，会发生货币兑换的汇率风险。通常的做法是通过衍生工具市场来对冲风险头寸，这无疑会增加基金投资成本。

（3）债券的信用等级。债券信用评级的高低反映了该种债券的信用度和风险水平。评级高的债券往往能吸引投资者踊跃投资，市场流动性高且容易变现；而评级低的债券则不得不通过提高利率来吸引投资者。所以，基金在选择投资债券品种时也考虑它的信用等级。

在基金业发达的美国，由于债券市场非常发达，债券品种极其丰富，按照投资项目及税负情况的不同，债券基金可以细分为很多品种，以满足不同投资者的需求。根据美国投资公司协会的共同基金手册中所列，债券基金的种类包括：

公司债券基金（corporate bond funds），以各种信用等级较高的公司债券（A级以上）为投资对象，有时也投资于国库券或政府机构发行的债券。

收入债券基金（income bond funds），这是一种将公债和公司债券进行组合投资的基金。在组合中，公债所占比例在 50% 以上，所投资的公司都是信用等级很高的。

高收益债券基金（high－yield bond funds），它通过购买信用等级较低（如Baa级或BBB级债券）而票面利息较高的债券，承担较高风险来取得高投资收益率。

GNMA（government national mortgage association）基金，其投资对象主要是那些以抵押为背景而发行的各种证券，其中有相当一部分是由 GNMA 担保的房地产抵押债券构成。这种抵押证券的实际利率比公债高 1～2 个百分点，可以到期还本付息，也可以提前赎回。

政府收入基金（government income funds），它以信用等级较高、流动性较强的各种政府证券为投资对象，包括国库券、以政府担保为抵押的证券和其他政府债券。

长期市政债券基金（long－term municipal bond funds），以各类社会公共项目筹集资金发行的市政债券为投资组合，这类债券常可免缴一部分税，从而增加了投资者的收益。

全球债券基金（global bond funds），以各类国际公司债券为投资对象；收益率较高，具有汇率风险和债券发行后利率浮动所产生的风险。

（三）货币市场基金

货币市场基金主要是以货币市场上具有较高流动性的有价证券为投资对象

的一种基金,其投资对象多为一年期以内的短期金融产品:如国库券、大额可转让定期存单、商业票据、承兑汇票、银行同业拆借以及回购协议等。虽然货币市场基金收益较低,但风险相对也最低,类似银行的活期存款,可以随存随取,因此多为投资人作为短期资金的投资渠道。这类基金的主要特点是:

1. 流动性强

货币市场基金是以货币市场短期融资工具为投资对象。货币市场是一个低风险、流动性高的市场,而货币市场基金的投资对象在各类有价证券中是最具流动性的,仅次于货币。同时,投资者可以不受日期限制,随时可根据需要转让基金单位,大大提高了其流动性。

2. 投资成本低

货币市场基金通常不收取赎回费用,并且其管理费用也较低,货币市场基金的年管理费用大约为基金资产净值的 $0.25\% \sim 1\%$,比传统的基金年管理费率 $1\% \sim 2.5\%$ 要低。另一方面,基金投资于短期有价证券,收益要高于银行存款和一些债券投资。

3. 安全性高

货币市场基金投资的证券多拥有较高的信用级别,安全性很高。如短期债券、中央银行票据是以政府信用为保障,而协议存款、大额可转让存单、银行承兑汇票、经银行背书的商业承兑汇票等工具则是以银行信用为保证。

四、成长型基金、收入型基金和平衡型基金

这是根据投资收益目标的不同来划分的。

(一)成长型基金

成长型基金注重资本长期增值,投资对象主要集中于具有高成长性、市场表现良好的绩优股。成长型基金追求基金资产保持稳定、持续的增长,而不是追求资本短期内的最大增值。具体表现在,成长型基金的基金经理在挑选公司时,多选择信誉好,具有长期盈利能力的公司,其资本成长的速度要高于股票市场的平均水平,在进行投资操作时把握有利的时机买入股票并长期持有,以便能获得最大的资本利得。由于成长型基金追求高于市场平均收益率的回报,它必然承担更大的投资风险,其价格波动也比较大。成长型基金的主要目标是公司股票,一般不做信用交易或证券期货交易。

(二)收入型基金

收入型基金是以当期收入最大化为投资目标的基金。把资产投资于可带来稳定现金收入的有价证券。收入型基金并不强调长期资本利得,其投资组合中

主要包括利息较高的货币市场工具、股息固定的优先股等。这些有价证券的共同特征在于收益率稳定,本金损失的风险低,但长期增长的潜力较小,因而受到那些保守的投资者和退休人员的欢迎。收入型基金的风险主要来自市场利率,当市场利率水平发生波动时,固定收益证券的价格容易发生大幅震荡,影响基金净值。

收入型基金通常分为两个类型:固定收入型和股票收入型。

固定收入型基金是在低水平的风险下,强调固定不变的收入。它的主要投资对象是债券和优先股,这样,不仅能够保证在本金不受损失情况下收入的稳定来源,而且管理这类基金在技术上相对简单。但是,固定收入型基金并非没有风险,它的最大风险就是当货币市场利率水平频繁波动时,基金所投资的债券和优先股却没有因此而上下波动,从而造成基金的收益率相对下降。

股票收入型基金虽然把资产集中于股票,但与成长型基金不同的是,它的投资目标主要是当期收入。它主要投资于那些历史上股息分派记录比较好的公司的普通股或可转换公司债券等,所以该类基金更关注投资企业的经济状况和股息红利的分配政策等。与固定收入型基金相比,股票收入型基金的资本增值潜力大,但波动也大。

(三)平衡型基金

平衡型基金具有双重投资目标,既要获得当期收入,又追求基金资产长期增值,与成长兼收入型基金类似。两者的区别在于,成长兼收入型基金的投资对象是股票;而平衡型基金则是把资金分散投资于股票(普通股和优先股)和债券,以保证资金的安全性和赢利性。其投资策略与成长兼收入型相比要更为保守。

实践中,平衡型基金的投资策略是将资产分别投资于股票和债券,在以收入为目的的债权及优先股和以资本增值为目的的普通股之间进行平衡,其资产的分配大约是:25％～50％的资产投资于优先股和公司债券上,其余的投资于普通股。当股票市场出现空头行情时,平衡型基金的表现要好于全部投资于股票的基金;而在股票市场出现多头行情时,平衡型基金的增长潜力要弱于全部投资于股票的基金。

由于平衡型基金的风险和收益处于成长型与收入型基金之间,因而也得到很多人的青睐。在美国,有25％的开放式基金采用平衡型基金的形式。

第四节　证券投资基金绩效评价

证券投资基金业绩评价是基金资产管理过程的重要环节,它以动态方式对资产管理人的行为进行实时评价,为基金管理人提供指导意见,同时也为投资者选择基金提供了一个合适的标准。投资者通过考察基金绩效的各种指标,在众多的基金中挑选出使自己感到满意的基金并有效规避投资基金的投资风险。

一、评价基金管理绩效的指标体系

通过对基金的多种指标进行计算和分析,可以对基金管理的绩效进行客观评价,同时这些指标往往显示出基金的特点及其在整个基金业的地位。用于评价基金绩效的指标不下几十种,这里简要介绍一些常用指标[①]。

(一)基金单位净资产价值(NAV)

无论是开放型基金还是封闭式基金,其基金证券价格确定的根本依据都是基金单位净资产及其变动。因此,基金单位净资产价值在投资基金中是一个非常关键的概念,是评估基金绩效最为直观的指标。

1.基金单位净资产价值的计算方法

基金单位净资产价值,是指在某一时点上投资基金每一单位实际代表的资产价值,是由基金的净资产价值总额除以发行在外的基金单位总数得来的。其关系如下:

基金单位净资产价值＝基金净资产价值总额/发行在外的基金单位总数

净资产价值总额＝总资产－总负债

总资产＝股票价值＋债券价值＋现金＋未上市证券价值＋其他资产价值

总负债＝管理费＋托管费＋应付基金赎回款＋应付购买证券款＋基金应付的收益分配＋其他应付费用

基金资产的估值是按基金投资组合中的现金、股票、债券及其他有价证券在估值日的估值加总,即可得出基金总资产。基金总负债实际上是基金在估值日时各种应付费用和款项的总和(包括截止到估值日为止的),具体包括:依照基金契约和托管协议的规定,对托管人和管理公司应付而未付的管理费、托管费;其他应付而未付的费用,如律师费、会计师费、信息披露费等等;应付购买有价证券

---

① 吴晓求.证券投资基金.中国人民大学出版社,2001

款项及其他应付款项;应发放而尚未发放的收益分配总额;(开放式基金)应付的基金赎回款。

得出总资产和总负债后,即可计算出基金净资产价值总额。每基金单位净资产价值,以估值日的基金净资产价值总额除以已发行在外的基金单位总数,计算至市值分单位。

2. 基金单位净资产价值与交易价格的关系

基金单位净资产价值的一个重要用途是用来计算基金单位的交易价格。这是因为,基金单位净资产价值是基金单位价格的内在价值,基金单位价格与其净资产值一般是趋于一致的,净资产值增长,基金单位的价格也跟着增长。对于开放式基金,基金单位的认购或购回的价格都是以基金单位净资产价值计价。但二者有时也会产生偏离,尤其对于封闭式基金,由于封闭式基金是在证券交易市场上市,其价格除了受基金单位净资产价值影响外,还要受到市场供求情况、经济形势、政治环境等多方面因素的影响,因此,二者不可避免地会产生偏离,有时甚至是反向趋势。

3. 用基金单位净资产价值对基金绩效进行评价

基金单位净资产价值是衡量基金经营好坏的主要指标,也是最为简单最为直观的绩效评价方法。当基金管理人员投资得当,投资组合中的股票和其他资产增值,基金单位净资产价值就会水涨船高;反之,若投资决策失误,基金单位净资产价值就会下降。投资者通过看基金单位净资产价值的增减,就可以判断自己的投资是盈利还是亏损,判断基金管理运营的好坏。

应用基金单位净资产价值对基金管理绩效评价时应注意以下两个问题:

一是正确认识基金单位净资产价值与基金资产的真实价值之间存在偏差,含有一定的"水分"。这是因为基金所投资的有价证券价格并不能完全反映其真实价值,特别是股票的市场价格与其内在价值常常背离,因此建立在这一基础上的基金净资产价值并不能真实反映基金资产的内在真实价值,尤其是在股市大起大落之时。一般说来,在"牛市"的时候,基金投资组合中股票价格往往高于其真实价值,因此净资产中"水分"就越大;反之,在"熊市"当道期间,基金的净资产值中,"水分"的因素就会少一些。因此,应用基金单位净资产价值对基金管理绩效评价时要同时关注基金持有的有价证券的真实价值。

二是由于基金资产有一部分投资于股票市场,所以基金单位净资产价值的变动和股票市场指数密切相关。因此应用基金单位净资产价值对基金管理绩效评价时不仅要看基金单位净资产价值的绝对水平,还应该注重基金单位净资产价值和股票指数的相对变动关系。通常一个好的基金在多头市场时,单位净资产价值的涨幅可能会高于股价平均指数涨幅。而在空头市场时,净资产价值的跌幅会小于股价平均指数跌幅。投资者若想判断一个基金的大致表现,可以观察一段时间基金单位净资产价值的变化情况,并将它与股价指数变动幅度加以对比。如果指数上涨了50%,而基金单位净资产价值只增加了10%,则很难说基金管理取得了良好的绩效。因此,不论是买卖基金,还是评估基金表现好坏,还是投资者计算自己的盈亏情况,基金单位净资产价值都是个关键因素。就像买卖股票必须时刻留心不断变化的股价一样,买卖基金就一定得跟踪研究基金单位净资产价值的变化。

(二)比率指标

可以用各种比率指标对基金管理绩效进行多方面的评价,也可以根据评价的具体内容将多种指标结合起来考虑。

1. 投资报酬率

投资报酬率并非评估投资基金的专有指标,但因它直接反映了收益与投入的比例关系,成为人们普遍接受的指标。美国、我国香港等地的报纸、杂志对各种基金进行排名的依据主要就是投资报酬率。

投资报酬率精确的计算会涉及较复杂的数学公式。实际上,只要了解了基金单位净资产价值,就可用以下的公式很容易地计算出投资报酬率:

$$投资报酬率 = (期末\ NAV - 期初\ NAV)/期初\ NAV$$

投资报酬率越高,说明基金的运营效率越高,基金的表现就越好,基金投资人的收益越高。

[例 11-1] 某人于 1 月 1 日用 5000 元钱购买某基金,假定基金的价格等于 NAV,每基金单位 10 元.该人买进 500 个基金单位。一年后,该基金单位上涨到 12 元。那么在这一年里的投资报酬率为 20%,即 $100\% \times (12 - 10)/10 = 20\%$。

如果投资者投资于基金,所得利息和股息放在基金里进行再投资,这时计算投资报酬率就得把这两项加进去,投资报酬率的计算可以用以下的公式表示:

$$投资报酬率 = 100\% \times (期末\ NAV - 期初\ NAV + 单位基金的收益分配)/期初\ NAV$$

仍用上例来说明。若该基金 1 年发放 0.5 元的红利,那么,年投资报酬率为 25%,即 $(12 - 10 + 0.5)/10 = 25\%$。

通过投资报酬率这个指标,一方面可以将同一时期不同基金的投资报酬率进行比较,一般投资报酬率高的也就是表现较好的;另一方面也可拿某一段时间某基金的投资报酬率与同一时期的股价指数进行比较,如果基金的投资报酬率高于股价指数上涨幅度,则表明该基金表现得比整个股市要好。这样,基金的专家经营、风险分散的优势也就表现出来了。

2.基金回报率

基金回报率是全面考察投资者投资于基金盈亏情况的重要指标,基金单位净资产价值和投资报酬率都是从净资产变化的角度来考察基金,而基金回报率还考虑了投资于基金的本金收入及亏损。它不仅包括基金收入、基金收益分配、基金增值等,而且指投资于基金一段时间后,它所产生的盈余和亏损变化,所以其考察面更广。其计算公式如下:

基金总回报＝基金的本金投资＋基金增值或基金收益分配－亏损

其中,"亏损"包括投资者实际投资损失和投资所付出的费用,如认购费和赎回费、封闭式基金的交易费用等。对于一般投资者来说,为了简化计算过程,实践中常常采用以下公式进行粗略计算:

$$基金回报率 = \frac{期终基金单位持有数目 \times 期终\ NAV - 期初基金单位持有数目 \times 期初\ NAV}{期初基金单位持有数目 \times 期初\ NAV}$$

该公式与投资报酬率计算公式的主要区别在于,投资报酬率并没有考虑基金持有量的变化,而仅是计算期初与期末 NAV 的变化幅度

[例 11-2] 某投资人年初购入一个基金单位(为简单起见,假设只有一个单位)。当时 NAV 为 40。到年终,该基金的 NAV 已升至 42。该基金在 NAV 增值至 41 时派发红利,每基金单位 6 元。投资者将红利投入再投资,则年终该投资者拥有的基金单位数目是 1.146(在 41 元时 6 元可购买 0.146 个基金单位)。按照相应公式计算基金回报率和投资报酬率,可以看出这两个指标是有差别的。

$$基金回报率 = \frac{1.146 \times 42 - 1 \times 40}{1 \times 40} \times 100\% = 20.33\%$$

$$投资报酬率 = \frac{42 - 40 + 6}{40} \times 100\% = 20\%$$

由上述可知,NAV 是基础,不论是投资报酬率还是基金回报率,其计算工具还是 NAV。投资者可将这三个指标结合起来,便能更全面地评估基金的表现。

3.资产报酬率

$$资产报酬率 = \frac{净资产收益}{平均资产总额} \times 100\%$$

$$平均资产总额 = \frac{期初资产总额 + 期末资产总额}{2}$$

净资产收益可以在损益表中查到,资产可以在资产负债表中查到。对于投资者,资产报酬率越大越好,可以通过与前期或行业的水平相比较,也可以用连续几年的数字计算其预期报酬率。

4.净收益率

$$净收益率 = \frac{净收益}{基金单位发行总额} \times 100\%$$

一般而言,该比率越高,说明资本的盈利能力越大。但这一比率既不能太高,也不能过低,太高影响公司扩大再投资的后劲,过低则影响投资者的积极性。

二、评价基金风险的指标——β 系数

基金将募集的资金分散投资于多种有价证券,因此是一种典型的证券组合。证券组合的风险一般可以分为两种性质完全不同的风险:即非系统风险和系统风险。非系统风险是指某些因素对单个证券造成损失的可能性。这种风险,可通过有效的证券组合来分散或抵消,因此这种风险又被称为可分散风险。而系统风险是指由于某些因素,给市场上所有的证券都带来损失的可能性。如宏观经济状况的变化;国家政策的变化,能源供给条件、投资环境的变化都会使股票报酬发生变化。这些风险不能通过证券组合分散掉,因此又被称为不可分散风险。

当基金投资组合中的证券资产足够多样化时,非系统风险几乎完全被分散掉,但不能分散系统风险。此时可以用 β 系数作为测定基金风险的指标。β 系数表示基金收益率相对于市场基准指数波动的敏感度,用以衡量基金资产组合的系统风险水平,其计算公式如下:

$$\beta 系数 = \frac{某种基金的风险报酬}{证券市场上所有证券平均的风险报酬和}$$

作为整体的证券市场 β 系数,如果某基金的风险情况与整个证券市场的风险情况一致,则该基金 β 系数也等于1;如果某基金的 β 系数大于1,说明其风险大于整个市场的风险;反之则风险程度小于整个证券市场风险。一般风险较大的基金相应的收益和损失也会更大,投资者应依据其自身的投资偏好选择基金进行投资。

三、风险调整衡量方法

投资者在投资时,不仅要考虑投资的收益,也要考虑投资的风险,夏普指数、特雷诺指数和詹森指数是三个综合考虑基金风险和收益的经典绩效评估指标[1]。

---

[1] 唐欲静. 证券投资基金评价体系——理论、方法、实证. 经济科学出版社,2006

(一)夏普指数

夏普指数(Sharpe's Ratio)是基于资本资产定价模型(CAPM)基础上的,夏普认为,在风险足够分散化的前提下,投资组合的总风险接近于系统性风险。因此,可以通过计量单位基金总风险所获得的风险溢价来衡量基金业绩。计算公式如下:

$$S=(R_p-R_f)/\sigma_p$$

其中,S 表示夏普业绩指数,R_p 表示某只基金的收益率,R_f 表示无风险利率,σ_p 表示投资收益率的标准差,是总风险。

夏普指数的含义是,每单位总风险资产获得的超额报酬。如果夏普指数高于市场基准指数,即位于市场基准 CML 之上,表明投资组合业绩好于市场基准组合的业绩;反之,表明投资组合业绩差于市场基准组合业绩。根据夏普业绩指数的高低,可以对不同的基金进行业绩排序。

夏普指数作为基金业绩衡量指标具有两个显著优点:一是夏普指数允许任意两只基金的风险调整收益进行直接比较,而无须考虑它们相对于基准组合的波动性和相关性。二是由于夏普指数允许在基金投资中使用借贷杠杆,因而投资者就能在提高风险水平的基础上相应提高收益,这样,给定基金就能够获得任意风险水平,所以投资者能够通过投资于具有最高夏普指数的基金而取得风险与收益的最佳组合。

(二)特雷诺指数

与夏普指数类似,特雷诺指数(Terynor's Ratio)也试图将基金的投资回报与投资风险联系起来,但是与夏普指数不同的是在于,特雷诺指数认为足够分散化的组合没有非系统性风险,仅有系统性风险。因此,特雷纳指数采用衡量投资组合系统风险的 β_p 系数作为衡量风险的指标,来衡量每单位系统性风险资产所获得的溢价。用公式表示为:

$$T=\frac{R_p-R_f}{\beta_p}$$

式中,T 表示特雷诺指数,β_p 表示某组合投资收益率的系统性风险。

如果特雷诺指数高于市场基准指数,即位于市场基准的证券市场线之上,则表明投资组合业绩好于市场基准组合业绩。反之,表明投资组合业绩低于市场基准组合业绩。如果将多个投资组合进行排序,则特雷诺指数越大,投资组合业绩越好。

特雷诺指数与夏普指数的区别在于资产分散程度对组合业绩的影响。当投资组合充分分散化时,特雷诺指数与夏普指数提供的业绩排名相同或者类似;如果投资组合风险分散程度较低,特雷诺指数所提供的业绩评价一般高于夏普指数。

(三)詹森指数

夏普指数和特雷诺指数都是对业绩的相对衡量,詹森提出了一种评价投资组合业绩的绝对指标,即詹森指数(Jensen's Ratio)。詹森指数直接运用CAPM,利用证券特征线的 α_p 值来估计投资组合的超额收益率。用公式表示为:

$$R_p - R_f = \alpha_p + \beta(R_m - R_f) + \varepsilon_p$$

其中,是衡量绩效优劣的指标,即詹森指数。对上式进行移项并去掉误差项得:

$$\alpha_p = R_p - [R_f + \beta(R_m - R_f)]$$

这里,可以更直观地看出 α_p 的意义,它表示投资组合收益率与相同系统风险水平下的市场基准组合收益率的差异,即基金承担系统风险的超额收益;R_m 表示评价期内市场的平均回报率,则 $R_m - R_f$ 表示评价期内市场风险的补偿。如果 α_p 值为正数,表明基金投资组合与市场组合相比表现优越;如果 α_p 值为负数,表明基金投资组合与市场组合相比表现较差,当基金与基金之间进行比较时,詹森指数越大越好。

案例十一 "基金黑幕"与思考

2000 年《财经》7 月号刊刊出了《基金黑幕》一文。该文是中国证券市场第一份对机构交易行为有确切叙述的报告。该文跟踪 1999 年 8 月 9 日到 2000 年 4 月 28 日期间,国内 10 家基金管理公司旗下 22 家证券投资基金在上海证券市场上大宗股票交易记录,客观详细地分析了它们的操作行为,披露了大量违规、违法操作的事实。至此,基金投资中的黑幕第一次浮出了水面……在此次基金地震之后,证监会对基金内部治理结构等各方面都提出了一系列监督与指引,但事实上,人们仍能在媒体报道里看到诸如基金黑幕死灰复燃等的标题。不论是回顾过去还是借鉴于未来,笔者认为都有必要在本章末简要介绍过去这起震动基金业的大地震背后的核心问题。

一、持有人利益虚置的背后——独立性问题

从理论上讲,基金持有人、管理人、托管人之间是靠基金契约来调整各自的权利义务关系。持有人持有基金资产,管理人管理和运用基金资产,托管人托管基金资产,它们的背后分别体现着所有权、经营权和保管监督权。但由于制度方

面的因素,基金运作的内部监控和外部监控都远远达不到应有的力度。

基金代表持有人利益,不仅写在各个基金产品的契约里,也是监管层的明文规定。但由于基金持有人高度分散,有的基金达五六十万人,召开持有人大会成本及难度均很大,重要事项审议所需要的 50% 以上表决权很难凑齐,因此持有人对基金管理公司实际上较少监督与制约。这就导致了基金持有人事实上的缺位。因此,至少在目前中国的证券投资基金来看,持有人利益虚置是一个不容忽视的问题。

持有人利益虚置的背后,究竟是谁代替持有人占有了本属于持有人自身的利益? 我们有两个可供选择的答案——股东或者公司?

近五年间,基金经理更换率近 50%,任职不到 1 年就被更换的占更换总数的 35.2%。业绩排名压力之外,基金公司的股东变更,也是频繁换将的原因之一,如果意图在股东之间输送利益,基金经理当然应是股东的"掘金"同盟军。另外,尽管没有任何一家封闭式基金的基金经理愿意牺牲自己、来美化开放式的业绩呢,但有时为了所谓的公司利益,他们别无选择。在一些管理混乱的公司,公司利益也等于高管个人的利益,这种公司利益严重背离了持有人利益。特别是我国证券投资基金几乎都是以证券公司为母体,基金与发起人关系过分密切,公司决策人员主要来自大券商高层,交易经理大多来自券商自营盘的操作人员。

因此,不难发现持有人利益虚置的背后,是基金独立性受到严重影响。如果基金发展为股东或公司服务,那么非理性操作例如高位"接仓"等损害投资者利益的手段就会出现。在《基金黑幕》一文中就提到,由于我国的证券投资基金多是由证券公司发起,其独立性相对较差,不同程度地存在着与其发起人共同建仓的行为。例如,南方管理公司的基金天元和开元的独立性较差,在南京高科、飞乐股份、江苏工艺等重仓股上,与其发起人南方证券存在着共同建仓行为;博时基金管理公司管理的基金独立性也较差,与第一食品等存在着共同建仓行为;国泰管理公司、长盛管理公司、华夏管理公司、大成管理公司的独立性相对较差;华安管理公司、嘉实管理公司、鹏华管理公司的独立性较好;富国管理公司的汉兴和汉盛在泰山旅游上存在着高位买入股票,其独立性也较差。该报告还提到,虽然在研究期间并未发现基金与股东或发起人相互倒仓的直接事例,但从两者共同建仓的合作关系看,从基金双向倒仓时的肆无忌惮看,人们很难相信在机制上并未独立运作的基金与其股东和发起人之间没有更严重的违法联手做庄行为。

二、影响独立性的因素——基金经理的收入

基金的实际操作由基金经理完成,因此各方利益的博弈通过影响基金经理来影响其操作决策。而一般认为,基金经理的选择在于代表谁的利益,可以让自

己的身价和收入最高?

从基金经理的收入来源看,主要是来自于以下几种:

来源一:工资与业绩分红

基金经理在努力帮助基金持有人赚钱的同时,薪水也会相应提升。目前,基金经理帮助基金持有人赚钱的方式有很多,此前最流行的就是价值投资,这也是基金公司们不约而同的宣传口径。基金经理的价值投资大略是这样一个动态的过程:基金经理或基金公司研究员先前往上市公司调研,随后估算出上市公司未来几年的收益,然后比较境内外的同类上市公司并给出市盈率,最后计算出上市公司的合理价格。而如果基金建仓后该股票无人问津,基金公司的证券公司股东或和基金经理相交甚好的行业研究员可能会撰写该上市公司的研究报告并建议买入或增持。这个过程似乎和做庄略有神似。

来源二:与上市公司的大股东或关联机构之间的利益输送

在要约收购的过程中,在收购前消息已经泄漏或者市场对此早有预期,股价处于高位。收购方为降低收购成本,许以基金经理们诱人的报酬,让基金买入被收购的股票,然后基金砸盘,把股价打压到收购方事先预定的价格,帮助上市公司管理层收购。

上市公司或相关庄家先买入自己的股票,然后基金在上市公司利好公告的配合下拉升股价并掩护出货。大基金公司往往成为利益输送的首选,因为它们管理着更多的资产可以调用。当然在这之后上市公司将向基金经理和基金公司付出一大笔好处费。

来源三:货币市场基金的黑色收入

在大多数投资者看来,利益输送多为偏股型基金,但是在偏股型基金经理看来,他们反而会更加羡慕固定收益基金经理的黑色收入,其中主要是货币市场基金经理。

2005年,货币市场基金开始协议存款,在证监会的法规出台前,一些城市商业银行为了吸引货币市场基金的存款,而贿赂货币市场基金经理。此外,资金需求方、货币市场基金和银行三方合谋,货币市场基金先在银行签订协议存款,然后银行再通过贷款的方式外借给资金需求方,货币市场基金获得高于业内平均水平的协议存款利息。

来源四:直接投资股市

按照相关法律规定,基金经理自己是绝对不可以直接投资于股市的。但基金经理会采用变通的办法,用亲朋好友的身份证开户,而自己是背后的实际操作人。在用基金资产拉升股价之前,基金经理先用自己个人(亲戚朋友)的资金在低位建仓,待股价上升以后,个人仓位率先卖出股票获利。

三、影响独立性的具体手段——对倒与倒仓

对基金持有人造成损害的,可能是关联交易和内部人交易,具体表现为对倒与倒仓。

(一)对倒

要将一种商品卖出去,必须有人来买。如果买家和卖家的需求和供给差不多,价格和交易行为都会十分稳定。可惜的是,市场经常会产生供不应求或供过于求的现象。当供大于求的时候,商家只能靠降价来吸引顾客,甚至不得不"大甩卖"。股票也是一种商品,被迫低价抛售股票亦即"割肉"。但是,由于"买涨不卖跌"的顾客心理,"割肉"也未必有人买,做鬼的办法就是自己做托。在证券市场上,这种做法被称为"对倒",系严重违法行为。

《基金黑幕》一文中就倒仓这一行为提供了比较翔实的实证数据。其第二次研究从1999年12月3日扩展至2000年4月28日,其间基金共同减仓、增仓或有增有减涉及的股票140只。该分析表明:(1)两家及两家以上基金管理公司共同增仓或减仓的股票57只,其中基金参与配售的新股17只,除了2只新股,参与交易的基金均是在配售上市日抛出股票;基金重仓的科技股11只,重组概念股6只,其余主要是国企大盘股。(2)除了基金泰和,其余基金在17只新股配售上市当日均有减仓行为。(3)博时基金管理公司、南方基金管理公司、国泰基金管理公司管理的多家基金存在着较多自身对倒行为,且品种主要集中在重仓股票中;嘉实基金管理公司没有对倒行为;其他6家基金管理公司均有自身对倒行为。

(二)倒仓

倒仓指的是甲、乙双方通过事先约定的价格、数量和时间,在市场上进行交易的行为。由于这里所涉及的甲方、乙方是同一家管理公司的两只基金,也有自买自卖的意思,也称双向对倒。

事实上,倒仓在市场中时有发生。我们还可以宽泛地描述这样的现象,即使双方在价格、数量和时间上没有事先约定,由于对某只股票的价格空间有分歧,也可以出现甲方将手中持有的大量股票抛售给乙方的现象。但是,这样"倒仓"对甲方而言经常是求之不得的事。因为做庄的人都知道,从收集筹码(股票)到将股价拉抬至高位,仅仅是完成任务的一半;最困难的事是如何将筹码抛给别人,最终变现。所以,市场上流传着许多故事:庄家糊里糊涂地吃进许多股票,却怎么也走不了,最后做庄做成了大股东,进了董事会。所以,一家基金公司管理

的两家基金相互倒仓,无疑解决了先上市的基金的流动问题,又不影响甚至可以提高净值。

以增仓为例,倒仓主要表现为两种方式:一是以一家基金为主,其他基金进行辅助建仓,在大成和博时管理的基金中较为多见;一是两家基金建仓总量差异不大,有的只是小规模买入,有的共同持仓筹码较高。而在交易行为中,一种是一家基金进行个股的经常性买卖,一家基金进行时机性买卖,如防止深幅下跌或波动性过大的时机性买卖,在博时的基金中相对较多;一种是一家基金先大规模买入,完成建仓后,多家基金再间断性小规模买入,在大成管理的基金中相对较多。

从上述分析中我们还可以看到,基金采取对倒、倒仓等手段将股价做高,提高自己管理的基金净值,其客观结果还是为了方便出货。一般庄家在上升的阶段会反复洗盘,也就是经常高抛低吸,作阶段性的盈利,而且时间足够长,到了最后,它的成本已经极低。此时,即时股价暴跌,它仍有一倍甚至几倍的利润。这样,若股价跌了 1/3,很多投资者以为可以抢反弹了,庄家就可以把股票卖给他们;若股价又跌了 1/2,更多的人以为见底了,又进去了,庄家再把股票卖给他们。最后,庄家仍大有斩获。其实,这种利用"高价幻觉"的手法至少在 1929 年前的美国股市中就已经出现,并被当时的投机者记录下来。

〔根据第一财经日报"基金经理的黑白道"(2006 年 7 月 16 日)、张晓燕"身价背后:基金经理到底代表谁的利益?"(第一财经日报,2006 年 7 月 10 日)等相关资料整理)〕

本章思考题

1. 简述契约型投资基金与公司型投资基金的区别。
2. 简述封闭式投资基金与开放式投资基金的区别。
3. 评价基金管理绩效的指标体系。

第十二章　证券市场监管与法规

本章学习重点

了解经济学关于监管的理论;明确证券市场监管所涵盖的主要方面;了解证券市场监管的法律体系。

第一节　证券市场监管的必要性

一、经济学关于监管的理论

(一)一般均衡模型

传统经济学认为市场机制是实现经济资源最佳配置的最有效机制,也是满足经济效率正常发挥的最佳机制。传统经济学对市场机制与经济效率之间关系的描述,是通过对完全竞争的市场情形(也就是不存在政府监管的市场情形)的考察来实现的。而其中最有代表性的一个模型就是一般均衡模型。

该模型的主要条件可以归纳如下:(1)全部产品都是私人产品,消费者能够完全掌握全部产品的信息;(2)生产者的生产函数中删除了生产规模和技术变化带来的收益增加;(3)在给定预算约束之下,消费者尽可能地使自己的效用最大化;(4)在给定生产函数之下,生产者尽可能地使自己的利润最大化;(5)除了价格之外,经济主体之间的其他因素如外部性等都被删除在外,所有的经济主体都是只对价格做出反应,价格决定一切;(6)在此基础之上建立起一种竞争性的均衡,确定使得所有市场都得以出清的一系列价格。

根据传统经济学的分析,在上述条件之下建立起来的竞争性均衡满足了经济效率的一个最基本的原则——帕累托最优原则。也就是说,不可能有另外一种既能够提高某些消费者的福利而又不影响其他消费者福利的更好均衡来取代目前这种均衡,这种均衡被称为帕累托均衡。帕累托均衡一个重要的特征是:在所有的市场上,价格等于边际成本。除了涉及收入分配政策之外,这种理想的完全竞争市场是不需要政府干预的。满足帕累托最优原则一般均衡模型的一个最关键假定条件是价格决定一切,而政府监管所关注的问题仅仅是造成了企业拥有使其产品价格高于边际成本这种能力的原因以及由此所带来的后果。

一般均衡模型满足帕累托最优原则,这种情况被称为帕累托效率,传统经济学将它简称为经济效率。它给我们提供了衡量政府监管效果的第一个原则——帕累托效率原则,这就是:如果每一个人都因为某种政府监管措施而使自己的状况变好(或者至少有一个人因此而状况变好且没有人因此而状况变坏),那么,该监管措施就被认为是一种好的监管措施。

(二)垄断与价格扭曲

垄断是一种产品或服务的市场由一家(即完全垄断)或少数几家(即寡头垄断)供给者提供,垄断者可以决定其产品或服务的价格与数量。为了获取超额垄断利润,垄断者往往限产提价,供给量比竞争状态下的少,不能达到平均成本最低,造成资源浪费;价格又比竞争条件下的高,造成消费者剩余减少并转化为供给者剩余或超额垄断利润,导致市场无效和价格机制失灵。而且,由于竞争对手不存在或者很少,垄断者提供的服务质量难以保证。

经济学的研究表明,造成市场价格扭曲的原因通常来自3个方面:垄断、外部性和市场信息不完善。而公共利益论认为市场价格扭曲的发生主要是由于自然垄断的存在。由于垄断的存在,导致产品价格超过边际成本的情况,这一点在传统经济学中已经有了充分的论述。

垄断又可以分为自然垄断和非自然垄断两种情况。在满足社会理想的生产水平时,如果市场上只存在一个供应商时,该产业的生产成本才能达到最低,那么这个产业所在的市场就是处于"自然垄断"的市场。当产业成本中有很大一部分是固定成本时,该产业就容易产生自然垄断,例如公共事业、通讯业、航空业等等。在这种情况,固定成本很大程度上相当于边际成本,因此产出越大,平均成本就越低。自然垄断使得经济的产出效率实现了最大化,但却严重损害了经济的分配效率,导致分配效率和产出效率之间冲突以及严重的价格扭曲。因为如果只有1个供应商生产时效率最高,那么该供应商为追求利益最大化,必然将产品价格定于边际成本之上,分配效率就会丧失。为了取得分配效率,市场就需要有许多的供应商,以便使他们在竞争的压力下使其供应价格等于其生产的边际成本,但是在这种情况下产出效率就会下降。因此,为了协调产出效率和分配效率之间的矛盾,自然垄断式的市场就需要政府的干预和监管。

非自然垄断是指不是处于自然垄断的产业或市场,由于各种不同原因和出于各种不同目的,最终形成了不同形式的市场垄断。非自然垄断的情况比较复杂,可以分为各种不同的具体情形,但总的情况与自然垄断相似。

(三)外部性与价格扭曲

制度经济学认为发生市场价格扭曲的原因除了垄断外,还有一个重要的原因就是外部经济效应的存在。当某个独立个体的生产和消费行为对其他人产生附带的成本或效益时,就发生了所谓的外部不经济效应。也就是说,某些人获得了利益却没有承担相应的成本,而另一些人分担了成本却没有能够享有应得的利益。外部不经济效应的存在会带来两个直接后果:一是产品成本失真,二是效用失真。产品成本和效用的不真实必然会导致产品价格与边际成本不符的情况,从而造成市场价格扭曲。因此,当存在外部不经济效应时,仅靠自由竞争就不能保证资源的有效配置与正常的经济效率。

在出现外部经济效应时,如果社会具备产权明晰的条件,那么供应商可能会走到一起协商解决经济外部性的问题。但是,如果协商的成本太高,就会导致协商不成功。因此,在存在外部不经济效应的情况下,比较好的办法是通过政府监管来消除外部性所带来的成本效用分摊不公以及由此造成的价格扭曲和经济效率降低问题。

因为金融机构在一国经济中的重要地位,使得金融机构的倒闭具有严重的社会负外部性:金融机构的破产倒闭及其连锁反应将通过货币信用紧缩破坏经济增长的基础。从经济意义上来说,负外部性问题的实质是银行破产的私人成本小于社会成本。按照福利经济学的观点,外部性可以通过征收"庇古税"来进行补偿,但是金融活动巨大的杠杆效应——个别金融机构的利益与整体社会的利益之间严重的不对称性显然使这种办法效果甚微。另外,科斯定理从交易成本的角度说明,外部性也无法通过市场机制的自由交换得以消除。因此,需要一种市场以外的力量介入来限制金融体系的负外部性影响。

(四)信息不对称与价格扭曲

信息经济学认为造成市场价格扭曲最重要的原因是由于信息不对称性。信息不对称性的第一种情况是信息在产品生产者和消费者之间、在合同的双方或者三方之间分配的不对称性。产品的生产者或者供货方对产品价格、产量和质量方面信息的掌握度要多于购买者,买卖双方之间的信息不对称,会导致产品价值和价格的不符,尤其是当所销售的产品特别依赖于信息时,或者产品本身就是一种信息含量很大的产品时,产品的价值与价格之间的这种不符合就会增大。这样,在同一价格之下销售价值较高产品的销售者将会退出市场以减少损失,而一些价值比较低的产品销售者会利用这种信息不对称占据市场,结果是"劣币驱逐良币"的市场逆向选择,从而最终导致市场崩溃。信息不对称性的另一种情形是一方试图以另一方的信息减少为代价来取胜,因此发生遏制对方信息来源的道德风险。信息不对称性存在的事实要求揭示更多有关产品和劳务的信息,使消费者能把高质量产品和低质量产品区别出来。因此,从经济学的角度来看,市场上存在要求提高市场效率的强烈愿望。一方面,生产者有揭示信息给市场参与者的愿望;另一方面,生产者也有不愿意揭露信息的预期。因此,经济学认为,当公司内部的信息太专业化,不能及时披露,或者是披露代价太大时,政府监管可能就是修正信息不对称性的一种有效办法。

证券交易中,当一方无法观测和监督另一方的行动,或无法获知另一方行动的完全信息,抑或观测、监督或获取信息的成本高昂时,就会产生证券交易双方信息不对称。不对称信息相当普遍:证券发行者比投资者更了解发行的证券;公司管理层比股东或债券持有人更了解公司活动;股票经纪人比客户更了解其服务质量等。尽管各类信息提供机构,如财务公司、证券分析师、评级公司和投资顾问等都在致力于改善信息不对称问题,但其本身也存在着信息不对称。不对称信息最终导致不知情者的决策和利益目标难以实现。因此,政府必须以法令形式杜绝内幕交易和欺诈行为。

(五)监管成本

既然监管是一种产品,那么就存在着一个生产成本的问题,同时,由于监管与一般的产品在供求上有着本质的区别,因此,除了成本问题以外,它还有自己的特点。监管经济学认为,监管的成本除了维持监管机构存在和执行监管任务的行政费用之外,还会带来一些看不见的成本,这些成本不容忽视。

第一种成本是所谓的"道德风险"。"道德风险"是指由于制度方面或者其他方面的变化而引发私人部门行为的变化,进而产生消极的作用。道德风险的典型例子是火灾保险:当某个人为自己的房子购买了火灾保险后,反而会放松对烟火的警惕,从而更加容易冒险并引发火灾。虽然在大多数情况下发生火灾的绝对次数仍然不是很多,但是,会大大高于未购买保险时的情况。因此,对监管持怀疑态度的人认为,监管会导致私人部门有意地或无意地去冒更大的风险。换言之,监管会造成人们放松正常的谨慎态度。这在实际上反而可能会增加本来旨在避免的风险,造成适得其反的结果。银行和其他金融机构的监管就是一个例子。在完全自由的市场中,个人和企业必须自己去评价银行与金融机构的安全性,但在一个受监管的市场中,个人和企业认为政府监管会保证这些金融机构的安全性,或者至少保证在发生违约时会得到偿付,因而在存款时就不假思索。从某种意义上说,这是监管所起的积极作用,因为监管的作用就在于为私人部门减少交易成本。进一步的分析还表明,无论是对整个银行体系还是对其客户来说,银行业或者整个金融业的信心也是一种公共产品,向消费者提供这种信心理所当然是政府公共部门的职责。因而可以这么说,从弥补市场失灵的角度看,政府公共部门所提供的对银行体系和整个金融业稳定性的信心有其积极意义。然而,从另外一个角度看,当存款人普遍地以不假思索的方式去存款时,就会使那些不良金融机构很容易获得存款。尽管这么做并没有什么不好,但是,如果监管本意上是为了保证金融业的稳定性,以减少存款人的风险,但实际上却又有利于不良金融机构获得存款,那么,这显然是违背其初衷的。极端的情况可能是:也许正是由于政府通过监管提供了某种金融业务许可证,才使得不良的金融机构获得资金。

除了上述道德风险之外,监管还可能产生其他不利后果。研究表明,金融机构可能因为监管而增加其信贷资产的风险程度。理由是:某些监管措施可能会导致被监管者成本增加或者利率下降,金融机构为了消除或者至少部分地消除这一影响,于是就提高其信贷资产中收益率较高但也风险较高资产的比例,从而增加了整个信贷资产的风险程度。

第二,合规成本。监管的第二种成本是所谓的"合规成本",即被监管者为了遵守或者符合有关监管规定而额外承担的成本。就金融监管而言,这种"合规成本"的数量可能非常之大。例如,有人估计,为了满足1986年金融服务业的要求,英国金融机构至少多支出了1亿英镑。

第三,社会经济福利的损失。这是由于在存在监管的情况下,各经济主体的产量可能会低于不存在监管时的产量。

第四,动态成本。无论是道德风险、合规成本还是经济福利损失,都只属于监管的静态成本。更为重要的是监管所带来的动态成本。监管经济学认为,监管有时起着保护低效率的生产结构的作用,因而会成为管理和技术革新的障碍。

二、金融产品的特性[①]

与一般商品不同,金融产品,特别是证券产品是一种非常特殊的商品。金融产品的特殊性主要表现在:第一,这类产品具有价值上的预期性,即产品价值与其未来状况有关,预期价值往往受到某些因素的影响而发生变化,而且不同人对同一金融产品的预期也不一致,这就导致金融产品具有价值上的不确定性;第二,从某种意义上讲,金融产品具有公共产品的某些特性,其成本的决定和效用的实现都具有一定的社会性;第三,金融产品基本上是一种虚拟商品,其价值是由消费者根据所能获得的产品信息来判断的,因此产品的物理形态与产品价值之间没有直接的联系,甚至有些证券产品可能只是以概念的方式存在。金融产品的特殊性,反映了对于金融这一具有高负债性、高风险性以及高脆弱性的行

---

① 张亦春、郑振龙.金融市场学.高等教育出版社,2003

业,政府监管的重要性和必要性。

金融业是货币流通中心、资金融通中心、社会支付结算中心,是国民经济运行的血液循环系统。一个稳定、公平和有效的金融体系带来的利益为社会公众所共同享受,无法排斥某一部分人享受此利益,而且增加一个人享用这种利益也并不影响生产成本。

金融产品,如存款、保费、股民资金、信托资金等是金融企业的生存基础,来源于广大社会公众,金融机构将吸收的这部分资金或直接投放到企业,或通过金融市场间接投放到社会各行业。在这两对关系中,金融企业面对的是社会公众,而金融企业的经营状况、经营行为、经营战略、经营成败都对社会公众产生影响。前者直接关系到存款人、投保人、股民和信托人的债权安全,关系到他们对金融机构的知情权和选择权;后者直接关系到客户能否得到公平合理的贷款等金融支持和金融服务,这也是影响社会公平和经济健康发展的一个重要因素。

金融产品的特殊性主要是由其特殊价值决定方式所决定的。金融产品的价值决定与普通的商品有所不同,根据马克思主义经济学,普通的商品都是劳动的结果,它的价值大小取决于生产该商品所花费的社会必要劳动时间。金融产品是根据法律规定发行的代表对财产所有权和收益权的一种法律凭证,因此,"有价证券是资本(资金)所有权的凭证,是一种资本证券即资本的证券化。但有价证券本身并没有价值,不是真正的资本,而是虚拟资本"。"投资者用货币购买证券,货币的使用权改为由证券的发售者所掌握,投资者持有证券只是证明有一定金额的资产或资本价值为他所有,凭此券可以定期(或不定期)取得一定收入,并且可以通过出卖证券把证券还原为一定数额的货币"。虽然证券属于虚拟资本,本身并没有价值,但它代表了对一定数量的现实资本的占有权,可以用来买卖,因而具有交换价值。而且,由于它还代表了对所占有的资本收益的所有权,所以其交换价值不仅取决于它所代表的现实资本大小,而且还与现实资本的收益能力有关,它是现实资本和收益能力两者的综合结果。

证券的交换价值不仅仅表现在它所代表的现实资本的多少上,更多的是表现在其投资价值的高低上,也就是它所具有的为投资者带来收益的能力上,这种收益能力就相当于商品的使用价值。投资价值的大小,取决于它给投资者所带来收益的高低,证券给投资者带来的收益越高,其投资价值也就越大,反之则价值越小。任何资产的"真实的"或者"内在的"价值是该资产的所有者或投资者在持有该资产期间所能收到的现金流量。由于现金流量属于投资者对该资产在未来持有期内表现的一种预期值,它们必须经过贴现还原为现值,以反映货币的时间价值。根据这一原理,金融产品或者证券产品的投资价值基本上是受两个方面因素的影响:一是贴现率的高低;二是投资该证券的预期回报。贴现率与投资者投资购买证券时的市场利率以及其他投资的回报率有着密切的关系,它主要反映了货币资本的时间价值,是投资者比较难以控制的因素。在贴现率一定的条件下,证券的投资价值主要取决于其预期回报,即预期现金流量及其风险程度。

金融产品或者证券产品价值的主观预期性,使得产品的交换价值几乎完全取决于交易双方对各种信息的掌握程度以及在此基础上所作出的判断,因此完全可以说证券产品是一种信息所决定的产品,而上市公司或者金融产品的发行者本身则是该信息产品的一个主要信息源。同时,由于上市公司处于一种持续的经营状态,又面对着一个不断变化着的经营环境,公司的经营决策就会不断进行调整,对公司经营业绩的预期也会随之不断调整。因此,上市公司还是一个不断发布新信息的动态信息源,而任何新信息的出现都有可能导致人们改变旧的判断,形成新的判断,从而导致证券交易价格的调整。可见,一个比较公平和合理的证券价格应该是一个能够随时反映影响人们的预期因素的价格。而各种影响人们预期的因素能否及时地反映到证券价格中以及它们被反映的程度,虽然取决于多个方面的环节和各种不同的因素,但上市公司或者金融产品的发行者能否实现彻底的信息披露是决定这一切的基础。

三、证券市场监管必要性[①]

证券产品是一种特殊的商品,因此证券市场与商品市场一样,也无法避免市场失灵的影响;也存在垄断、经济外部性、信息不对称、过度竞争等造成市场失灵、导致价格扭曲的共同因素。证券市场本身并不能自发实现高效、平稳、有序运行,无法实现资本有效配置功能。

同时,证券市场的交易方式又与一般商品市场有所不同,它往往采取集中交易的方式,而且在交易中大量使用信用手段。由于证券产品所特有的性质和证券市场自身的结构特点,市场失灵的负面效应在证券市场上会更加明显地体现。与商品市场相比,证券市场价值的不确定性更大,价格变化的幅度和频度更大,出现价格扭曲的可能性也更大,从而使得证券市场具有内在的高投机性和高风险性。这不仅不利于证券市场本身运行效率的正常发挥和市场总体功能的实现,而且如果风险突然爆发,还有可能出现市场崩溃,使投资者蒙受巨大损失,使国民经济遭受巨大创伤。如果证券市场的运行效率下降、功能不能充分发挥,那么,资本的有效配置就不能顺利实现,就会影响整个经济的运行效率。如果对证券市场的各种风险因素不加以控制,听其任意积累,一旦风险爆发,后果就不堪

---

① 任淮秀.证券投资学.高等教育出版社,2003

设想。

因此,通过政府对证券市场实施必要的组织、规划、协调、管理、监督和控制,以消除或尽可能地减少因市场机制失灵而带来的证券产品和证券服务价格扭曲以及由此引起的资本配置效率下降;实现证券市场的高效、平稳、有序运行,是一个明智的现实选择。

证券市场监管的必要性体现在以下几个方面:

(1) 加强证券市场监管是维护证券市场正常秩序,充分发挥证券市场积极作用的需要。证券市场监管以公平、公开、公正为原则。公平原则要求证券发行、交易活动中的参与者都有平等的法律地位,各自合法权益能够得到公平的保护;公开原则要求所有上市公司准确、及时、完整地披露信息,保证信息的公开,防止少数投机者利用内幕消息操纵价格,使投资者充分了解有关行业、上市公司的最新消息,并以此为基础做出合理的投资决策;公正原则是针对证券监管机构的监管行为而言的,要求证券监督管理部门在公开、公平原则基础上,对一切被监管对象给予公正待遇,严厉查处违法、违规行为。证券市场监管的"三公"原则,保证了资本市场在证券价格形成中能充分而准确地反映全部相关信息,使资本市场趋于有效,证券市场得以充分发挥其积极作用,优化资源配置,进而配合宏观调控,从而实现为国民经济服务的功能。

(2) 加强证券市场监管是保护投资者利益的需要。一方面,投资者是证券市场的重要参与者,保护投资者的合法权益,有助于树立投资者对市场的信心,从而为证券市场的建立和维持提供充足的资金来源,证券市场才能发挥筹资和资源配置的功能,保护投资者的合法利益是维持证券市场繁荣的基本前提。另一方面,证券市场的投资者特别是中小投资者往往是分散的个体,资金规模有限,抵御风险能力较低,在市场中处于弱势地位。因此,在市场失灵的时候,守法的投资者特别是中小投资者常常是市场中最大的受害者。加强证券市场监管可以使投资者平等地获得信息,同时对市场违法违规行为进行查处,维护市场正常秩序,也体现了对投资者的保护。为了维护真正意义的公平,强调保护投资者的合法权益是完全必要的。

(3) 加强证券市场监督是控制金融风险、促进经济健康稳定发展的需要。证券市场既有本身无法消除的系统风险,又有涉及企业的非系统风险,再加上证券交易中普遍使用的信用手段,使得证券市场风险远远大于一般的商品市场,对经济的影响更大。如果不对证券市场进行有效的监管,那么各种风险会迅速积累并向外扩散,一旦超过市场所能承受的限度,就会发生危机,从而会对经济发展产生不利的影响。在证券市场发展历史上,由于证券投资活动中的欺诈、操纵、内幕交易、恶性投机等行为造成金融市场动荡,从而造成整个经济崩溃的现象屡见不鲜。其中1929年美国证券市场危机所引发的经济大危机最为著名。各国在经历了证券市场动荡对经济生活的巨大冲击之后，认识到证券市场监管的重要意义，开始建立和完善证券投资的管理机构和相应法规，加强对证券市场的监管，从而达到减少证券市场的动荡、促进经济稳定发展的目的。

（4）加强证券市场监管是我国现实的需要。随着全球经济一体化和金融产品的不断创新，证券市场的风险也被不断放大，要求有更加完善的证券市场监管。2008年，全球的金融系统面临自1929年以来的最大危机，源于次贷及其资产证券化所产生的各类衍生产品的次贷危机导致包括美国、欧洲、日本等发达国家经济体发生金融危机，并已经向全世界范围传导，对全球经济产生了重大负面影响，次贷危机引起了全球各国对金融监管的反思。尽管其对我国金融产生的影响并不致命，但依然为我们敲响了警钟，让我们意识到加强证券市场监管的必要性。事实上，一个国家证券市场的健康、繁荣是资源优化配置的基础。

第二节　证券市场监管组织体系

证券监管的组织执行体系涉及证券市场监管机构的设立与职责。它不仅随证券监管体制模式的不同而不同，而且在同一监管体制模式下，监管机构的设立与职责也可以不同。

一、集中型证券监管体制模式下的证券监管组织执行方式[①]

集中型监管体制，也称集中立法型监管体制，是指政府通过制定专门的证券法规，并设立全国性证券监督管理机构来统一管理全国证券市场的一种体制。美国是集中型监管体制的代表。

集中型监管体制有两个主要特点：第一，拥有一整套互相配合的全国性证券市场监管法规；第二，设立全国性的监管机构负责监督、管理证券市场，这类机构由于政府充分授权，通常具有足够的权威维护证券市场正常运行；第三，各类自律型的组织和机构处于全国型监管机构的管理之下，并帮助监管整个市场。

在集中型证券监管体制模式下，有以下三种证券监管组织执行方式：

（1）以独立的证券监管机构为主体的组织执行方式。这种方式的特点是专门设立全国性的证券监管机构——证券交易委员会，该机构独立于其他部门，拥

---

① 贺强，韩复龄. 证券投资学. 首都经济贸易大学出版社，2007；周宗安. 证券投资学. 中山大学出版社，2004

有较大的自主权和相当的权威性。采取这种做法的典型代表是美国。美国证券交易委员由总统任命、参议院批准的 5 名委员组成,对全国的证券发行、证券交易所、证券商、投资公司实施全面监督管理。这种做法的优点是监管处于比较超脱的地位,能够比较好地体现和维持"三公"原则,而且可以协调部门与部门之间的目标和立场。但是,它要求监管层具有足够的权威性,否则难以使各部门之间相互配合,保证证券市场有效运行。

(2)以中央银行为主体的证券监管组织执行方式。这种方式的特点是国家的证券监管机构是中央银行体系的一部分,其代表是巴西和泰国。在 1976 年之前,巴西中央银行是巴西证券市场的主管机关,虽然在 1979 年成立了证券监管委员会,但是该机构仍然是根据国家货币委员会的授权行使对证券市场的监管权力,并在某些方面必须与中央银行的相关部门协调,共同监督管理证券市场,这种做法使宏观金融监管权高度集中于一个机构,便于决定的统一和协调也有利于监管效率的提高。其不足之处是过分集权容易易导致过多的行政干预和"一刀切"现象。同时,中央银行自己作为证券市场的直接参与者,有时难以体现"三公"原则。

(3)以财政部为主体的证券监管组织执行方式。这种方式是指,一国的财政部作为证券市场的监管主体直接对证券市场进行监管,或者由财政部直接建立监管机构负责对证券市场进行监管。采用这种做法的国家有日本、法国、意大利和韩国等。日本大藏省证券局是日本的证券监管机构,负责制定证券市场监管的政策法规,对证券市场参与者进行监督和指导。法国则是以财政部作为证券市场的监管主体,自律组织的作用很少。其证券交易委员会是隶属于财政部的官方机构;负责对全法国的证券市场进行监管。意大利证券市场的监管机构是意大利财政部于 1974 年成立的公司与证券交易委员会。韩国虽然有专门的证券交易委员会,并且在证券交易委员会下设证券监督局,但是也受制于财政部,并且,财政部在与证券市场有关的事务中具有最后决定权。这种做法比较适合于财政部在该国具有较高地位的国家,它有利于一个国家宏观经济政策的协调,但不适合于财政部和中央银行处于平等地位、相互之间相对独立的国家。

集中型监管模式优点在于:首先,证券市场监管的法规和机构均超脱于证券市场当事者之外,由政府专门的证券监管部门履行监管职能,能更严格、公平和有效发挥监管作用,最大限度地保护投资者的利益;其次,重视立法管理,具有专门的证券市场管理法规,统一了监管口径,使市场行为有法可依,管理手段更具稳定性、严肃性和公平性;再次,集中的证券监管部门不参与证券市场的经营活动,能够公平、公正、严格、有效地发挥其监管作用,并能协调全国各证券市场,防止市场无序竞争和出现混乱局面,同时在实践中能够更注重对投资者的保护。

但集中型监管体制也具有以下缺点:第一,由于证券监管当局不参与证券市场的经营活动,对证券市场金融创新的反应要滞后于证券经营者,从而降低了监管的效率。第二,证券法规的制定者和监管者超脱于市场,离市场相对较远,掌握的信息相对有限,从而使监管成本相对昂贵,其可能脱离实际,缺乏效率,而且对市场上的突发事件反应相对较慢,可能会处理不及时。此外,由于证券市场监管是个相当复杂的系统工程,涉及面广,单靠全国性的证券主管机关而没有证券交易所和证券业协会配合就难以胜任其职,难以实现既有效管理又不过多行政干预的目标。因此,随着证券市场的发展,实行集中型监管模式的国家也越来越重视证券交易所和证券业协会的自律管理,充分发挥证券交易所和证券业协会作为第一道防线的职能。

二、自律型监管体制模式下的证券监管组织执行方式

在这种模式下,政府对证券市场的干预较少,政府也不设专门的证券管理机构。证券的管理完全交由证券交易所协会及证券交易商会等民间组织自行管理。采用这种做法的代表国家是英国,因此又称英国模式。实行这种管理模式的国家和地区还有荷兰、中国香港、德国、意大利等。

英国长期以来一直没有设立专门的证券监管机构。苏格兰银行根据金融政策的需要,拥有证券发行的审批权,英国证券市场的监管主要由三个自律组织进行,这三个自律组织分别是英国证券交易所协会、英国企业收购合并问题专门小组以及英国证券业理事会。这种体制有利于发挥市场参与者的积极性和创造性,便于监管者对市场违规行为迅速做出反应,但是由于监管者缺乏足够的权威性,因而会员经常发生违规行为,容易造成证券市场不必要的混乱和波动。

自律型监管体制具有以下优点:(1)通过市场参与者的自我管理和自我约束,可以增强市场的创新和竞争意识,有利于促进市场活跃;(2)允许证券商参与制定证券市场的监管规则,可以促进市场监管更加切合实际,制定的监管规则具有更大的灵活性,有利于提高监管效率;(3)自律组织具有快速反应机制,能够对市场发生的违规行为作出有效的反应。

自律型监管体制的缺点在于:(1)监管的重点放在市场的规范、稳健运行和保护证券交易所会员的经济利益上,对投资者的利益往往没有提供充分的保障;(2)缺乏立法的支持,监管手段比较脆弱;(3)没有统一的监管机构,难以实现全国证券市场的协调有序发展,容易造成市场秩序混乱。

三、中国的证券监管组织执行体系

我国的证券监管制度经历了一个从地方监管到中央监管、从分散监管到集

中监管的过程,大致可分为三个阶段:

首先是国务院证券委和中国证监会成立前的阶段。1992 年 10 月,国务院证券委员会及其执行机构中国证券监督管理委员会(证监会)成立,标志着中国证券市场开始从无序走向有序,也标志着中国证券监管组织执行体系的正式诞生,从而初步形成了以国务院证券委员会及其执行机构中国证券监督管理委员会为主体,包括中央银行和财政部、国家计委、原国家体改委、地方政府以及有关部委、地方证券监管部门等在内的一个多头监管体系。为了加强证券市场的宏观管理统一协调证券监管工作,健全证券监管,国务院于 1993 年 1 月发布了《关于进一步加强证券市场宏观管理的通知》,此通知对于各证券监管部门的分工作了基本的规定。但多头共管制导致主体不明,权限不清,政出多门,步调不一,造成了监管的混乱。

其次是集中统一监管的过渡阶段。国务院于 1992 年 10 月成立了国务院证券委员会和中国证券监督管理委员会。1993 年 1 月国务院发布了《关于进一步加强证券市场宏观管理的通知》,这标志着我国《证券法》实施以前的证券市场监管体制开始向集中监管过渡。这一阶段较好地克服了证券市场监管的无序和效率低下等弊端。但是,国务院证券委员会和中国证监会的实际作用不明显,多头管理的局面仍存在,证券监管机构的有效性、权威性明显不足,中央与地方关系难以理顺。

目前是政府集中监管与自律监管相结合的监管模式初步确立的阶段。1998 年国务院机构体制改革将证券委和证监会合二为一组成统一的证券监管机构——国务院证券监督管理委员会,负责对全国证券市场实施监管。这标志着由政府实施集中统一监管的体制基本形成。1998 年通过的《中华人民共和国证券法》明确规定证券市场实行政府集中监管与自律相结合的证券监督模式。以上改革克服了以往的一些弊端,表明我国证券监督管理体制已进入到一个新的历史时期[①]。

根据新《证券法》第 179 条规定,国务院证券监督管理机构在对证券市场实施监督管理中履行下列职责:(1)依法制定有关证券市场监督管理的规章、规则,并依法行使审批或者核准权;(2)依法对证券的发行、上市、交易、登记、存管、结算,进行监督管理;(3)依法对证券发行人、上市公司、证券公司、证券投资基金管理公司、证券服务机构、证券交易所、证券登记结算机构的证券业务活动,进行监督管理;(4)依法制定从事证券业务人员的资格标准和行为准则,并监督实施;

---

① 《证券法》(修订版)于 2005 年 10 月 27 日第十届全国人大常委会第十八次会议通过,自 2006 年 1 月 1 日起施行。

(5)依法监督检查证券发行、上市和交易的信息公开情况;(6)依法对证券业协会的活动进行指导和监督;(7)依法对违反证券市场监督管理法律、行政法规的行为进行查处;(8)法律、行政法规规定的其他职责。国务院证券监督管理机构可以和其他国家或者地区的证券监督管理机构建立监督管理合作机制,实施跨境监督管理。

中国之所以选择目前这种证券监管的组织执行体系;主要基于两个方面的考虑:一是中国证券市场的发展是在政府推动下实现的;发展过程带有一定的试点性和集中性,再加上中国具有长期集中管理的经验,因此,采取由国务院证券监督管理部门集中监管的做法,比较符合中国的证券市场发展实际。二是由于中国金融业正处于改革转轨时期,以前计划性的金融管理体制正在向以市场为导向的金融管理体制过渡;金融体制处于激烈的变动过程中,新的分业监管体制正在逐步建立过程中,各金融机构正在寻找自己的定位,在此期间,证券市场特别容易出现监管漏洞和脱节,产生系统性风险,因而必须由一个统一的证券监管执行机构实施统一监督。

第三节　证券市场监管的内容

证券监管就是指证券监管部门为了消除市场机制失灵而带来的证券产品和证券服务价格扭曲以及由此引起的资本配置效率下降,确保证券市场的高效、平稳、有序运行,通过法律、行政和经济的手段,对证券市场运行的各个环节和各个方面所进行的组织、规划、协调、监督和控制的过程。

一、证券发行市场监管[①]

证券市场发行监管是指证券监管部门对证券发行的审查、核准和监控。由于证券发行监管是整个证券市场监管的第一道闸门,对证券发行监管的好坏将直接影响到交易市场的发展和稳定,因而,世界上绝大多数国家都对证券发行实施严格监管。按照审核制度划分,世界上各国证券发行监管主要分为两种制度,也就核准制和注册制。

(一)注册制

注册制遵循"公开原则",是指证券发行者在公开募集和发行证券前,需要向

---

① 徐卫中. 证券投资学. 陕西人民出版社,2000

证券监管部门按照法定程序申请注册登记,同时依法提供与发行证券有关的一切资料,并对所提供资料的真实性、可靠性承担法律责任。在注册制下,监管部门只对申请文件做形式审查,不涉及发行申请者及发行证券的实质条件,不对证券及其发行行为做任何价值判断,其权力仅限于保证发行人所提供的资料无任何虚假的陈述或事实。如果发行者未违反上述原则,监管部门则应该准予注册。因而在注册制下,只要发行者提供正式、可靠、全面的资料,一些高风险、低质量的公司证券同样可以上市,证券监管机关无权干涉。注册制的理论依据是"太阳是最好的消毒剂,电灯光是最有效的警察"。

注册制的优点在于,该制度降低了审核工作量,申报问价提交后,经过法定期间,申请即可生效,从而免除了繁琐的授权程序。注册制一方面为投资者创造了一个高透明度的市场;另一方面又为投资者提供了一个公平竞争的场所,在竞争中实现优胜劣汰和资金的优化配置。但是,注册制发挥作用是建立在信息披露的充分性基础上的,假定投资者能够根据所获得信息进行理性的投资决策。但是许多投资者并不能获取足够信息,加上发行人故意夸大证券价值或规避潜在的不利因素,都可使投资者受损。从这一点来看,注册制比较适合于证券市场发展历史比较悠久、市场已经进入成熟阶段的国家。

(二)核准制

核准制即所谓的"实质管理原则",是指证券发行者不仅必须公开有关所发行证券的真实情况,而且所发行的证券还必须符合公司法和证券法中规定的若干实质性条件,证券监管机关有权否决不符合实质条件证券的发行申请。发行证券实行核准制,一般都规定出若干证券发行的具体条件,包括:(1)发行公司的营业性质和管理人员的资格能力;(2)发行公司的资本结构是否健全;(3)发行的所得是否合理;(4)各种证券的权利是否公平;(5)所有公开的资料是否充分、真实;(6)发行公司的发展前景及事业的成功机会,等等。只有符合上述条件的发行公司,经证券主管机关批准,才可取得证券发行资格。

中国目前对证券发行的监管属于核准制。《证券法》第22条规定,国务院证券监督管理机构设发行审核委员会,依法审核股票发行申请。发行审核委员会由国务院证券监督管理机构的专业人员和所聘请的该机构外的有关专家组成,以投票方式对股票发行申请进行表决,提出审核意见。

核准制是证券管理机构在信息公开的基础上进行严格实质审查,剔除了一些低质量、高风险的不良证券,在一定程度上保护了投资者的利益,减少了投资风险性,有助于新兴证券市场的发展和稳定。但是,它很容易导致投资者产生完全依赖的安全感,而且监管机关的意见未必即完全准确,尤其是它使一些高成长性、高技术和高风险并存的公司上市阻力加大,而这些公司的发展对国民经济的高速发展具有巨大的促进作用。综上所述,核准制比较适合于证券市场历史不长、经验不多、投资者素质不高的国家和地区。对这些国家和地区来说,核准制有助于新兴证券市场健康、有效、规范地发展。

二、证券交易监管

(一)上市公司的信息持续披露制度

信息披露制度是指上市公司在其股票上市交易后按照规定对公司的经营业绩、重大变动、重要决定等相关内容进行定期报告和临时报告,保证信息公开的完全性、准确性和及时性,信息持续披露制度是公开原则在证券市场的体现。信息披露制度为投资者提供了充分全面的信息,有助于其作出准确的投资判断,同时有助于企业的经营管理,最终提高证券市场的效率。

1. 信息持续披露的内容

信息持续披露的内容主要是证券法规和交易所规定所要求的信息持续披露文件中应该包括的内容。对证券公司信息披露方面的监管要求包括:

我国《证券法》和《公开发行股票公司信息披露的内容与格式准则》对信息持续披露规定,信息持续披露文件,包括上市公司的年度报告、半年度报告书等定期报告文件以及临时报告书和未执行证券交易所及时公开政策而公开的各类报告文件。

(1)定期报告。定期报告是股票或公司债券上市交易进行持续信息披露的最主要的形式之一。定期报告应当符合国家的会计制度和国务院证券监督管理机构的有关规定,由上市公司授权的董事或经理签字,并由上市公司盖章。定期报告包括季度、半年度、年度报告。

(2)临时报告。发生可能对影响上市公司证券及其衍生品种交易价格产生较大影响的重大事件,上市公司应及时披露临时报告,说明时间起因、目前状态及可能产生的影响。重大事件包括:公司的经营方针和经营范围的重大变化;公司的重大投资行为和重大购置财产决定;公司订立重要合同;公司发生重大亏损;公司股东、1/3以上监事或者经理发生变动;持有公司5%以上股份的股东或者实际控制人,其持有股份或者控制公司的情况发生较大变化;公司减资、合并、分立、解散及申请破产的决定。

2. 信息披露制度的标准

(1)及时披露。及时披露是指发行人应不迟延地依法披露有关重要信息,它是对发行人履行披露义务的一项重要要求。根据我国《证券法》65 条规定,上市公司和公司债券上市交易的公司,应当在每一会计年度的上半年结束之日起 2个月内,向国务院证券监督管理机构和证券交易所报送记载以下内容的中期报

告,并予公告:公司财务会计报告和经营情况;涉及公司的重大诉讼事项;已发行的股票、公司债券变动情况;提交股东大会审议的重要事项;国务院证券监督管理机构规定的其他事项。

第66条规定,上市公司和公司债券上市交易的公司,应当在每一会计年度结束之日起4个月内,向国务院证券监督管理机构和证券交易所报送记载以下内容的年度报告,并予公告:公司概况;公司财务会计报告和经营情况;董事、监事、高级管理人员简介及其持股情况;已发行的股票、公司债券情况,包括持有公司股份最多的前十名股东的名单和持股数额;公司的实际控制人;国务院证券监督管理机构规定的其他事项。

从发行者的角度看,及时披露重要信息,可使公司发生的重大事件和变化及时告知市场,使公司股价及时依据新的信息做出调整,以保证股票市场连续和有序。从投资者的角度看,及时披露可使投资者依据最新信息及时做出理性的投资选择,避免因信息不灵而遭受损失。从社会监管的角度看,及时披露可缩短信息处于未公开阶段的时间,以缩短知道这些未公开信息的内幕人士可能进行内幕交易的时间,减少监管的难度。基于此种考虑,各国证券法均将及时披露,作为对发行人披露义务的首要要求。

(2)有效披露。有效披露是对信息披露制上的要求。要求发行人、上市公司依法披露的信息,必须真实、准确、完整,不得有虚假记载、误导性陈述或者重大遗漏,必须正确反映客观事实,如以前的信息变得不准确了,应予以更正,使之能正确反映事实。其次,要求发行人披露的信息必须具有重要性。在信息披露制中,重要性问题很关键,它关系到披露人义务的范围。对此各国证券法规各不相同。

(3)充分披露。充分性是对信息披露量的要求,它要求信息披露当事人依法充分公开所有法定项目的信息,不得有欠缺和遗漏。充分披露包括形式和内容上的充分。信息披露的形式可分为法定形式和任意形式,无论以何种形式披露信息,信息披露人均须对所披露信息的准确性负责。信息披露的充分性更主要体现在内容的充分性上。各国证券法对各种不同事项规定了披露表格,披露只能严格按表格上所列的条款编制种类报表,不得有任何遗漏和删减,否则应承担相应法律责任。

《证券法》第64条规定:经国务院证券监督管理机构核准依法公开发行股票,或者经国务院授权的部门核准依法公开发行公司债券,应当公告招股说明书、公司债券募集办法。依法公开发行新股或者公司债券的,还应当公告财务会计报告。

（二）证券交易行为的监管

1. 对内幕交易的监管

内幕交易是指证券交易内幕信息的知情人员利用内幕信息进行证券交易的行为。这种行为的主体是内幕知情人员，行为特征是利用自己掌握的内幕信息买卖证券，或者是建议他人买卖证券。内幕知情人员自己并未买卖证券，主观上也未建议他人买卖证券，但却把自己掌握的内幕信息泄露给他人，接受内幕信息的人依此作出买卖证券的决断，这种行为也属内幕交易行为。

内幕交易的危害主要体现在以下几个方面：一是违反了证券市场的"三公"原则，侵犯了广大投资者的合法权益；二是损害上市公司的利益，一部分人利用内幕信息进行证券买卖，使上市公司的信息披露有失公正，损害了广大投资者对上市公司的信心；最后，内幕交易扰乱了证券市场乃至整个金融市场的运行秩序。

《证券法》第 202 条规定，证券交易内幕信息的知情人或者非法获取内幕信息的人，在涉及证券的发行、交易或者其他对证券的价格有重大影响的信息公开前，买卖该证券，或者泄露该信息，或者建议他人买卖该证券的，责令依法处理非法持有的证券，没收违法所得，并处以违法所得 1 倍以上 5 倍以下的罚款；没有违法所得或者违法所得不足 3 万元的，处以 3 万元以上 60 万元以下的罚款。单位从事内幕交易的，还应当对直接负责的主管人员和其他直接责任人员给予警告，并处 3 万元以上 30 万元以下的罚款。证券监督管理机构工作人员进行内幕交易的，从重处罚。

2. 对操纵市场的监管

操纵市场是指单位或个人以获取利益或减少损失为目的，利用其资金、信息等优势或滥用职权影响证券市场价格，制造证券市场假象，诱导或者致使投资者在不了解事实真相的情况下作出买卖证券的决定、扰乱证券市场秩序的行为。实施这种行为的主观目的是为了获利或减少损失，行为特征是利用自己在资金、信息和股权上的优势，制造证券市场假象。

操纵市场行为，人为地扭曲了证券市场的正常价格，使价格与价值严重背离，造成虚假供求关系，误导资金流向，不能真实反映市场供求关系，损害了广大投资者的利益。如果任其发展下去，将会腐蚀证券市场的健康肌体、扰乱市场秩序，影响市场的健康发展。

因此，各国对操纵市场的行为都是明令禁止的，并均在证券立法中制定了严厉的制裁条款。操纵市场行为是我国《证券法》所禁止的违规行为之一。《证券法》第 77 条规定，禁止任何人以下列手段操纵证券市场：(1)单独或者通过合谋，集中资金优势、持股优势或者利用信息优势联合或者连续买卖，操纵证券交易价格或者证券交易量;(2)与他人串通,以事先约定的时间、价格和方式相互进行证券交易,影响证券交易价格或者证券交易量;(3)在自己实际控制的账户之间进行证券交易,影响证券交易价格或者证券交易量;(4)以其他手段操纵证券市场。操纵证券市场行为给投资者造成损失的,行为人应当依法承担赔偿责任。根据《刑法》《证券法》和相关行政法规的规定,对实施操纵市场行为的个人或法人根据情节的轻重分别处以行政处罚或进行诉讼。《证券法》第 203 条规定,操纵证券市场的,责令依法处理非法持有的证券,没收违法所得,并处以违法所得 1 倍以上 5 倍以下的罚款;没有违法所得或者违法所得不足 30 万元的,处以 30 万元以上 300 万元以下的罚款。单位操纵证券市场的,还应当对直接负责的主管人员和其他直接责任人员给予警告,并处以 10 万元以上 60 万元以下的罚款。

对操纵市场行为的监管可以分为事前防范和事后处理。事前防范是指资本市场监管机构采取必要手段防止市场操纵行为发生。事前防范要求形成对市场行为主体有效的约束机制。为达此目的,资本市场法律需要赋予监管机构广泛的调查权力,可以随时检查发行人、证券承销机构、证券投资机构的业务情况和财务情况,以消除具有操纵能力的行为主体操纵市场的动机和机会。事后处理是一种惩罚机制,指资本市场监管机构对市场操纵行为者的处理及操纵者对受损当事人的损害赔偿。事后处理有利于打击操纵市场的行为,维护资本市场公正自由的秩序。其中包括两个方面的内容:一是对操纵行为的制裁。当操纵者的操纵行为被查实后,监管机构可以暂停其交易或取消其注册资格,处以罚款乃至追究刑事责任;二是对操纵行为的受害者赔偿损失,以保护大众投资者的利益。

3. 对欺诈行为的监管

对欺诈行为监管强调的是禁止在证券发行、交易及相关活动中从事欺诈客户、虚假陈述等行为。欺诈客户,是指证券经营机构、证券登记结算机构和发行人或发行代理人,在证券发行、交易及相关活动中违背客户意志,损害客户利益的欺诈性行为。而虚假陈述则是指对证券发行、交易及相关活动的事实、性质、前景、法律等事项做出不实、严重误导或含有重大漏洞、任何形式的虚假陈述或者诱导,致使投资者在不了解事实真相的情况下,做出证券投资决定的行为。

我国《证券法》第 78 条明确规定,禁止国家工作人员、传播媒介从业人员和有关人员编造、传播虚假信息,扰乱证券市场;禁止证券交易所、证券公司、证券登记结算机构、证券服务机构及其从业人员,证券业协会、证券监督管理机构及其工作人员,在证券交易活动中作出虚假陈述或者信息误导。各种传播媒介传播证券市场信息必须真实、客观,禁止误导。并在第 79 条,具体指出禁止证券公司及其从业人员从事下列损害客户利益的欺诈行为:(1)违背客户的委托为其买卖证券;(2)不在规定时间内向客户提供交易的书面确认文件;(3)挪用客户所委托买卖的证券或者客户账户上的资金;(4)未经客户的委托,擅自为客户买卖证券,或者假借客户的名义买卖证券;(5)为牟取佣金收入,诱使客户进行不必要的证券买卖;(6)利用传播媒介或者通过其他方式提供、传播虚假或者误导投资者的信息;(7)其他违背客户真实意思表示,损害客户利益的行为。我国新《刑法》规定,证券交易所、证券公司的从业人员,证券业协会或证券管理部门的工作人员,故意提供虚假信息或伪造、编造、销毁交易记录,诱骗投资者买卖证券,造成严重后果的,属于诱骗他人买卖证券罪。个人犯罪的,处 5 年以下有期徒刑或者拘役,并处或者单处 1 万元以上 10 万以下罚金;情节特别恶劣的,处 5 年以上或 10 年以下有期徒刑,并处 2 万元以上 20 万元以下罚金。单位犯罪的,对单位判处罚金,并对其直接负责的主管人员和其他直接责任人员,处 5 年以下有期徒刑或者拘役。

三、对上市公司监管

对上市公司监管是证券监管的重要组成部分。对上市公司的监管主要是对证券上市标准和上市公司法人治理结构的监管。

(一)上市标准

各国证券交易所对证券上市标准的规定不尽相同。对证券上市标准的比较,主要涉及对股票上市标准的比较。对于债券上市标准,一般都是针对企业债券而言。政府债券通常享用豁免权,可直接在交易所上市。一般说来,都包括以下几个方面内容:

1. 资本额

资本额是一个公司实力的基本标志,为防止无本经营的皮包公司上市损害投资者的利益,各交易所都有最低资本额的规定。例如,我国证券法规定,申请股票上市其公司股本总额不得少于人民币 3000 万元。美国纽约证券交易所规定,申请上市公司的有形资产净值应当在 1800 万美元以上,发行的公众股份应当在 110 万美元以上。

2. 股权分布状况

股权分布良好,上市公司由公众持有若干股的股东人数不低于一定数值,可以有效地防止垄断和操纵市场,因此股权分散化也是各国证券交易所规定证券上市的标准之一。我国证券法规定,公开发行的股份达到公司股份总数的 25%以上,或公司股本总额超过人民币 4 亿元的,公开发行股份的比例为 10%以上。股权分散的规定是以确保证券的流通性和稳定性为目的的。公众持股和持股分散化,有利于证券交易与流通,同时防止少数投资者控制或操纵证券,这样既可以促进证券流通,又能防止证券集中。

3.公司盈利能力

判断公司的盈利能力取决于两个方面,公司业绩和公司最低营业年限。为了提高上市证券的安全性,证券交易所要求上市证券的公司开业时间必须达到规定年限。上市公司具有良好的盈利能力体现在公司的盈利年限、公司连续赢利能力、公司守法与诚信等方面。证券法规定,公司最近3年无重大违法行为,财务会计报告无虚假记载。这是对上市公司提出的守法与诚信的基本要求。与此同时,《上市管理办法》中对上市公司的经营年限、公司连续赢利能力提出了要求,规定股份有限公司设立满3年后方可申请上市,但是对大型优质企业可以不受此限制。公司连续赢利方面,对发行人的净利润提出了三个要求:(1)最近3个会计年度净利润均为整数且累计超过人民币3000万元,净利润以扣除非经常性损益前后较低者为计算依据;(2)最近3个会计年度经营活动产生的现金流量净额累计超过人民币5000万元;或者最近3个会计年度营业收入累计超过人民币3亿元;(3)最近一期不存在未弥补亏损。

除了上述条件之外,证券交易所对上市证券的发行公司还规定了应该达到的资信等级、偿债能力等其他条件,如公司在以往的经营中,不能有违约、欺诈等不法行为的经历,财务报表无虚伪记载等等。

(二)上市公司治理

中国证监会为推动上市公司完善公司治理结构、增强透明度、提高规范化运作水平,出台了一系列法律法规,采取了多项有效措施,基本建立起了我国上市公司治理的制度框架。上市公司治理结构得到了明显改善,规范运作水平有了很大提高。

2002年1月,中国证监会发布了《上市公司治理准则》(简称《准则》)。该《准则》阐明了中国上市公司治理的基本原则、投资者权利保护的实现方式,以及上市公司董事、监事、经理等高级管理人员所应该遵循的基本行为准则和职业道德。根据《准则》,上市公司应健全内部控制制度,完善问责机制,规范关联交易,建立防止大股东及其附属企业占用上市公司资金、侵害上市公司利益的长效机制。各公司应完善制止股东或者实际控制人侵占上市公司资产的具体措施,并向公司董事、监事和高级管理人员明确其维护上市公司资金安全的法定义务。上市公司董事会应强化对大股东所持股份"占用即冻结"的机制。各地证监会派出机构应将公司上述制度的建立与执行情况作为检查的重点,各公司应予以配合。

上市公司应定期向当地证监会派出机构上报与关联方资金往来情况。发生占用的上市公司应立即收回占用资金,证监会及派出机构将启动立案稽查程序。

对于纵容、帮助大股东占用上市公司资金的董事、监事和高级管理人员,通报国有资产管理部门、组织部门及银行业监督管理机构;涉嫌犯罪的,移送公安机关追究其刑事责任。

四、对证券机构的监管[①]

(一)对证券商资格的监管

1.证券商设立的审查批准机构

由政府机构直接进行证券商的资格审查,核发许可证已经成为国际上通用的做法。有的国家,只要经过政府部门批准就可自动成为证券交易所会员、证券同业公会会员,如日本、韩国等。而有的国家在政府机构批准之后,并不一定被证券交易所吸收为正式会员,也就是说,不能取得完全的证券商的资格,如美国、英国等,证券交易所和证券同业公会对推荐和选举程序、购买会员席位的规定等有相对独立的审批权力。

在中国,凡是专营证券业务的证券公司和兼营证券业务的信托投资公司都必须经国务院证券监督管理机构审查批准,未经批准,任何单位或者个人不得经营证券业务。中国证监会批准,发给"证券业务许可",再到工商管理部门办理营业执照。

2.取得证券商资格的主要条件及限制

关于证券商的组织形式,各国的规定都不一样。目前,比利时、丹麦等国家仍然采取个人或合伙制的形式;德国和荷兰的法律明确规定,证券商可以采取多种组织形式,但实践中只限于个人或合伙的形式;中国香港、马来西亚、新西兰、南非等大多数国家和地区允许采用个人或公司法人形式;而新加坡、巴西等国的法律则只允许采用公司法人的形式。不过,证券商渐渐地采用公司法人形式,是一个必然的发展趋势。

《证券法》第124条规定,设立证券公司,应当具备下列条件:(1)有符合法律、行政法规规定的公司章程;(2)主要股东具有持续盈利能力,信誉良好,最近三年无重大违法违规记录,净资产不低于人民币2亿元;(3)有符合本法规定的注册资本;(4)董事、监事、高级管理人员具备任职资格,从业人员具有证券从业资格;(5)有完善的风险管理与内部控制制度;(6)有合格的经营场所和业务设施;(7)法律、行政法规规定的和经国务院批准的国务院证券监督管理机构规定的其他条件。

---

① 吴晓求.证券投资学(第二版).中国人民大学出版社,2004

3.证券商申请审批程序及必备文件

各国的法人公司和自然人,若想成为证券商,从事证券经营,首先要对照该国法律及有关证券商资格的规定,符合者即可向该国证券监管机构提出申请。若经审查,监管机构认为符合条件的发给特许证,申请人同时要提供以下资料:(1)推荐信或推荐书,有的国家要求大银行推荐,有的国家要求大证券商推荐;(2)会计师事务所开具的资信证明和验资报告;(3)股份制公司要提供公司章程和合资公司;(4)房产证明或租赁房产证明,以上房产应该是可以用于营业的;(5)公司法人、董事、监事、经理人员等主要从业人员履历等等。

在实行会员制管理的证券交易所,申请人必须办理入会手续才能成为正式会员证券商,有的国家证券交易所独立性很强;有一套独立的审查程序和条件,除了要求提供与证券监管机构相同的文件资料外,还着重在以下方面进行审查:要求入会的申请人必须有实际经营证券的资历或者是银行家;必须有规定的资产限制;外籍人士入会必须提供加入本国国籍年限证明,或长期居住的年限证明。有的国家证券交易所还要求会员出具担保证明。

(二)对证券商经营业务及资金的监管

为保证证券商履行其职责,各国和地区对证券商的资金均有规定,一般表现在以下几方面:(1)规定最低资本额;(2)提存保证金;(3)自营交易额。

根据我国《证券法》第125条规定 经国务院证券监督管理机构批准,证券公司可以经营下列部分或者全部业务:(1)证券经纪;(2)证券投资咨询;(3)与证券交易、证券投资活动有关的财务顾问;(4)证券承销与保荐;(5)证券自营;(6)证券资产管理;(7)其他证券业务。第127条进一步规定,证券公司经营本法第125条第(1)项至第(3)项业务的,注册资本最低限额为人民币5000万元;经营第(4)项至第(7)项业务之一的,注册资本最低限额为人民币1亿元;经营第(4)项至第(7)项业务中两项以上的,注册资本最低限额为人民币5亿元。证券公司的注册资本应当是实缴资本。

(三)对证券商行为的自律监管

对证券商的行为监管是指对证券商经营活动及其从业人员、管理人员的行为进行监督管理。证券交易所、证券交易同业公会对规范证券商行为一般都会实行比较严格的自律监管。

证券商最容易出现的欺诈舞弊行为有:扰乱证券市场价格;散布虚假信息;故意炒作;内外勾结;与交易所管理人员共同作弊;隐瞒实际收入;利用证券信用进行投机;骗取客户资金为自己牟利。自律组织制定规章制度从道义上建立起一种证券商彼此监督、彼此制约的机制,以最大限度地防止证券交易中的欺诈行为。

证券商行为约束的基本要求。各国证券商自律组织制定监管章程,对证券商交易行为的约束条款一般以下列原则为基本出发点:使投资者获得公正和公平对待的原则;充分披露原则;禁止操纵原则;维护市场稳定原则;不得兼职原则;客户优先原则;不违法收入的原则。

证券商自律组织对证券商违规行为的处罚。证券商违规行为主要指不道德的、有意识破坏正常交易的行为(违法行为由法律制裁或交政府证券监管机构处理)。西方证券业同业公会等自律组织均有较大的自治权,包括对证券商的惩戒权力。处罚的主要措施有:警告、要求证券商撤换从业人员、罚款直至开除会员席位。对证券商的处罚通常由仲裁委员会作出,仲裁委员会一般由会员选出,必要时采取投票的方法对议案进行表决,表决结果为最终决定。

(四)信息披露制度

对证券公司信息披露方面的监管要求包括:

信息公开披露制度。该制度主要包括基本信息公示和财务信息公开披露。目前,证券公司均通过中国证券业协会网站、公司网站、营业网点投资者园地等渠道进行基本信息公示,内容包括公司基本情况、经营性分支机构、业务许可类新产品、高管人员等信息。对公示信息发生变动的,需要进行持续更新。同时,证券公司在每一个会计年度结束后通过中国证券业协会网站、公司网站等渠道进行财务信息公开披露,内容包括公司上一年度审计报告、经审计会计报表及附注。

信息报送制度。证监会要求证券公司定期报送公司日常信息和年报信息。日常信息报送包括监管报表及其他日常信息。监管报表主要反映证券公司财务、业务、管控等各项信息。年度报告包括公司概况、财务数据及业务数据摘要、股本(资本)变动及股东情况,董事会、监事和高级管理人员、管理层报告和财务报表附注等内容。

年报审计监管。证券公司年报审计监管是证券公司非现场检查和日常监管的重要手段。在证券供公司年报审计工作中,证监会积极发挥中介机构作用,督促证券公司向会计师事务所提供审计证据及相关材料,对审计过程中发现的问题,监管部门及时采取措施,督促整改。

五、证券从业人员的监督

证券公司的从业人员是指在证券公司中任职的工作人员,包括了证券公司的管理人员、工作人员和业务人员。证券公司从业人员的工作岗位特殊,能够更早地知道证券市场的政策和信息,甚至可以知道客户证券交易的相关资料。因此,为了维护证券市场健康、有序的交易秩序,也为了维护证券公司的形象和信誉,《证券法》对从事证券业务的工作人员的素质条件做了特殊的规定。

(一)证券从业人员资格考试与注册制度

我国证券市场规范化建设的一项重要内容,就是通过职业化教育和专业资格培训,使证券业的从业人员具有较强的法律意识、规范的职业道德和良好的业务素质。根据美国、日本、英国、加拿大、新加坡等证券市场较为成熟的国家经验,对从业人员实行资格考试和注册认证,是提高其人员素质、加强管理的一项非常重要的制度[①]。

根据国务院颁布的《证券业从业人员资格管理暂行规定》要求,实行证券业从业人员资格考试与注册制度的主要目的在于:(1)通过资格考试和注册认证制度,制定从业人员的从业资格、岗位标准、管理内容和奖惩规则,使从业人员明确自己的业务职责、工作要求、评价标准和努力方向,从而使对证券业从业人员的管理走向规范化、国际化和制度化;(2)通过资格考试制度和注册认证制度,促使从业人员学习专业知识和相关法律、法规,提高业务水平和综合能力,从而使我国证券从业人员的总体素质达到较高水平;(3)通过加强从业人员的管理、提高从业人员的素质,促进我国证券市场的健康发展,保护投资者的合法权益。

目前,资格考试由中国证监会统一组织,资格考试与资格培训由证监会指定的机构举办,按照《证券业从业人员资格管理暂行规定》规定,证券业从业人员必须按照规定取得证券业从业人员资格证书后,方可在各项证券专业岗位上工作。证监会将对获得资格证书的人员予以注册登记并向社会公布。

(二)禁止从事证券业务人员的规定

《证券业从业人员资格管理暂行规定》第34条规定:从业人员取得资格证书并上岗工作后,如违反国家有关法规或本规定,除按该有关法规进行处罚外,证监会可视情节轻重处以下列一项或多项处罚:(1)警告;(2)暂停从业资格6个月到12个月;(3)撤销资格证书,此后3年内拒绝受理其从业资格申请;(4)撤销资格证书并永久性地拒绝受理其从业资格申请。并规定,对受到前款第1项处罚的从业人员,证监会将视情况决定是否向社会公告;对受到本条第一款第2项、第3项、第4项处罚的从业人员,证监会将向社会公告。

《证券法》第132条规定:因违法行为或者违纪行为被开除的证券交易所、证券登记结算机构、证券服务机构、证券公司的从业人员和被开除的国家机关工作人员,不得被招聘为证券公司的从业人员。

---

① 胡海鸥等. 证券投资分析. 复旦大学出版社,2007

针对证券公司管理人员的任职资格,《证券法》规定,因违法行为或者违纪行为被解除职务的证券交易所、证券登记结算机构的负责人或者证券经营机构的董事、监事、经理,自被解除职务之日起未满 5 年的,不得担任证券经营机构的董事、监事或者经理。因违法行为或者违纪行为被撤销资格的律师、注册会计师或者法定资产评估机构、验证机构的专业人员,自被撤销资格之日起未满 5 年的,不得担任证券经营机构的董事、监事或者经理。因违法行为或者违纪行为被开除的证券交易所、证券登记结算机构、证券经营机构的从业人员和被开除的国家机关工作人员,不得应聘为证券经营机构的从业人员;国家机关工作人员和法律、行政法规规定的禁止在公司中兼职的其他人员,不得在证券经营机构中兼任职务;证券公司的董事、监事、经理和从业人员,不得在其他证券公司中兼任职务。

《证券公司管理办法》第 22 条还规定:除根据《公司法》和《证券法》相关规定,不能取得证券从业资格情形外,下列情况之一的,也不能取得证券从业资格证:(1)在申请证券从业资格前一年受过与金融业务有关的行政处罚的;(2)被中国证监会认定为证券市场禁入者,尚在禁入期内的;(3)中国证监会认定的不适合从事证券业务的其他情形。

六、对证券投资者的监督

(一)对个人投资者的监督

个人投资者购买证券必须符合国家有关规定,管理部门要对不符合规定的购买行为进行解释和劝阻。目前我国规定主要有以下几类人员不得直接或者间接为自己买卖证券:相当级别的党政机关干部、现役军人、证券主管机关中管理证券事务的有关人员、证券经营机构从业人员、与发行者有直接行政隶属关系或者管理关系的工作人员、其他与股票发行或者交易有关的知情人、无身份证的未成年人。个人投资者从事证券投资必须在符合政府有关部门规定的范围内进行,不得进行私下非法买卖。

(二)对机构投资者的监督

根据国家有关规定,各级党组织和国家机关、非独立核算单位,不得购买企业股票。对于机构投资者买卖证券,要审查其用于购买证券资金与买入的证券是否一致,对机构投资者买卖证券行为则规定:禁止两个或两个以上的单位或个人私下串通、内外勾结,同时买卖一种证券,制造证券的虚假供求,扰乱市场价格;禁止利用内幕消息从事证券买卖;禁止以操纵市场为目的,连续抬价买入或者压价卖出同一证券,影响市场行情;禁止为了诱使他人参与交易,制造或散布虚假的容易使人误导的信息等。

第四节　证券市场法规体系

依法治理是资本市场健康发展的基础和保障。我国资本市场的健康稳步发展,与近年来国家高度重视市场基础性制度建设,尤其是建立健全法律制度体系密不可分。中国证券法律法规体系分为以下三个层次:

一、国家法律

法律由全国人民代表大会或其常务委员会制定,除《中华人民共和国宪法》外,在证券法律体系中,证券法律具有最高的法律效力。现行的证券法律包括《中华人民共和国证券法》(简称《证券法》)、《中华人民共和国公司法》(简称《公司法》)、《中华人民共和国证券投资基金法》(简称《基金法》)三部①。

其中,《证券法》为第九届全国人民代表大会常务委员会 1998 年 12 月 29 日通过,自 1999 年 7 月 1 日起实施。而第十届全国人民代表大会常务委员会第十八次会议于 2005 年 10 月 27 日修订通过了新的《证券法》,自 2006 年 1 月 1 日起实施。《证券法》为规范证券发行和交易行为,保护投资者的合法权益,维护社会经济秩序和社会公共利益,促进社会主义市场经济的发展而制定。它规定了证券发行、上市、交易、上市公司收购等问题,并对证券交易所、证券公司、证券登记结算机构、证券交易服务机构、证券监管机构等作了明确的认定。它的制定和出台是我国证券立法的一个里程碑。

《公司法》为第八届全国人民代表大会常务委员会 1993 年 12 月 29 日通过,自 1994 年 7 月 1 日起实施。2005 年 10 月 27 日,第十届全国人民代表大会常务委员会第十八次会议修订通过了新的《公司法》,自 2006 年 1 月 1 日起实施。《公司法》为规范公司的组织和行为,保护公司、股东和债权人的合法权益,维护社会经济秩序,促进社会主义市场经济的发展而制定。该法对股份公司的设立、合并、分立、增减资、公司治理和组织结构、公司股权转让等作出规定,是规范股份有限公司活动的主要法律。

《基金法》为规范证券投资基金活动,保护投资人及相关当事人的合法权益,促进证券投资基金和证券市场的健康发展而制定。该法对基金管理人和托管人、基金募集、运作与信息披露、基金份额持有人权利及其行使以及违反该法的法律责任等做出了规定。

---

① 中国证监会.中国证券监督管理委员会年报 2007. 中国财政经济出版社,2008

二、行政法规

行政法规由国家最高行政机关——国务院根据《宪法》及有关法律制定,法律效力次于国家法律,现行的证券行政法规有《股票发行与交易管理暂行条例》、《中华人民共和国国库券条例》、《企业债券管理条例》、《国务院关于股份有限公司境内上市外资股的规定》、《国务院关于股份有限公司境外募集股份及上市的特别规定》等。

其中,《股票发行与交易管理暂行条例》由国务院于1993年4月22日发布,是我国证券市场上第一个全国性正式成文法规,从而在证券监会的法律上填补了一个空白。

三、部门规章和规范性文件

部门规章和规范性文件由中国证券监督管理机构根据法律和国务院行政法规制定,其法律效力次于法律和行政法规,现行的部门规章有《股份有限公司境内上市外资股规定的实施细则》、《禁止证券欺诈行为暂行办法》、《证券交易所管理办法》、《证券经营机构股票承销业务管理办法》、《证券经营机构证券自营业务管理办法》、《境内及境外证券经营机构从事外资股业务资格管理暂行办法》、《证券业从业人员资格管理暂行办法》、《公开发行股份公司信息披露的内容与格式》、《证券市场禁入暂行办法》等。

《证券交易所管理办法》于1997年12月10日由国务院证券委发布实施,并于2001年修订,对证券交易所的设立、职能、组织机构等事项做出了相应的规定,同时明确了中国证监会对证券交易所的直接管理,进一步理顺了证券市场的管理体制。

上述三个层次相互联系形成整体,每个居于较低层次的法律法规都是对上一个层次法律法规的具体化和必要补充,形成了涵盖证券发行法律制度、上市公司法律制度、信息披露法律制度、机构投资者法律制度、监督管理与法律责任制度等部分的证券期货市场法律制度体系。

另外,国家还颁布了一系列专门规范信息披露的文件,包括《公开发行股票公司信息披露的内容与格式准则》以及一系列打击证券市场违规行为的法规,它们共同为资本市场健康稳定发展、高效安全运营提供了良好的外部法律环境,对于我国证券市场健康、有序、快速的发展起到了规范与促进作用。

案例十二 杭萧钢构与信息披露

2007 年 4 月 4 日,杭萧钢构正常交易一分钟后即被上海证券交易所实施了紧急停牌,其原因是杭萧钢构接到中国证监会调查通知书。中国证监会根据相关规定,认为公司股价存在异常波动,涉嫌违法违规行为,将进行立案调查。如今,杭萧一案已经尘埃落定,但是笔者认为有必要对该案进行一个简单的回顾,从而对我国证券监管的信息披露制度进行反思。

一、案件回顾

2007 年 1 月下旬,陈玉兴从杭萧钢构安徽子公司总经理王更新处获悉"杭萧钢构签了个 18 亿元左右的合同"。2 月 5 日左右,陈又在与杭萧钢构成都办事处主任罗晓君等人聚会时,从罗处得知杭萧钢构正与中基公司洽谈安哥拉项目,金额高达 300 亿元。

随后,陈将该消息电话告知王向东,让王在 2 月 12 日买入"杭萧钢构"股票。12 日,王按陈的指令操作"徐慧"(王向东之妻)的资金账户,买入"杭萧钢构"270多万股。

据了解,陈玉兴是罗高峰的前任,2004 年 3 月进入杭萧钢构任证券事务代表兼证券办副主任,2006 年 5 月离职。2 月 12 日,时任杭萧钢构证券事务代表的罗高峰在工作中也获悉公司与中基公司洽谈"安哥拉"项目,涉及金额 300 亿元,并把信息透露给陈玉兴。当晚,陈把从罗处得知的消息(包括消息来源)转告王向东,再次让王在 2 月 13 日买入"杭萧钢构"。

2 月 13 日,王向东按陈的指令再次买入"杭萧钢构"230 多万股。当日,陈玉兴多次与罗高峰联系,罗把公司已与中基公司草签协议的情况也透露给陈玉兴。当晚,陈玉兴和王向东商议,决定次日将账户上所剩资金全部买入"杭萧钢构"。

2 月 14 日上午,为能买入更多"杭萧钢构"股票,王向东操作"徐慧"账户,以涨停板价格委托下单,当日盘中全部成交,买入 170 多万股。同时,陈玉兴再次从罗高峰处获取了次日公告的内容,并告知王向东。

3 月 15 日,陈玉兴从罗高峰处得知证券监管机构、上海证券交易所等的有关监管信息后,将情况告诉王向东,并作出次日卖出"杭萧钢构"的指令。16 日,王向东按指令将"徐慧"资金账户中的 690 多万股全部卖出,共非法获利 4037 万元。

据中国证监会认定,2007 年 2 月 8 日为该案内幕信息形成日,2 月 8 日—14日为该内幕交易价格敏感期。

表 12-1　杭萧钢构案回顾

2007 年 2 月 12 日	杭萧钢构突然爆发,股价连续 3 个涨停。
2 月 15 日	杭萧钢构第一次复牌后又是连续 3 个涨停。
2 月 27 日	杭萧钢构开始停牌半个月。
3 月 13 日	杭萧钢构披露与中国国际基金公司签订合同,以 344.01 亿元总价承建安哥拉某工程。当天股票复牌后,又是连续 4 个涨停。
3 月 19 日	上证所对杭萧钢构实行停牌处理。至此,杭萧钢构 10 个交易日股价飙升至 10.75 元,累计涨幅 159%。同时,对于 344 亿元合同的质疑之声充斥整个市场。
3 月 22 日	证监会表态,对杭萧钢构的信息披露问题,以及是否存在二级市场操纵、内幕交易行为进行调查。
4 月 27 日	证监会经调查认定杭萧钢构合同信息披露方面违规,并已将有关证据及线索移交公安机关。
5 月 11 日	上证所公开谴责杭萧钢构及董事长等人。
5 月 14 日	杭萧钢构披露证监会已向该公司及相关负责人共开出 70 万元"罚单"。
6 月 11 日	浙江省公安机关对涉嫌泄露内幕信息罪的犯罪嫌疑人罗高峰、涉嫌内幕交易罪的犯罪嫌疑人王向东、陈玉兴执行逮捕。罗高峰为杭萧钢构证券事务代表,陈玉兴为其前任。

二、价格敏感性信息披露制度及其在我国的运用

(一)价格敏感性信息披露制度及其作用

价格敏感性信息是指将有可能或很可能导致公司证券价格发生实质性波动的信息。价格敏感性信息披露制度以强制性信息披露制度为基础,它是强制性信息披露制度的补充,以利更有效地实现信息披露,同时,要判定股价敏感资料,必然会涉及判断,这需要有一个指南来引导市场判断,因而,价格敏感性信息披露制度通常包括制度基础与信息披露指南两部分。

一般来说,价格敏感性信息披露制度有以下作用:

(1)完善信息披露制度的边界。价格敏感性信息披露制度可以通过股价的实质性波动,一方面检验披露项目的广度边界,一些无法具体描述的项目也可能引起股价波动;另一方面,检验已披露内容的深度,进而通过事后的监管行动来增加信息披露广度与深度,完善信息披露的制度边界。

(2) 指引上市公司信息披露工作。国外信息披露监管经验表明,如果信息披露仅仅被看成是上市公司应遵守的业务,信息披露管理工作将变得非常困难。应该让市场充分认识到,准确、及时的信息披露将提高市场效率,降低资本成本,

对于投资者与上市公司是一个双赢的市场策略。

（3）加强对上市公司信息披露的监管。价格敏感性信息披露制度为交易所一线监管者提供了较为明确的标准。交易所将持续关注公司股票价格，如果发现价格与交易量出现异常变化，而公司已公布的信息不能作合理解释，交易所将与公司取得联系，要求公司公告信息。通常情况下，上市公司会立即披露新信息，如果立即披露信息有困难，在信息披露之前公司可以申请停牌。

（二）价格敏感性信息披露制度在我国的运用

我国《证券法》和《上市规则》中均有价格敏感性规则，比如我国《证券法》第67条规定，发生可能对上市公司股票交易价格产生较大影响而投资者尚未得知的重大事件时，上市公司应当立即将有关该重大事件的情况向国务院证券监督管理机构和证券交易所提交临时报告，并予公告以说明事件的实质。《上市公司信息披露管理办法》第30条规定：发生可能对上市公司证券及其衍生品种交易价格产生较大影响的重大事件，投资者尚未得知时，上市公司应当立即披露，说明事件的起因、目前的状态和可能产生的影响。对所谓"重大事件"，该《办法》列出了21项内容，其中第三项即是："公司订立重要合同，可能对公司的资产、负债、权益和经营成果产生重要影响。"沪、深交易所《上市规则》2.2条规定，上市公司应当及时、公开地披露所有对公司股票及其衍生品种交易价格可能产生较大影响的信息，并将公告和相关备查文件在第一时间报送本所。

我国在信息披露制度中采用了价格敏感性规则，但是交易所没有制定价格敏感性信息披露指南，类似指南的披露内容少见于相关规定中，使得规定缺少可操作性，这是一个不足之处。如《上市公司与投资者关系指引》中规定：公司可在定期报告结束后，举行业绩说明会。公司应及时关注媒体的宣传报道，必要时可适当回应。

三、杭萧钢构案的启示

1. 缺乏价格敏感性信息披露指引

哪些信息属于股价敏感资料，必然涉及判断，因此需要有一个指引帮助企业判断和披露股价敏感信息。目前，实施敏感性披露制度的国家如英国、澳大利亚、我国的香港地区都有相关指引来帮助做好敏感信息的披露工作。尽管我国在相关规定中也涉及信息披露的内容，但是比较分散，而且不够全面。由于对规则理解的偏差或者蓄意歪曲规则的正确含义，实践操作中很容易出现价格敏感信息披露不及时、不全面的情况。再看一下杭萧钢构，2月12日，公司高层泄漏了股价敏感信息，但是公司并没有及时披露信息，而是等到股价连拉三个涨停板后，才根据上市交易规定，发布公告。而英国的股价敏感信息披露指南规定：假如股价敏感资料不慎外泄或相信可能已不慎泄露,发行人必须实时发出公告,向整个市场发布有关资料。根据英国的指南,杭萧钢构应该在 2 月 12 日就公布信息,而不是在两天以后。从杭萧钢构事件看,价格敏感性制度其实并没有发挥应有的作用。

由于没有具体的价格敏感性信息披露指南,我国的价格敏感性信息披露制度没有可操作性,因此有必要尽快制定并发布价格敏感性信息披露指南,以帮助做好信息披露工作。

2. 缺乏后续监督措施

价格敏感性信息披露制度为一线监管者提供了明确的判断标准,如果公司股票价格出现异常波动,监管人员可以通过强制停牌制度倒逼上市公司披露信息。在我国,也制定了停牌制度,如出现了股价异常波动,交易所一般要求企业发布公告,至于发布公告是否真实、充分,监管人员不做深究,事后也没有验证与处罚机制。

杭萧钢构在股价连续上涨 3 个交易日后发布公告,公告以后即刻复牌,交易所并没有对公告内容进行验证,其股价在利好公告下又连涨数日,直到市场质疑声一片时监管部门才展开调查,但是奇怪的是在调查无果的情况下又允许其复牌。从该事件看,股票上市规则只是规定公司针对造成停牌的信息进行公开披露之后就复牌,至于所披露的信息是否可靠,是否充分等监管者并没有去验证、复核,而是被动地等流言充斥整个市场的时候,才去调查,这时候中小投资者的利益已经严重受到损害。监管者为了停牌而停牌,在公司停牌期间,没有作为,披露什么样的信息企业说了算,监管者要做的事就是披露信息以后复牌,这样的停牌制度形同虚设。杭萧钢构在证监会调查期间连发利好信息,说明停牌制度并没有给杭萧钢构以警示,反而在一定程度上造成了一定的混乱,给投资者一种错觉:杭萧钢构的利好消息是真实的。

因此,必须要改革这种停牌制度,让监管者由被动变为主动,对公司公告内容保留合理怀疑,通过谈话、关注等措施,为投资者营造一个说真话的环境,在信息未充分披露之前,公司将一直处于停牌状态,而不能像杭萧钢构那样,事情尚未调查清楚就复牌,使市场更加混乱。

(根据相关资料综合整理)

本章思考题

1. 信息披露制度对规范证券市场有何意义?

2. 什么是证券经营机构设立的注册制和核准制?

3. 对证券机构的监管包括哪几个方面?

参考文献

[1]贝政新、陈瑛.证券投资通论.复旦大学出版社,1998

[2]曹凤歧、刘力、姚长辉.证券投资学.北京大学出版社,2004

[3]陈永新、刘用明.证券投资学.四川大学出版社,2005

[4]陈高翔.证券投资学.中国经济出版社,2004

[5]财经杂志社.基金黑幕——关于基金行为的研究报告解析.财经,2000(11)

[6]丁忠明、黄华继.证券投资学.中国金融出版社,2006

[7]范依梅.有效市场假说综述.集团经济研究,2007(9)

[8]傅一江.证券投资学.中国人民大学出版社,2003

[9]贺强、韩复龄.证券投资学.首都经济贸易大学出版社,2007

[10]胡金焱、李维林.金融投资学.经济科学出版社,2004

[11]霍文文.证券投资学(第三版).高等教育出版社,2008

[12]霍文文.证券投资学.高等教育出版社,2004

[13]何孝星.证券投资理论与实务.清华大学出版社,2004

[14]何国华、韩国文、宋晓燕.金融市场学.武汉大学出版社,2003

[15]何孝星.证券投资基金管理学.东北财经大学出版社,2004

[16]胡海鸥、宣羽扬、马骏.证券投资分析.复旦大学出版社,2007

[17]胡昌生等.证券投资学.武汉大学出版社,2002

[18]何德旭.中国投资基金制度变迁分析.西南财经大学出版社,2003

[19]姜金胜.技术宝典——经典技术分析理论精解与妙用.东华大学出版社,2004

[20]贾国文.我国股市市盈率比美国高吗?中国证券报,2007-7-25

[21]林俊国.证券投资学.经济科学出版社,2006

[22]李雯、方芳、魏建华.证券市场概论(第五版).中国人民大学出版社,2007

[23]林发新.证券法.厦门大学出版社,2007

[24]刘志阳.西方行为金融理论:一个文献综述.学术研究,2002(2)

[25]刘红忠.投资学.高等教育出版社,2003

[26]李曜.证券投资基金学(第二版).清华大学出版社,2005

[27]齐斌. 证券市场信息披露法律监管. 法律出版社,2000

[28]任淮秀. 证券投资学. 高等教育出版社,2003

[29]任淮秀. 证券投资学. 高等教育出版社,2007

[30]孙秀钧. 证券投资学. 东北财经大学出版社,2008

[31]孙旭东. 动态市盈率陷阱. 证券市场周刊,2008-3-19

[32]孙昊. 次贷危机到全球金融危机:仍在演奏的四部曲. 上海证券报,2008-10-28

[33]宋国良. 证券投资基金——运营与管理. 人民出版社,2005

[34]宋李建、尹鹏. A股市场平均市盈率之辩. 银行家,2008(3)

[35]唐欲静. 证券投资基金评价体系——理论、方法、实证. 经济科学出版社,2006

[36]吴晓求. 证券投资学(第二版). 中国人民大学出版社,2004

[37]吴晓求. 证券投资基金. 中国人民大学出版社,2001

[38]王秀芳. 证券投资理论与实务. 北京大学出版社,2006

[39]王玉霞. 投资学. 东北财经大学出版社,2006

[40]魏建国等. 证券投资学. 高等教育出版社,2008

[41]邢天才、王玉霞. 证券投资学. 东北财经大学出版社,2008

[42]徐卫中. 证券投资学. 陕西人民出版社,2000

[43]杨艳军. 投资学. 清华大学出版社,北京交通大学出版社,2006

[44]杨朝军. 证券投资分析. 上海人民出版社,2002

[45]杨德勇等. 证券投资学. 中国金融出版社,2006

[46]叶佩娣. 市盈率估值法和市销率估值法在我国A股市场的应用分析. 保险研究,2008(4)

[47]赵昌文、俞乔. 投资学. 清华大学出版社,2007

[48]赵艳玲. 我国基金发展三个阶段. 生活报,2007-6-17

[49]中国证券业协会. 证券投资分析. 中国财政经济出版社,2007

[50]张元萍. 投资学. 中国金融出版社,2007

[51]张亦春、郑振龙. 金融市场学. 高等教育出版社,2003

[52]张宏良. 证券投资概论. 中央民族大学出版社,2002

[53]周昭雄、赵广君、高广阔. 证券投资学. 上海财经大学出版社,2008

[54]张建民、宁代兵. 中国股市"市盈率偏高"问题之驳论. 投资与证券,2005(2)

[55]周宗安. 证券投资学. 中山大学出版社,2004

[56]周俊生. 杭萧钢构事件折射信息披露"阿喀琉斯之踵". 上海证券报,2007-3-28

[57]张玉明. 证券投资学. 清华大学出版社、北京交通大学出版社,2007

[58]中金在线专题. 杭萧钢构事件四大悬疑, http://special. cnfol. com/2342,00. shtml

相关财经金融网站:

东方财富网 www. eastmoney. com

和讯网 www. hexun. com

中金在线 www. cnfol. com

证券之星 www. stockstar. com/

新浪财经 http://finance. sina. com. cn/